高等院校规划教材

U0829764

# 高等体育院校大学生入学教育汇编

张　飙　王凯军　主编

天津大学出版社
TIANJIN UNIVERSITY PRESS

**图书在版编目（CIP）数据**

高等体育院校大学生入学教育汇编／张飙，王凯军主编．—天津：天津大学出版社，2017.7
高等院校规划教材
ISBN 978-7-5618-5898-1

Ⅰ.①高… Ⅱ.①张… ②王… Ⅲ.①大学生—入学教育—高等学校—教材 Ⅳ.①G645.5

中国版本图书馆 CIP 数据核字（2017）第 190144 号

| | |
|---|---|
| **出版发行** | 天津大学出版社 |
| **地　　址** | 天津市卫津路 92 号天津大学内（邮编：300072） |
| **电　　话** | 发行部：022-27403647 |
| **网　　址** | publish. tju. edu. cn |
| **印　　刷** | 天津泰宇印务有限公司 |
| **经　　销** | 全国各地新华书店 |
| **开　　本** | 185mm×260mm |
| **印　　张** | 16 |
| **字　　数** | 474 千 |
| **版　　次** | 2017 年 7 月第 1 版 |
| **印　　次** | 2017 年 7 月第 1 次 |
| **定　　价** | 39.00 元 |

# 编 委 会

**主　编：** 张　飙　王凯军

**副主编：** 方　玮　赵露娜　侯森林

**编　委：** 丁　星　谷大陆　陈载阳　武会利
周忠英　郝志芳　高钰姗

# 目 录

# 第一章 认识大学

大学是智慧的象征，是精神的家园，是令人向往和憧憬的圣地。从高中走进大学，就如同沿着小溪和江河驶进了大海。“海阔凭鱼跃，天高任鸟飞”，在大学的知识海洋里，大学新生可以尽情地遨游，充分地展现自己。

大学是一个舞台，给人展示的机会；大学是一面镜子，让人认识自己；大学是一家超市，让人各取所需；大学是一座富矿，等待人们去开采……

美国著名哲学家怀特曾经说过：“在中学阶段，学生伏案学习；在大学阶段，他需要站起来四面观望。”大学教育的真正要义不在于教会学生具体的知识，而是着重培养学生的思维方法、视野和精神境界，大学新生要主动适应这种教育。为什么这样说呢？我们先来认识一下大学的内涵、精神和功能。

## 第一节 什么是大学

博洛尼亚大学（意大利语：Università di Bologna，尊称“大学之母”。拉丁文：Alma Mater Studiorum，又译波隆纳大学、博罗尼亚大学）是公认的欧洲历史最悠久的大学，坐落于意大利艾米利亚－罗马涅大区的首府博洛尼亚。尽管大学的章程是在 1317 年制定的，但 1088 年在博洛尼亚就已经出现了第一个法律学院，后来被确定为世界上最早具有现代意义的大学。在我国，早在公元前 16 世纪至前 15 世纪的殷商时代，就有了大学的雏形——右学。其后，又有冠名“学宫”“太学”“国子学”“书院”等具有高等教育性质的教学机构。但我国具有现代意义的大学的产生是以 1893 年创办的武昌“自强学堂”和 1898 年创办的“京师大学堂”为标志的。

大学到底是什么？

英国牛津大学毕业的红衣主教纽曼在他的《大学的理念》中写道：大学乃是“一切知识和科学、事实和原理、探索和发现、实验和思索的高级保护力量”。

德国著名教育家、柏林大学创办人洪堡认为：国家绝不应指望大学同政府的眼前利益直接联系起来，却应相信大学若能完成它们的真正使命，则不仅能为政府眼前的任务服务，还会使大学在学术上不断提高，从而不断地开创更广阔的事业基地，并使人力、物力得以发挥更大的功用，其成效远非政府近前部署所能意料的。

曾先后担任耶鲁大学法学院院长、芝加哥大学校长，永恒主义教育流派代表人物赫钦斯认为，高等教育的目的是使学生学习人类文化的共同知识以及思想方法，尽可能深入地思考社会中的一些十分困难的和最令人困惑的问题。

我国近代维新派代表人物康有为认为：凡人自十六岁离中学而入此，至二十岁而出学，生人之学于是终焉。凡大学皆专门之学，实验之学。

著名教育家蔡元培认为：大学者，研究高深学问者也。

著名教育家陶行知认为：新大学是大众的学府。

清华大学老校长梅贻琦认为：所谓大学者，非谓有大楼之谓也，有大师之谓也。

中国科学院院士、曾任复旦大学校长的杨福家认为大学是大观园。他说："刚刚进去的时候，最好不要把学生领到一个小胡同里面，而是应该让他在一个大观园里面自由浏览一下子，然后去逐步地看自己应该在哪方面有所发现，有所贡献。所以教育的过程是学生自我寻找的过程。"

对于什么是大学，目前还没有形成统一的结论。大学是学术组织，不是政权运作的政府机构，也不是一心谋取经济利益的企业，但大学也绝非世外桃源，所以，也无须将其拔到圣地的高度。大学以其独特的方式服务于社会，以科学去发现人类和自然的奥秘，以知识开启智慧的大门，以价值引领社会风尚。它虽然受现行法律制度的约束，但只接受真、善、美、自由的最终评判。大学提供给学生的是学习知识、研究思考、追求真理、全面发展的大环境。在这个大环境中，生存和发展的前提是要学会独立自主，这也是对大学生的基本要求。为了更进一步认识大学的内涵，可以从以下四个方面来认识。

### （一）大专

"术业有专攻"所有的大学无不以此为根本，当然，所有的学生也必须以此为根本，没有专业不能成为大学，没有专业也就不能成为大学生。大学生要在"专"字上用功是毫无疑问的，但更要在"大"字上用功，也就是说懂得一点专业还不行，还必须在你的专业里要"精"、要"深"，正所谓学而不精等于不学。可以这么说，不精通等于没有专业，没有专业也就不是大学生。

### （二）大德

专业只能解决做事的问题，品质才能解决做人的问题。品质是从个性心理特征中磨炼出来的、更为坚固的心理特征，它是一个人的质地，气质是先天性的质地，品质是后天性的质地。什么样的人才是大德之人呢？当然是有大理想、大心胸、大格局的人。一个大学生不可能一下子就把自己的情感升华到高尚的圣贤的境界：立地成佛，普度众生。实际上很多人都在想着改变社会，有几人在想着改变自己呢？所谓"磨砺品质"，就是痛苦体验，向虚伪、懦弱、懒散、拖拉、狭隘、自私开战。就是像夯实地基一样，它把我们身体内的松散轻浮、虚无缥缈之类的东西全部驱除，把我们锻成坚不可摧的钢铁，这样我们才能承担一切不幸和压力，才会有真正的大心胸、大格局，才会成为合格的大学生。

### （三）大识

大学的初衷是传承文化、创造知识。大识首先就是大思，心理学家罗杰斯认为：一个想、说、做不一致的人，不可能有大的成长；一个不能从他人的角度考虑问题的人，不可能有大的成长；一个总是关注消极面的人，不可能成长。大学，培养的是救国济世的经世之才，是缔造优秀的领袖、政治家的地方，更是造就群体性的具有独立思想的人的地方。大学生是经过层层挑选出来的人，我们在大学里学习，就是要向那些成功人士、伟人学习价值选择，要有大认识、大见识、大理想、大智慧，要以天下为家，胸怀世界，具有国际观、现代观、未来观，能担当承先启后的使命。

**（四）大为**

大学，就是大学生开始用行动描绘自己人生的地方。一个真正的大学生就是敢于用行动描绘自己人生的人。所谓“大为”，首先就是自己主导自己的行为，在大部分情况下你可以自由地控制自己的生活，做自己的主人，也就是说进入大学就可以向着个人的人生总目标奋进，也就是通常所说的业在学后成。很多人将激励的话语、精妙的格言抄了几大本，然而他一条也没去做，想而不做、知而不行是成功幻想者的通病。所以荀子说：“口能言之，身能行之，国宝也；口不能言，身能行之，国器也。”渴望成功的人总在行动，一次次小行动带来大行动，一次次小成功带来大成功，一次次艰难的成功最终带来容易的成功，他们造就了成功人生，这样说来，要想有大为，必须从小为始。

## 第二节　我校是一所怎样的大学

武汉体育学院在性质上属于体育大学，即高等体育院校，是高等院校的一种，主要以培养各类体育人才为主要办学目标，对促进体育事业发展起着重要的作用，因此高等体育院校在高等教育结构体系中也有着独特的地位。

武汉体育学院原名中南体育学院，是中华人民共和国首批独立设置的全日制普通高等体育院校之一，1953 年成立于江西省南昌市，1955 年迁至湖北省武汉市，1956 年更名为武汉体育学院。学校坐落在秀丽的东湖之滨，依山傍水，校园环境优美，基础设施先进，文化底蕴深厚，师资力量雄厚，办学特色鲜明。学校原为国家体育总局直属院校，2001 年 9 月改为国家体育总局与湖北省人民政府共建院校。

学校的校训是“公勇诚毅，学思辨行”。

学校的办学理念是“融体育、科技、人文教育为一体，集道德、文化、专业素质于一身”。

面向未来，学校将以党中央、国务院的重大体育战略和重大教育决策为引领，努力建设成为具有中国一流体育学科、一流体育特色专业、一流运动项目的高水平特色大学。

## 第三节　为什么上大学

2006 年“国家最高科学技术奖”获得者、原中科院副院长李振声院士，17 岁（1948 年）的时候原本打算托人在城里找个工作，结果看到“有饭吃，又能上大学”的招生广告，就从农村考入了济南的山东农学院。如果说李振声院士是为了“有饭吃”才去上大学的话，我们今天的学生又为什么要上大学呢？为什么要经过九年的义务教育，再经过三年高中的奋斗而上大学呢？难道大学就非上不可吗？这些问题已经在社会上引起了广泛的争论，众说纷纭，看法不一。通过调查统计，我们发现目前人们比较赞同的观点有两个：报答父母，改善经济状况、提升地位。分析其中的原因，具体有以下几个方面。

**（一）报答父母**

“孝”是中华民族几千年的传统美德，在中国人心目中的分量不可低估。最近在西安几所大学开展的一项关于大学生感恩意识的调查也印证了这一点。提供给大学生的感恩对象分别是父母、身边人、社会，结果显示认同最应该感恩的是父母的人数最多。因此我们可以看出当代的大学生并不是缺乏责任意识的一代。父母的养育之恩仍然难以磨灭，大学生把对父母的责任的分担看作自己分内的事。随着近几年高等教育的改革、大学的扩招、大学费用与日俱增，为了供子女上大学，父母不计成本地付出。在农村，部分父母甚至砸锅卖铁，供子女上大学。我校许多大学生在上课之余，通过在学校勤工俭学，在校外辅导体育运动、主持商业活动等兼职，赚取生活费以减轻家庭的经济负担。

**（二）改善经济状况，提升地位**

根据有关部门统计，2014 年高中或相当学历水平的人平均年薪为 3. 554 万元，而获得了学士学位的人平均年薪可达到 6. 926 万元，由此可见学历的高低对收入的多寡产生了一定的影响；另外，现在许多企业在招聘员工的时候明确要求：学历至少是大学本科，甚至很多企业、单位把门槛提高到了硕士学位。在两方面的共同作用下，大学就成了广大学子竞相追逐的对象。大学生以大学为跳板，获取进入企业的资格证，进一步改善经济状况，提升地位就显得合情合理了。

**（三）大学生上大学的根本目的是实现理想**

通过不完全的调查与分析，我们可以看出，目前大学生对为什么上大学这个问题的看法是很现实的，看待问题也是从自己的切身利益的角度出发。当然，这也和社会的发展有关系。作为长期从事教育事业的工作者来说，我们认为大学生上大学最根本的目的还是为了实现理想，只是这个理想更加现实化。

爱因斯坦在《我的世界观》中说：“要追究一个人自己或一切生物生存的意义或目的，从客观的观点看来，我总觉得是愚蠢可笑的。可是每个人都有一定的理想，这种理想决定着它的努力和判断的方向。”人是高等动物，是受目标驱使的，当人发现了自己内心真正的需要，并将这种需要转化为潜意识，也就是目标时，人就会爆发出一股强大的力量，驱使自己向这个目标迈近，这种力量会使其利用一切资源，采取一切方法来达到这个目标。

大学生也是如此，报答父母也好，改善经济状况也好，甚至仅仅是为了逃避就业……可以这样说，上大学只是一种方法或者说是一种资源，是实现理想的辅助工具。因为人的一生多则上百年，少则几十年，而上大学仅仅只有四五年的时间。人不可能上一辈子的大学，读完大学，他们干什么呢？实现理想。

人是有差别的，理想也因人而异，实现理想的途径也就不同。大学生之所以要选择读大学来实现自己的理想，就是因为大学是一个独特的社会角色，其社会功能吸引着大学生。他们选择学习较高层次的科学文化知识，提高必需的业务能力，通过学习中实践，实践中学习的方式进行道德规范和行为的训练，提高思想道德素质，形成正确的世界观、人生观、价值观，逐步完善人格。通过大学的学习和锻炼，逐渐摆脱在学习上对于学校、在生活上对于家庭的依赖，进而具备实现自己理想的实力与经验。

美国前任总统富兰克林·罗斯福说："实现明天理想的唯一障碍是今天的疑虑。"大学生既然选择了大学，就应该利用大学的学习资源，珍惜时间，不要再有疑虑。

## 第四节　大学的精神

人要有人格，校要有"校格"，这"校格"就是大学精神。大学是一个充满理性和批判精神的场所。真正的大学精神，不但是科学技术的进展和应用，也是人类精神、文化的家园。大学精神是大学的灵魂，是大学在长期文化创造过程中积淀、整合、提炼，并为师生所认同的一种价值观念体系和群体自我意识。大学精神既深藏于大学之中，又游离于大学之外。它是反映大学历史传统、文化品位、特征风貌的一种精神文化形态，既体现大学的办学理念、办学方向、办学宗旨、校园文化，又体现师生的共同理想、信念和追求。它给大学注入了生命活力，使大学不仅仅是教学楼、图书馆等冷冰冰的建筑，也不仅仅是人才的集散地，而是人、思想、价值观念、理性思考、创新、智慧与博大胸怀的代表。大学精神具有潜移默化的影响力，在不知不觉中使深居其中的教师和学生内化为个人品质，表现出与大学精神的内涵相一致的行为。大学精神之于大学正如土壤、空气、水、阳光之于植物的生命一样重要。

### （一）大学精神的具体体现

大学精神本身丰富的内涵，从普遍意义上而言，主要表现在以下几个方面。

#### 1. 人文精神

人文精神是大学文化价值的核心和灵魂。由人类优秀文化凝聚、积淀而成的人文精神是人类文化最根本的精神，它是人类信念、理想和道德等精神品格的结晶。我国具有悠久的人文教育传统，《大学》开篇便说道："大学之道，在明明德，在亲民，在止于至善。"这已被视为古代思想家的"大学"三纲，体现了中国古代教育为教、为学、为人的"大学"理念，显示出一种强烈的人文意识和人文精神。教育界先驱蔡元培先生曾提出："教育者，养成人格之事业也。"教育的灵魂在人，在于培养健康自由发展的人性，在于提高国人的人文素养，而这就不得不依赖于大学人文精神的熏陶与人文教育的发展。科学精神求真求实，人文精神求善求美，它们都依赖于人的能动性和创造性，具有内在的统一性。不少杰出的文学家，比如鲁迅、郭沫若等都曾受过自然科学的严格训练。相同的是，一些杰出的科学家，如杨振宁、李政道等都在大学阶段具备了很好的人文素养。大学教育面对的是人的灵魂，所以，教育者应该教会学生去爱、去感受，教会学生所应该具有的人的自由、梦想、尊严和对未来、对幸福的追求。

**2. 道德精神**

大学是社会道德与理性的凝聚之所，具有高雅的文化品位和卓尔不凡的气质，能够出淤泥而不染，追求自己的理想。大学不仅以自身的纯洁潜移默化地影响着社会，而且以积极的姿态投入到改造社会、重塑道德的潮流中，成为社会道德的捍卫者与提升者，引领社会道德的发展方向。尤其在时代的变迁中，大学的道德精神就更为彰显。浙江大学前校长竺可桢在战时西迁途中对学生说："乱世道德堕落，历史上均是，但大学犹如海上灯塔，吾人不能于此时降落道德标准。切记：异日逢有作弊机会是否能涅而不缁、磨而不磷，此乃现代教育试金石也。"大学的道德精神源于大学师生总体的道德精神，毋庸讳言，大学师生应该是社会中最有道德和理性的一族。正由于大学师生的存在，才铸成了大学精神，才使大学成为海上的灯塔，指引人们向着更美好的方向前行。

**3. 自由精神**

自由精神是大学精神灵魂之所在，也是其他大学精神产生和发展之根基。追求自由是人的本能，也是人最基本的权利。人类一直就在为争取更多的自由而抗争。一所大学之所以能名扬四海，不是因为大学只传授一种"正确"的思想及一种"正确"的价值观，而是因为大学是交流思想的"自由市场"。大学精神虽然无形，但它切实地体现在大学的各种活动之中。它关注人的精神发展，提倡学术自由，对人类文化和精神发展怀有使命感。尽管身处市场经济的氛围之中，大学依然保留着淡泊名利的立场。这也是大学精神消解市场负面影响最主要的体现。大学成为社会追求民主、自由的烽火台，这一精神为科学发展、社会进步发挥了积极作用。

**4. 独立精神**

大学只有具有自己的独立品格，才能造就民主社会的建设者，才能成为知识创新的阵地。大学自治是西方高等教育最悠久的传统之一，它源于中世纪学者行会自己管理自己事务的惯例。这一传统从19世纪德国大学开始倡导"大学自治""学术自由"的理念开始，为在高等教育中光大科学民主精神，为新科技、新思想的探索提供了宽阔的学术空间。大学的这种特质既是大学精神的体现，又是大学精神的内在成分之一。因此，大学精神是维护大学纯洁与独立、平等和民主的金色盾牌。据报道，牛津大学曾拒绝了一位沙特富翁1000多万英镑的捐款，因为富翁要求牛津大学办一所以他的名字命名的商学院。牛津大学认为，不能因钱而放弃大学独立自主的传统，毅然拒绝了巨额钱财。牛津大学并不是不需要钱，而是不愿意把命运交给别人，当获得的资金须以自由研究和独立决策做交换时，牛津大学毅然拒绝了。

**5. 时代精神**

大学，作为时代的智者，能够预见并感应到社会潮流的走向，而成为推动社会潮流的先行者，使社会潮流之声最终成为时代的最强音。大学正是紧紧扣住了时代的脉搏，才赢得了自身持续发展和地位的逐渐提高。从中世纪大学的兴起到现代大学的发展这一历史演变轨迹可以看出，大学无疑是时代的产物，代表着最进步的时代精神，驱动着社会向前发展。“每个国家，当其变得具有影响力时，都趋向于在所处的世界上发展居领导地位的智力机构，希腊、意大利、法国、西班牙、英国、德国，以及现在的美国都是如此。伟大的大学是在历史上伟大政治实体的伟大时期发展起来的。今天，教育与一个国家的质量更加不可分割。”①

**6．学术精神**

大学是研究高深学问的地方，学术是大学的安身立命之本。大学应有的品位是“真正培养出一些智慧的才能，培养出一些有骨头、有广博知识，同时又有影响力的知识分子”（李敖）。西方名校大多起源于中世纪大学，历史悠久，文化积淀厚重，在这漫长的历史岁月里，形成了独有的特色和学术风貌。自1816年洪堡创建柏林大学起，学术开始进入大学的殿堂，科研在大学生活中占据着越来越重要的地位，崇高的学术声望已成为知名大学的“通行证”。大学教师不仅仅教书育人，还必须是一个研究者，因为他们面对的是“成熟、独立和精神已有所追求的年轻人”，大学生不应单纯地接受知识，更应以探索学问为己任。大学处于整个学校教育体系的最上层，大学之高深、大学之发展均在于有探究学术的精神。

我校现设有11院2部2校等15个教学单位，有24个本科专业，其中有3个国家级特色专业，4个省级品牌专业，3个专业综合改革试点项目，2个湖北省高等学校战略性新兴（支柱）产业人才培养计划本科项目。建成国家级精品资源共享课、视频公开课3门，省级精品资源共享课、视频公开课、精品课程22门，获批2个省级教学团队。

学校始终把教育教学质量视为生命线，不断更新教育思想观念，加强教学基本建设，推进教育教学改革，提高教育教学质量，毕业生深受用人单位欢迎，近几年本科生一次性就业率均在90%以上。

**7．开放精神**

大学是具有高度自我调适能力的组织，这源于大学的开放、自信与包容。任何人都能在大学找到自己的位置，并在各自位置上体现自己的价值。在大学里当为某一问题产生争执的时候，其结果无非有这么几种情况：一是少数人的不同意见是真理，那就接受；二是少数人的不同意见是荒谬的，那就让其心悦诚服地抛弃原来主张；更多的是第三种，即谁也难以说服谁，这个时候就需要开放与包容，创造大家长期共存、共容的环境。大学应当具有海纳百川、有容乃大的精神，要宽容异端学说，比如麻省理工对博弈论的宽容，英国大学对霍金的宽容，都被传为佳话。

**8．创新精神**

在真理的长河中，如果把实践比作源头，那么，创新就是奔腾不息的“源头活水”。人类的文明史从一定意义上说就是人类不断创造、勇于创新的历史。正是人类永不停息的创造活动推动着历史不断进步。没有第一件生产工具的创造，人类就不能同猿相揖别；没有冶铁技术的创新，人类就不能进入农业文明时代；没有第一台蒸汽机的发明，人类就不能进入工

---

① Clark Kerr：《大学的功用》，陈学飞·陈恢钦、周享、刘新芝译，第63页，南昌，江西教育出版社，1993年。

业文明时代。大学高层次智能资源聚集以及学术氛围和综合性的学科结构有利于新的学科、学术思想和理论的产生。因此，组织、开展开拓性、超前性、综合性的知识创新活动，是大学的基本使命。大学不仅要研究高深学问，进行先进科学的研究，还要培养具有卓越意识的人，成为人类的精神家园。

**9. 体育精神**

除了上述几种大学共有的精神之外，体育院校还有一种独特的精神—— 体育精神。体育精神是体育运动孕育出的意识形态，是指体育运动中所蕴含着的对人的发展具有启迪和影响作用的有价值的思想作风和意识。它超出了体育运动本身，内化为人类心中的一种信念和追求。它是体育的整体面貌、水平、公正、公开、特色及凝聚力、感染力和号召力的反映，是体育的理想、信念、情操及体育知识、体育道德、体育审美水平的标志，是体育的支柱和灵魂。在当代社会中，体育精神最经典的表达即奥林匹克精神，奥林匹克旗帜上的五环象征着五大洲，展示了一种世界大团结的精神。奥林匹克的口号“更高，更快，更强”，强调拼搏与进取的精神。体育院校的大学生也正是在这样一种精神的激励下去拼搏、去奋斗。

在武汉体育学院“公勇诚毅，学思辨行”的校训影响下，我校学生在课堂上刻苦钻研、积极进取，在赛场上奋勇争先、顽强拼搏。汉城奥运会上，学生张香花获得 1 枚银牌和 1 枚铜牌，结束了中国划船项目与奥运会奖牌无缘的历史，开创了体育院校学生在奥运会上夺取奖牌的先河，国家体育总局授予学校“体育事业贡献奖”。自 1988 年以来，学校培养输送的学生和在籍学生运动员先后在世界三大赛（奥运会、世锦赛、世界杯）获得奖牌 208 枚，其中金牌 142 枚；亚洲三大赛（亚运会、亚锦赛、亚洲杯）获得奖牌 133 枚，其中金牌 93 枚。在 2008 年北京奥运会上，学校培养输送的学生和在籍学生运动员共取得 6 金 2 银 2 铜的好成绩；在 2016 年里约奥运会上，取得 1 银 3 铜和一个第五、两个第七的好成绩。学校培养出了像张香花、杨威、程菲、段静莉、吕会会、孙亚楠等一批在奥运会和世界重大比赛中为国争光的优秀运动员，为我国“奥运争光计划”做出了突出贡献。

### （二）大学精神对大学生存与发展的作用

**1. 生命力的体现**

正因为大学拥有了学术精神，才成为知识的源泉、学问的中心，多了几分正义与正气。没有了精神，大学便失去了生气，失去了发展的动力，大学精神对大学生存与发展的作用犹如人的精神对人的存在的意义一样。在中国体育发展的灰色时期，如果没有运动员追求进步、为国争光的精神，就不可能有许海峰提振中华民族精神的“零的突破”；在竞争激烈的时代，没有勇于攻坚的科技人才提供技术支持，就不会有运动员实现重要突破，不断刷新纪录。失去了精神的大学，意味着这所大学生命力的枯竭。所以，大学不能没有自己的精神。

**2. 抵御腐蚀的盾牌**

大学同其他社会机构一样，植根于社会，受制于社会的政治、经济和文化等。但大学与其他社会机构在受社会影响方面的最大不同之处在于，大学具有独立的特质，不随波逐流，既能够抵御金钱的诱惑，又能够抵抗来自政治的压力和干扰。大学的这种人格特质既是大学精神的体现，又是大学精神的内在成分之一。因此，大学精神是维护大学纯洁与独立、平等和民主的金色盾牌。蔡元培任北大校长时，实行“思想自由、兼容并包”的方针，聘请了不少新文化运动的代表人物担任教员，如陈独秀、李大钊、鲁迅、胡适等。当社会反动势力攻击这些进步知识分子，要求解聘他们时，蔡元培总是顶住压力，挺身而出保护他们。在蔡元培等一代社会精英的精心培育下，北京大学形成了浓厚的追求民主与科学的氛围。这种精神氛围不仅影响了教师，而且也深深地影响了学生，“五四”运动的爆发正是这种精神氛围长期催化的结果。由此可见，大学精神具有潜移默化的影响力，能在不知不觉中使深居其中的师生内化为个人品质，表现出与大学精神内涵相一致的行为。因此，大学精神是大学抵御诱惑与腐蚀的盾牌。

**（三）大学精神的弘扬与培育**

**1．确立“育人为本”与国家利益至上的核心价值观**

大学精神重塑与创新的根本，在于时代精神的重建，在于终极价值的重构。而价值重构的一个根本原则是立足于经济基础、服务于经济基础。我国当代所致力于建设的经济基础是社会主义市场经济，因此，大学精神的重塑必须适应并服务于社会主义市场经济。一方面，要以人为本，确立一种更适合于人的生存与发展的价值取向，摒弃单纯地把人当作自然人或经济人或社会人的偏见，以彻底解放人、全面自由地发展人为目的，使人的主体精神得以真正确立起来，成为真正具有健康独立人格、自由意志和主人翁地位，能够充分发挥其创造才能和潜能、实现其个人价值的高素质的人；另一方面，要以国家利益和社会价值的实现为根本目标。集体主义是有中国特色社会主义精神文明建设的轴心和灵魂，也是建设有中国特色社会主义理论的本质要求。因此，个人也好、集体也罢，都必须以社会贡献和社会责任为直接尺度，正确处理好个人价值与社会价值、竞争与互助、利益与道德、经济效益与社会效益等关系，旗帜鲜明地弘扬爱国主义、集体主义、社会主义主旋律。

**2．倡导创新精神与追求卓越的信念**

创新是一个民族进步的灵魂，是一个国家兴旺发达的不竭动力。创新精神与追求卓越的信念，从本质上讲是一种爱岗敬业精神。这也是现代大学精神所要大力倡导的价值取向之一。只有胸怀远大理想并为实现理想开拓进取、执着追求、矢志不渝的人才能成为一个卓越的人。同样的道理，只有具有理想主义精神和历史使命感，时刻追求突破、超越和报效社会的大学才能成为一所不辱时代使命的大学。“十六大”报告把“坚持教育创新、深化教育改革”摆在教育发展各项工作的首位，这充分表明了教育创新的重要性和紧迫性。教育创新首要的是教育观念的创新，确立与21世纪我国经济和社会发展相适应的教育观和人才观。大学要与时俱进，站在世界历史的高度，以全球眼光全面审视我国的教育事业，坚持“面向现代化、面向世界、面向未来”的教育理念，坚持和发展适应我国国情和社会发展要求的教育思想。大学教育应当树立提高学生全面素质的人才观，进行教育制度创新、教学内容和方法的创新、人才培养模式的创新。作为高等体育院校，我们更应该认识到科技创新在体育竞技中的重要性，坚持以先进科技增强我国体育事业发展的基本观念不动摇。

**3．发扬科学、民主的理性精神**

科学和民主精神是西方物质文明发展的强大动力，是西方精神文化中最为光辉的一页，也是中国传统文化的薄弱环节。时至今日，严格说来，科学与民主精神仍未能真正渗透到国人的精神文化生活中。大学是社会良知和先进思想文化的集中体现和发源地、辐射源，但还是存在种种违背科学精神和民主原则的行为。因此，大力倡导科学精神，加强民主与法制教育，不仅是社会全面进步之必然要求，也是大学自身建设和发展提出的迫切要求。大学精神应倡导和培育的科学精神，应该是彻底的唯物主义精神，是实事求是的精神，是科学本质所要求的真、善、美和谐统一的精神。它既关注社会发展，更关注人类命运；既追求科学进步，更负载人文理想。而民主精神应当为科学精神和科技发展、为人的创造行为提供一个自由和宽容的环境，营造一个崇尚理性、尊重事实、开放进取、公平宽容、尊重知识、尊重人才、不惧失败、不盲从、不唯上、不畏强权的精神氛围。

**4. 加强校园文化建设**

大学是思想自由奔放的家园，大学精神充分体现、弥漫于校园文化中。较之于社会的其他角落，大学校园显得更为纯净。身居其中的师生也不知不觉地受校园文化的影响和熏陶，表现出不同的性格特质。校园文化是大学精神的载体，大学精神的塑造及发扬应与大学校园文化的建设同步进行。值得注意的是，校园文化不仅包括物质文化，还包括制度文化和观念文化，而且制度文化和观念文化在某种程度上比物质文化（校园环境建设）更为重要。现在很多大学只重视校园环境等硬件方面的建设，而相对忽视校园制度文化和观念文化等软件方面的建设。因为校园环境的改善是看得见的，而制度文化和观念文化的建设却不能很快收到成效。这种短视行为，使大学校园文化中制度文化和观念文化成为“软肋”。校园文化的核心内容是精神、价值、作风和理想追求，美丽的校园环境只能给人留下表面印象，而校训、学风、教风、传统、讲座等价值层面的成分才真正给人以深刻的启迪和实实在在的影响。因此，弘扬和培育大学精神也必须不断加强校园文化的建设，尤其是制度文化和观念文化的建设。

**5. 确立团队合作创新的组织信念**

大学内部既有群体之分，又有学科专业门类之别，更有同一学科内部甚至门派之争。而大学目标的实现又必须以认识统一、步调一致为前提。因此，在大学精神的塑造中，我们先要强调建立共同的价值观和共同的理想与目标，在此前提下，还必须确立一种团队合作创新的组织信念。所谓“团队”，是指在心理上相互认同，在行为上相互促进、相互作用，在利益上相互关联、互为依存，为了共同的目标而结合在一起、具有共同归属感和完整的组织结构的群体。团队精神是现代大学精神的重要组成部分，是实践大学价值观、实现大学目标的重要精神力量。大学共同目标的实现，需要全体师生既各司其职又相互配合、支持，只有这样，才能形成强大的战斗力。中国传统文化强调群体意识，倡导以天下为己任，把个人与集体、国家融为一体，这是团队精神的重要文化渊源，也是我们当今重塑大学精神中所应发扬光大的优良传统。这一点对于体育院校来说更是举足轻重。团体凝聚力对于运动队团体行为和整体效能的发挥有着不可代替的积极作用，被视为运动团队战斗力的重要标志之一。凝聚力是实现运动队奋斗目标的重要保证。运动队奋斗目标的确立与实现，必须建立在运动员与教练员齐心协力、忘我投入的基础上。只有这样才能众志成城，勇夺桂冠。

# 第五节 大学的功能

功能，指事物所具备的能力和功效、作用。教育的功能在于通过教育活动，培养具有社会综合能力和知识的劳动者，使其适应于经济发展的需要，促进社会进步，促进生产力发展。具体到大学教育，其功能主要体现在四个方面：培养人才、科学研究、服务社会和引领文化。

**（一）培养人才**

通过教学，培养专门人才是大学教育产生之日起就具有的功能。中世纪的大学就开始把培养人才作为大学的唯一任务，无论大学如何发展，这一目标永远不会消失，离开了这一点，大学便不能称其为大学，高等教育也就不能称其为高等教育了。因此，人才培养是大学的首要功能，培养专门人才是大学的根本使命，也是高校工作的根本出发点。我国正处在社会主义现代化建设时期，需要一大批德、智、体全面发展的高级专门人才，无论是老牌的高等学府还是新建的高职院校，都必须面向现代化、面向世界、面向未来，为造就大批合格的社会主义现代化建设人才不断努力。体育院校的主要办学功能则是培养各类体育人才。

**（二）科学研究**

现代大学在培养专门人才的过程中，必然集中大量具有丰富科学理论和方法的专家，设置学科齐全的专业，购置先进的科学仪器设备，收藏丰富的文献资料，拓展广泛的信息来源渠道，创造良好的物质和精神条件。于是，现代大学就自然成为科学研究的主力军。如美国60%的基础研究、15%的应用研究是在大学中进行的。随着大学科研在社会发展和社会生活中的作用越来越重要，科研不仅促进教学质量的提高，为教学所用，而且也成为促进国家科学发展的重要活动。科学研究已经成为大学的主要功能之一。

**（三）服务社会**

19 世纪末 20 世纪初，美国的大学在办学过程中形成了直接为社会服务这一办学特色。第二次世界大战后，人们逐渐认识到大学教育在国家科学事业、经济增长与社会发展中的重大作用，认为大学应该充分发挥其潜在优势，直接服务于社会，尤其是在社会经济、文化生活中发挥积极作用。现代大学社会服务功能的范围已很广泛，由生产到生活遍及社会各个领域，包括经济、科技、卫生、文化、教育、体育等各个方面。服务的对象既有政府，又有企业和个人，随着大学社会服务范围的不断扩大，服务形式亦趋于多样化。

**（四）引领文化**

文化是价值观、信仰、习俗和制度等的综合。引领文化是大学的重要功能。欧洲中世纪的大学培养出了一大批像但丁、哥白尼、伽利略、培根等这样的大学者，创造并引领着欧洲的新文化，为其后来的文艺复兴和文化的繁荣与发展奠定了基础。没有中世纪大学的产生和它所创造的新文化与培养出来的人才，欧洲的文艺复兴就有可能滞后。在我国近代史上，北京大学等高校在新文化运动中所发挥的重要作用就是大学引领文化最典型的例子。北京大学是新文化运动的中心、五四运动的策源地。没有近代大学的引领，中国新文化运动就要推迟。大学引领文化的功能体现在继承并发扬优秀的传统文化、借鉴并传播先进的外来文化、创造并培育引领时代的新型文化上。如果说继承并发扬优秀传统文化是所有教育普遍具有的功能，那么，对外来文化的批判与借鉴，并将其先进的文化在社会上广泛传播，以及在创造、培育、重构和发展新的文化等方面，则主要是大学特有的功能。

大学引领文化功能的载体，或者说大学引领文化的发动机是大学其他三大功能的作用，即培养的人才、创造的知识文化和越来越直接的社会服务。大学的四大功能密切联系、互相配合、互为支撑，对社会的发展产生着深远的综合作用。

## 本章小结

1. 对于什么是大学，目前还没有统一的结论。大学是学术组织，不是政权运作的政府机构，也不是一心谋取经济利益的企业，但大学也绝非世外桃源，所以，也无须将其拔到圣地的高度。大学以其独特的方式服务于社会，以科学去发现人类和自然的奥秘，以知识开启智慧的大门，以价值引领社会风尚。

2. 对于为什么上大学，通过调查统计，我们发现目前人们比较赞同的观点有两个：报答父母，改善经济状况、提升地位。

3. 真正的大学精神，不但是科学技术的进展和应用，也是人类精神、文化的家园。大学精神是大学的灵魂，是大学在长期文化创造过程中积淀、整合、提炼，并为师生所认同的一种价值观念体系和群体自我意识。

4. 大学教育的功能主要体现在四个方面：培养人才、科学研究、服务社会和引领文化。

## 相关阅读

### 优秀校友励志故事

1988 年春天，程菲出生在湖北黄石的一个工人家庭。父亲程立高是个不折不扣的体育迷。程菲 3 岁时，父亲就驮着女儿来到训练基地。在训练基地，第一次见到程菲的体操教练柯进这样评价，“从专业的选材角度看，这个孩子年龄虽小，但外形不错，骨骼匀称，下肢比较长，手臂好，唯一的缺点是有点外八字脚。”从此，程菲和只有10 厘米宽的平衡木以及各种枯燥的杠子打上了交道。

对于程菲练体操，老程近乎偏执。每天，当别的家长把孩子送到体校时，老程已带着女儿做完了热身。而别的孩子训练完回家，程家父女俩却还留在训练场里，把没有做好的动作再加练 1 个多小时。回家后，老程还要对女儿开小灶。从小学一年级过后，程菲就没上过正规小学。她的童年，体操就是全部。

程菲 6 岁时参加了湖北省少儿体操比赛，并在 10 岁组别的高低杠项目中拿了第三名。1997 年，9 岁的程菲被武汉体院竞技学校一眼相中。程菲父母高兴的背后，是对昂贵费用的担忧：她每月伙食加训练费至少要760元，还不算学费。当时程立高夫妇工资不足700元钱。为此，程菲的母亲白天上班，晚上织手套，一双手套挣1元钱来贴补家用。程菲11岁进国家队后，家里才开始走出困境。

国家队高水平的训练和要求，当初着实让程菲吃不消。跟着大姐姐们出早操，跑步，程菲总落在后面。平衡木的训练，程菲最为害怕。她的脚底比较厚，不具备能抓稳木的先天优势，没有木感就不敢发力做动作。但程菲有自己的优势。柯进说："她聪明，动作出现变形，只需稍微点拨，马上就能改过来。最重要的是，她很听话，不偷懒，耐练。"这也是国家队教练对程菲的印象，她也因此在众多后备队员里脱颖而出。

训练之外，程菲在以另一种独有的方式，静静地做人生积淀。刘群琳指导宿舍里有一个大衣柜，柜顶堆放着许多书。程菲经常爬到那上面取书，刘指导也给她推荐一些书，如《诸葛亮》《上下五千年》等。遇到文言文，程菲就查字典，一点一滴地弄懂。此外，程菲还爱抱着《世界地图册》凝神。每次出国比赛，程菲总要细心阅读上面的文字介绍。

"小孩很不简单！看书不仅长知识，也对自己和教练的交流沟通以及训练有间接帮助。我们感觉和程菲沟通起来更容易。"刘群琳指导按捺不住自己对程菲的赞赏之情。

2003年，程菲已经熟练掌握了"踺子小翻接直体后空翻转体540度"的动作，并凭借这一动作在日本少年比赛中夺得了跳马冠军，在同年的亚洲锦标赛上，她又一举夺得跳马和自由体操两块金牌。2004年上半年，程菲的跳马转体度数已稳步加至720度，同时她的自由体操动作"团身后空翻加转720度"也是世界上少有人完成的。

"程菲跳"的第一次亮相是在第四届东亚运动会上，由于准备不足，人坐在了地上，首演失败。这时，陆善真指导给了她动力，"你练得非常好，只要能在比赛中成功一次，以后就没问题了"。终于，2005年11月的墨尔本世锦赛上，"程菲跳"惊艳世界，尽管整个过程短短不到1分钟。

2006年10月21日，在丹麦阿尔胡斯举行的第39届体操世锦赛上，程菲以绝对优势连夺跳马、自由体操两个项目的冠军，加上此前的女团冠军，程菲共收获了3枚金牌。有国外媒体评论说，"程菲展现了王者气势"。

国家体操中心主任高健这样评价程菲："她夺取冠军的跳马动作至今在世界上只有3个人能完成，含金量非常高。此外她自由体操中的团身后空翻两周加转体720度旋这一动作也是世界顶级的高难动作，她的完成质量也相当高。而且程菲善于临场发挥，在近几年来的中国女队当中不可多得。"

# 第二章 大学生军事训练

只要国家存在，就有国防。数千年中外历史表明，国家的昌盛、民族的兴旺，离不开全民的国防意识的增强。国防意识强了，一旦外敌压境，就能同仇敌忾、奋起御侮、战胜敌人。大学生的国防教育也必不可少。

军事训练是新生进入大学的第一课，是实现由中学生到大学生角色转换的起点，是增强国防观念、竞争与合作意识，培养军事技能、意志品质，养成良好的卫生习惯和文明生活方式极为重要的途径和形式。

## （一）大学生军事训练的目的和意义

### 1. 军训的目的

军事训练最首要的任务是帮助同学们通过接受包括言行举止、作风纪律、国防观念等内容的训练，培养同学们团结、协作、吃苦耐劳的精神和品格。通过军事化的强化锻炼和军事理论课程的学习，让同学们了解更多的军事的、国防的知识，在亲身体验与理论知识的学习过程中树立起科学的国防观念，增强国防意识。特别是在当前我国面临的复杂国际形势下，大学生更应该有一种忧患意识，要树立心系祖国、心忧天下、立志报国的志向。希望经过短暂的15天军训，达到如下目的。

（1）促进大学生政治成熟。和平与发展虽是当今时代的主题，但世界并不太平，国际恐怖主义事件时有发生，美国、日本等国家始终想以各种方式和手段来威胁我国的领土完整和国防安全，台独分子也一直没有放弃把台湾分裂出去的图谋，铸剑为犁的时代还很遥远。因此，为了确保国家安全，青年大学生们一定要增强忧患意识和国防观念，构筑起坚不可摧的精神长城，自觉履行建设和保卫祖国的神圣义务。

（2）增强大学生团队意识。在军事训练的过程中，要充分利用集体活动多的特点，调动参训学生积极参与各种集体训练和评比竞赛活动，如会操、合唱、板报、内务，样样都要比。要抓住这些有利时机和活动，使其自身体会到个人为集体获得荣誉的责任和义务，以此不断增强团队意识。

（3）培养同学们良好的作风。军训期间，同学们要严格要求自己，按部队的条令和条例规范自己的言行，做到令行禁止，一切行动听指挥，培养吃苦耐劳的精神和守纪律、听指挥的良好军事作风。

### 2. 军训的意义

大学生接受军事训练，是最实际的国防教育，同时也是依法履行兵役义务的一种基本形式，对国防建设具有重要的战略意义。

（1）学生参加军事训练是履行兵役义务的一种基本形式。《中华人民共和国兵役法》（以下简称《兵役法》）第43条规定："高等院校的学生在就学期间，必须接受基本军事训练。"大学生是国家兴旺发达的希望所在。国家为了保证学生在校期间能够集中精力学习，培养造就出大批建设祖国、保卫祖国的高素质优秀人才，《兵役法》规定"可以缓征"其服现役，但必须接受基本的军事训练。这既是国家法律赋予在校学生的一项保卫祖国的光荣使命，又是履行兵役义务，依法服预备役的一种形式。因而，积极参加军训，圆满完成训练任务，是每个参训学生自觉履行兵役义务的最实际的行动。

（2）学生参加军事训练是加强国防后备力量建设的重要战略举措。为了保卫国家安全、抵御侵略，国家在加强常备军现代化建设的同时，必须加强国防后备力量建设。强大的后备力量既是建设跨世纪现代化国防的坚实基础，又是威慑和遏制战争的重要力量。学生通过军训，不仅能够树立牢固的国防观念，而且可以培养爱国主义精神和报效祖国的理想信念，同时也学到了军事知识，掌握了一定的军事技能，加深了对人民军队的理解，为国家战时兵员动员打下了坚实基础。目前，我们国家有各类高校一千余所，各校搞好军事训练，并长期坚持下去，就等于储备了一大批具有高素质的后备兵员和军官。这种寓兵于民、寓官于校，是我国富国强兵的一项重大战略决策。

（3）学生军训是培养"四有"新人，使德、智、体得到全面发展的重要途径。培养既有坚定正确的政治方向，又有真才实学，既有扎实的理论基础，又有勇于开拓的进取精神，既有良好的道德风尚，又有健康体魄和勤劳朴实工作态度的优秀人才，是我国新时期赋予教育战线的根本任务，也是国家强盛、民族发达的战略目标。学生通过军训，不仅可以磨炼意志，增强斗志，培养组织纪律性，树立起修身立人的标准，同时，也武装了头脑，积累了知识，增强了体魄，促进了专业学习。所以说，学生参加军事训练，是实现学生德、智、体全面发展，为国家造就经济和国防现代化建设优秀人才的重要途径。

### （二）大学生军训的内容及感受

要在短短的十来天时间里按照准军事化要求训练，达到一个真正军人所具备的条件是不现实的，同学们也是吃不消的。因此，在大学生军训的内容上尽量考虑到大学新生的特点和感受，科学、合理地制订军训计划尤为重要。

#### 1. 军训内容及相关规定

军事课（含军事理论教学和军事技能训练）是普通高等学校本专科学生的必修课，列入学校的教学计划，成绩记入学生档案，按照教学大纲组织实施军事课教学，严格考勤考核制度。大学生军事课的内容要求比较广泛，鉴于时间较短，目前我国高校所进行的军事课，主要是与国防教育内容相关的军事知识与军事技能的学习和掌握。其中军事知识主要包括军事思想、军事理论、军事科技等，是通过课堂向学生进行传授的。军事技能主要是通过军事训练来掌握，其内容包括队列、战术、射击、拉练、三防、战场救护等。

为保证军训工作的顺利进行，需要各位同学的全力配合，也会安排辅导员跟班配合教官做好军训工作，并制定相关的规章制度，如《军训纪律》《队列考核细则》《内务考核细则》《军训安全制度》《军训优秀学员评比条例》等。为帮助同学们了解军训人员职责及一日生活管理规定，现摘录一段某高校大学新生军训实施细则，希望同学们做好吃苦受累的思想准备。

### ××大学新生军训实施细则（摘录）

**（一）各级人员职责**

1. 连长职责

①根据方案，制定训练安全措施，严密组织全连训练，防止事故发生。

②说话和气，为人师表，严格要求，严格训练。

③经常召集会议，分析训练形势，总结经验，改进方法，开拓前进。

2. 排长职责（军事教员）

①在连长领导下，努力完成军训和管理工作，对本排负责。

②严格要求，严格训练，讲究训练方法，提高训练质量。

③言传身教，举止文明，遵守纪律，防止事故。

3. 副排长职责（学生班长）

①协助排长搞好本班训练和管理工作。

②督促本排人员按时集合、清点人数、向排长报告。

③了解本排人员思想状况，做好思想政治工作。

4. 参训学生职责

①尊重教员、尊重领导、服从命令、听从指挥。

②不怕艰难、不怕苦累、勇敢坚定、锐意进取。

③安全措施严格执行，规章制度不得违反。

**（二）几点要求**

在训练期间力争做到作风纪律好、队列动作好、内务卫生好。

①作风纪律：不迟到、不早退、不旷课、遵守一日生活制度。

② 队列动作：精神振奋、姿态端正、军容严整、整齐划一。

③ 内务卫生：卫生清洁、铺面平整、物品放置有序。

**（三）军训着装和仪容规定**

① 军训期间统一着制式服装，佩戴帽徽。

② 戴正军帽，扣好领钩、衣扣，不得挽袖、卷裤腿、披衣敞怀。

③ 内衣下摆不得外露。

④ 不准戴耳环、项链、戒指等装饰品，不准描眉、涂口红、染指甲，不准戴墨镜（近视眼镜除外）。

**（四）军训一日生活制度**

1. 早操

①起床：听到起床号后，按规定着装、到集合点集合。

②出操：排长集合、清点人数、带队出操。

③清整：出操完毕进行洗漱、整理内务。

2. 操课

①准备：上课前 10 分钟按规定着装，到集合点集合。

②操课：上课号响后，排长集合队伍，整理着装，清点人数，带到授课场。

③收操：收操前 10 分钟，教员讲评，而后以排为单位集体带回。

3. 文体活动

晚饭后 20:00—21:00 为文体活动时间，晚点名各连自行安排。

4. 就寝

按学校规定熄灯时间就寝。

**2. 大学生军训的感受**

“不经历风雨怎么见彩虹”，没亲身经历过军训，当然不会有所思所想，更谈不上对国防、对军人有深刻的认识。下面让我们来读一读往届参加军训同学的军训日记中记录的军训感受吧。

几乎每个男孩子都曾有过当兵的梦。小时候，一身绿军装，一支玩具枪，便是我的最爱。总希望自己快快长大，成为一名光荣的人民解放军，戍边卫国，用青春和汗水谱写一首军人的歌。随着岁月的流逝，人一天天长大，也逐渐变得实际，因为利益的追求，脑子里便被其他各种或许远大的理想充斥，当兵也就真正成了一个梦。但骨子里却依然有种军人的冲动，绿色军营便是心中的圣地，战友情就是这世间最纯真的感情。这辈子没机会真正地走进军营，军训也就成了我长久的渴望。等了这么多年，穿上那身迷彩服，端起梦寐以求的钢枪，心中充斥的是无尽的喜悦。对于为什么要军训，有人说是义务，有人说是责任，也有人说是一种磨炼，而对我们自己来说，落到实处，是灵魂深处的呼唤，梦想成真了！

在似火的骄阳下，已汗流浃背的我们一遍又一遍地走正步、练步伐，甚至有同学晕倒醒来后仍坚持训练。那时，我们才真正体会到做一个军人是多么艰难。“站如松，坐如钟”的风采是要经历风霜雪雨、严寒酷暑磨炼的。军训不但锻炼了我们的体质，更磨炼了我们的意志。没有坚强的毅力支撑，我们是无法熬过这段“魔鬼”式的训练的。经历过军训，我最大的体会是无论情况多么艰苦，都不能轻言放弃，坚持到底就是胜利，这将使我受益终生。

有人感受到军训快乐无比：十几天中，苦过，累过，心里却是愉悦的，正如那句话：“痛并快乐着！”军训使这一群平时文绉绉的大学生放下了往日的矜持，青春的热情在这里挥洒得淋漓尽致。“流血流汗不流泪，掉皮掉肉不掉队。”和我们同龄的教官是我们的师长，也是全排的精神领袖，更是我们了解军旅生活的窗口。互不相识的面孔在这里会聚，互相关爱，互相照顾，团队精神也在这里发挥到极致。

也有人认为军训对自身是一次洗礼：在一些人追求时尚个性和奢华生活的今天，我们大学生也多多少少受了些影响。恣意妄为，缺乏自我控制能力和约束力是我们中许多人的共同点。军训恰好起到了一个积极的作用。让我们和军队零距离接触，感受严明的纪律，体验真正的军旅生活，让我们从身体到思想接受一次全面的洗礼。

……

当教官走了、迷彩服脱了、编制也解散了，军训的生活将成为回忆的时候，那曾高呼的“军中骄子，校园精英，某连某排，谁与争锋”的誓言，还有那份战友间的关爱和信任是否会铭刻在记忆的长河里？大学新生们，你们的感受会是怎样的呢？

## 本章小结

军事训练是新生进入大学的第一课，是实现由中学生到大学生角色转换的起点，是增强国防观念、竞争与合作意识，培养军事技能、意志品质，养成良好的卫生习惯和文明生活方式极为重要的途径和形式。

## 相关阅读

### 优秀校友励志故事

杨威，退役中国体操运动员，2008 年北京奥运会团体、个人全能冠军。

他曾拥有无数枚银牌，独独缺一个世界冠军。当“千年老二”的魔咒将他定位成体操赛场上一个带有悲情色彩的人物时，他想过放弃，但还是坚持了下来。

他同命运抗争了七年。最终，魔咒被打破，命运向他低头。2006 年 10 月，在丹麦的阿胡斯，他不仅实现多年夙愿，成为中国体操史上继李小双和冯敬之后第三个男子全能世界冠军，而且一人独揽三枚世锦赛金牌，在这个童话的故乡留下了一则东方神话。

5 岁的杨威踏入湖北省仙桃市业余体校的那一刻，他的体操生涯也就此开始。10 岁进入湖北队，16 岁入选国家队，他凭借着在双杠、吊环等项目上的突出表现，不仅和中国队的其他队友们一同获得了多枚团体金牌，在个人项目方面也是成绩斐然。

而人们真正认识他，是在 2000 年的悉尼奥运会。初次参赛，他便将男子团体金牌与个人全能银牌收入囊中。虽然银色并不如金色那样耀眼，他却自信满满地相信，自己完全有夺得个人全能金牌的能力。

谁也没有想到的是，四年之后迎接他的，竟是出乎意料的失败。2004 年雅典运动会上，不仅是他，整个中国男子体操团都在卫冕的压力中败下阵来，而他个人全能赛的成绩更是十分不理想。失利之后的他曾经萌生过退役的想法，但怀着对奥运个人全能金牌的执念，他最终还是没有离开这片赛场，而我们也才得以在四年后的北京国家体育馆，一睹他夺金的风采。国歌响起的那一刻，全国上下都为他的成功而骄傲、自豪。

二十多年的体操生涯，终于在他获得金牌后完美落幕。不知当他递交退役申请时，怀着的是怎样的心情。或许是不舍，或许是满足，但或许也会有一丝如释重负：终于不用再日复一日地带着伤痛，顶着压力训练。他的人生也就此翻开了新的一页。

退役后的他重归校园深造，组建了自己的家庭。他担任过人大代表，出版了自己的新书。生活比在役时精彩了许多，而新的挑战也随之出现。

在被挫折打倒后毅然站立的才是英雄，如今这个退役的男人，这个曾在领奖台上熠熠生辉的男人，在走下领奖台之后，也同样能够收获自己的金牌人生。

# 第三章 大学生安全教育

伴随着社会信息化的快速发展，高校与社会接触更加密切，大学校园较之以往变得更为复杂，大学生所面对的问题也变得错综复杂。对于刚踏进大学校园的青年大学生来说，掌握一些必备的安全防范常识是非常重要的。

## 第一节 安全教育概述

### （一）提高大学生安全防范意识的必要性

高等院校既是培养高级专业人才的摇篮，也是社会组成的一部分。大学生活是大学生进入社会开始独立人生的第一站。随着我国高等教育的迅速发展，高校办学规模不断扩大，校园社会化现象日趋明显，一些治安案件、危及大学生人身财产案件、大学生违法犯罪案件等在高校大学生中也时有发生；加强对大学生安全防范教育和遵纪守法教育使大学生自觉树立安全防范意识和自觉遵纪守法意识成为当今高校在培养社会主义接班人中的重要一环。

通过对大学生一些常见案件的分析来看：一些大学生虽然文化水平较高，但因他们踏入社会较晚，社会经验不足，缺乏安全防范意识，法制观念意识淡薄，从而导致一些案件的发生。据统计表明：在大学生中失窃和上当受骗案件占学生中发生治安案件的75%以上。而这些案件绝大多数是由于大学生自身安全防范意识淡薄、思想麻痹、财物保管不当、轻信他人、交友不慎造成的，有些造成财产损失有些甚至危及人身安全。如在宿舍里没有随手关门、锁门的习惯；高档贵重物品如笔记本电脑、掌上电脑、MP3 等随意乱放；现金不及时存入银行或将存折密码告诉他人，存折与身份证放在一起等。这一方面可以诱发犯罪，另一方面也给不法分子提供了便利，这是导致校内失窃频发的重要原因。

又如诈骗案件的发生，作案人一方面利用个别大学生容易动恻隐、怜悯之心；另一方面利用个别大学生贪图小利、爱慕虚荣的心理，靠编造谎言骗取被害人的信任，如假冒身份、骗取同情达到骗财骗物的目的。近年来，随着互联网进入校园，一些大学生通过上网结交朋友，由于缺乏识别能力，有的上当受骗，尤其个别女生交友不慎，不仅被骗钱财，而且还会遭到强暴或性侵害，甚至惨遭杀害。

还有一些大学生在勤工助学或毕业求职中急于求成，不通过合法机构求职，给不法分子以可乘之机，使其合法利益受到侵害，有时甚至会发生大学生被拐卖的情况。

现代交通的快速发展给人们的出行带来了便利，但忽视交通安全也会给人留下终生遗憾。2002 年 10 月某学院三名女生在横穿马路时，没走人行横道，被一辆违章疾驶的汽车撞倒，造成一人死亡、两人受伤的悲剧。

还有个别大学生法制观念不强，违反学校的规章制度，在宿舍内使用违章电器，酿成火灾事故。有的放松对自己世界观的改造，养成小偷小摸的恶习，久而久之，滑向犯罪的深渊。还有的学生政治立场不坚定，在政治问题上迷失了方向为敌所用，有的误入邪教，荒废学业，走上邪道，酿成人生悲剧。以上种种表明大学生树立安全防范意识和养成良好的自觉遵纪守法意识对当今大学生完成学业、刻苦成才是非常重要的。

**（二）引起大学生安全事故的原因分析**

教育体制的深化改革，一方面给高等院校的发展创造了良好机遇。办学模式多元化，招生规模不断扩大，使更多寒窗苦读十余载的青年有机会进入高等学府深造。另一方面也给学校、学生的安全带来了许多新问题。随之而来的一些社会上不良思潮也同时冲击着校园，冲击着学生的思想观念。少数学生因受各种错误思潮的影响，违反了校纪校规，有的甚至走上了违法犯罪的道路，还有少数在校学生因缺乏安全知识和自我保护能力，在大学的学习生活中，有的受到非法滋扰和侵害；有的引发人身安全、火灾等灾害事故，不仅影响了他们的学习和成才，也使学生家庭遭受了无可挽回的损害，甚至影响学校和社会的安全稳定。从发生在各院校治安、刑事案件和各种安全、灾害事故引发的原因分析：有的属于学校安全管理不力或疏于安全教育；有的属于安全防范措施不到位；有的属于犯罪分子蓄意侵害。但究其根本原因主要是学生自我安全防范能力薄弱，自身安全意识淡薄，人格的不成熟。因此，如何有针对性地加强在校大学生的安全教育，增强学生自我安全意识和自我保护能力，塑造健全的人格，自觉抵制各种不法侵害，营造安全的育人环境，已成为高等院校教育管理工作者必须深入研究的一个重要课题。

**1．大学生自我安全防范能力薄弱的客观因素**

发展心理学告诉我们，当代大学生人部分正处在心理发展由不成熟阶段向成熟阶段的过渡时期。在这个时期，他们的心理发展方向存在许多矛盾，自我意识显现出两个显著特点：一是独立意向的发展和依赖感的矛盾明显；二是理想的我和现实的我的矛盾突出。一方面，大学生在中学时代是学校和家庭的重点保护对象，他们的自我意识是在较为优越的安全环境中发展起来的。日常的吃、穿、住、行、学等行为得到了学校和家庭的呵护和宠爱，有一种“唯我独尊”的优越感。由此产生的自尊心、自信心、好胜心强，表现为一切以自我为中心，自私、自负、狭隘和好极端，往往经不起挫折和失败的磨炼。另一方面，迫于高考的压力，为考试而学习，致使知识面窄，对社会无暇顾及，对社会的本质了解甚微。因此，适应能力、社会活动能力、鉴别能力、生活能力、自我防范能力等都较弱。进入高等院校后，面临的是一个新天地，遇到了许多新问题，并开始严肃地思考人生，这就碰到了一些实际难题。首先，要选择人生道路，思考如何发展自己，选择奋斗目标。其次，由于生理上的日渐成熟，青年人旺盛的精力及大学生活的相对自由，使在校学生产生了许多新的需要，如结交异性朋友、参与团体活动、塑造自我形象等。这时，理想的我与现实的我往往会发生矛盾，由于青年学生心理状况的起伏不定，人身价值期望过高，一旦矛盾不能解决就会产生“危机感”和“失落感”，使自身的行为方式不能自控，自暴自弃，甚至导致对现实的不满和虚无主义，产生悲观厌世情绪。再次，他们要适应新的大学生活，因大学与中学不同，要靠自己的努力，这恰恰符合了大学生独立意向的要求，但由于他们自身内在能力素质的薄弱，依赖感很强。为了适应大学生活，他们要学习好、生活好，就必须处理好与同学之间、老师之间，自身与社会之间的关系。可上述关系对在溺爱中长大、离开父母难以自立、情感脆弱、缺乏社会阅历和独立调节自身行为能力的大学生来说并不好处理。在具体处理这些关系的过程中，由于一些学生对社会和人生的认识往往带有理想色彩而流于幼稚、单纯，对社会上一些不良风气和坏人坏事不做理性的认识和分析；缺乏应有的辨别力和判断力，在接触社会及人际交往过程中，有的经不起诱惑，不知不觉地触犯了国家法律法规，有的遇到心怀不轨的人时，不会采取谋略防范“陷阱”，轻易地就被欺骗、被利诱，结果酿成惨剧。近年来，报刊上经常有相关报道，正是当代大学生自我安全防范能力薄弱的缩影。

**2. 大学生自身安全意识淡漠主观因素**

自身安全意识泛指自觉安全意识，是指行为人在无人监督或不被人发现的情况下，仍能从自身安全考虑，自觉谨慎地遵守各种安全规则的意识和面对各种安全威胁能做出有效反应的能动意识。从近年发生在大学校园中的人身财物安全、意外灾害事故剖析，可看出当前在校学生的自觉安全意识普遍不强，主要反映在安全常识缺乏和安全防范意识淡薄等方面。

（1）过于自信引发偷盗案件。

有的学生安全防范意识淡薄，总认为校园是个安全区，如同“保险箱”不会发生什么盗窃案，贵重学习、生活用品不分场所随意乱放，被心怀鬼胎者乘机浑水摸鱼；有的学生好感情用事，在学生宿舍内擅自留宿外人或将宿舍钥匙转借给外人，结果引发宿舍失窃案；有的学生行为习惯差，将银行密码随意泄露给他人，离开教室和宿舍不随手关门，名贵衣物室外晾过夜等，致使校园内顺手牵羊案件频发。

（2）日常生活安全知识贫乏。

学校有关职能部门虽在日常的“四防”安全检查中，就学生如何注意安全用火、用电，注意身心健康和饮食卫生等方面向他们进行宣传教育，但有些学生视作老生常谈。由于少数学生缺少安全这根“弦”，结果引发火灾和人身安全事故，如某学生缺乏安全用电常识，在学生宿舍内违章使用“热得快”烧开水，险些酿成大祸。又如某学生为抄近路，翻越学校院墙，将自己的腿摔伤，后经住院治疗才重返校园。

（3）校外活动纪律松弛，安全意识淡薄，引发意外人身安全事故。

校外活动是当代大学生丰富多彩生活的一个组成部分，特别是节假日，学生喜欢到新的环境或野外游玩，放松一下紧张的学习生活。然而，学生在校外活动时，只是陶醉于对新环境的好奇或野外的自然景观中，于纪律与安全规则而不顾，引发了一些意外的安全事故。

（4）面对安全事故、安全威胁，缺乏应有的处置能力和应变措施。

有的学生不具备基本的灭火常识，发现教室、宿舍起火，不会使用灭火器材或其他方法将火情控制在初期阶段；当发现坏人入室时不敢与其周旋或设法报警，怕惹祸上身；当外出遭遇抢夺、抢劫时，不敢进行有效的抵抗或不能记清对方的体貌特征；当遇到不法者敲诈勒索时，不会采取灵活应对的办法。

（5）运动损伤保护意识差。

体育院校大学生由于学习内容的特殊性，其参与训练与竞赛的机会多，从而发生运动损伤的概率较大。运动损伤保护意识差也成为体育院校大学生运动安全遭受威胁的主要诱因。

体育院校大学生受到运动损伤，不仅会伤害学生自身的身体，也会对其学习、生活带来较大的影响，严重的甚至会对今后的工作、生活造成极大不便甚至是生命隐患，同时治疗过程中也将花费大量的时间和财力。体育院校大学生运动损伤保护意识差主要表现在四个方面：一是运动员在训练中安排不合理，身体不适应；二是训练方法不当，没掌握正确方法；三是技术动作不正确，缺乏科学性；四是对设备、场地、气温及外部暴力等外部因素认知不足。

**3. 人格的不成熟**

所谓“人格”，是指人的性格、气质、能力等特征的总和，包括人的各种态度、行为、价值观念、道德伦理、生活方式等。

当代大学生的人格与十几年前的大学生极不相同，不是在社会秩序牢固、价值标准单一的社会形态中确定的，而是在社会多元化、价值观念多元化，强烈的时代性格和薄弱的内在素质矛盾中发展起来的。在成长过程中，面对五光十色的大千世界，大学生对自己的人格究竟是什么，应该有什么样的人格是混乱、困惑的。

大学生人格成长的特定环境，又决定了其自我机能得不到迅速成熟。这导致大学生自我综合能力薄弱，从而显现出明显的双重人格。这种人格的双重性，在某种程度上导致了大学生政治情绪的波动性、价值选择的模糊性、生活态度的随意性和行为方式的情景性；在愿望和行为上表现出志远与才疏、眼高与手低、自立与依赖的矛盾；在心理上表现出开放与封闭，追求新奇时髦求异心理与抵制宣传、教育逆反心理等的矛盾；在政治上表现出成熟与幼稚，热情与冷淡，期望与失望等的矛盾；面对社会，对人生的认识上则表现出深刻与肤浅，客观与偏激，积极与消极等的矛盾。

自我综合能力的薄弱还导致了大学生缺乏维系自我稳定的力量。因此，平时看来大学生似乎很正常、很稳定，其实这是外力作用下的强制平衡，是建立在内部彼此冲撞的力量之上的脆弱平衡，一旦受到干扰，平衡即遭破坏，大学生便表现出突出的易变性、突变性，情绪、行动和观点会发生大幅度的跳跃，使心理痛苦外泄，以达到新的暂时的平衡。正因为这些人格特征的客观存在，就不难理解现在的大学生为什么缺乏是非判断能力和选择能力；为什么自控能力弱，经常需要外力约束；为什么少数人误入歧途后而不知悔改。

**（三）大学生日常防范常识**

**1. 大学生乘车“六不要”**

（1）不要把联系电话及家庭情况告诉陌生人。大学生在乘车时，尽量不要与陌生人交谈，在彼此不是十分了解的情况下，不要将联系方式和家庭情况告诉陌生人，以免让家人上当受骗。

（2）不要轻易相信列车上的“老乡”。一些骗子往往以“老乡”“师哥（姐）”等身份接近乘车的大学生，骗取大学生的信任，然后骗子以“钱包丢了”“借钱急用”等谎话骗取大学生的钱财。在你有事需要离开你的行李物品时，他（她）会主动提出帮你照料，然后趁机偷走。为此，乘车的大学生一定要警惕你身边的“老乡”“师哥（姐）”，不要轻信他们的谎言，更不要轻易地“慷慨解囊”或将贵重物品交给他们保管，以免上当受骗。

（3）不要随意外露或乱放财物。在流动性非常大的列车上，难免有一些窃贼混杂其中。由于大学生防范意识差，不注意保管自己的财物，将钱和贵重物品随意乱放，给窃贼提供了作案机会。因此，乘车的大学生要提高自我防范意识，不要随意外露或乱放自己的财物，谨防被盗。

（4）不要把手机借给陌生人使用。目前，以“借手机打电话”为名骗取旅客手机的犯罪活动越来越多，大学生在乘车时不要将手机借给陌生人，谨防上当。

（5）不要接受陌生人的食物和饮料。在列车上，骗子会想尽办法来博得他人的好感，使其消除警惕性，然后寻找机会将麻醉药放在食物或饮料中，等旅客服用后昏睡不醒之际，将旅客身上的财物洗劫一空。由于大学生喜好广交朋友，又缺乏社会经验，因此不法分子将大学生也作为易于下手的目标。大学生不要随意与陌生人交往，更不要随便接受陌生人的食物和饮料。

（6）不要在列车上酗酒。在列车上时常会看见一些大学生喝得酩酊大醉、东倒西歪，这不但使自己丧失了自我控制能力和防范意识，而且有损我国当代大学生的形象，同时也为窃贼们提供了可乘之机。为此，大学生不要在列车上酗酒。

**2. 院校内部交通安全应注意的问题**

院校内部的交通不像校外那样，但是却有其特殊的问题存在，主要是：

（1）路面窄，转弯多，容易出事故；

（2）流量不均衡，有的地段流量小，有的地段流量大；

（3）时间上相对集中，开学以后、放假前夕或遇大型集会、文体活动，是交通秩序最为混乱的时期；

（4）与校外交往多，而校内的交通路线并不全为校外的驾驶员所熟悉；

（5）交通安全设施往往被人忽略，缺乏专职交管人员。

这些因素的存在，决定了貌似清静幽雅的校园也难免有交通事故发生。如某校在举行校际篮球赛时，外校一辆送运动员的车辆驶入校园，在转弯处迎面将一骑自行车的女生撞倒，造成重大事故。因此大学生在校内也应有安全意识：

（1）切莫错误地认为校内无事，要树立交通安全观念，时时提高警惕；

（2）熟悉校内路线地形，记住易出事故的地段；

（3）走路留神，见到各种车辆提前避让，防止那些认为“校内可以不讲交通规则”的人意外肇事；

（4）骑车、驾车要慢速行驶，复杂地段要缓缓而行，必要时下车推行。

**3. 斗殴的危害及防止办法**

斗殴是人们相互之间在失去理智和自我约束情况下的一种外部的激烈冲突。这种不良行为或称“有害行为”，往往和无知、愚昧、缺乏教养等联系在一起。斗殴之所以容易在青少年中发生，和某些青少年血气方刚而又缺乏理智约束，争强好胜而又不能正确选择有着密切的关系。斗殴的直接危害，主要有三点。

（1）斗殴容易造成人身伤害。人们在丧失理智的时候，言语和行为都失去了控制，随性而为，这时往往出言刺耳，出手伤人，必然会造成人身伤害。

（2）斗殴容易导致犯罪。青年学生打架斗殴，有人认为是“小事一桩”，不必大惊小怪。殊不知因此导致犯罪的却屡见不鲜。

（3）斗殴影响团结和稳定。大学校园是培养有理想、有文化、有道德、有纪律的一代新人的阵地，需要有一个互相尊重、团结友爱、充满活力的和谐环境。而斗殴会增加不安定因素，严重者会发展成群体性殴斗，使学校正常的教学、生活秩序遭到破坏。

防止斗殴事件的发生要做到以下几点。

第一，要明确认识打架斗殴这种粗野、愚昧的不文明行为是接受高层次教育的大学生必须抵制的。我们知道，行为是一个人思想道德水平、品质的重要标志。大学生这个名称是知识的象征，也是文明的象征。大学生既要有实事求是、追求真理、严于律己、宽以待人的行为意识，又要有对人和气、谦虚谨慎、谈吐文雅、举止文明的行为表现，反对自私、狭隘、粗野、偏激、轻率、放纵，只图一时发泄个人意气而不计较后果的行为表现，大学生应使自己的高等文化修养与高尚的道德行为相适应。

第二，要善于自我克制。青年学生的斗殴行为，往往是由于一时的冲动。有的在愤怒时，完全丧失了理智与控制，不惜任何代价，从而造成了难以挽回的后果；有的在冲动时，理智战胜了愚昧，克制战胜了冲动，从而化干戈为玉帛。在个人纷争面前，忍并非无能，让并非无理，善于自我克制，不仅显示了自己的涵养，而且在公众面前树立了良好的形象。

第三，要善于化解矛盾。有些殴斗是由于同学之间长期不和或积怨较深逐步演变而来的，如能主动消除隔阂，及时进行调解、疏导，把问题解决在萌芽状态，就可防止矛盾的激化。我们经常讲，冤家宜解不宜结就是这个道理。

第四，不断加强自我修养，培养美的语言和美的心灵。许多斗殴事件的发生往往只是因为一句话，这句话可以火上加油，使斗殴行为骤然发生。要防止斗殴事件的发生就要求我们既要有美丽的心灵，又要有美的语言和行为。大学生应当语言和气、文雅、谦逊，讲话风趣而不粗俗，不恶语伤人，不强词夺理，更不讲粗话、脏话；对人热情而不虚假，庄重而不做作。应当懂得，语言美和行为美是从根本上有效遏制冲突，防止斗殴的一剂良药。

第五，要能够从纷繁复杂的生活现象中分辨是非，判断对错，防止发生群体性斗殴。当你在生活中遇到自己的老乡、朋友或本班的同学发生打架时，一定要先克制自己，冷静思考，切莫推波助澜，火上浇油。关键时刻，应以大局为重，力排众议将其引向解决问题的正当途径。

**4. 小小烟头的背后是什么**

香烟虽小，潜在的危害性却很大。香烟的燃烧状态可分自由燃烧和吸烟燃烧两种，当然这两种燃烧是交替进行的。由于香烟的品种不同，香烟燃烧的最高温度也有所不同，各燃烧区域的温度也会有差异。一般说来，香烟燃烧时中心部位温度高达800～900℃，卷纸的燃烧边缘温度达200～300℃。吸烟燃烧的中心温度要比自由燃烧的中心温度高一些。要保持香烟燃烧，中心部分必须在700℃以上。风速对香烟燃烧也有影响，风速在1.5 m/s时香烟最容易燃烧，风速达3.0 m/s时则很容易熄灭。

香烟的自由燃烧速度与其位置也有关系，在无风的条件下，水平放置时，烧到香烟过滤嘴一端需14～15min，垂直放置时，由下往上燃烧到过滤嘴需12～13min。

根据实验，香烟引起棉絮、木棉着火则需3～7min，引起腈纶着火只需1min左右。因此可知，由燃烧着的烟头引发的火灾也就不足为奇了。

据统计，在日本由吸烟引起的家庭火灾占26%，在美国由吸烟引起的家庭火灾占29.1%。这些国家每年都有不少人由于粗心大意死于因吸烟或乱扔烟头而引起的火灾中。

乱扔烟头，是防火工作中的一个很难解决的问题。全国城乡每天摁下的烟头有数十亿只，分布范围之广，涉及人数之多，是其他引起火灾的火源所不能相比的；在现实生活中，由于乱扔烟头引起火灾的教训是极其深刻的。日常生活中，有的人睡在床上或躺在沙发上吸烟，睡着后，烟头掉在被褥、衣服、沙发或地毯等可燃物上，引起了火灾；有的人把点着的香烟随手乱放，离开时未加熄灭，使火蔓延到书本、桌子、箱子、窗帘等物件上；有人把半截香烟塞在衣服袋里，衣服脱下以后就去做别的事，结果香烟并未熄灭，引起衣服燃烧而扩大成灾；有的人把未熄灭的烟头漫不经心地随手乱丢，结果烟头落在楼梯角落里，落在废纸篓中，落在柴草堆旁，落在打谷场和晒棉场上，落在木屑、刨花里，落在草丛中，落在有易燃气体的下水道等处，结果是把可燃物引燃了；有的人不遵守安全制度，在严禁吸烟的地方随意吸烟，结果引起了燃烧和爆炸。

乱扔烟头，虽说只是个人生活问题，似乎微不足道，可一旦引起火灾，不仅危及个人安全，更重要的是使人民生命受到危害，国家财产遭受严重损失，这时就由个人的生活问题上升为负有重大政治责任或刑事责任的问题了。

**5. 乱拉电线的危害**

乱拉电线就是不按照安全用电的有关规定，随便拖、拉电线，任意增加用电设备，这样做是很危险的。如南京某大学一位学生，为了试听录音机，在宿舍里将一个损坏的插座裸露出的两个线头上接线，由于导线很不规则，又从褥子底下穿过，当日下午接线处打火，烧坏褥子，引起火灾，焚毁4位同学床上的被褥、衣物、书籍和一些公物，直接经济损失为700余元，这就是一个典型事例。

还应该注意的是，在学生宿舍内，许多同学都买了小型充电器，方便电池充电，但个别同学充电时，随意将充电器放在床铺上、枕头上或书本上，人却离开了，结果充电时间过长，引起充电器过热，造成短路，产生火花，引燃床上用品或书本，造成火灾。以上事例，不过是个小的教训，还有比这更严重的后果。例如，电线拖在地上，可能被硬的东西压破或砸伤，损坏绝缘体；在易燃易爆场所乱拉电线，缺乏防火、防爆措施；乱拉电线常常要避人耳目，工具、材料等工作条件差，装线往往不用可靠的线夹，而用铁钉钉或铁丝绑，结果磨破绝缘体，损坏电线；不看电线粗细，任意增加用电设备，造成超负荷，使电线发热等。这些情况，多数都能造成短路、产生火花或发热起火，有的还会导致燃烧爆炸，甚至引起触电伤亡事故。

为了保证用电安全，防止乱拉电线，有关管理部门一般都有如下规定：

（1）用电要申请报装，线路设备装好后要经检验合格，才可通电，临时线路要严格控制，专人负责管理，用后拆除；

（2）采用合格的线路器材和用电设备；

（3）线路和设备要由专业电工安装，一定要符合有关安全规定。

**6. 电源插座的防火**

电源插座中有一种一座多用的三联插座和四联插座，使用方便，颇受同学们青睐。但是使用这种多用插座应注意电源插座所能承受的能力，不能超负荷使用，以保安全。

在电源插座上均标明有额定电压与电流，即电源插座能够承受的最大电压与电流值。电压与电流的乘积为电功率，单位为瓦特。假若在使用多联电源插座时，插了好几种电器时应仔细计算一下所插电器的功率是否超过了多联插座允许的额定功率，假若比插座的额定功率低，使用就安全；若所用电器的总功率大于多联插座的额定功率，使用就不安全。因为当电流通过金属导体时，金属导体会升温，这叫作电流热效应，当电流通过导体愈大，热效应愈高，发热量也愈大。当多种电器的电流通过多联插座时，电流愈大其热效应愈高，超过额定值后就会烧毁电线和插座，严重时就会引起火灾。所以切记使用电源插座时不要“小马拉大车”。

**7. 停电之后的防火问题**

（1）有条件的，要用应急照明灯，尽量不用明火照明。因条件受限而用油灯、蜡烛等明火照明，要远离蚊帐、门、窗帘、书、报纸等可燃物。

（2）使用油灯、蜡烛应急照明必须有人看管，做到人离开或睡觉将火熄灭。

（3）不要拿着蜡烛、油灯在床底下、柜橱内以及狭小的地方找东西，以免不小心烧着可燃物引发火灾。

（4）要将事先使用的电器电源插头及时拔掉，防止来电后人不在室内时，电器长时间通电，温度升高发生短路而引发火灾。

**8. 火场逃生的原则**

火场逃生的原则是：确保安全，迅速撤离；顾全大局，救助结合。

“确保安全，迅速撤离”是指被火灾围困的人员或灭火人员，要抓住有利时机，就近利用一切可利用的工具、物品，想方设法迅速撤离火灾危险区。一个人的正确行为，能够带动更多人的跟随，就会避免一大批人的伤亡。不要因抢救贵重物品或钱财而贻误逃生良机。这里需强调的是，如果逃生的通道均被封死时，在无任何安全保障的情况下，不要急于采取过激的行为，以免造成不必要的伤亡。

“顾全大局，救助结合”是指自救与互救相结合。当被困人员较多，特别是有老、弱、病、残、孕等人群在场时，要主动积极帮助他们首先逃离危险区，有秩序地进行疏散。

自救与消除险情相结合。火场是千变万化的，如不扑灭火灾，不及时消除险情，就会造成人员伤亡，给公共财产造成更大的经济损失。在能力和条件许可的情况下，要发扬自我牺牲精神，在保护自己的同时，积极消除险情，延缓灾害蔓延的时间。

当逃生的途径被火灾封死后，要注意保护自己，等待救援人员开辟通道，逃离火灾危险区。

**9．火灾逃生和自救措施**

遭遇火险，一定要克服恐惧心理、从众心理等不良心态。如能牢记下述几点，将帮助你在遭遇火险时得以顺利逃生。

（1）一定要冷静。准备好湿毛巾捂严口鼻，寻找安全出口，迅速离开火灾现场。

（2）利用窗户、阳台探明火势情况，并利用一切可行的方式与外界联系，如有通信设施应立即拨打“119”报警。

（3）避开烟火和热气流，大声呼救并利用各种逃生器材逃生。

（4）当楼梯、走道等疏散通道因火势被隔离时，可用毛巾、被单、窗帘等自制救生绳拴牢固定，从窗户、阳台逃生。

（5）关紧迎火面的门窗，将房内物品弄湿，将门墙泼湿，用湿毛巾、湿衣服塞住门缝。

（6）设法把房门顶住，打开卫生间、厨房等处的排风扇，排烟降温；打开背火面的门窗，躲在无火处，向窗外摆动衣服、床单求救。

（7）不要乘电梯逃生，不要走入死胡同。火大时，可弯腰行走，匍匐前进，最大限度防止吸进烟气而窒息。只要坚持下去就可以获救。

（8）楼上被困者可寻找临时避难房间、避难层或向楼顶疏散，尽可能不要跳楼。火灾伤亡很多都是盲目跳楼所致。万不得已要跳时，须采取以下措施：先抛下棉被、沙发垫等松软物品，再选择楼下较软处，如水池、河边、沙地、枝叶茂盛的树上。跳楼时，抱紧头部，身体弯曲，蜷成一团，可减少头部着地和人体着地的冲击力。

**10．人被困在室内时的呼救**

当发生火灾时，人一般被围困在室内，不清楚周围的失火情况，一时不能撤离火场。由于火势凶猛，门窗被封住，烟熏火燎的环境最容易使人迷失方向。

人被大火围困在建筑物内时大声呼救，外面的人很难听到。因为熊熊烈火形成一道火围墙，阻挡了声音的传播。此时被困的人应保持冷静，卧倒在地面上呼救。因火势顺着气流向上升，在低矮的地方，可燃物已经烧过或还有未燃烧之处，呼救的声音可透过这些空隙向外传出。这样外界容易听到呼救声，能够及时设法营救。

**11．保管好自己的现金和贵重物品**

现在的大学生，往往有手机、MP3、手提电脑、数码相机等比较贵重的物品，有的一次从家中带来或家长寄来上千元生活费，一旦被盗，不仅会使生活、学习受到很大影响，往往还会影响情绪，分散精力。

现金最好的保管办法是存入银行。尤其是数额较大的要及时存入，千万不能怕麻烦。应选用适当的储蓄种类，就近储蓄，应将身份证随身携带或与存折分开放，这样即使存折丢失、被盗，也不用担心现金被人冒领。储蓄后要记下存单号码，一旦被窃或丢失，便于报案和到银行挂失。

贵重物品不用时最好锁在抽屉、柜子里，以防被顺手牵羊、乘虚而入者盗走。放假离校应将贵重物品随身带走或托可靠的人保管，不可留在寝室。住在一楼的同学，睡前应将现金及贵重物品锁入抽屉，防止被人“钓鱼”勾走。寝室的门最好能换上保险锁，易于翻越的窗户要加护栏，门钥匙不要随便乱放或丢失。另外，在价值较高的贵重物品、衣物上，最好有意识做一些特殊记号，即使被偷走，将来找回的可能性也要大些。

**12. 宿舍防盗应注意的问题**

学生宿舍一定意义上就是学生的家，是学生休息、生活和学习的场所。因此，保证学生宿舍的安全，对于每个同学的身心健康、奋发学习、愉快生活至关重要。防止宿舍发生被盗事件，保护好同学的财物，是宿舍每个同学的共同任务。要防止学生宿舍被盗，就应该注意以下几点。

（1）最后离开宿舍的同学要注意锁门，是暗锁的要反锁门，不要怕麻烦，要养成随手关、锁门的习惯。不给不法分子留下任何可乘之机，若一时大意，往往后悔莫及。例如，有一个混合型宿舍，同学平时比较松懈，出出进进从不注意锁门，保卫人员多次提醒，没有引起他们的注意。一天，由于宿舍又没人锁门，被小偷顺手偷走几个同学的现金和两台笔记本电脑。

（2）不能随便留宿，尤其是不要留宿不知底细的人。同学们都远离家乡，热情好客很正常。但是，不能违反学校管理规定，更不能失去警惕，引狼入室。

（3）不要把学生宿舍作为聚会、聚餐、打牌、会客等交际的场所。假如学生宿舍都形成了各种形式的“娱乐中心”，来往的人员就会十分复杂，容易发生各种违法案件。

（4）警惕外来的陌生人，特别是形迹可疑的人，对于外来的可疑人员要提高警惕，仔细盘问，若来人回答问题疑点多，要及时送保卫处或派出所。外来人员在宿舍里盗窃的手段一般是：有的以兜售物品的商贩面貌出现，见宿舍管理松懈，进出没有人过问，房门经常大开，就顺手牵羊，偷走现金、衣物等物品；有的盗贼事先到准备作案的宿舍踩点，摸清情况，然后看准机会，撬门扭锁，进行盗窃；还有的盗窃分子，打扮成学生模样在宿舍到处乱窜，一遇机会就大捞一把。以上这些类型的盗窃分子都有在宿舍里四处走动、窥测张望等共同特点。因此同学们见到形迹可疑的陌生人，只要有礼有节地进行询问，就会发现问题。即使当场不能将其抓获，也能使盗窃分子感到无机可乘，从客观上起到预防的作用。

（5）注意保管好自己的钥匙，不要随便借给他人。有些同学不能很好地保管自己的钥匙，丢失钥匙的事情屡有发生；还有的同学随便将钥匙借给他人，从而造成宿舍被偷。

（6）学生宿舍楼的安全员要认真履行职责。在值班时，安全员要注意力集中，不能擅自脱岗。见到可疑的人多询问，盗窃分子多数都做贼心虚，如查得紧，问得细，就会露出马脚，从而可以有效地防止各类案件的发生。另外，安全员还要熟悉本楼学生，掌握宿舍人员进出的时间规律，对不像学生的人应禁止进入，对携物外出者，一律要问明情况，查验证件，进行登记，堵塞一切漏洞，消除各种隐患。同学们要支持楼管人员的工作，尊重值班人员。

（7）加强混合型宿舍的管理。有些宿舍管理混乱，人员混杂，什么人都能随意进出。这样的宿舍最容易发生盗窃案。对于这样的宿舍，同学们除了做好宿舍防范工作外，要根据实际情况，积极向学校有关部门反映情况，切实做好宿舍安全管理工作。

**13. 盗窃易发生的时间段**

（1）刚入学，宿舍较乱时易被盗。

（2）放假前易被盗。

（3）假期，学生离校后，易发生盗窃。

（4）同学都去上课时易被盗。尤其是上午第一、二节课时。

（5）上晚自习，如相连的几个寝室的人都不在，也可能被盗。

（6）夏秋季节，开窗睡觉易发生“钓鱼”盗窃。

（7）夏季开门多，易发生乘虚而入的盗窃。

（8）学校举办大型文体活动，外来人员剧增时，不安全因素也易增加。

（9）学校开大会、运动会、考试、周末放电影等时间，因宿舍同学都不在，易被盗。

（10）新生军训期间，宿舍长期无人居住，易被盗。

**14. 窃贼的盗窃方式**

（1）“顺手牵羊”。趁主人不备，将晾晒在走廊、阳台等处的衣物盗走。

（2）乘虚而入。主人不在，房门不锁，窃贼入室。

（3）“钓鱼”。用竹竿将晾在窗外的衣服勾走。

（4）撬门扭锁。

（5）溜门行窃。盛夏时节，一些学生为图凉快，夜间睡觉不关门，小偷趁机入室偷窃“浮财”。有的小偷夜间先偷走门钥匙，白天再找机会入室偷窃。一些学生夜间上厕所不锁门，小偷利用时间差，快速入室抱起财物就跑。

除上述五类外，还有偷配钥匙预谋行窃，以卖东西等名义混入宿舍趁机行窃等。

**15. 窃贼的主要伎俩**

盗窃分子进入学生宿舍作案，主要目标是现金，包括存折、汇款单（有的盗窃后立即去银行或邮局取款），其次是MP3、手机、数码照相机等价值较高又便于携带的物品，再次是价值较高的衣物。盗窃分子入室后，往往先是开抽屉，越是上锁的抽屉被撬的可能性越大，其次是开箱子，然后翻褥子、枕头。一些惯偷偷起东西来既快又细，放在枕芯里、褥子下、屉子底下、盒子里的现金，也难逃其“毒手”。

**16. 预防手机短信诈骗**

手机中的诈骗短信多种多样，其类型主要有以下几种。

1）设置中奖陷阱

以中奖为诱饵，诈骗者让手机用户先汇邮费、手续费或个人所得税到一个银行账号，收到钱后便消失无踪。

2）发布“六合彩”虚假信息

“六合彩”是政府明确禁止的赌博行为，但是诈骗者却通过手机短信向用户群发虚假的非法“六合彩”特码信息来骗取钱财。

3）窃取银行卡信息

诈骗者以银行或银联的名义向持卡人发送手机短信，称持卡人在某处消费或银行卡的信息资料被泄露，以此来骗取持卡人的信任并让其拨打手机短信所指定的电话进行银行卡的核查，其结果是持卡人不经意泄露了自己的银行卡号、账号或密码等信息，导致银行卡的资金被诈骗者窃取。

4）贩货诈骗

诈骗者发送手机信息散布自己低价出售走私汽车、代办各类证件等虚假信息，诱骗手机用户向指定的账户汇款，从而实施诈骗活动。

5）骗取高额话费

这类短信的方式比较多：有的短信称某手机用户的朋友为他点播了歌曲，请他拨打某电话收听，如果手机用户回电话听歌就会被收取高额话费。有的短信打着“短信速配”“网上恋人”的旗号，引诱手机用户回复短信，结果回复短信的手机号码就会被一些非法短信网站锁定从而使该手机用户支付高额话费。有的短信通过窃取手机 SIM 卡信息骗取话费，例如，有的短信称“我是××公司的工程师，现在将对你的手机进行检查，为配合检查，请按#90 或 90#”。如果手机用户按照短信的指示操作了，SIM 卡号就可能被骗取，诈骗者可以利用该卡号随意拨打电话。

6）以代考、代办证件、倒卖黑车、招聘为名诈骗钱财

这种诈骗通常以骗取报名费、中介费或担保金为目的，一旦得手，就再无音信，所以避免此类诈骗最好的办法是通过学校或正规的中介机构求职，否则除了财产安全，学生甚至还会付出更大的代价。如 2004 年 2 月 19 日，南京某著名高校成教院一女学生为求职，将自己相关信息交给招聘单位后，被不法分子利用，将其骗至无锡，在女生索要求职保证金未果后，居然被残忍杀害。单纯的轻信让该女生付出了生命的代价。

**17. 防范短信陷阱的做法**

1）不要轻易进行手机注册

在网络上，经常可以看到“通过手机注册为本网站用户，可以免费注册”等字样，这时千万要留神，服务提供商可能借此每月收取一笔不菲的信息费。

2）不要轻易下载免费软件

一些网站提供了能够免费发送短信的小软件，还称对方可直接回复此短信。不过当对方直接回复短信时，服务提供商不仅不会提供免费回复，反而会向回复方收取双倍的资费。

3）不贪小利

有时看似花很少的钱甚至免费就能得到为期一个月的短信服务，但如果想退订短信却又不那么容易。

4）不轻易回复莫名短信

当看到“今天在哪吃饭”“在楼下等你”等看似熟悉却又不知发送者是谁的短信时不要忙着回复。如果用户直接回复，便会不知不觉地被迫订购某种业务，白花冤枉钱。

5）不定资费不清的业务套餐

一般短信服务的资费标准每条0.1元或每月5元。但有些短信在定制过程中偏偏不告知明确的资费标准，导致一些用户不明不白地定制了高价服务。

**18. 预防诈骗案件**

大学生上当受骗的主要原因如下。

（1）思想单纯，防范意识较差。

（2）贪图虚荣，爱面子。

（3）贪小便宜，急功近利。

为避免诈骗案件发生在自己及周围人身上，要从以下几个方面做好防骗措施。

1）始终保持清醒的头脑

一些诈骗分子往往称自己陷入了困境，向过往行人以超低的价格兜售一些名表、手机、项链之类的物品，其诱惑性极大。我们一定要保持清醒的头脑，千万不能让一点小便宜蒙住自己的双眼，冲昏自己的头脑。遇到此种情况，第一，要向兜售者索要兜售物品的发票或凭证，证明物品的合法性；第二，查看兜售者的身份证件，以备不测；第三，找有专业鉴别知识的部门或人员鉴别物品质量，以防假冒伪劣。如果是诈骗分子，运用以上三种方法都可以使其原形毕露。确定遭到诈骗后，要及时与校保卫处及公安机关联系，将诈骗分子绳之以法。

从警方已经侦破的案件中发现，目前不法分子抓住被害人贪图小利、粗心大意、盲目轻信等弱点，诱骗被害人轻信谎言后自愿将现金存入指定账户；作案人通过发送短信的方式引诱受害者上当，而不需要与受害人正面接触，其作案具有很强的隐蔽性。随着群众警觉性的提高，短信诈骗犯罪已由最初的单人作案向组织更严密、犯罪设计更精心的集团犯罪转型。不轻信、不贪婪、不着急、不回复，这是手机用户对付诈骗短信最有效的办法。

2）“停、看、听”三大绝招防止被骗

尽管各种诈骗花招百出，但只要不存贪念，遇事遵循“停、看、听”原则，冷静以对，受骗的概率就很小。“恭喜你中大奖了！”听到这样的好消息，你别高兴得太早；“可怜可怜我吧，我现在急需用钱，把你的现金借给我，我拿我的存折抵押……”当你听到这样的话时，也先别为之动容。

不妨一试“停、看、听”。“停”就是使自己冷静下来，不要处于激动、亢奋状态。“看”就是看所讲的事物是否可信，对方讲话的神态、表情是否过于夸张。“听”就是提几个问题听对方的回答。一般而言，骗术经不起推敲，盘问得越详细，漏洞越多，骗子越心慌。上街遇到稀罕事做到“停、看、听”，骗子便无计可施。

3）“九不”助你有效防骗

①不要将个人证件借给他人，以防被冒用。

②不要将个人信息资料，如存折（金融卡）密码、住址、电话、手机等，随意提供给他人，以防被利用。

③对陌生人切不可轻信，更不要将钱借给陌生人。

④防止以“求助”或利诱为名的诈骗行为，一旦发现可疑，应及时向父母、老师或保卫处、派出所报告。

⑤切不可轻信广告、网络、电话（手机）上的勤工助学、求职、中奖等信息，防止上当受骗。

⑥不贪横财，做老实人，要有强烈的防骗意识。

⑦敢于说“不”，要学会察言观色。旅途中对陌生人提供的香烟、饮料、食品等，要婉言谢绝，防止犯罪分子的“迷魂药”。

⑧不要到街头地摊上“测字”“看相”“算命”，那些都是骗人的把戏。对街头向你求助或乞讨的“可怜人”，要细加识别，防止上当受骗。

⑨遭到骗子的“暗算”，一定要就近快速报案，万万不要“哑巴吃黄连”。

4）网上慎交友

近十几年来，计算机网络的飞速发展，改变着人们的工作、学习和生活，但网络也给人们留下了隐患。如某学院一女生，通过网上聊天认识了一名网友，而且还把自己的家庭地址和手机号等信息告知了对方，后该网友得知女生暑假在家，竟跑到女生家附近的小镇住下，并设法将该女生骗至江西。当她的家人找到她时，发现她已变得精神恍惚，连生活都无法自理，更别说继续学业了。

大学生在网上交友，一定要注意加强自我防范和保护意识。一是不要过分信赖对方，毫无保留地暴露自己的信息；二是交往过程中要保持与对方的距离，时刻提高警惕；三是不要轻视忽略对方，过高地估计自身的能力，特别是女孩更应该避免在夜晚、陌生的地方、人迹稀少且孤立无援等情况下与对方见面。

**19. 预防突然发生的抢夺案件**

抢夺是作案人以非法占有为目的，公开夺取数额较大的公私财物的行为。其特点是作案人使用暴力、胁迫等手段，但作案人在实施抢夺行为时，极有可能造成攻击目标的人身损害。因而这类案件严重侵害了大学生的人身及财产安全，具有较大的危害性。预防抢夺案件的发生，必须注意以下几点。

（1）外出不要携带过多显眼的现金和贵重物品。

（2）不要炫耀或显露现金或贵重物品。

（3）现金或贵重物品最好贴身携带，不要置于手提包或挎包内。

（4）尽量避免在午休、深夜或街上人少的时候单独外出。

（5）不要单独滞留或行走在偏僻、阴暗处。

（6）发现有人尾随或窥视，不要紧张，不可露出胆怯神态，可回头多盯对方几眼或哼歌，并改变原定路线，朝有人、有灯的地方走。

**20. 遭遇抢劫的处理方法**

要保持精神上的镇定和心理上的平静，克服畏惧、恐慌情绪，冷静分析自己所处的环境，对比双方的力量，针对不同的情况采取不同的对策。

（1）首先要想到尽力反抗。只要具备反抗的能力或时机有利，就应及时反抗，制服或使作案人丧失继续作案的心理和能力。

（2）尽量抗衡。可借助有利地形，利用身边的砖头、木棒等足以自卫的物品与作案人僵持，使作案人短时间内无法近身，以引来援助者并给作案人造成心理上的压力。

（3）当无法与作案人抗衡时，可看准时机向有人、有灯光或宿舍区奔跑。

（4）要与作案人巧妙周旋。当已处于作案人的控制之下无法反抗时，可按作案人的需求交出部分财物，采用语言反抗法，理直气壮地对作案人进行说服教育，晓以利害，造成作案人心理上的恐慌。切不可一味求饶，要保持镇定或与作案人说笑，采用幽默的方式，表明自己已交出全部财物，并无反抗的意图，使作案人放松警惕，看准时机反抗或逃脱控制。

（5）采用间接反抗法。即趁作案人不注意时在其身上留下暗记，如在其衣服上擦上泥土、血迹；在其口袋中装有标记的小物件；在作案人得逞后悄悄尾随其后，注意作案人的逃跑去向等。

（6）要注意观察作案人。尽量准确地记下其特征，如身高、年龄、体态、发型、衣着、面貌、语言、行为等特征。

（7）及时报案。作案人得逞后，有可能继续寻找下一个抢劫目标，更有甚者在附近的商店、餐厅挥霍。各高校一般都有较为严密的防范机制，如能及时报案，准确描述作案人特征，有利于有关部门及时组织力量布控，抓获作案人。在校外被抢者，要及时到就近派出所报案。

（8）无论在什么情况下，只要有可能，就要大声呼救或故意高声与作案人说话。

在遭受抢劫时灵活采用上述这些办法，是有可能制服作案分子的。

**21. 外部对大学生滋扰的常见表现形式**

一些高等院校虽高墙深筑，但不同程度地会受到外部滋扰，这本身是个涉及学校、家庭、社会诸多复杂因素交错的社会问题。从广义的角度来说，滋扰是指对校园的各种形式的侵犯。这里所指的仅限于对校园秩序的破坏扰乱，对大学生的无端的挑衅、侵犯甚至伤害。其表现形式通常有如下几种。

（1）一些受变态心理驱使的青少年到校内游逛，故意怪叫、谩骂、吵吵嚷嚷，有意扰乱秩序，显得旁若无人，不可一世，似乎“老子天下第一”。这种行为被一些青少年习惯地称为“玩”。大学生作为校园的主人，与这类人员发生正面冲突的可能性很大。

（2）在一些职工宿舍区与教学区混杂的院校，某些法纪观念淡薄的职工子弟（有时也邀约校外青少年）与学生争抢活动场地，喧宾夺主，引发矛盾和冲突。

（3）青少年犯罪团伙邀约到校内斗殴滋事，围观的大学生无辜遭殃，跟着挨打。

（4）有的不法青少年在游泳、看电影、参加舞会、观看比赛等偶然场合里与大学生发生矛盾，进而酿成冲突。

（5）校内外的不良青少年通过多种途径与少数大学生交往结识，如果双方发生矛盾或纠葛，校外人员就会有目的地入校寻衅滋事，伺机进行报复。

很显然，滋事者大多是一些有劣迹、行为不轨的青少年。这些人往往只顾满足眼前欲望而不计后果，易为偶然动机和本能所支配，自制力差，微不足道的精神刺激即可使之陷入暴怒和冲动之中。有些则结成团伙，蛮横无理，为所欲为，称霸一方，入校滋扰。有的事先有明确目的，有的则并无确定目标。无论是哪种形式，受滋扰的对象往往是大学生。在一些地处城乡结合部或周围居民点密集的院校内，受滋扰的程度可能更深些。我们必须高度警惕和重视这一现实问题。

**22. 避免陷入网络陷阱**

网络自诞生以来，就改变了人类传统的生存状态，人类第一次可以真实感知精神和灵魂的虚拟世界。网络给人们带来了便捷，同时也布满陷阱。形形色色的骗子在网络上策划着各种骗局，他们在网上“热情”地向你发出信号：要么是你的红颜知己，要么可以帮助你发财百万。不知不觉中，也许你已经滑入了“网络陷阱”。

1）网络陷阱的分类

网络陷阱主要有以下几种。

（1）信用卡陷阱：

在网络上发布诱人的购买信息，吸引人填写表单，骗取账号及信用卡资料。

（2）股票陷阱：

在网络上发布虚假信息，哄抬股价，自己借机赚钱。

（3）交友陷阱：

打着网上交友的招牌，用假资料欺骗对方。

（4）求职陷阱：

利用网上招聘信息，对求职者进行骗财骗色不法活动。

（5）链接陷阱：

当链接某些下载软件时，该软件能偷偷关闭用户与 ISP 的链接，而接上国外的长话拨号台，使用户支付巨额的国际长途话费。有效的办法是关闭上网电话的国际长话功能。

（6）“饼干”陷阱：

利用“饼干程序”（cookie）盗窃用户资料，达到控制用户的目的。

（7）“老鼠会”陷阱：

以直销为名，变相吸收和发展“老鼠会”会员，骗取会员钱财。

（8）网上竞拍陷阱：

此骗术的秘密在于找“托儿”，哄抬拍品的价格，诱人高价买走拍品。

（9）“幸运邮件”陷阱：

制造者发出无数的幸运邮件，诱骗汇款。

（10）电脑销售陷阱：

以网上销售价廉物美的电脑为名或“幸运免费赠品”的喜报，要求将运费汇往某地，以此骗取运费。

（11）手机报复陷阱：

将他人的手机号码在网上公布，并配以低价出让房子等信息，诱使许多人打电话，骚扰手机主人，让手机主人赔上巨额话费。

另外，网上还有些技术性、软件性的陷阱，如“陷门陷阱”“蠕虫陷阱”“搭线窃听陷阱”“逻辑炸弹陷阱”等，网民须提高警惕。

2）网络陷阱的应对

针对如病毒陷阱、色情陷阱、感情陷阱以及钞票陷阱等这些常见的陷阱，必须做好应对措施。

(1) 病毒陷阱。

病毒陷阱是网上最常见的一种陷阱。计算机病毒是一种经过恶意设计，能隐蔽运行和自我复制，具有破坏力和不良表现欲的计算机软件，它们在用户不注意的时候侵入计算机系统，破坏用户文件，窃取用户隐私，强迫用户浏览不良站点。互联网的广泛运用，使得病毒的制造和传播空前活跃，带有黑客性质的病毒和嵌入网页的恶意代码大量涌现。由于个人计算机系统的天生脆弱性与互联网的开放性，我们将不得不与病毒长久共存。

措施：对付病毒陷阱的最有效的方法就是选择一个合适的在线杀毒软件，并随时升级它的防毒代码，对可能带有恶意代码的不良网站保持警惕，在没有通过病毒检测前不要轻易打开来路不明的文件。

(2) 色情陷阱。

色情陷阱是互联网的一大毒害。因为各个国家的法律不同，所以色情陷阱是长期存在的。目前出现了一种依托色情网站的恶意拨号软件，用户在浏览该网页时会受到诱惑而下载运行它，此时，配有“猫”的计算机会自动拨打国际长途，给用户造成巨额花费。

措施：对付这类陷阱的最根本的方法就是不去浏览色情网页，并且设法关闭自己的国际长话功能，不要信任来历不明的拨号软件。拨号上网的用户在使用新下载软件时要注意你的“猫”有没有异常变化。如果发现连接图标忽然消失又忽然出现，或者你的“猫”声音异常，那就有可能是软件中的连接程序偷偷关闭了你的正常连接，而连接上国外的长话拨号台。

(3) 感情陷阱。

不少人热衷于去聊天室找异性聊天，沉迷于精神恋爱之中，这不仅耗时劳神，而且还有一定的风险。有人想把网上恋情向现实生活中扩展，则大多数不能如意。有心理变态者专门扮作异性在网上谈情说爱，还有一些人通过网络搞爱情骗局。

措施：对付这种陷阱，关键是要有定力，端正自己的上网观，不做有悖于道德和为人准则的事情。

(4) 钞票陷阱。

钞票陷阱是目前网络新产生的一种危害极大的陷阱。陷阱设计者的最终目的就是骗到钱，主要有以下几种方式。

①网络“老鼠会”。具体做法是以直销为名，变相吸收和发展“老鼠会”会员，用上当者不易察觉的方式非法吸取会员金钱。在网上如果遇到下列情形就要特别当心：以招收会员为名要求入会者高价购买货物，发展下线；会员获利的多少由发展下线人数而定，而非由销货的多少而定；向你保证高利润；宣称销售的是某某神奇的商品。

②网上竞拍。此种骗术主要是找托儿或者自己哄抬拍品的价格，以诱人上当，高价买走拍品。国内目前还没有相应的法规对此种行为进行有效约束。

措施：如果你要参加商品或藏品竞拍，一定要了解拍品的价值及市场定位，千万不要在轮番叫价中上了拍主及托儿的当。

③邮件行骗。“幸运邮件陷阱”的制造者会在网上发出无数的电子邮件，邮件的内容多为：“阁下收到的是‘幸运邮件’，只要您按照信中地址寄出小额幸运款，幸运则会降临，您收到数以万计的汇款，如果你有意失去这次机会，噩运将会长久地追随……”如果你真的相信了这套，把钱寄了出去，那么你等到的将是无休止的后悔。

措施：对付这类陷阱就是不能贪图小便宜，不要轻易向个人或不名的小型网站寄钱或者透露你的信用卡信息。

网络陷阱花样繁多，以上涉及的仅仅是其中一部分。有的新骗局技术性很强，新手经常会上当。对付网络陷阱的防骗秘诀主要有三条：一是戒贪，因为上当者大都是想贪小便宜的人；二是戒黄，因为常见的网络陷阱很大一部分都是出自黄色网站；三是要做“网通”，因为掌握了过硬的网络知识，才有可能识破各式各样的网络陷阱。

当代大学生要在网络陷阱前提高识别能力，锻炼出一颗处变不惊的坚强的心。

**23. 预防传销陷阱**

国务院令第444号《禁止传销条例》中对传销的定义是：“组织者或者经营者发展人员，通过对被发展人员以其直接或间接发展的人员数量或者销售业绩为依据计算和给付报酬，或者要求被发展人员交纳一定费用为条件取得加入资格等方式牟取非法利益，扰乱经济秩序，影响社会稳定的行为。”

非法传销以发展推销人员入会为主要目的，通过入会人员的入会费用牟利。非法传销没有固定的店铺，通过一个个所谓成功的案例来吸引人员参与。这种模式实际上是一个“金字塔”的构建模型，处于金字塔底部的人员在供养处于金字塔顶端的人员。金字塔塔基越大，处于金字塔上层的人员获利越丰厚。但是这个传销金字塔是非常不稳定的，塔中任何一个环节出现问题，都会导致金字塔的倒塌。同时这个金字塔要求处于塔中的每一个人员，必须按照同一个游戏规则进行活动，但是又缺乏有效的管理，这势必会造成金字塔基础不稳定。

非法传销的实质不过是“聚众融资”，高额的入门费加上无法在市场中流通的低质高价产品，不会维持太长的时间，并且这些非法传销公司的组织者的收益主要也来自参加者交纳的入门费或认购商品等方式变相交纳的费用。因为产品不流通，组织者多半利用后参加者所交纳的部分费用支付先参加者的报酬以维持运作。非法传销人员常抓住大学生急于在社会上锻炼、渴望成功的心理，诱导欺骗大学生参加。被欺骗的大学生往往沉溺其中，不能自拔。

非法传销现在最常用的手段就是与直销混为一谈。无论怎样，直销与传销还是有本质区别的。要符合以下三种情况，那就是传销无疑了。

（1）加入组织须交纳入会费（或购买产品）。

（2）介绍他人进来就有业绩奖金。

（3）介绍的人越多，级别越高，收入越多，还有分红等。

非法传销以洗脑为手段，利用大学生缺乏社会经验、急功近利的弱点，美化创业的乐趣，描述传销的美好前景，鼓动大学生参与其中。非法传销多以成功学为诱饵，以帮助大学生增强自信心、提升适应能力为手段，一步步将大学生引入歧途。

目前，非法传销又向着中小城市发展，并把招聘大学生作为一个重要的内容。这种发展是极其隐蔽的，大学生要认清非法传销的本质，只要是以拉人入会为目的的组织，就不要加入或在发现后及时退出。大多数非法传销是通过同学、同乡甚至是亲戚之间的介绍来发展会员的。所以，对主动联络大学生的招聘信息，同学们更要谨慎行事，不可轻易相信任何来路不明的招聘信息。大学生也不要轻易将个人信息随便告知他人。

针对大学生的非法传销组织，常利用大学生掌握先进技术快、接受新鲜事物能力强的特点，利用网络对大学生进行欺骗。这些非法传销组织不惜建立专业的网站，租用办公点来欺骗学生。对待这种网络招聘形式，大学生更要明辨是非，在不确定的情况下不要去招聘单位面试。

非法传销组织为诱骗来应聘的大学生，都会收取大学生的证件和通信工具，控制其人身的自由。大学生在应聘时要将详细的行程告诉老师或亲友，不要将证件和通信工具交由他人管理。万一真的被非法传销组织控制也不要惊慌，要见机行事，不可以莽撞地与对方冲突，毕竟个人的力量有限。抓住机遇报案也不失为好的方法。

非法传销有“经济邪教”之称，其威力可见一斑。广大大学生要树立正确的成才观念和择业观念，不要落入非法传销的陷阱。

**24. 大学生在勤工助学时需增强自我防范意识**

大学生勤工助学可以提高实践能力，积累社会经验，劳动所得可以减轻家庭经济负担。国家大力提倡，学生也应积极响应，但要注意以下事项。

（1）巧立名目收取各种报名费、培训费。

政府有关人事部门规定：用人单位在招聘时，不得收取求职者任何形式的报名费、培训费、押金等。招聘单位巧立名目，收取求职者各种形式的报名费、培训费、押金等费用，求职者应提高警惕，坚决拒绝交纳各种费用。

（2）警惕卷入任何形式的传销活动。

传销是国家明令禁止的非法行为。一些不法分子为了个人的利益，千方百计地发展下线，使一些大学生上当受骗。遇到这种情况一定要冷静处理，千万不要偏信能使你一夜暴富的话，以免误入歧途。

（3）面试地点是临时租借来的宾馆等地。

正规的单位一般都有固定的办公场所。若招聘单位面试地点选择在宾馆、宿舍等临时租借来的地方，就要高度警惕，谨防上当受骗。

（4）招聘单位只有手机单一联系方式。

当接到应聘单位面试通知时，要问清楚对方的办公地址和固定联系电话。若招聘单位只有手机这一种联系方式，就要高度警惕，谨防上当受骗。

(5) 晚上预约面试

若接到安排在晚上面试的通知，要特别提高警惕，要找理由改到白天上班时间去面试，晚上不要出去面试，特别是女同学，一定要注意提高自己的防范意识。

(6) 招聘面试在偏远的地方。

若用人单位招聘面试在很偏远的地方，最好多人一同前往，避免单人行动，即使在白天，也要提高警惕，谨防不安全事件的发生，一旦出现问题，连报警的地方和机会都很难找到。

(7) 谨慎到外地应聘面试。

若需要到外地应聘面试，应两人以上共同前往。外地对你来说，人生地不熟，遇到麻烦事很难解决。因此，在对招聘单位没详细了解的情况下，要特别小心谨慎，不要贸然单独行动，谨防上当受骗。

(8) 谨慎单独联系家教工作。

大学生在单独联系家教工作时要提前和学校相关部门及班主任取得联系，并有两人以上相伴共同前往。到达目的地时，要详细了解家教的具体地点、楼号、门牌号、雇请家教家庭的电话号码和准确的联系方式，并将情况向学校和家长说明。

另外，个人在求职过程中，还要注意以下事项。

(1) 多方面、多渠道详细了解招聘单位的情况及背景，看看其是否正规，业务是否合法，单位是否拥有合法的营业执照和经营许可证，是否有不良记录等。如被录用，要与用人单位签订正规的劳动合同，万一权益受到损害，可以依法维护自己的合法权益。

(2) 无论哪种形式的面试或预约，切记：在出门前，一定要通知学校相关部门和老师，要给家人或亲朋好友留下要去招聘单位的详细地址和联系电话（包括固定电话），以防万一；另外要避免单独一人前往（最好有人陪伴）。

(3) 在应聘的过程中一定要了解清楚应聘单位是否有合法的手续，是否在国家相关部门登记注册，在签订劳动合同前要求对方提供企业的相关资料，以确保应聘单位的合法性。

以上情况应该引起在校大学生们的注意，无论应聘什么单位，无论是打短工还是做家教，都要提高警惕，以免上当受骗。

**25. 学生体育运动安全防范常识**

1) 体育运动伤害发生的因素

(1) 认识不足。

对运动伤害预防的重要性认识不足，未能积极有效地采取预防措施，或措施不当，极易导致运动伤害的发生。

(2) 准备活动不足。

不做准备活动就进行激烈的体育运动，极易造成肌肉损伤、肌腱扭伤，韧带拉伤等运动伤害；准备活动敷衍了事，在运动系统和神经系统的功能尚未达到适宜水平，就进行运动，易对器官功能造成伤害；准备活动内容不得当或准备活动过量，致使准备活动无效或身体功能有所下降。

（3）心理状态不良。

在体育运动中由于急燥、恐惧、害羞、麻痹、缺乏经验或不自量力，也容易导致伤害事故。

（4）气候不宜。

过高的气温和潮湿的天气，导致大量出汗失水；在冰雪寒冷的冬季易发生冻伤或其他伤害事故。

（5）体质和素质不佳。

身体素质低、体质弱，体育基础差，一时不能适应体育运动的需要，容易发生伤害事故。

（6）行为不规范。

违反体育运动规律、纪律、规定和要求，也是造成身体伤害事故的原因。

2）体育运动应该注意的安全事项

（1）运动前准备好。

①检查自己的身体情况。

参加体育活动，首先要了解自己的身体状况，要学会自我监督，随时注意身体功能状况变化，若有不良症状要及时向教师反映情况，采取必要的保健措施。切忌有心脏病或其他不适合参与体育活动的疾病而隐瞒病情，勉强参加活动。

如有以下疾病或症状，禁止参加体育活动：

体温增高的急性疾病；

各种内脏疾病（心、肺、肝、肾和胃肠疾病）的急性阶段；

凡是有出血倾向的疾病，如肺及支气管咳血，鼻出血，伤后不久而有出血危险，消化道出血后不久等；

恶性肿瘤；

传染病及慢性疾病，如乙肝等；

患有心脏病、高血压等疾病，禁止参加长跑等长时间剧烈运动的项目锻炼。

②检查场地和器材。

要认真检查运动场地和运动器材，消除安全隐患。要注意场地中的不安全因素，如场地是否平整，要清除石头土块；检查沙坑的松散度、是否有石子杂物等；检查体育设施是否牢固安全可靠，器材的完好度等。不冒险，确保自身安全。

③做好运动准备。

要穿运动服装、运动鞋，不要佩戴各种金属的或玻璃的装饰物，不要携带尖利物品等。做好热身准备活动。

为什么要做热身准备活动?

就是要克服内脏器官在生理上的惰性，以减低运动伤害发生的机会。

如果突然进行剧烈运动，就会出现心慌、胸闷、肢体无力、呼吸困难、动作失调等现象。

运动前不重视做准备活动或准备活动做得不充分、不正确、不科学，是引起运动损伤的重要原因；准备活动不充分，肌肉、内脏、神经系统机能不兴奋，肌肉供血量不足，在这样的身体状态下进行活动，动作僵硬、不协调，及易造成运动损伤，甚至导致伤害事故。

（2）运动时讲科学。

①要掌握动作要领。

在体育运动中，了解和掌握动作要领及方法，不仅能够在运动过程中发挥好技术动作，达到体育锻炼的目的，而且还能消除心理上的恐惧，增强自信心，避免不必要的伤害。

②要正确使用器材。

要了解熟悉掌握器材的性能、功能及使用方法。要严格遵守相关操作规程，在一些体育器械（如铅球、实心球等）的使用中，要注意选择适当场地，确保自身安全，同时还要注意不要伤及他人安全。

③运动负荷要适当。

参加体育活动要根据身体素质条件，选择最有利于增强体质的运动负荷。可循序渐进，由易到难，从小到大。负荷过小，对身体作用不大；负荷过大，会损害身体；只有适宜的运动负荷，才能有效地增强体质，提高健康水平。

（3）运动后要恢复。

①认真做恢复整理活动。

做恢复整理活动的目的就是使人体更好地从紧张运动状态过渡到安静状态，使心脏逐渐恢复平静，放松身心。如果突然停止运动，就会造成暂时性的贫血，产生心慌、晕倒等一系列不良现象，对身心健康造成损害。

②自我检查运动反应。

如果感到十分疲劳，四肢酸沉，出现心慌、头晕，说明运动负荷过大，需要好好调整与休息。

运动后经过合理的休息感到全身舒服，精神愉快，体力充沛，食欲增加，睡眠良好，说明运动负荷安排比较合理。

## 第二节　加强大学生安全防范教育

党和国家十分重视学校安全保卫和维护稳定的工作。党中央曾反复强调并告诫全党和全社会：要为青少年学生创造一个安静、和谐、健康的学习环境，家庭、学校、社会要加强对青少年的安全教育。国家教育部颁布的《普通高等学校学生安全教育及管理暂行规定》中也明确指出：高等学校应将对学生进行安全教育作为一项经常性、长期性的工作，列入学校工作的重要议事日程，加强领导。学校各部门和有关群众团体或组织要相互配合，积极开展安全教育，普及安全知识，增强学生的安全意识和法制观念，提高防范能力。对在校学生开展安全教育可从下列途径进行。

## 一、发挥教育功能，利用不同形式在大学生中开展安全防范教育和普法教育

学校可以充分发挥教育职能，对在校大学生进行不同形式的安全防范教育和普法教育，这是使大学生树立安全防范意识和自觉遵纪守法意识的重要途径之一。

（1）在新入校大学生中进行全面的安全法制、校规、校纪教育，介绍大学生活的特点、大学生常用安全防范知识，介绍校内及周边治安特点，当地民俗民风。各职能部门在对学生开展安全知识教育的同时，开展一些安全防范措施教育，提高大学生的安全保护意识和自身保护能力，开展普法教育、心理知识教育，增强大学生的自觉遵纪守法意识。

（2）抓好针对性教育。要根据不同季节、不同环境，经常进行安全教育。春秋季，进行外出郊游安全常识教育；夏季，进行预防溺水和饮食卫生的安全教育；冬季，气候干燥，进行安全防火和安全用电的教育；放假前，进行防盗、防意外事故教育；实习、外出社会实践前，进行相关的安全常识教育；毕业生择业、就业前，进行防诈骗教育；针对典型安全案例在大学生中开展案件剖析、分析案件成因，找出特点、总结教训，及时根据学校的治安特点，开展专题安全教育。

（3）组织大学生积极参加学校组织的各种安全防范、法纪知识学习。通过举办诸如安全防范、校纪、校规以及有关法律知识问题的有奖竞赛、有奖征文等形式活动让大学生在参与这类活动的过程中树立安全防范、遵纪守法意识。

（4）在有关职能部门组织下，大学生可以成立安全防范和遵纪守法协会，通过自我管理，定期开展自我安全防范大检查。如宿舍安全检查、安全隐患检查、同学之间矛盾纠纷检查、按事件发生率的统计等。通过检查开展评比，增强大学生的安全防范意识和遵纪守法意识。

（5）在学校保卫部门的安排下，大学生积极参加学校的有关治安管理。学生参与到学校的治安管理中，也是提高学生安全防范意识的一种途径。首先，学生通过参与学校的治安工作实践，了解了保卫工作的性质，更能配合保卫部门的工作，对安全防范会有更深刻的理解。其次，学生在参与过程中，通过对违法违纪的查处、纠正，认识到了不法分子的作案手段，在潜移默化中提高了防范意识。第三，通过实际参与，使学生懂得怎样与违法违纪现象做斗争，从而提高学生的防卫能力。第四，通过实际参与，使学生明白只有在学校的治安管理中充分发挥主人翁精神，才有可能为自己创造一个良好的学习、生活环境，才能保证自己的人身财产安全，从而更加自觉投入到治安管理工作中。

## 二、加强管理，增强大学生树立安全防范和自觉遵纪守法意识

在对大学生树立安全防范意识和自觉遵纪守法意识进行必要教育的同时，还要加大管理力度，采取必要的措施，对违法违纪的行为进行通报批评、行政处分，并与公安机关配合对犯罪分子进行打击。约束学生遵纪守法，对不法分子绳之以法，达到教育学生和震慑犯罪分子的目的，也是增强大学生树立安全防范意识和遵纪守法意识的有效途径。

高等院校是社会的重要组成部分。大学生的安全不仅关系到千家万户的幸福，更关系到校园和社会的稳定和谐，关系到中华民族的复兴和兴旺发达。高等院校既是培养高级专业人

才的摇篮，也是社会组成的一部分。大学生活是大学生进入社会开始独立人生的第一站。随着我国改革开放的不断深入，我国高等教育迅速发展，开放程度日益提高，高校办学规模不断扩大，校园社会化现象日趋明显，种种社会现象在校园中均有所反映。一些危及大学生人身、财产安全的案件，诱发大学生违法犯罪的案件在高校时有发生，影响校园和学生安全的各类因素大量涌现且日趋复杂。加强大学生的安全防范教育和遵纪守法教育，使大学生自觉树立安全防范意识、遵纪守法意识，提高防范能力，已成为目前学生工作的重要一环。

## 三、多措并举，提高大学生运动安全意识

（1）学校要重视安全知识的宣传，要在日常的教学、训练甚至生活中加大宣传力度，提高学生的防范意识。有条件的高校可以开设体育安全教育课，把运动安全教育纳入教学范围，将对学生的运动指导落实到实处。体育教师必须教育学生对从事的各项练习中容易发生伤害事故的项目，在思想上要有清楚的认识，要明确预防伤害事故的重要性，不断提高安全意识，提高对危险的预见性，做好充分的身体准备。教师在组织体育活动中要把预防伤害事故所采取的措施，贯穿到体育教学的每个环节中去，把安全教育列为体育教学的一项重要内容。

（2）加强体育相关法制观念。在体育院校，针对学校安全事故频发的现实情况，要加强体育法制观念教育，提高大家的法律意识和事故防范意识，既要增强体育教师、教练员的责任感，又要帮助学生养成良好的体育道德，学会用法律手段保护学生及教师的合法权益，减轻学校和师生因体育意外事故而造成的经济负担。

（3）改善教学训练设施条件。各高等体育院校要加大资金投入，不断完善运动场地和体育器械的建设，创造良好的体育环境。另外，还要建立场地设施定期巡检制度，及时维护运动场地与设备。

总之，在大学生中开展安全教育，是落实素质教育的重要组成部分，如何真正使安全教育成为学校育人工作的重要环节，为学校培养新世纪合格人才发挥更大的作用，还有待我们做进一步探索和改进。

## 本章小结

1. 对于刚踏进大学校园的青年大学生来说，掌握一些必备的安全防范常识是非常重要的。

2. 必须加强大学生的安全防范教育和遵纪守法教育，使大学生自觉树立安全防范意识、遵纪守法意识，提高防范能力。

## 相关阅读

### 优秀校友励志故事

张香花出生于河南省美丽的梁祝故乡汝南县，是河南省第一位在奥运会显威的赛艇运动

员，她让全世界人民第一次在奥运会的英雄花名册上记住了中国有一个河南人的名字。

1988 年，作为当时的全国第二大省，河南在奥运历史上的奖牌数目还是“0”，这一年，仅 20 岁的张香花当之无愧成为河南体育事业的里程碑，勇敢打破了“0”的纪录，为河南体育书下重重的一笔。在第 24 届汉城奥运会，张香花携手队友为国家夺得了女子四人单桨有舵银牌和女子八人单桨有舵铜牌。特别的是，在获银牌和铜牌的所有运动员中，唯独她是武汉体育学院的普通学生。

目前，张香花已是武汉体育学院划船教研室的一名副教授，从 16 岁起，她就从河南省体校来武汉体院读书、训练，很快就夺得了 1985 年全国首届青少年运动会和连续两年全国锦标赛的双人双桨和四人双桨的金牌。但是天公不作美，正当意气风发之时，一切难遂人愿，1987 年初春，为参加全国六运会而刻苦训练的张香花突然跌倒在训练场，这一跌，使得这位外柔内刚的姑娘再难爬起来，经医生检查，张香花为右腿膝关节韧带硬化，骨质增生！在那些灰色的日子里，她起居不能自理，可仍然坚持白天训练、晚上治疗，不搞一丝特殊。

1988 年初，张香花调入国家集训队，在北京国家水上训练基地，她接受了周琦年教练的精心指导和专门疗养，技术进步很快，并在当年 8 月底顺利进入第 24 届汉城奥运会中国女子赛艇队 11 人名单。9 月 24 日决赛时，赛艇姑娘们面对强手毫不畏惧，专心按照自己的作战方案进行，一开始就以每分钟 40 桨的速度遥遥领先，把当时世界四大赛艇强国美国、保加利亚、罗马尼亚、民主德国统统甩在身后，最后遗憾地仅以两秒之差屈居亚军，夺得银牌。

中国赛艇终于扬眉吐气了！大概谁也没有想到，这里面还有一位被称作“小儿麻痹症患者”的业余队员，我们的河南女儿张香花，她终于用拼搏和实力成就了自己的体坛神话。

# 第四章 大学生活

时间飞逝，转眼我们已是大学生了。从做着大学梦的高中生成为真的大学生；从激动、好奇到平静、熟悉……我们经历，体验，感受着这一变化。从中我们成长了，懂得了许多。大学不再是梦寐以求的理想，而是眼前的点点滴滴，一幅幅色彩缤纷的画面。

## 第一节　大学的生活环境

大学生活是丰富多彩的，也是有规律的。大学生活环境的变化体现在生活方式、生活范围等方面。

从生活方式看，中学阶段普遍是就近入学，吃住在家，拥有自己的独立空间。即便寄宿制的中学，学生离家也不太远，一个月总可以回家一次。而大学生活则是完全的集体生活，几位同学住在一个房间里共同起居，彼此的生活习惯难免会有不同，也会出现步调不一致的时候。每个同学的日常生活需要自己照顾，例如，整理房间、床铺，洗衣物等。同时，个人的经济开支也需要自己掌握。这种改变对缺乏独立生活能力的学生是严峻的挑战。宿舍是大学生日常生活的重要居所。大一时，宿舍关系融洽、亲热，一间寝室的几位同学就像一个家庭的几个孩子一样，按年龄大小进行排序，谁大谁小分得很清楚。舍友间平时的称呼，也不叫名字，而是以兄弟姐妹相称。宿舍门上贴着各种室名："博雅斋""文轩亭""淑女屋""卧龙居"等。这是大学新生名副其实的"新家"。"回家"的感觉，一度令大家陶醉。每夜临睡前都召开"卧谈会"，摆"龙门阵"，或谈家乡风情，或臧否人物，真是不亦乐乎。入学一个月左右，到国庆节临近的时候，盼望回家一趟，见见亲友同窗，说说自己在大学里经历的新鲜事。这种迫切回家的心情，有时候还带有一种或浓或淡的炫耀成分。食堂里几个同窗一起吃饭，互吃对方的饭菜，也是常见的现象。特别是精于算账的女生，总要寻找投合的好友一起就餐，每顿一个好菜一个普通菜，AA 制，很划算，可以把节省下来的钱买几件时髦的新衣服，把自己打扮得更漂亮。同学们有时还幽默地用食堂的大锅菜——从来都不炒（吵）来形容宿舍同学关系之好。

从生活范围看，中学时代的生活领域较窄，中心任务是好好学习考大学，课余活动被压缩得几乎等于零。而大学生活丰富多彩，各个学校都有种类繁多的社团，如果你有什么爱好和特长，可以加入这些社团，从中学到很多东西。各个社团都有自己的特点，都举办有特色的活动，如果你拿不准参加哪个，你可以找到自己感兴趣的社团，问问学哥学姐以前组织的活动，再做决定。毕竟，大学里的社团太多，应选择一个足够锻炼自己能力的。同时，各个学校在寒暑假都开展社会实践活动，如去贫困山区考察和义务扶贫，从中提高自己对社会现实的认识。

## 一、融入全新的大学生活

相对于中学生活而言，大学是一个全新的环境。只有对大学生活有更深入的理解与认识，我们才可能从入学伊始便惬意地享受这美好而难忘的大学时光。与中学比较而言，大学生活具有以下几个特点。

### （一）优秀人才密集

大学不仅是人才培养的摇篮，而且是人才聚集的高地。这里不仅有优秀的教学团队、管理团队、服务团队，也有优秀的学生集体。置身于人才密集的大学校园，与各级各类优秀人才朝夕相处，共同学习，共同生活，共同进步，自觉地向他们学习，虚心地向他们请教，这是我们大学新生不断完善自我、不断走向成熟的必然选择。

大学的教职工一般由教学人员、管理人员、服务人员三类人员组成，通常我们都称他们为“老师”。大学以教学为中心，教学科研一线人员是大学最宝贵的人才资源。“大学者，非谓有大楼之谓也，有大师之谓也。”大学里的教师和科研技术人员，是接受过良好高等教育，经过严格专业培训的。相对而言，大学教师具有如下优势。一是学历较高。大学教师基本都是本科以上学历，不少教师具有硕士、博士学位。二是学术造诣较高。不少教授、副教授在专业领域里具有较高造诣，一些人是该领域的知名专家或学术权威，在一定程度上代表着该领域的最新进展、最新水平。同时，中青年教师年富力强，锐意进取，在教学教研工作上颇有建树，是大学的教学骨干。三是实践能力较强。不少高职学校的教师具有“双师素质”，不仅具有较深厚的理论知识，还具有丰富的实践经验和较强的动手能力，掌握着新工艺、新技术，有的甚至还有各自的“看家本领”或“独门绝技”。与此同时，大学里的管理人员、服务人员具有较高的素质，管理岗位上的不少同志是从优秀教师中选拔出来的，既是教学上的高手，又是管理方面的行家；服务岗位上的职工不少人是高级技师、一级厨师、高级工，不仅待人和善、服务热情，而且技术一流。

青年学生是大学里最有潜力、最有希望的群体。大学生是经过高考严格的筛选之后留下来的优秀分子。许多同学在中学时期成绩优异、表现突出，曾经是“三好学生”或“优秀学生干部”，获得过各种各样的奖励，是中学里面的尖子生。进入大学后，大家在中学的基础上尽可能地发展自己的兴趣与爱好，增强自己的本领，提高自己的能力。如果中学生存在着优等生和后进生的区别，那么，大学生的区别就是一群优等生发展方向的差异。大学生有“天之骄子”的美誉，具有个性鲜明、热情上进的特点，不仅思想活跃，求知欲强，富有正义感，而且有较高文化道德素养。西晋文学家、思想家傅玄为我们留下了“近朱者赤，近墨者黑”这一亘古不变的遗训。大学新生朝夕相处在这样一个年龄相仿、性情相近的优秀群体之中，一定会受到潜移默化的影响，在过去的基础上变得更加优秀。

### （二）人文氛围浓郁

大学十分重视校园文化建设，通过营造浓郁的校园文化，陶冶大学生的思想情操，发展大学生的兴趣爱好，提高大学生的综合素质。走进大学校园，就置身于一个优美清静的环境之中，精心设计的各式建筑，悉心培育的花草树木，像一个个凝固的音符，徜徉其中会让大学生感到轻松与愉悦，让心灵回归宁静。大学校园的名言警句、警示标语是一所大学在长期的办学过程中提炼出来的办学理念、校园精神，一字一句都经过了反复推敲、反复锤炼，不仅洋溢着文采，而且饱含着哲理，值得细细品味，仔细思量。大学重视全方面提高学生的综合素质，除了日常的教学活动之外，还举办各种各样的讲座、讨论会、辩论会、演讲会、学术报告、文娱活动等，内容广泛，形式多样，让人目不暇接。这些活动有的在于提高学生的专业素养，有的在于转变学生的思想观念，有的在于发展学生的文艺爱好，对大学生的成才具有十分重要的作用。大学里有各种形式的社团组织，比如有文学社、学生记者站、校园广播站、书法协会、普通话推广会、健美协会等，这些组织的成立经过学校严格的审批，要接受校团委的领导，是大学生的自发性群众组织，是大学生发展兴趣与爱好、提高各方面能力的重要平台。

**（三）教学设施先进**

办学条件是衡量一所大学办学实力的重要依据。许多大学投入了大量的资金用于学校的基础设施建设和购置教学仪器设备，不断改善自己的办学条件，提升自己的办学实力。

大学校园必须经过科学规划方能建设，许多建筑都经过了精心设计，富有时代特色、人文气息、文化底蕴。高起点规划、大额度投入，使美丽的大学校园成为当地一道亮丽的风景线。不少高校的建筑是当地的标志性建筑。很多高校特别重视文体设施建设，建有较好的图书馆、体育馆、学术报告厅、学生活动中心等，能较好地满足大学生全面发展的需要。

以培养实用型、应用型人才为目标的大学特别重视加大教学投入，建设有先进的网络教室、多媒体教室、实验中心、电教中心、实习工厂、实习基地，购置了先进的教学实验设备，通过现代化的教学手段、教学设备，培养大学生的动手能力，让大学生在动手中探索知识，获得真知。

**（四）运动气息浓厚**

体育运动日益成为大学生活中的重要组成部分，当代大学生直接或间接、主动或被动地以各种形式参加体育运动。尤其是在体育院校，由于体育类学生年轻、精力充沛、相对好动，加之学科特性，体育院校的大学生们除了在体育课堂上参加运动训练之外，更多的是利用课余时间自发参与运动锻炼。在体育院校的校园里，无论是早还是晚，无论是课内还是课外，无论是晴天还是雨雪天，你都会发现无数的运动身影。

根据大学生活的特点，大学生特别是大学新生可以有意识地去适应它。

1）做好充足的思想准备

对于大学新生来说，来到大学最大的变化就是生活环境方面的变化，过去可能是单居一室，现在是多人“群居”共处一室；过去可能是家里唯一受宠的“小霸王”，现在面对的个个都是个性张扬的“小皇帝”；过去父母在身边衣食无忧，现在处处、事事都得自己独自处理，这些对新入学的大学生来说是一次难得的考验。来到大学，步入新的集体，开始独立生活，首先要做好充足的思想准备。一是要做好集体生活的思想准备。一个人生活离不开集体，创业更离不开集体。集体主义精神是当代大学生必备的素质。集体生活有助于培养大学生的集体主义观念。大学新生要认识到集体生活对于我们成长、成才的重要意义，自觉融入集体生活。二是要做好独立生活的准备。一个人不可能一辈子都依靠父母的关照。大学生已经是成年人了，就应当有成年人一样的意识，成年人一样的胆识，成年人一样的责任，勇敢地开启属于自己的生活。进入大学，远离了父母，大学生有了一片属于自己的天空，此时更要珍惜机会，加强锻炼，为今后更好地适应社会奠定坚实基础。

2）掌管好自己的“小金库”

过去在父母身边，自己不用为钱操心，东西不用自己买，花钱也不用自己掏腰包，可到了大学，好多事都要花钱。过去没钱直接伸手向父母要，自己根本不知愁滋味，现在父母不在身边，每用一分，就少一分，不精打细算，最后的生活就难以应付。在大学里，不少同学因为不会理财，日子过得“前松后紧”，甚至到学期末还要借债生活，借钱回家。因此，大学新生要树立“理财”观念，根据自己的生活费的状况，做好预算，严格控制，打紧消费，时刻都要清楚“应花多少钱？已花多少钱？还有多少钱？”心里要有一本明账。每花一笔钱，最好都要记账，一段时间下来，明确哪些开支是必须的，哪些开支是完全不必要的，哪些是可有可无的，这样才会总结出应当吸取的教训。把钱花在刀刃上，避免完全不必要的消费。尤其要根据父母的经济能力和自己勤工助学的能力来进行消费，切不可盲目攀比。

3）养成良好的生活习惯

（1）要合理地安排作息时间，形成良好的作息制度。有规律的生活能使大脑和神经系统的兴奋和抑制交替进行，天长日久，能在大脑皮层上形成动力定型，这对促进身心健康是非常有利的。许多学生对宿舍的23：00熄灯制度不满，其实那是为了保障充足睡眠的必要措施，有助于我们形成良好的作息习惯。

（2）应养成早睡早起的习惯。有的同学习惯在晚上卧谈，天马行空地一谈就是两三个小时，结果第二天上课的时候精神疲惫，根本无心听课。长期如此，不仅影响学业，还容易引起失眠，甚至引发神经衰弱症。研究表明，大学生的睡眠时间一般每天不得少于7小时。如果条件许可，午饭后可以小睡一会儿，但最好不要超过40分钟。

（3）要进行适当的体育锻炼和文娱活动。“文武之道，一张一弛。”学习之余参加一些文体活动，不但可以缓解刻板紧张的生活，还可以放松心情、增加生活乐趣，有助于提高学习效率。听音乐、跑步、打篮球、踢足球等都有助于增强体质，提高对疾病的抵抗力，这是一种积极的休息。实践证明：7+1>8。在这里，7+1表示7小时的学习加上1小时的体育文娱活动，8表示8小时的连续学习。也就是说，参加体育活动的7小时学习比不参加体育活动的8小时学习效果要好。但需要提醒的是，在大学主要还是以学业为重，如果旷课去打球、健身而影响学习就是本末倒置。

（4）要保证合理的营养供应，养成良好的饮食习惯。“饮食不良”现象是同学们习以为常的了，主要表现在几个方面。一是饮食不规律。很多人早晨起床较晚，来不及吃早饭便去上课，有的索性不吃早饭，有的则在课间饿的时候随便吃些零食。二是暴饮暴食。学生们主要在食堂就餐，但食堂的就餐时间比较固定，常有学生由于学习或其他原因错过了开饭时间，于是就吃点饼干、方便面来对付，等下一顿吃饭时再吃，饥一顿饱一顿。三是喜欢偏食。很多同学长期吃的就是几样菜，不注意营养搭配。这些做法十分不利于身体健康。

（5）要摒弃或防止吸烟、酗酒、沉溺于电子游戏等不良生活习惯。大学时代正是大学生长知识、长本领、长身体的黄金时间，吸烟、酗酒对我们稚嫩的身体危害极大。同时，网络是一个虚拟的世界、多维的世界，对青年大学生具有很强的吸引力，上网查资料甚至打游戏本是无可厚非，但凡事都必须有一个度。有的同学痴迷网络，通宵上网，不仅付出了高昂的费用，危害了身体健康，更重要的是浪费了时间、消磨了意志。无论在网上打游戏有多么出色，都只能获得感观刺激，满足空虚的精神世界，最终不能成为养家糊口的能力，我们应一开始就认识到这一危害，避免深陷其中，无法自拔。

（6）注重仪容仪态。一定要注重维护大学生朝气蓬勃的形象，男生要勤刮胡须，不要给人以邋遢的印象。女生不要戴项链、耳环，不要浓妆艳抹，穿奇装异服，穿着不要过于暴露。要勤洗澡、勤理发、勤剪指甲。要及时换洗衣服，当天的衣服一般要当天清洗，不要将脏衣服、脏袜子、脏鞋子乱搁乱放，不要等到没有衣服穿时，才开始洗衣服，洗了的衣服要及时折叠。

## 二、适应大学的管理方式

### （一）大学管理方式的特点

大学的管理较中学有很大区别，主要的特点如下。

#### 1. 强调自律

由于中学时期，学生年龄较小，对中学生的管理一般是强制性的。到了大学，学生已基本成年，有了基本的辨别能力、控制能力，这时的管理主要依靠学生自律。大学校园一般不再封闭，有的大学还直接对社会开放；老师不再是“手跟手、脚跟脚”与学生待在一起，对学生管理依靠学生干部和学生自我约束来开展；早、晚自习时老师也不再跟班，学生可自主选择学习地点、学习内容。

#### 2. 制度健全

常言道：“没有规矩，不成方圆。”大学讲究依法管理、民主治校，坚持用制度管人、用制度管事，建立了一系列严密的规章制度，从入学时学籍的取得到毕业时毕业证的办理，从学业与学制的规定到社会实践活动的要求，从先进的评定到违纪的处理，从教室的管理到食堂、宿舍的管理等，对涉及学生的方方面面都形成了系统而具体的规范。

#### 3. 执纪严明

大学重视校风建设，执行纪律十分严格。大学人口众多，没有严明的制度，肯定只能是一盘散沙。大学以执纪严明而闻名，注重维护学生公平，在纪律面前一视同仁，对违纪学生往往从重从快处理，杜绝“说人情”“徇私情”的现象。大学保障违纪学生对处理结果的申诉权利。

### （二）主动适应大学管理

只有科学、严格的管理，一所大学才能形成良好的校风、学风，老师们才会以育人为本，学生们才会以成才为志，教育教学的目标才会真正实现。大学生一定要主动适应大学管理。

**1. 主动调整好心态**

有的大学生习惯于过去的高强度管理，到了大学，与老师见面少了，老师的要求也少了，感觉没有受到重视；有的大学生认为中学辛苦这么久，到了大学就该享受了，大学就该是一个自由的地方，对大学的纪律要求感到浑身不自在；有的大学生感到大学的自主管理的约束力很低，放松了对自己的要求。这些都是大学生对大学生活的不适应表现。大学新生步入大学，先要明确大学管理与中学管理有哪些差别，了解大学管理的特点，明白大学的管理既管又宽，主动调整好自己的心态，主动适应大学管理。

**2. 自觉学习规章制度**

新生在入学时，要接受入学教育，大学新生要认真学习大学的各项规章制度，但是由于大学新生在思想上并不重视，而往往没能达到预期的效果。大学生要想遵守学校的规章制度，首要的就是要认真学习各种规章制度，明确哪些该做，哪些不能做，违反了相关规定要受到什么样的处罚。只有懂得了规章制度，才会在思想上构筑起防线，在行为上自觉维护。

**3. 带头遵守校纪校规**

校纪校规的出发点是为了学生的成才，是为了维护绝大多数学生的利益而制定的，每一位大学生都有义务自觉遵守学校的规章制度，学校明文禁止的行为一定要带头不做。大学生都已基本成年，对自己的行为应当勇于负责，做任何事情要将其导致的结果想清楚，绝不能存在侥幸心理，认为别人不知道，发现了也没人管，一旦东窗事发，就悔之晚矣。对于其他同学存在的违纪违规行为要给予及时劝导，对重大违纪违规行为要及时向学校领导或老师报告。

## 第二节 大学生的角色转换

从进入大学校门的第一天起，大学生的社会角色就已经发生了深刻变化，这种变化影响到大学生在整个大学期间的行为方式、思维惯向、价值选择及能力培养，是大学生的人格成人化发展的关键。大学新生只有从心理上、思想上和行为方式上去主动适应、认真领悟以及自觉实践，尽快熟悉并适应新生活，实现角色的转换，才能收到良好的效果。

### 一、人的社会性与社会角色

#### （一）人性与人的社会性

**1. 人性**

关于人性实质的认识历来是文化学、伦理学、社会学以及人类文化学研究中的一个颇有异议的问题，甚至有相当多的哲学家也对此提出过不同的看法。文化学家认为，人性实质上指的就是人类的文化性和文明性；伦理学家认为，人性事实上所说的就是人的“仁义”性；

哲学家认为，人性指的是人社会化后形成的思维与思想性；社会学家认为，人性事实上就是人的社会属性。

毫无疑问，在以上诸家学说对人性的阐述中，虽然视点各有不同，但细观诸家对人性的本质的认知结果，我们可发现共同的结论，即无论是文化学家的“文化论”，还是伦理学家的“仁爱论”，甚至是人类学家的“整体特征论”和早期哲学家的“理性论”，事实上都没有超越社会学家在考察人性的本质时所做的社会性的关照。所以，马克思在宏观观察了人类之后，在《关于费尔巴哈的提纲》中指出：“人的本质并不是单个人所固有的抽象物，在其现实性上，它是一切社会关系的总和。”

当然，在古今中外历史上，还有相当多的仁人学者，都曾对人性做出各种各样的解释。如中国的孔子和孟子，都从理论的、哲学的、政治学的高度给予了不同的诠释。西方思想史上的大家如苏格拉底，也曾就人性的本质做出自我的描述。但遗憾的是，作为一种存在，人性本身永远不是抽象存在的，它永远也只能是以人的社会性为存在基础。所以，所有涉及人本身研究的话题也就自然离不开对人的社会性的研究。

**2. 人的社会性**

人的社会性是人的本质属性，这是马克思主义人学思想的逻辑起点和羁绊归宿。

1）个人是社会的存在者

即便是在最蛮荒的时代，人的生命始终离不开社会。在这个意义上，人已经与对象发生了根本的联系，这种联系也是人与社会的命源本质。如果说自然界是人类的母亲，那么，社会也就成了人的命源的摇篮。因为就生物存在而言，其中至少有无数个个体的人的生命存在。如果脱离了这种存在，人必然会异化为低能的动物种群。

2）社会是个人的社会

社会是个人的社会，事实上在个人是社会的存在者中就已经被论证过了。因为自然孕育的个体中，人不是以孤立的方式存在的，更不是个体的人都永远不与其他社会存在的人发生任何联系，至少人的繁衍与发展做不到这一点。另外，社会是由无数的个人组成的，那么，没有无数个人的繁衍、发展，就没有社会。因为社会的物质财富、精神财富是由无数个人创造的。社会就是无数个人的本质力量的对象化。

通常来说，人的社会性是指人的自然属性对应的那个部分。那么，人类社会的产生就是人在从事物质生活、社会交往、教育、修养、审美等社会性活动中所表现出来的诸多特征的总和。这种总和的属性，大多是通过人的活动与劳动来完成或实现的。劳动把人与自然联系起来形成生产力系统，同时也把人与人联系起来形成生产关系系统。在这种基础上派生出人与人之间各种社会性关系，如政治关系、法律关系、伦理关系、思想关系、阶级关系等。在这些社会关系中不仅规定了人与自然界的相互作用，而且也规定了人与人之间的相互作用，促进了社会历史的不断前进和人本身素质的不断丰富、完善与提高，如果离开了这些以生产关系为基础的社会关系，社会生产则无法进行，人类社会也就无法维持自身的生存和延续。正是由于这一点，马克思才明确指出：人是最名副其实的社会动物，不仅是一种合群的动物，而且是只有在社会中才能独立的动物。

## （二）人与社会的关系

### 1. 个人与社会的双重关系

1）个人依赖社会而又能动地作用于社会

在人与社会的联系中，人对社会的依赖是明显的。主要表现在两个方面：第一，人类个体所需要的物质（包括维持生存的最基本的物质）主要靠社会来提供。人在出生后就必须毫无选择地生存在前人已经创造出来的社会物质条件和社会文化氛围中，其衣、食、住、行和文化娱乐的一切索取都离不开社会，并且个人还要通过各种社会活动学习和掌握社会规范，成为认同社会和被社会吸纳的社会个体。个体的精神需要靠社会满足，爱与被爱的要求、友情与交往的愿望、尊重和理解的要求等都要来自于他人、集体和社会，因此，人只能依赖社会才能生存。第二，个人在对社会依赖的同时，又会能动地作用于社会。个人每时每刻都在根据自己内心的价值指标从事各种活动，在适应和改造的过程中实现自身的价值选择与价值标准。个人参加社会生产劳动，有助于社会生产力的发展；个人通过参加社会政治生涯，能促进社会政治制度建设；个人通过参与社会文化生活，能创造精神文化产品，促进社会精神文明建设，推动社会向前发展。

2）社会对个人的促进与制约

通常来讲，个人的发展与社会的发展具有相当的统一性。社会对个人的促进主要表现在两个方面：一是社会既有的客观物质条件为个人的生存和发展提供了前提条件，二是社会的进步和发展直接推动了个人的进步。社会生产力发展和物质资料的丰富，直接促进了社会成员知识水平的提高；生产关系的变革、政治制度的进步直接促进了社会个体民主自由权利的扩大。与此同时，社会对个人的制约也主要反映在两个方面：第一，社会的整体性特征要求社会个体必须从全局、发展的角度出发而做出判断；第二，社会的稳定性和传承性构成一种有序的结构定式并且形成强大的惯性力量，表现在风俗、道德、审美情趣等社会文化传统和价值体系的各相关方面，这种结构定式和惯性力量对生动活泼的个人来说无疑是一种制约。

### 2. 个人与社会的矛盾冲突

个人与社会的矛盾冲突表现为：个人生命的有限性与社会发展无限性的冲突；个人发展方向的选择性与社会发展规律性的冲突；个人需要的多样性与社会满足条件性的冲突；个人活动的随意性和社会生活规范性的冲突。

## （三）社会角色的内涵

### 1. 关于角色的研究

社会角色研究实际上属于社会心理学研究的内容。在社会学理论中，由于人的社会性的本质，所以当谈及人与社会的关系，特别是在谈及人的社会化过程时，几乎毫无例外的也要研究人的社会角色问题。

“角色”一词最早起源于古希腊罗马剧场中的戏剧和舞台，并以其舞台原意进入了社会科学领域，因此，其本身的概念内涵并无变化。然而，由于社会科学中诸多相关概念的出现，特别是事实上有学科交叉的性质，所以，其内涵大多游弋在社会学、人类学和心理学之间。英国伟大的戏剧家威廉·莎士比亚在《皆大欢喜》一剧中就这样描述："全世界是一个舞台，所有的男男女女不过是一些演员；他们都有下场的时候，也都有上场的时候。一个人一生中扮演着好几个角色……"

其实，在中国古代文化史上，关于"人生如戏"的说法也同样形象地揭示了"角色"的基本内涵："尧舜生，汤武净，桓文丑末，古今来几辈角色；云霞彩，日月灯，风雷鼓板，天地间一台大戏。"

然而，在对社会角色进行充分的研究和探索方面，倾注心血最多的还是社会心理学家。

美国学者蒂博特和凯利认为，"角色"这一概念可以从三个方面加以诠释：①角色是社会中存在的对个体行为的期望系统，该个体在与其他个体的互动中占有一定的地位；②角色是占有一定地位的个体对自身的希望；③角色是占有一定地位的个体外显的可以观察的行为。

此后，肖和康斯坦佐又从六个方面分析了"角色"这个概念，他认为：

（1）从历史渊源上说，角色概念取自古希腊罗马剧场中的戏剧和舞台，它指的是演员在某场戏剧中扮演的那个人物所具有的特征；

（2）从角色进入社会科学领域的状况看，角色概念本身并没有改变，它指的是一个人在一定的社会背景下所表现出来的行为特征；

（3）正如演员扮演角色要受到同台演出的其他演员的制约一样，社会中的角色也在一定程度上受制于社会环境中与之发生关系的其他人；

（4）社会科学中角色概念的出现，事实上有学科交叉的性质，主要源于社会学、人类学和心理学；

（5）现代角色理论的先驱都是在他们各自的学科中构建自己的角色概念；

（6）这种通过多门社会科学的共同参与而成的结果，形成了一种综合社会学、人类学和心理学的有关内容，并具有独特语言关系和概念关系的角色理论。

**2. 社会角色的内涵**

从众多学者的研究中，我们可以给社会角色的内涵做这样一个概括：一是社会的客观期望，二是个体的主观表演。从这两个相关角度，我们认为，社会角色是指处于一定社会地位的个体，依据社会的客观期望，借助自己的主观能力，适应社会环境所表现出来的行为模式。

## 二、个体的社会化

### （一）个体社会化的过程

个体社会化是个体从自然个体向社会个体迈进的过程，也是每个大学生在大学阶段必须完成的首要任务之一。走进大学后，大学生就不再是单纯的学生，而应该以一个社会成员的全部角色追求来实现自己的人生历程。所以，心理学家常把大学时代称之为大学生的"第二诞生期"和"心理断乳期"。"第二诞生"主要指的是诞生一个健全的社会人，诞生一个可以承担且必须承担全部社会角色的社会分子人；"心理断乳"主要指的是进入大学以后，大学生必须从高中以前的单纯角色中脱离出来，割断在观念、意识、行为、习惯等方面与单纯的“孩子”“学生”等意义的联系，进而为成为一个承担且必须承担社会角色的人的目标而努力。当然，人自生下来就已经开始了自己的社会化的历程，只不过这个历程在少儿期之前表现得不那么明显。因此，我们认为，个体的社会化应该是一个人一生都在努力的方向。

**1. 少年儿童期的社会化（15 岁前）**

人在这个时期的社会化问题，往往根据生理、心理、智能或个性上的差异常被划分成几个小阶段来进行研究，如婴儿期、幼儿期、学生初期、学生中期等。总体说来，这个时期人的社会化的共同特点是：

（1）个体的社会知识增长和个体的生理、心理迅速发展是同步的；

（2）对个体的社会化施加影响的社会因素和环境，虽然逐渐由家庭扩展到学校和社会，但对个体成长起决定性影响作用的主要是家庭、邻里、同学群；

（3）这个时期的后期，虽然个人的生理、心理上的质的变化将带来个体对社会化教育态度的显著变化，但整体说来，这个时期个体的社会化还是在家庭与学校的监护下进行的，他们接受社会化的形式基本上是模仿。

这个时期的最后阶段是少年儿童社会化的关键期，应当引起家庭、学校和社会的高度重视。因为从生理上讲，这个时候他们已经进入了青春前期，性趋向成熟；从心理上讲，个体的自我意识得到了进一步的发展，逐渐能够自觉地认识和评价自己的个性品质，世界观也开始渐成萌芽，这一时期他们在生理和心理上都带有从少年期向青春期过渡的全部特征。因此，个体一方面会产生一种较为强烈的要求摆脱家庭与学校的监护，自作主张、自我支配，表现猎奇、冒险和幻想的倾向；另一方面又存在明显的知识不足、经验不够、意志不坚、兴趣不稳、自我调控能力薄弱等特征。

**2. 青年期的社会化（17、18～30 岁）**

这个时期个体的社会化又根据所面临的环境与问题而分为前、后两个时期，前期主要是“第二诞生”和“心理断乳”，后期主要是完成两个建立，即建立事业、建立家庭。大学阶段正好是处于前期当中，所以，“心理断乳”的任务十分紧迫，“第二诞生”的质量问题特别关键。

**3. 中年期的社会化（35～55 岁）**

到了中年之后，人的心理随着环境、任务和地位的变化，也会发生相当大的变化。这个时期人在各方面都比较成熟和稳定，他们肩负着来自家庭和社会的双重责任。一般而言，中年人年富力强，能够吃苦耐劳，处于中年初期的人出于对事业的执着追求与热爱，常把社会化问题融于自身具体行动；到了中年后期，他们则明显移向对下一代的关注，注重对后代的关心、教育，引导和教育他们的下一代如何成才、怎样长大、怎样才能适应社会等。应该说，这一代人的社会化程度不仅表现在他们自身的社会化行为当中，而且还可以具体而直接地从他们对下一代的教育中看出他们社会化的程度和水平。当然，人到中年由于双重负荷的压力，也常常出现许多问题，如“过度劳累”“早衰”等。因此，注重关心中年人的健康，也是近年来社会上的一个热点问题。

**4. 老年期的社会化（55岁以后）**

关于老年期的界定，近年来有许多新的提法，如联合国教科文组织认为，人的青年期应该延长到44岁，45岁以后才步入中年时代。因此，许多人都认为老年人不存在社会化问题，事实并非如此。老年人从社会工作岗位上退下来，并不等于退出了社会，而且老年社会问题已经越来越多地受到各界人士的关注。所以，老年人的社会化问题也是一个不容忽视的问题。

**5. 少数社会成员再社会化**

一般而言，人一生的发展道路常常会遇到许许多多的曲折与不平，有时甚至是非常坎坷的，然而，绝大多数社会成员都会按照自己所生活的时代要求，在社会文化等因素的影响下一步步完成个体社会化的全部过程。与此同时，任何社会以及社会发展的任何阶段，总免不了会有少数个体的社会化过程更为曲折、复杂，甚至出现中断等情况，需要社会采取措施对其进行重新的社会化“回炉”，所以，在社会学研究中，也就有了“再社会化”的概念。

再社会化分为主动再社会化和强制性再社会化两种情况。

主动再社会化多半是由于社会流动和社会剧烈的变迁等因素使某些社会成员被抛到了某种全新的社会环境中生活所致。例如，某些成年人因为留学、移民需要到异国他乡去生活，后来再返回原来社会的生活格局中就属于这种情况。在这种情况下，个体原来理应进行的社会化历程被中断了，他们后来学到和领悟到的社会文化、行为模式在回到原来环境时已不能用于引导“新”的生活，因此，他们不得不拼命学习新的行为规范和社会文化，争取尽快按自己新的地位、角色来投入社会生活网络与环境中去，获得生活和发展的自由。

强制性再社会化是指由于多种社会因素的影响，个体社会化在某些人身上失败，这些人不仅没能把自己培养成合格的社会成员，甚至危害了社会秩序和社会安全。在这种情况下，社会组织不得不采取强制性的措施和手段对他们进行强制性的社会化教育。例如，对部分犯罪青少年、社会犯罪人员进行收容与管制，采取非常的方式让这些人接受社会现行的文化模式和行为规范，抛弃反社会的文化模式与行为规范，重新回到社会成员正常的生活轨道上来。

### （二）个体社会化的途径

**1. 家庭教育**

家庭教育是个体社会化的最早起点。父母和长辈都担负着对其子女进行教育与引导的神圣使命。因此，对每一个社会个体来说，家庭是接受社会化教育的第一所学校，也是伴随生命的、始终永远不会毕业的学校。早期教育的效果对人的一生有重大影响，关系到人的社会化教育的成效。以往的事实表明，一些反社会的社会成员，其家庭中往往有相应的负面教育成分和因素存在；而优秀的社会成员，他们的家庭中往往有优秀的成分所在。

**2. 学校教育**

学校教育，特别是进入大学以后的学校教育，是一个人社会化教育历程中的重要中转站。在大学以前，学校教育虽然也渗透着浓厚的社会化教育氛围，但由于当时的社会个体在接受社会化教育时还处于单纯阶段，因此，他们对学校施加的社会化教育往往采取两种态度：一极是全听全信，另一极是半信半疑。特别是在初、高中时期，由于学校毕竟与社会有一定的距离，许多学生对学校施加的社会化教育有时会用逆反和对抗的心理去接受。

当然，学校对社会成员的社会化教育是相当自觉的，其组织性、系统性、计划性与理想性更是成绩斐然，但也许就是这些原因，常常导致从学校走出来的社会个体充满着天真与稚嫩，走向社会以后仍然要再施以社会化教育。由于大学阶段是人生校园学习历程的最后一站，同时接受教育的大学生的“三观”已经全面形成，因此，高校施行的社会化教育，无论对学校还是对受教育的大学生来说都十分重要。在大学阶段，大学生社会化进展结果直接影响到他们走向社会实践后的最初状况，大学生的角色意识，社会责任感、使命感以及对社会深刻认知的迫切性都尽浸其中。在校大学生必须在大学的四年中有效地完成自己的社会化进程，以确保走向社会后能很好地、尽快地进入社会角色。

**3. 社会教育**

在人的整个社会化教育的历程中，社会教育是最直接的教育，实效性与直观性是其主要特点。所以，人们常把社会教育看成是环境影响和氛围感染。当然，社会教育是一个非常复杂且又十分广泛的概念，社会教育主体具有多样性，如同事、领导、邻里、社会组织、政府机构、新闻媒体、公众场合等；方式有自愿的、组织的、正式的和非正式的等。社会化教育大多是潜移默化的，也有强制性、教训式的。在当代，社会化教育已经形成了一种全面开放式的社会环境。社会化教育内容已经渗透到了家庭和社会教育之中。对当代社会成员来说，接受广泛渠道的社会化教育已成为一种普遍的事实。所以，人们只有在多方面地接受社会化教育的过程中，努力缩短自己的社会化进程，才能更充分地适应自身所面临的时代，才能尽快地适应自己必须充当的社会角色，以确保自身的发展更和谐、更理想、更接近自己的目标。

## 三、适应新生活与实现角色转换

### （一）新的环境与要求

**1. 尽快适应大学生活**

1）熟悉校园环境，品味校园文化

新生入校后首先要尽快熟悉校园的地形。有的新生入校后一安放好行李，马上就到校园各处熟悉情况。例如，了解教室、图书馆、商店在什么地方，食堂什么时候开饭，如何购买洗澡票，甚至学校有几个大门等，短时间内便对校园地形有了了解。这样，在办理各种手续、解决各种问题的时候就会比别人更顺利，更节省时间。与此相反的是，有些大学新生在陌生的环境中显得非常拘谨，生怕走远一点就会迷路，又不好意思开口向别人寻求帮助，最后不得不尽量少走动、少说话，实在迫不得已要出去的话就跟在别人的后面。其次，新生要多向高年级的同学或者同乡请教。大多数高年级的同学和同乡对待新生都会非常热情，只要新生问到他们，他们一定愿意把经验传授给新生，以帮助他们尽快适应校园生活，尽量少走弯路。最后，担任一定的班级工作也能帮助新生尽快适应校园的生活。对环境适应快的大学新生，很快就能成为班级中的核心人物，并担任一定的班级工作。他们与老师和同学接触得越多，掌握的信息就越多，锻炼的机会也越多，能力提高得也更快，自信心也就逐渐建立起来了。

由于大多数新生在入学之前往往将大学过于美化，因此，在熟悉环境后，不少大学新生对大学生活有“幻灭”之感，他们开始抱怨学校教学设备陈旧、图书资料贫乏，开始怀疑自己当初的拼搏是否值得，有些同学甚至有回家的冲动。虽然这些年高校改革取得了一些成效，但还是赶不上发展的需求，如这几年的扩招，使得许多大学的宿舍、教室、公共活动场所和师资等非常紧张。面对不尽如人意的现实，新生更需要放弃不切实际的期待，发挥自己的主观能动性，相信环境并不能决定一切，在同样的环境下，人也可以达到不同的发展水平。新生应该懂得，外在环境对于大学生的成长有一定影响，但大学内在的文化环境才是最为珍贵的。校园的楼房再高、寝室再豪华、风景再秀丽，也不如大学里积淀的文化和精神有魅力。

2）学会独立生活，提高自理能力

学会独立生活，首先应学会对日常生活的打理。要学会准时起床、运动，学会自己收拾床铺、整理房间，学会自己洗衣服，学会自己照顾自己。在学习的过程中，如果能够和同学进行交流就更好了，因为同学的相互影响和学习能够在一定程度上促进自己生活自理能力的提高。独立生活的另一个重要方面是学会理财。由于家长一般是每月或每几个月给一次生活费，这就要求大学生要自己独立计划如何消费。计划不当甚至没有计划的学生，常常在最初的时间里大手大脚，把后面的伙食费提前花掉。因此，大学新生要学会理财，要考虑生活中哪些开支是必需的，哪些开支是完全不必要的，哪些开支是可有可无的。钱要用在刀刃上，要避免完全不必要的消费，可花可不花的钱要尽量少花。同时，还要根据父母的经济能力和自己勤工助学的能力进行日常消费，有了对这些基本情况的分析，再确定自己每个月的消费计划，使之切实可行，并且要尽量按照计划执行，多余的钱可以存入银行，以备急需时使用。

3）安排课余时间，增进身心健康

大学校园生活丰富多彩，除了日常的课堂教学活动外，还有令人眼花缭乱的、丰富多彩的课余生活，包括各种各样的素质教育活动、学术报告、讲座、文体活动、社团活动、社会工作以及校内外的社会实践活动等。面对这一切，大学新生如何才能科学地取舍，做到有效地利用高校的有利环境和资源，合理安排好课余时间并以此增进自己的身心健康呢？

第一，要对自己在近期内的活动有一个理智的分析。看看自己近期内要达到哪些目标，长远目标是什么，自己最迫切需要的又是什么，各种活动对自己发展的意义有多大等。然后做出最好的时间安排，避免太大的随意性，避免完全按照兴趣办事，并且在执行计划的过程中不断地修正和发展。

第二，要专门制订一份休闲计划，对一些较重大的节假日和休闲项目做妥当的安排，这样能使你的休闲和学习有条不紊地交叉进行，从而使你的身心得到有效的放松和调适，并能增进身心健康。而且一旦制订了既愉快又切实可行的休闲计划，那么在这一时间尚未到来之前，你的心情会是愉快而充实的，从而使你能精神振奋地把精力投入到学习和工作之中。

第三，要留出足够的时间来进行体育锻炼，最好能根据自己的身体状况和客观条件制订出一个体育锻炼计划，以便通过体育锻炼使自己拥有一个健康强壮的身体。要知道，身体是从事一切活动的“本钱”，也是一个人心理健康的物质基础。

第四，要善于利用课余时间开展一些有益的文体活动，如唱歌、跳舞、下棋等，尽量培养自己的多种兴趣和爱好，如集邮、剪贴、书画等，这样可以增添你的情趣，使你的生活充实而且生机勃勃。若能拥有一项或多项自己有兴趣而又擅长的爱好，那是再好不过了。有些同学能写得一手好书法，或能制出精妙的手工艺品，或乒乓球打得好，这无疑会给他们的人生增添无穷的乐趣，也有利于建立自信心，增强社会适应能力。

此外，还可以利用课余时间阅读一些自己喜欢的书籍、报刊。以读书为乐事，既可以排遣烦忧、愉悦性情，又可以获取知识、增长智慧，这对大学新生身心的健康发展非常有利。

**2. 早适应早发展**

1）把握大学规律，由必然王国走向自由王国

从中学生到大学生角色的转换是人生中的一次大跨度转换，但有的新同学却不以为然，他们甚至认为，从中学到大学，学生生活的主旋律都是学习，始终都是在教室、宿舍、图书馆之间移动。同时，课余生活中，也有班会、生活会、运动会等，怎么会有如此之大的角色适应和转换呢？其实，新生的这种质疑已被无数正反事例所证实。同专业、同年级、同班级的同学，大家进校时学习成绩、智商都差不多，又在同样的学习环境、学习体制下深造，由同样的教师传授同样的知识，在同一个校园里感受同样的学习氛围，在同样的管理模式下遵守同样的行为规范，为什么四年后，学生的学习成绩、动手能力、创新意识、社会交往等各方面的综合素质却会出现较大的差异呢？这里除了大学生先天生理、心理因素及在校努力程度之外，还有重要的一点就是从中学生到大学生角色转换的时间快慢。转换得快，掌握了大学学习的规律及特点，及时调整心态，就会使自己的大学生活充实、丰富；反之，种种遗憾、不愉快就产生了。有的同学在总结经验教训时感叹到：若当初知道今日之果，绝不会如此度过“当初”。所以，要理解角色转换的重要性、必要性，尽快适应大学生的学习规律、独立生活规律、人际交往规律，成功的道路就会在你脚下延伸。

2）弄清大学规矩，避免大的失误

2005 年 3 月 29 日，教育部颁布了《普通高等学校学生管理规定》（以下简称《规定》），这个规定是各高校制定本校学生管理规定的依据，规定了学生的权利和义务，是学校和学生的行为准则。根据《规定》，学生在校期间依法享有的权利包括：参加学校教育教学计划安排的各项活动，使用学校的教育教学资源；参加社会服务、勤工助学，在校内组织、参加学生团体及文娱体育等活动；申请奖学金、助学金及助学贷款；在思想品德、学业成绩等方面获得公正评价，完成学校规定学业后获得相应的学历证书、学位证书；对学校给予的处分或者处理有异议的，向学校或者教育行政部门提出申诉，对学校、教职员工侵犯其人身权、财产权等合法权益的，提出申诉或者依法提起诉讼；法律、法规规定的其他权利。

同时，《规定》明确指出，有下列七种情形之一者，学校可给予开除学籍的处分：违反宪法，反对四项基本原则，破坏安定团结，扰乱社会秩序的；触犯国家法律，构成刑事犯罪的；违反治安管理规定受到处罚，性质恶劣的；由他人代替考试、替他人参加考试、组织舞弊、使用通信设备作弊及其他作弊行为严重的；剽窃、抄袭他人研究成果，情节严重的；违反学校规定，严重影响学校教育教学秩序、生活秩序以及公共场所管理秩序，侵害其他个人、组织合法权益，造成严重后果的；屡次违反学校规定受到纪律处分，经教育不改的。

《规定》还指出，学校对学生的处分应当做到程序正当、证据充足、依据明确、定性准确、处理恰当。学校对学生做出的处分决定书应当包括处分和处分事实、理由及依据，并告知学生可提出申诉及申诉期限。

大学新生大部分都已年满 18 岁，具有完全的行为能力，具有更大的自主性和自觉性。通过学习有关管理制度，可以自觉地规范自己的行为，成为一名合格的大学生；可以预测行为的结果，避免违反校规、校纪；可以指导自己的行为，充分利用大学的学习条件，完成自己的学业。这些制度，不仅学生要遵守，而且学校各管理部门也要遵守。

**3. 正确认识取与舍**

大学新生一进校就提出这个问题，似乎有些为时过早。其实这个问题恰恰具有针对性。它是针对有些新生进入大学后求知欲强，什么都想学、想干，而什么也学不好的现象提出的。

1）“取”与“舍”的辩证关系

新生从进校开始，就要懂得“取”与“舍”的辩证关系，这不仅对大学生涯的学习有用，而且对走向社会以后的人生发展也有用。“取”是一种本事，“舍”是一门哲学。没有能力的人取不走，没有悟性的人舍不得。“取”什么，怎么“取”，这是方法论的问题，在决定“取”的时候，同时就决定了“舍”，这是一个人的能力。

人刚出生时，只知道“取”，除了取得生命，还要取得食物，以求生长。从上小学开始，一直到高中是取得知识的时候，这时的“取”与“舍”十分清楚，“取”基础知识和与高考挂钩的知识，舍弃与高考无关的内容。现在上了大学，“取”与“舍”又该如何处理呢？

大学是一个知识的海洋，自然科学和社会科学知识学科门类齐全，要学什么有什么；大学各类活动不仅种类多，而且活动频率也高，想参加什么活动，就有什么活动；大学生的“官”位不受职数限制，想做“官”比社会上容易得多，只要你有能力，可以身兼数职。面对五彩缤纷的大学生活，按理讲，参加活动越多，收获越大，但有时也并非如此，自己该如何“取”与“舍”呢？

2）明确任务，量力而行

《规定》要求学生在校必须完成学校规定的学业后才能获得相应的学历证书和学位证书。学生进校后的第一要务就是学好规定的课程及参加各种实践活动，并取得学分，否则就不能获得学历证书和学位证书。因此，我们必须明确上大学的主要任务是学习。

大学的各种活动是校园文化的组成部分，可以活跃校园文化生活，提高学生的兴趣，增长学生的知识，锻炼学生的组织能力。大学生要尽量参加各种活动。参加各种活动的原则是：第一，根据学习情况和是否学有余力而定，如果主要学习任务完成不了，就应该集中精力完成规定的学习任务，少参加活动。第二，根据自己的兴趣与爱好而定，尽量选择有兴趣的项目参加，让自己学在其中，乐在其中。第三，根据活动的参与程度而定，活动有组织者、参与者之分。活动的组织者与参与者投入的精力不一样，收获也不一样。组织者组织的活动不能多，最多一学期搞一次大的活动，因为组织活动需要精心策划，太费时间，目的以锻炼能力为主；参与者参与活动因投入的时间少，可以多一点，目的以交流信息、广交朋友为主。

### （二）面对新环境，明确目标，树立精神，培养意识

#### 1. 明确成才的目标

同学们经过艰苦的拼搏，伴着辛勤的汗水，带着多彩的梦想，终于跨进了大学校门。上大学对人生发展意味着什么呢？为什么要上大学？上大学的目的是什么？大学阶段该怎样度过？这类问题在跨进大学校门时就应该认真思考。

有的同学会说，上大学是为了就业，是为了找一份好工作。其实，不管是否能考上大学，为了生存，每个人都会就业，都会有一份工作。就业绝不是上大学的唯一目的，如果仅仅是为了就业，大可不必上大学。之所以上大学，是因为上大学后就业的起点不一样，就业的层次不一样，就业的质量不一样，就业以后的发展后劲不一样，将来对国家和社会的贡献也就不一样。

对于绝大多数同学来说，上大学最直接的目的就是学习知识，培养素质与能力，为将来成为社会有用之才做好准备。上大学不是人生的目标，而是实现人生目标的一条途径。面对人生大舞台，每个人都渴望实现自我价值。追求人生的成功是每个人的本性。

#### 2. 树立主动精神和团队精神

1）主动精神

我们先来看一个故事，了解一下什么是主动精神及其对一个人职业生涯发展的影响。

张三和李四同时受雇于一家店铺，他们拿同样的薪水。一段时间后，张三青云直上，又是升职又是加薪，而李四仍在原地踏步。李四不满意老板的不公正待遇，终于有一天他到老板那儿发牢骚了。

“李四，你到集市上去看看今天有什么卖的。”老板说。

一会儿的工夫，李四回来向老板汇报：“今早集市上只有一个农民拉了一车土豆在卖。”

“有多少？”老板又问。

李四又跑到集市上，回来告诉老板：“一共40袋土豆。”

“价格呢？”老板继续问。

“您没有叫我打听价格呀！”李四委屈地申辩。

于是老板把张三叫来，吩咐他说：“张三，你现在到集市上去看看今天有什么卖的。”

张三很快就从集市上回来向老板汇报说：“今天集市上只有一个农民在卖土豆，一共40袋，价格是两角五分钱一斤。我看了一下，这些土豆的质量不错，价格也便宜，于是顺便带

回来一个让您看看。”

张三边说边从提包里拿出一个土豆。“我想这么便宜的土豆一定可以赚钱，根据我们以往的销量，40袋土豆在一个星期左右就可以全部卖掉。所以，我把那个农民也带来了，他现在正在外面等您回话呢。”

这时老板转向了李四，说：“现在你知道为什么张三的薪水比你高了吧。”

从一出生直至上大学，在我们的生活和学习中，总是会有人不断地告诉我们应该做什么，不应该做什么。由此，使我们养成了被动做事的习惯。当需要我们主动地为同学或老师排忧解难的时候，我们没能做到；当需要我们自己做决定的时候，我们总是寄希望于父母或老师告诉我们怎么做。社会不需要被动做事的人，这种人就像牙膏一样，挤一点出一点。

2）团队精神

在这个极具挑战性的竞争时代，大学生要实现自身价值，谋求成功，就必须在大学里培养团队精神。一个人只有把自己融入集体，才能最大限度地实现个人价值，从而取得成功。美国前总统肯尼迪曾说，前进的最佳方式是与别人一道前进。那种只想个人冒尖，不善于与人合作的人，很难做出大成绩，即使取得了一时的成功，也很可能会因此造成失误。而那些善于与同事合作的人在团队中往往能更充分地实现个人价值，他们取得成功的机会也就更大。这一点在竞技运动中得到了充分体现。有关研究表明团体凝聚力是团体最基本的心理特征。与凝聚力低的团队相比，一个团队的凝聚力越高，这个团队的活动效率也就越高，成员之间愿意交往，团队共同活动的积极性和对团队的满意程度较高，成员之间互相吸引，感情投入，共同协作，才能为全队目标的实现努力奋斗。同时，凝聚力高还会提高队员的士气，明确活动的动机，自觉努力地训练，不断提高技能与成绩水平。如果队内有许多内部的冲突，队员均感不快，彼此缺乏合作，精神受压抑，不仅不能发挥队员的训练热情，甚至还会有意制造障碍，这样自然就会影响训练质量和比赛成绩，来自体育运动现场的一些研究也表明：团队凝聚力高，其成功的可能性就大，这是由于每个成员把团队的目标当成自己的任务，把团队的行为规范当成自已的行为准则，因而参加团队的动机就强，在凝聚力与成功的因果关系中，二者是相互促进的，凝聚力的高水准造成团队能力表现和成功，而团队的连续成功会使团队凝聚力更强。

### （三）培养独立负责意识和行为主体意识

#### 1. 独立负责意识

1）学会自立

人生的发展就是一个从身体独立、行为独立、人格独立、思想独立、经济独立到社会独立的过程，大学阶段是人格独立、思想独立的最重要时期，大学生必须完成这个发展任务。

《中国青年报》曾报道过这样一个实例：有一个高中生学习成绩十分优异，但从小生活在父母的溺爱下。高考时，他考上了名牌大学，然而，多年的衣来伸手、饭来张口的生活，让他失去了独立生活的能力。在学校里，他生活几乎不能自理，不会到食堂买饭，不会洗衣服，只会不停地向家里诉苦。结果进校不到半个月，他就偷偷跑回家，再也不肯到学校去了。他的父母也没办法，只好自食苦果，让他退学。

像上述学生一样，缺乏生活自理能力的大学生在大学校园内可能不在少数。这样的大学生即使读完大学，也根本不可能在社会上立足，更别提为社会做出什么贡献了。不能自立的人，不仅会成为家庭的负担，而且还会成为社会的累赘。刚跨进大学校门的大学生要自立必须先学会自理，自理是自立的前提，自理能力也是一种最基本的能力。

自立是指个体从自己过去依赖的事物中独立出来，自己行动、自己做主、自己判断、对自己的承诺和行为负起责任的过程。自立贯穿于我们的整个人生，自立可以分为身体自立、行为自立、心理自立、经济自立和社会自立。身体自立是指个体无须扶助而能直立行走；行为自立是指个体能独立思考，独立判断，自己做决定；经济自立是指不依赖父母或者他人的经济援助而独立生存；社会自立是指能够按照社会所规定的行为规范、责任和义务而行动。

学会自立是个人实现人格独立和开创事业的前提。因此，在大学阶段，我们应该树立自立意识，培养自立能力。香港富豪李嘉诚的儿子李泽楷在美国留学的时候，不仅不带保姆，而且是自己打工挣零花钱。他没有钱吗？不是，他主要是想培养自己的自立精神。因为只有具备了自立精神，将来才有可能开创自己的事业。因此，不管家庭经济情况如何，作为一个成年人，我们从入校开始就应该树立自立意识。一个人只有学会了自立，才有可能赢得职业生涯的成功与发展。

2）高度的责任心

一位大公司的老板曾经讲过这样一个故事。

有个人来公司应聘，经过交谈，老板觉得那个人并不适合他们公司的工作，因此，他很客气地和那个人道别。那个人从椅子上站起来的时候，手指不小心被椅子上露出来的钉子划了一下。他顺手拿起老板桌上的镇纸，把露出来的钉子砸了进去，然后和老板道别。就在这一刻，老板突然改变了主意，留下了这个人。他说：“我知道在业务能力上你也许未必适合我们公司，但你的责任心的确令我非常欣赏，把事情交给你这样的人我会很放心。”

责任心是一种习惯行为，也是衡量一个人成熟与否的重要标准。梁启超说过：“凡属于我受过他好处的人，我对于他便有了责任；凡属于我应该做的事，而且是我能够做到的，我对于这件事便有了责任；凡属于我自己打定主意要做的事，便是现在的自己与将来的自己立了一种契约，便是自己对于自己加了一层责任。”责任感对于一个人来说是极其重要的，是一个优秀的人才所必需的，敬业精神便源自于当事人的强烈责任感。

一个缺乏责任心的人，在学习、工作、生活中就会寻找各种各样的借口，他会告诉别人自己做不了某事或做不好某事的理由。比如，迟到了，就寻找“路上塞车”“时间搞错了”等借口。如果我们有心去找，所有的事情都可以找到无数条“合情合理”“冠冕堂皇”的理由，但是，一个人借口找得越多，他离成功也就越远。正如中国职业生涯规划第一人程社明所说：“人生成功从职业生涯发展开始，职业生涯发展从做好本职工作开始，做好本职工作从对结果负责开始，对结果负责从找自己的错开始。”“当一件事没有干成时，总是能为推卸责任找到理由。理由找得越多，就离发现客观规律越远。谁将责任推得干干净净，谁就与成功绝缘了。”

责任心是一个人对待生活和工作的态度，需要我们从身边小事做起，切记“勿以善小而不为，勿以恶小而为之”。

**2. 行为主体意识**

从上大学的第一天开始，大学生就必须从被动转向主动。要想成为自己未来的主人，就必须积极地管理好自己的学业和将来的事业，理由很简单，因为没有人比你更在乎你自己的工作与生活。“让大学生活对自己有价值”是你的责任。许多同学到了大四才开始做人生和职业规划，而一个主动的学生应该从进入大学时就开始规划自己的未来。

积极主动的第一步是要有积极的态度。要积极制定自己的人生目标，寻求兴趣并尝试新的知识和领域。纳粹德国某集中营的一位幸存者维克托·弗兰克尔曾说过：“在任何特定的环境中，人们还有一种最后的自由，那就是选择自己的态度。”

积极主动的第二步是要对自己的一切负责，勇敢面对人生。不要把不确定的或困难的事情一味搁置起来，比如，有些同学认为英语重要，但学校不考试就不学英语。我们必须认识到，不去解决也是一种解决，不做决定也是一种决定，这样的解决和决定将使你面前的机会丧失殆尽。

积极主动的第三步是要做好充分的准备，事事用心，事事尽力。不要等机遇上门，要把握机遇，创造机遇。

积极主动的第四步是要“以终为始”，积极地规划大学四年。任何规划都将成为你某个阶段的终点，也将成为你下一个阶段的起点，而你的志向和兴趣将为你提供方向和动力。如果不知道自己的志向和兴趣，你应该马上制订一个发掘志向和兴趣的计划；如果不知道自己最欠缺什么，你应该马上写一份简历，找你的老师、朋友打分，或者自己审阅，看看哪里需要改进；如果毕业后想出国读研究生，你应该想想如何让自己在申请出国前有具体的研究经验和学术论文；如果毕业后想进入某个公司工作，你应该收集该公司的招聘广告，以便和自己的履历对比，看看自己还欠缺哪些条件。只要认真制定、管理、评估和调整自己的人生规划，你就会离自己的目标越来越近。

## 第三节　大学的人际交往

当前，党中央提出要大力构建社会主义和谐社会。大学师生具有良好的文化素养和道德修养，是社会主义精神文明建设的重要倡导者、践行者、推动者，大学是社会主义精神文明建设的重要窗口。认真落实科学发展观的要求，着力构建和谐的大学校园，是每一位大学师生及员工的共同任务。构建和谐校园，关键在于坚持以人为本，建立和谐的人际关系。大学新生走进大学校园，与这里的师生可能是素昧平生，但是共同的事业、共同的追求、共同的生活，将原本陌生的人紧紧联系到了一起。大学校园充满了温馨与和谐，这里充满了师生之爱、朋友之情，大家由陌生到相识，由相识到相知，互相学习、互相关心、互相帮助、共同进步。在这里不少大学生结交了一生都珍爱的良师益友，收获了一生都珍惜的纯真友谊。大学新生应高度重视建立和谐的人际关系。

## 一、大学生人际关系的主要类型和特点

### （一）大学生人际关系的主要类型

#### 1. 师生关系

教师与学生是大学校园里两大基本群体，师生关系是大学教育活动中最基本、最重要、最活跃的人际关系。在大学里，教师是大学生人际交往的重要对象，是学生专业知识的传授者、专业技能的训练者，同时还是学生成长道路上的引路人。教师的教育对象是一群身心发育日趋成熟，世界观、人生观、价值观已逐渐形成的刚刚迈入成年的个体。

#### 2. 同学关系

同学关系是大学生人际交往的基本关系，也是大学生人际交往的主要对象。大学生在校具有多重角色，交往圈子多，人员多，构建的人际关系比较复杂，但主要的人际关系有：班级同学关系、宿舍同学关系、老乡关系、社团成员关系。班级同学关系是大学生以班级成员为交往对象，以共同的学习活动和实践活动为主要交往内容的人际关系。宿舍同学关系是大学生以宿舍成员为交往对象，以共同的生活为交往内容的人际关系。老乡关系是大学生以地域关系的老乡为交往对象，以提供感情慰藉、生活帮助为交往内容的人际关系。社团成员关系是大学生以社团成员为交往对象，以发展兴趣爱好、拓展多方面素质为主要内容的人际关系。

#### 3. 恋人关系

大学里不提倡大学生恋爱，但是处于青春期的大学生萌发了爱的意识，渴求与异性交往，于是大学生谈恋爱成为一个不争的事实。大学生谈恋爱有如下原因。一是缘于情感需求。大学生经过奋力拼搏才进入大学校园。中学阶段由于升学负担而暂被压抑的丰富的青春期情感此时得以爆发，自我形象逐渐清晰，自我意识日益增强，情感需求渴望满足，恋爱则是其情感满足的一种重要方式。二是缘于感情寄托。大学生远离家乡，远离亲人，心理存在一定的孤独感，渴望被人关注，渴望获得依靠，渴望倾诉对象，有的会把这种感情寄托于恋情。三是缘于从众心理。一些大学生因同宿舍的同学谈恋爱，看到人家亲亲热热，自然会激发起恋爱意识和行为。四是缘于攀比心理。有的大学生心理发育还不成熟，认为不恋爱就是没有本事，就不会引人注目，为了攀比，满足虚荣心，不考虑双方的志趣、性格能否相投，就随意与别人谈恋爱。五是缘于精神空虚。有的大学生精神空虚，在大学里找不到自己的目标，整天无所事事，通过恋爱来弥补空虚，打发寂寞，消耗光阴。六是对大学恋爱的最终结果并不看重，只希望借此来丰富自己的恋爱经验。

### （二）大学生人际关系的特点

#### 1. 师生关系的特点

大学的师生关系具有如下主要特点。一是民主性。大学里洋溢着浓厚的民主氛围，领导与老师对学生没有“家长制”作风，学生干部的选拔、奖学金助学金的评定、先进的评选、入党入团的推荐等工作，都始终坚持“公平、公正、公开”的原则，注重保障大学生的民

主权利。二是平等性。老师与学生之间既是师生，又是朋友，领导与老师对学生没有盛气凌人的威严，大家在人格上是相互平等、相互尊重的。三是合作性。大学重视学习过程的探究、学习方法的掌握，老师对学生没有“满堂灌”的习惯，要求学生与老师密切配合，引导学生积极思考问题、善于发现问题，注重培养学生的动手能力。同时大学老师对学生少有命令式的要求，善于与学生合作进行共同管理，引导学生自律。良好的师生关系，有助于学生接受老师的正确引导，顺利地完成学业。

**2. 同学关系的特点**

1）班级同学关系具有的主要特点

一是时间跨度长。从入学到毕业，班级同学关系始终存在，甚至毕业之后的同学会也将以大学时的班级为单位举行。二是交往对象多。大学以班建制，整个教学班的同学都成为交往对象。三是接触频率高。共同的学习目标、学习内容、作息时间，使得同班同学之间长时间地朝夕相处，低头不见抬头见，因而接触的机会很多。同班同学之间是一个有机的整体，构建良好的班级同学关系，有助于培养大学生的集体荣誉感，增强大学生的合作意识。同时，良好的班级同学关系，使大学生可从身边的同学中获得便捷的学习、生活方面的帮助。身边的人更亲、更近、更可信，榜样的示范、同学的激励、同辈的劝导，对大学生影响很大。

2）宿舍同学关系具有的主要特点

一是交往对象少。一般以同宿舍或相邻宿舍同学为交往对象，一般以 4 ~ 8 人为限。二是关系更紧密。大学生在大学里有一半以上的时间在宿舍里度过，同宿舍同学间接触的时间多、频率高，同宿舍同学往往一起吃饭、一起睡觉、一起聊天、一起游戏、一起购物、一起旅游，基本上是形影不离。同宿舍同学之间形成了一个个小的集体，同学之间相互影响很大，感情更深。构建良好的宿舍同学关系，不仅可让大学生树立更远大的志向、更高尚的志趣，而且可使大学生形成更加包容的心态，增强大学生合作的意识，养成关心他人、帮助他人、尊重他人的行为习惯，同时也有助于新生摆脱孤独感，更好地融入大学生活。

3）老乡关系具有的主要特点

一是交往内容单一。大学生一般都是异地求学，初到外地，又远离自己的父母、亲人，暂时失去了过去的朋友，对新的环境有陌生感，心理上有较强的孤独感。老乡来自相同的地域，互相之间有相同的语言、相同的习惯、熟悉的话题，心理距离较小，相互交往可以寻找感情上的慰藉和生活上的帮助。二是联系较为松散。大学新生往往非常看重老乡关系，随着自己交往圈子的扩大，对老乡的心理需求逐渐降低，接触的频率会逐渐下降，虽然同年级、同班级、同专业、同宿舍的老乡之间联系比较紧密，但人数很少。老乡之间除了结伴上学、放假之外，一般来说，平时联系相对较少。老乡之间彼此较为信任，高年级老乡乐于帮助低年级老乡，有助于大学生新生更快地认同新的环境、融入新的环境。但由于老乡会不是大学的正式社团组织，老乡会容易形成拉帮结派的小集团，危害和谐校园的构建，因此，许多高校禁止老乡会活动。

4）社团成员关系具有的主要特点

一是交往目的明确。大学特别重视大学生的全面发展，大学里社团众多，大学生参与学生社团，构建良好人际关系的目的是，发展自己的兴趣和爱好，多方面提高自己的素质与能力。二是接触机会有限。社团成员之间的接触一般在课外时间，接触的机会比较有限。三是联系较为松散。社团成员以兴趣和爱好为纽带，是大学生自我管理的群众性组织，一般没有较多硬性的纪律要求，成员间的联系比较松散。大学具有浓郁的文化氛围，有各种各样的学生社团，参与社团活动，构建良好的关系，有助于丰富大学生的文化生活，陶冶大学生的情操，提高大学生的综合素质。

**3. 恋人关系的特点**

恋人关系具有如下主要特点。一是交往对象特定。爱情具有强烈的排他性，具有恋人关系的对象只有相互吸引的异性双方。二是交往频率较高。处于青春期的大学生在恋爱的过程中投入了大量的精力与感情，双方如胶似漆，渴望过自己的二人世界，一有机会双方都会待在一起。三是表现方式直白。一些大学生对爱表现直白，恋人成双成对出入校园，不顾场合、地点亲热，甚至做出一些出格的行为。树立正确的爱情观，志同道合的恋人之间可以互相帮助、互相激励，对大学生产生积极的影响。然而由于一些大学生对爱情缺乏正确认识，有的处理不好爱情与事业的关系，整天谈情说爱，荒废了自己的学业；有的忘记了爱情的责任，自酿苦果；有的承受不了单相思、爱情错觉、失恋的打击，痛苦万分甚至轻生。

## 二、大学生人际交往的重要性及技巧

### （一）大学生人际交往的重要性

人活在世上，就离不开社会，就离不开他人，也就离不开与人相处。随着人类社会的不断进步，社会职业的分工越来越精细，人与人之间的依存度越来越高。现实生活中的每一个人不仅要为自己而活着，也不得不学会与别人合作。大学生要充分认识到，人际交往是一个人适应社会的必备能力，必须明确人际交往的重要性，抓紧时间提高自己的人际交往能力，构建和谐的人际关系。

**1. 人际交往是维护大学生身心健康的重要途径**

1）人际关系影响大学生的生理和心理状况

处于青年期的大学生，思想活跃、感情丰富，人际交往的需求极为强烈，人人都渴望真诚友爱，大家都力图通过人际交往获得友谊，满足自己物质上和精神上的需要。但面对新的环境、新的对象和紧张的学习生活，使得一部分学生心理矛盾加剧。此时，积极的人际交往、良好的人际关系，可以使人精神愉快，情绪饱满，充满信心，保持乐观的人生态度。一般来说，具有良好人际关系的学生，大都能保持开朗的性格、热情乐观的品质，从而正确认识、对待各种现实问题，化解学习、生活中的各种矛盾，形成积极向上的优秀品质，迅速适应大学生活。相反，如果缺乏积极的人际交往，不能正确地对待自己和别人，心胸狭隘，目光短浅，则容易形成精神上、心理上的巨大压力，难以化解心理矛盾。严重的还可能导致病态心理，如果得不到及时的疏导，可能形成恶性循环而严重影响身心健康。

2）人际交往影响大学生的情绪和情感变化

处于青年发展期的大学生，正处在人生的黄金时代，在心理、生理和社会化方面逐步走向成熟。但在这个过程中，一旦遇到不良因素的影响，就容易导致焦虑、紧张、恐惧、愤怒等不良情绪，影响学习和生活。实践证明，友好、和谐、协调的人际交往，有利于大学生对不良情绪和情感的控制和发泄。

3）人际交往影响大学生的精神生活

大学生情感丰富，在紧张的学习之余，需要进行彼此之间的情感交流，讨论理想、人生，诉说喜、怒、哀、乐。人际交往正是实现这一愿望的最好方式。人际交往可以满足大学生对友谊、归属、安全的需要，可以让大学生更深刻、更生动地体会到自己在集体中的价值，并产生对集体和他人的亲密感和依恋之情，从而获得充实的、愉快的精神生活，促进身心健康。

**2. 人际交往是大学生成长成才的重要保证**

1）人际交往是交流信息、获取知识的重要途径

现代社会是信息社会，信息量之大、信息价值之高，是前所未有的。人们对拥有各种信息和利用信息的要求，随着信息量的扩大，也在不断提高。通过人际交往，我们可以相互传递、交流信息和成果，从而丰富经验，增长见识，开阔视野，活跃思维，启迪思想。

2）人际交往是个体认识自我、完善自我的重要手段

孔子曾说过："独学而无友，则孤陋而寡闻。"人际交往，可以帮助我们提高对自己的认识以及自己对别人的认识。在人际交往的过程中，彼此从对方的言谈举止中认识了对方。同时，又从对方对自己的反应和评价中认识了自己。交往面越宽，交往越深，对对方的认识越完整，对自己的认识也就越深刻。只有对他人的认识全面，对自己的认识深刻，才能得到别人的理解、同情、关怀和帮助，自我完善才可能实现。

3）人际交往是一个集体成长和社会发展的需要

人际交往是协调一个集体关系、形成集体合力的纽带。而一个良好的集体，能促进青年学生优良个性品质的形成。如正义感、同情心、乐观向上等都是在民主、和睦、友爱的人际关系中成长起来的。良好的人际关系还能够增进学生集体的凝聚力，成为集体中最重要的教育力量。人际交往是人与人之间的一种互动。良好的人际交往能力是积极向上的，反之，则不利于个体全面健康的发展。

### （二）大学生人际交往的技巧

常言道："多个朋友，多条路"。我们每个大学生都希望构建良好的人际关系，在和谐的人际交往中快乐地生活、快乐地成长。人际交往，大学生必须掌握如下基本技巧。

**1. 学会主动**

刚到大学，面对一个陌生的环境，要主动去适应环境，而不是被动应付。一要主动接触老师。老师对大学新生往往都不大熟悉，大家都处于同一个起点，此时，主动接触老师，主动展示才艺，就会较早引起老师的注意，给老师留下好的印象。二要主动接触同学。大学新生来到一个陌生的环境，渴望受到重视、得到帮助，此时，应主动记住他人的姓名、主动介绍自己的情况、主动向别人打招呼、主动为他人提供服务，这样就会较早拥有友谊，构建自己的人际关系。

**2．学会微笑**

微笑是人类最美好的通行证。微笑可以使你在很短的时间内与一个素不相识的人拉近距离，它将使你更具魅力。卡耐基在谈到微笑时，就要求他的学员每天坚持对人微笑。一位从中受益的中年人说："我每天坚持这样做，现在我已养成微笑的习惯，而且我发现人人都对我微笑，过去对我冷若冰霜的人，现在也显得热情起来。"让我们经常挂着自信、阳光的笑脸，让快乐弥漫在你我心中。

**3．学会倾听**

倾听是一种姿态，是一种与人为善、心平气和、谦虚谨慎的姿态。有了这种姿态，就能做到海纳百川、光明磊落、心底无私。倾听是一种技巧，当你掌握了，你就会奔向成功。倾听是交流的一半，只会倾诉，不懂倾听的人是人际交往中的失败者，善于倾听的人永远是善于沟通、深得人心的人。所以，倾听作为一种人格魅力，又是一种必不可少的人际交往技巧。当别人向你倾诉时，要有耐心听、专心听，看着别人的眼睛，积极反馈，适当提问。

**4．学会赞美**

渴望被人赞美是每个人的心理需求。当人们的物质生活被满足后，最渴望的是精神上的满足，即被认同、被赏识、被赞美。恰到好处的赞美也是拉近心理距离的妙方。但赞美不同于阿谀奉承，而是一种诚恳的、自然的感情流露。如果人人都懂得微笑与赞美，那么一个集体、一个班级、一个宿舍都会变得充满阳光和温情。

**5．学会感恩**

中国是礼仪之邦，有着五千年的文化历史。中国人重视礼尚往来，古语也有："投我以桃，报之以李。""滴水之恩，当涌泉相报。"乐于助人者不在意回报，但被帮助者却不能不学会感恩，当别人向你伸出援助之手的时候，不要忘了发自肺腑的一声感谢，自觉地将爱心传递下去。被帮助者懂得感恩，整个宿舍、班级、学校、社会才会是一个团结、友善、充满爱心和真情的集体。

**6．学会包容**

当今的社会，是一个多元的社会，不同民族、不同信仰、不同生活经历、不同家庭背景、不同生活习惯、不同个性气质的人和谐共生于这个世界，首要的就是需要每一个人的包容。我们来到大学，面对着上万的师生，将接触到各式各样的人，一定要学会换位思考，多想想别人的难处。只有学会尊重、学会理解、学会包容，才会同样得到别人的尊重、理解与包容，获得良好的人脉。

## 三、构建良好的人际关系

### （一）构建良好的师生关系

大学以育人为本，以学生为主体；办学以人才为本，以教师为主体。与教师的交往是大学生获取知识、增长才干的重要途径。师生关系的好坏，直接关系到大学生在大学是否能健康快乐地学习与成长。在大学，老师们具有良好的专业素质和师德教风，树立了"一切为了学生，为了一切学生，为了学生的一切”的思想，视学生如自己的子弟、朋友，一定会竭尽全力地关爱、信任、理解并尊重每一个学生。大学新生应首先减少与老师的心理距离，积极主动地与老师探讨问题，虚心向老师请教。这需要做到以下几点。一是热爱老师。学生不能亲其师，也就不能信其道。师生心不往一处想，劲不往一处使，就不能形成合力，也就达不到应有的教育教学效果。在大学学不到知识，就没有以后的开拓事业的本领，最终只能危害我们大学生自己。二是理解老师。大学老师除教学之外，还要承担着科研任务，有的老师还肩负着管理工作、社会工作的重任。大学老师不能像中学老师“保姆式”长期守护在学生身边，但老师的心里装着学生，时刻为了学生，只不过因为大学生都基本已经成人，用不着老师大小事情都亲历亲为了。平时，老师会给学生自由展示的空间；当出现意外情况时，老师会给学生及时正确的提醒。

**（二）构建良好的同学关系**

大学生之间的人际交往最普遍、最微妙，也最复杂。同学关系如何，直接影响到大学生在学校的学习与生活。构建良好的同学关系，一是珍惜同窗友谊。如果说小学时期由于年龄原因，对“同学”这一概念的理解还较模糊；中学时期由于升学原因，除了学习外，同学之间少有接触，对“同学”这一概念的理解还不深刻；那么在大学里，世界观、人生观、价值观基本形成的大学生对“同学”这一概念理解就非常到位。大学生大多年龄相仿、经历相似、兴趣爱好相近，又共同生活在一个集体，沟通与交往比较容易，容易形成良好的同学关系，大学同学之间不仅在学习上相互激励、在生活上相互帮助，而且在思想上还相互影响，有了这份纯真的友谊，大学生活才会变得更加美好。大学生来自五湖四海，是缘分把大家联系在了一起，大家应当珍惜这个缘分。二是尊重、关心他人。构建良好的人际关系需要讲究技巧，这些技巧中蕴含着“尊重、关心他人”的重要思想。每个大学生在人格上都是平等的，只有尊重他人、关心他人，才会得到别人的尊重与关心。在人际交往中，要防止把自己的想法强加于别人，不能只顾自己的想法而不顾他人的感受；要防止对他人提出过高要求，一旦所提要求得不到满足，朋友也会变成仇人；要防止把同学关系变得庸俗，靠酒肉、利益来维系是不能长久的；要防止无原则交友，不能把同学关系演变成小集团活动、拉帮结派的现象。

**（三）树立正确的恋爱观**

爱情是人生的重要组成部分，但不是人生的全部内容。青年大学生考虑爱情问题无须指责，但一定要正确认识爱情，树立正确的恋爱观。爱情是男女双方基于一定的物质基础和共同生活理想，在各自内心形成的最真挚仰慕，并渴望对方成为自己生活伴侣的最强烈、稳定和专一的感情。大学生读书期间经济来源依靠父母，经济上不能独立，未来的工作存在许多变数，大学恋爱成功的概率很低，不少大学恋人因工作的原因不能走到一起，毕业之时就成了分手之时，只能带来无尽的烦恼与惆怅。对此，大学新生应首先在思想上有清醒的认识。培根有一句名言：“一切真正伟大的人物（无论是古人、今人，只要是其莫名永铭于人类记忆中的），没有一个是因为爱情而发狂的人，因为伟大的事业抑制了这种软弱的感情。”大学生在大学期间的主要任务是学习，不要把过多的精力、时间用于谈情说爱而浪费宝贵的青春年华，切不可因恋爱而荒废学业。爱情是责任，是奉献，可能是甘露给人以幸福，也可能是苦水给人以痛苦。在恋爱的过程中，一定要设身处地地为对方着想，注重举止文明，遵循道德规范。每一个人都有爱的权利，同时，也有拒绝爱的权利。如果遭遇失恋，一定要尽快调适好自己的心态，失恋后，面对的将是更多新的选择，失恋后应该不失志，不失去自我，潇洒地按照莎士比亚说的，“当爱情的波涛被推翻后，我们应当友好地说一声‘再见’”。

## 第四节 大学生的和谐时光

大学生活是青年学子们不断充实自我、认识自我的阶段。大学生们会碰到生活中各种各样的烦恼、诱惑和坎坷。创造理性与激情相融合的生活方式，谱写大学时代的和谐乐章，能使自己涉过生活的险滩，最终驶向成功的彼岸。

### 一、科学地使用网络工具

#### （一）走进网络时代

站在21世纪的曙光中，我们已开始意识到，信息技术的飞速发展，大幅度地“缩短”了地图上的一个基本要素—— 距离。一台电脑、一个调制解调器或接上宽带，你就可以给在地球另一边的朋友发电子邮件，说声“Hello” 了。我们已经步入了一个全新的网络时代。

有这样一个有关信息时代的小故事，说是美国大夫有一个习惯，就是看完病人之后自己不写病历，而是口头描述病历，由专门负责写病历的秘书记录并打印出来。在信息时代之前，出现了一家专门负责此事的公司，美国任何地区的医生看完病人之后，只要对着特别设置的麦克风口述病历，公司里高度专业化的记录员就会记录下病历并打印出来，几分钟之后便通过传真返回医生手中。随着信息时代的来临，出现了一个小小的变化，这家公司把记录业务搬到了印度。现在，美国大夫仍在麦克风前口述病历，但他的信息不是留在美国境内而是通过远距离通信网传到了印度，由印度秘书记录并打印，然后还是在几分钟之后又传回美国大夫手中。

尽管这只是一个故事，但在进入信息时代后，这种操作是完全可能的，而且这种操作也确实更高效、更经济。使国界模糊，让人变得平等起来，无论黄种人、黑种人、白种人，在网络面前他们都有同样平等竞争的机会。

当你在网上跨越国界、跨过各大洲进行信息交流时，你恐怕很难猜想到你的谈话对象是怎样一个人，你注意的只是闪烁在屏幕上的那些言语的意义和怎样传递自己的思想。在这里，民族和种族差异被淡化了。

美国学者约翰·纽豪斯在他的一篇文章中曾经写道：“民族、国家对于处理日常生活来说是太大了，而对于处理国际事务来说又是太小了。” “和平与发展”是21 世纪的主题，“经济一体化”是全球经济发展的趋势，各民族和国家不再囿于国界的限制，而是希望更多地参与国际事务的管理，网络在无形中推动了这种一体化。10 多年来，互联网用户一直在以200%的年增长率扩大。一种流行的说法是，Internet今天所连接的国家和地区已达180多个，计算机已经把整个地球变成了一个小小的“村落”。尽管世界上仍然存在摩擦，但各种联盟已经形成，国界变得模糊，世界将越来越趋于大同。

是的，当你徜徉在网络中，你可以到达世界上每一个可以到达的地方，你甚至可以在瞬间环游世界，足不出户，只要动动手指，就能玩个痛快，而且可以免受旅途的劳顿。

**（二）适应网上冲浪**

时下大学校园里流行的问候方式不再是“你吃了吗?”，取而代之的是“你上网了吗?”

在全国各大学的BBS网站上徜徉，可以发现其中的内容包罗万象，包括文学、休闲、电脑游戏、医疗保健、爱情、友情、时尚、程序软件、男生、女生等。大学生们在网络上谈论着一切可能谈论的话题，可谓“百花齐放、百家争鸣”。对当代大学生来说，离开了网络仿佛就远离了大学生活，远离了自己的伙伴，远离了现实。

在北大未名BBS网站上，大学生们讲的话题是“优秀物质论文的五要素”和“如何在NATURE杂志上发表文章”，求教的是“国际上知名的物理杂志的相关网址及投稿格式”等。在上海交通大学的“饮水思源站”里，热爱游戏的人们可从中找到了2800多篇关于电脑游戏的文章；在“社会问题的思考”栏目中，大学生们探讨的话题是“清醒言‘大’”“我批《道德经》”“决策失误当追究”等有关时事和哲理的内容。在浙江大学的“笑书亭站”中，“卫生保健”栏目中谈论了关于“春捂秋冻”的原理，“关于艾滋病的知识”，谈论了“用温水洗脚可以防止冻疮的问题”；在“在自由和道德的夹缝里舞剑”栏目里，同学们津津有味地探索着“黑客和防黑”的问题。在清华大学、武汉大学等许多大学，网上交流正在活跃地进行着。从生活到学习，从家事到国事，从游戏到事业，每一个与大学生有关的话题大家都积极地讨论着。把自己不懂的东西通过网络解决，通过网络上众多热心人的智慧来解决，使大学生们懂得了“众人拾柴火焰高”的道理。

大学生有把自己培养成具有高素质的优秀人才的愿望，因此网络成为大学生的第二课堂。寻找学习资料，到网上去；学习软件设计，到网上去；考研复习，到网上去，那里有大量的试题，让你检验自己的水平。喜欢电脑游戏的人，可以从网上下载，然后几个人联机一决高下；喜爱文学的，可以初试笔墨，将处女作放到网络中；喜欢旅游的，可以通过网络环球旅行，在网络上所有旅费都可以节约下来。卫生保健、时尚情报、收藏爱好等内容也都有大量的信息，能满足不同的需求。大学生们把网络看成是自己的百科全书。因为他们知道，不了解世界、不跟上世界的脚步，世界将会遗忘他们。

在学校教育中，网络也越来越成为教学的一个有力的辅助工具。

天津大学在计算机文化基础课统一考试中，2600余名非计算机专业的本科生从校园网计算机考试系统的试题库中，随机抽题组卷，并通过网络传输答案，做到无纸化考试。清华大学目前有四成学生拥有自己的电脑，上网率达到百分之百，用学生们的话说就是“不上网简直不可能，因为连课程安排都要通过上网了解”。许多大学的网站还配备有教师答疑、网上备课、批改作业，即使是传统课堂上的教师，有的也会在课程开始之前告诉你，如果需要详细的上课笔记或者课后有什么疑问，请给他发个电子邮件。网络已经渗透到学习的每个角落，大学生已经无法回避，更何况计算机课程内容更新很快，上网和网络知识在三五年前也许不用学习，但现在都是必须考的内容。中南大学团委在全国高校中率先开通了“网上团校”，受到了学生们的普遍欢迎，每天上网访问点击者平均达1000人次。清华大学的学生“红色网站”，作为一个以思想政治教育为内容的学生理论学习网站，受到公众的瞩目。

学生们还积极制作网页，参与网络的建设。有一个属于自己的网页是大多数学生的心愿，把自己的思想、作品、成果放在网上让大家来评说，使越来越多的大学生们青睐网络这片自由土地。学校的各个社团和学生组织都有属于自己的网页，在这里发布活动信息、进行活动总结、招聘会员、联络校内外各方朋友，网络无疑扩大了社团与学生组织的活动面和同学的参与面。

**（三）摆脱网络依赖**

网络给每个人提供了一个虚拟的世界，提供了一片全新的空间。合理地利用网络丰富生活、增长知识，对每个大学生来说，都是非常有意义的。但是，少数大学生沉溺其中，不能自拔，在网上分不清白天黑夜，对网络产生了一种依赖，这就值得重视了。

某高校的一个班级在团日活动期间就与网络有关的问题进行了问卷调查，在全校随机发放问卷100份，收回有效问卷94份。调查结果表明，上网活动中：看新闻占5%，查资料占50%，收发邮件占57%，聊天占59%，下载软件占5%。应该说，这个数据比较真实地反映了高校学生上网的实际情况。高校学生所处的环境决定了他们利用网络学习的概率要比社会上高得多，网络对于他们而言，就是信息，就是知识，就是世界。网络让他们更多地了解了世界。然而，我们也应该看到，上网聊天在校园网迷中也是主流。确实，这是一个新奇的领域，好奇心极强的大学生们在网上结识了一批朋友，在网上谈论着爱情，这比现实生活中的闲聊显然来得刺激。他们的闲聊一大半是一种猎奇心理的引导和驱使，也有的是为了自娱自乐，消除寂寞。因为在网上交谈，用幻想定位客观存在，以角色的演绎寻找生活的平衡感和成就感，可以弥补真实生活中的不尽如人意，这常常在那些性格内向或者怀才不遇的学生中出现。

值得注意的是，随着网民的不断增多和网络的不断普及，网民的心理承受能力也不断受到挑战，网络病也就随之而至。据《光明日报》报道，某大学一名男生因上网成瘾出现生理和心理方面的异常，这名大学三年级的男生从大学二年级下半学期开始，经常在早上8点进入机房，直到晚上9点机房关门才离开。因为过度上网，该生面容憔悴，情绪低落，并常伴有莫名其妙的言行。据该校医生介绍说，这种症状属于网络性心理障碍，多发于青年男性。患者由于过分沉溺于网络游戏、聊天或浏览网页而出现情绪低落、生物钟紊乱、思维迟钝、自我评价降低和能力下降等症状，严重的甚至有自杀意念和行为。心理专家指出，由于缺乏社会沟通和人际交流，有的学生将网络世界当作现实生活，自我封闭在网络中。如上述学生一样，从心理学的角度分析，这属于抑郁性神经症。随着上网人数越来越多，处于这种焦虑、自闭状态的人也越来越多。大学生应当积极参加社会活动，逐步摆脱对网络的依赖，回到现实中来。

**（四）净化网络灵魂**

根据美国《时代》周刊的报道，在一项为期18个月的调查中，从互联网上找到的黄色图片将近93万幅，在装有图片的有关讨论组（Usenet）中，83.5%的图片是色情图片。在美国的大学中，每40个经常访问的讨论组中就有13个讨论组的题目含有“性”（Sex）的字样。

在我国的某些省份，根据对当地一些网吧的突击检查，发现在一些色情站点都有点击数，问营业人员，他们也很无奈，来网吧上网的人很多，又不能每时每刻进行监视，这种情况难免会出现。

面对网络垃圾、网络色情、网络暴力的冲击，世界各国政府都在积极制定有关政策和法规来惩治网络上的不良现象，同时技术部门也在不断完善网络的功能，并安装了各种防火墙、过滤网、跟踪仪等设备。但是，这些垃圾、色情、暴力的信息往往防不胜防，今天你封了这个站点，明天它可能又以另外的形式出现在网上。

随着互联网在中国的发展，我们也会遇到越来越多的这种现象，如何教育大学生们在上网时自动摒弃这些网络垃圾，是学校每一个教师的责任。对大学生而言，为免受网络的不良影响，应该注意以下几点。

（1）认真学习学校开设的思想政治理论课。思想是行动的先导，只有有了正确的思想才能有正确的行动方向。

（2）正确认识“性”。大学生无论是从心理上还是从生理上都已经成熟，要正视自身的生理冲动，主动和理智地了解这种冲动，揭开“性”的神秘感。只有正视网络黄毒，才可能真正不受黄毒的影响。

（3）不要沉迷于网络。网络把世界连成一体，网络把知识传播给每一个人，网络从其本身来讲是有益的。但是，有些大学生沉迷于网络之中，或者整天聊天，或者整天打电脑游戏，或者寻求一些色情、有刺激性的图片或作品，这时，上网就变益为害了。把自己从网络中拯救出来，参加一些户外活动，与朋友聊聊天，让太阳重新照到身上来，生活不是更美好吗?

（4）在网络上开展一些有意义的竞赛活动，如网页设计大赛、局域网设计大赛、网络生存等，把个人对网络的热爱通过比赛展示给大家。

（5）如果沉迷于网络之中难以自控，以至于影响学习、生活和与同学的关系，可借助教师、朋友、同学的力量解脱出来，向他们讲述你的苦闷、烦恼，让外界的力量帮助你，千万不要自暴自弃。

（6）做一个开心快乐的人。我们应该想到，网络之于人类原本只是一种工具，如果被工具所俘虏，整天对着电脑屏幕，将自己变成如机器般的“数字人”，你的人生会丧失很多精彩的内容。所以，做一个快乐的人，不要过多地虚拟自己。

## 二、树立正确的消费观

大学生作为一个特殊的社会群体，其消费行为、消费特点和消费方式左右和引领着整个社会青年消费的趋向。因此，大学生的不当消费问题及其造成的负面影响是不可低估的，它既加重了家长的经济负担，也不利于大学生人生观、价值观、世界观的形成，而且对家庭伦理道德、学校教育管理及社会秩序造成了众多的消极影响。作为刚刚进校的新生，应该树立正确的消费观念，量入为出，理性消费。

### （一）当前大学生消费的误区

**1. 崇尚名牌，模仿性的消费情结日趋明显**

现在的大学生，其消费有着很强的崇尚名牌心理和强烈的模仿性特征，有着很强的“白领情结”。“名牌服装在身，手提电脑随身，信息把握在手，创造未来人生”，这已成为众多大学生所羡慕、仿效的社会形象。发达快捷的消费信息、不断提高的消费需求使大学生对时尚的理解和把握更为及时准确，尽管他们还不一定拥有，但却能对许多时尚品牌如数家珍。他们一方面希望拥有舒适的物质生活，另一方面希望拥有高雅的精神享受。他们有自己对生活的理解和对消费的选择，他们注重讲求生活的品位和质量，宁缺毋滥，宁高毋低。

**2. 互相攀比，大学生的人际交往消费节节攀升**

1）人情消费

现在，同学过生日、考试得高分、当了学生干部、入了党、评上奖学金、比赛获奖等都要请客，否则便被视为不够交情，不讲义气。请客者档次越高，赴请者的随礼也就越高。人情风的蔓延给一些家庭不富裕的学生增加了经济负担，也带来了精神压力。

2）恋爱消费

很多大学生都有在大学谈恋爱的经历，而且把它作为一种时尚，互相攀比。“你今天坠入爱河，我明天也要带一个女朋友回寝室”，这是不少大学生的恋爱心理。而恋爱费用的来源，有的是由家里特别提供的，有的是从生活费中支付的，有的是来自勤工助学，有的则来自奖学金。不管来源如何，都额外加重了大学生的经济负担。约会吃饭要花钱，出去玩要花钱，平时电话费更是少不了，赶上节日、生日也得送对方礼物。很多学生甚至抱怨，恋爱花费过高经常会使他们陷入“财政赤字”。

**3. 超前享受，大学生休闲及娱乐消费惊人**

1）休闲消费

闲暇生活中，大学生最经常做的事情是上网吧、泡酒吧、进演艺吧以及到商场购物等，这些地方消费水平较高，动辄几十、几百元，用大把的钞票换来短暂的享受。

2）旅游消费

随着家庭生活水平的提高和公共假期的增多，大学生纷纷热衷于外出旅游。广东的一项调查显示，有70.4%的大学生在假期参加过旅游，有40.4%的被访学生平均每次旅游花费在800元以上，其中花费在1500元以上的占了34.9%。

3）娱乐消费

大学生的娱乐消费数额相当可观。娱乐项目包括进迪厅、打台球、溜旱冰、去练歌房、开派对等。另外，不同程度的追星热潮也影响着大学生的娱乐消费。

### （二）树立正确的消费观，量入为出

**1. 树立正确的消费观**

1）适度性消费

作为纯消费群体的大学生来说，在消费方面更应该确立合理的消费期望，根据自己生活、学习、文化娱乐的实际情况来明确消费标准，关键是把握一个“度”，量力而行，有多少钱办多少事，不脱离自己的经济实际。

2）计划性消费

大学生应根据自己的经济实际，分解消费欲望。一方面把消费期望分解为短期、中期、长期三种目标；另一方面将消费额度分解为日常生活费用、学习用品费用、文化娱乐费用等几个方面，大概确定一个限度。比如，在生活上以保证健康为前提，尽量节俭；在文化娱乐上能补充和丰富学习生活，起到缓解学习压力的作用即可，不要过多参加娱乐活动。

3）主导性消费

学习消费应该是大学生消费的主导，生活消费是保障，文化消费是有益补充。如果生活消费过大，就会形成奢侈消费；如果文化娱乐消费过大，就会玩物丧志。当代大学生应该发扬勤俭节约、艰苦朴素、吃苦耐劳的优良传统，树立正确的消费观念，进而树立正确的人生观和价值观，养成良好的生活习惯。

4）自立性消费

有人曾把大学生比喻为“躺在汇款单上的骄子”，这是有道理的，因为大学生在经济上不能自立，存在着很大的依赖性。大学生参加勤工助学是他们不断自立的有效方法，依靠自身的力量解决问题，对于大学生的成长具有重要的意义。勤工助学是在校大学生用课余时间或假期在校内或校外参加的各种有偿实践活动，既是帮助大学生完成学业的需要，也是帮助他们完善知识结构、提高综合素质的需要。

**2. 树立正确的金钱观**

只有正确地对待金钱，在人生的道路上才不会迷失方向。追求金钱是在物质文明不发达的条件下，人们从事经济活动的主要动力和直接目的。金钱是满足人们需要的基本手段和衡量一个人对社会贡献大小的一种价值尺度。在市场经济条件下，人们追求金钱的方式多种多样，但这种追求是有边界和规范的，即必须合法。“君子爱财，取之有道”这个“道”当然不是歪门邪道，而是合理合法的。金钱不是万能的，金钱虽然可以创造幸福，但也会带来烦恼。人不能只为金钱而活着，应该合理合法地赚钱，科学地支配，真正成为金钱的主宰，而不是金钱的奴隶。

**3. 培养良好的消费方式**

大学生树立健康文明的消费方式，应当从三个方面去努力。一是要根据客观实际，充分发挥每一元钱的最大效益，做到精打细算，量入为出。通盘考虑，合理计划，不讲排场，不摆阔气，以保证生活的正常需要为前提。二是要协调好物质消费和精神消费之间的关系。大学新生正处于吸收科学文化知识的时期，最重要的任务就是学习，精神文化消费应占重要比重，如购买学习资料，但也要保证生活的需要和扩大知识面的开支。当自己尚有经济余力时，再考虑其他的物质消费和文化娱乐的开支。三是要以自己的劳动提高自身的经济能力。

## 三、用理智升华爱情

爱情是大学生成长发展过程中普遍关心的重要问题，更是新生应正确思考的问题。培养爱的能力，在恋爱中学习如何去爱别人，同时珍爱自己，用理智升华爱情，这是自我成长发展的重要课题。

### （一）爱情的本质

爱与被爱是人类正常的情感需要，只有拥有健康恋爱心理与行为的人，才能体会到真正的爱情。法国著名作家雨果说过："人生有两次出生，头一次是在开始生活的那一天，第二次则是在萌发爱情的那一天。"

**1. 爱情的内涵**

爱情是一对男女基于一定的客观物质基础和共同的生活理想，在各自内心形成的真挚诚实、相互爱悦并渴望对方成为自己终身伴侣的一种最强烈、最深沉同时又是最复杂、最微妙的美好感情。

1）爱情源于性爱，又高于性爱

爱情作为人类精神上的一种最深沉的冲动，其动力是人的性欲，是人类延续种属的本能，这种本能是爱情的生物学基础。然而，爱情源于性爱，又高于性爱。因为人作为一种有感情、有理智、有道德的社会动物，具有社会性，其自然属性也因此被社会化。人的性要求并不是以一种完全自然的方式来满足，而是以一种内容丰富且不断变化的社会方式来进行的。因此，爱情是人类肉体和精神的升华，是人类灵与肉的融合，并非一种纯属本能的情欲。

2）爱情与友情既有区别又有联系

爱情和友情都是人与人交往的产物，两者有密切的联系，也有质和量的区别。一般而言，多数人都经历了从交友、恋爱到婚姻的过程，因此，友情是爱情的基础和前提，爱情是友情的发展和质变。友情可以发展为爱情，也可能永远发展不成爱情。大量事实说明，我们要进一步理解爱情的内涵，还需要弄清楚爱情与友情的联系和区别，切不可误把友情当爱情，也不可误把爱情当友情。

实事求是地讲，男女青年在交往过程中，要准确判断和把握友情与爱情，有时的确不那么容易。正因如此，它引起了专家、学者们的极大兴趣。一位日本心理学家提出的四个指标有一定的代表性，也颇有见解。

第一，支柱不同。友情的支柱是"理解"，爱情则是"感情"。友情最重要的支柱是彼此的相互了解，不仅是对方的长处和优点，就是短处和缺点也要充分认清。只有这样，才能产生友情。爱情则不然，贯穿其全过程的是感情。

第二，地位不同。友情的地位"平等"，爱情却要"一体化"。朋友之间立场相同，地位平等，彼此之间无须多余的客气，也没有烦恼和担忧。当遇到对朋友不满时，可以直率地提出忠告，甚至动怒，也有义正词严的规劝。朋友之间就是这样，有人格的共鸣，亦有剧烈的冲突。爱情则不然，它具有一体感，身体虽二，心却为一，两者不是互相碰击，而是互相融合。

第三，体系不同。友情的基础是信赖，爱情则融合着牵挂。一份真诚的友情具有绝对的依赖感，犹如不会动摇的磐石。而一对相爱的男女却时时牵挂对方。

第四，心境不同。友情充满“充足感”，爱情则充满“欠缺感”。当两个人是亲密的好朋友时，彼此都有满足的心境，但两个人一旦成为情人，虽然初期有一时的充足感，但不久之后，就会心生不满足感，总希望有更强烈的爱情保证，经常有一种“莫名的欠缺”伴随着，有着某种不踏实的感觉。

一般来说，每个人在交往中只要不欺骗自己，不是在做戏，能好好地反省自己内心的感情动向，依据上述四个指标，仔细地观察、反省，并作综合分析，对友情与爱情是可以正确地辨别的。当然，人的心理和行为是复杂的，并且会不断地发生变化，所以，无论是友情还是爱情，都要经受时间和实践的考验。

（3）爱情是基于给予、关心、尊敬和责任感的一种积极行动。

著名社会心理学家弗罗姆在其《爱的艺术》一书中说，爱是人类为摆脱寂寞和孤独感与他人和世界结合起来的积极的行动。成熟的爱是在保持一个人的完整性和个性条件下的结合。爱之所以不是一种被动的情感，而是一种积极的行动，在于它主要是给予而不是接纳。给予并不意味着放弃、丢失、牺牲某些东西，而是指把自己身上存在的东西如快乐、兴趣、同情心、谅解、知识等给予别人。在给予中，他不知不觉地使别人身上的某些东西得到新生，这种新生的东西又给自己带来了新的希望，双方共享由此带来的快乐。

**2. 爱情的心理实质**

美国耶鲁大学的斯腾伯格教授提出了爱情成分理论。该理论认为，人类的爱情虽复杂多变，但基本上不外乎由三种成分组成。

（1）动机成分。动机有内发的性驱动力，也包括异性之间身体、容貌等特征的彼此吸引。

（2）情绪成分。由刺激引起的身心激动状态，如喜、怒、哀、惧等。

（3）认知成分。对情绪和动机的一种控制因素，是爱情中的理智层面。

“爱情三因论”认为，两性间的爱情形式因人而异，很可能所有情侣间的亲密关系和热烈程度各不相同，但基本上都是由这三种成分彼此不等量的配合而演化出来的。

“爱情三因论”对爱情本质的理解给了我们许多启示。首先，爱情的动机成分表明爱情有其生理的基础，由性驱动力所致，包括身体、容貌等。性生理的发育成熟，必然有性的冲动与欲望。爱情以人的生理成熟为基础。其次，爱情使人有强烈的情绪体验，如幸福、快乐、痛苦、悲伤等。情绪体验会有变化，有时激情澎湃，如热恋中的人；有时可能平淡。最后，爱情有理性的一面，不仅仅是情感体验，承诺、责任感也是爱情的重要成分。每个人的三种成分所占的比例各不相同，因此，在现实生活中我们常常看到，沉浸在爱河中的人们有很多不同的表现，有的平静如水，有的澎湃激烈，有的亲密无间，有的若即若离，有的天长地久，有的稍纵即逝，从而构成了多姿多彩的爱情世界。

**3. 爱情的基本特征**

1）自主性和双向性

爱情是一对男女之间的爱慕关系，它是一种精神上的自由选择，是主体自身自觉、自愿、自择的结果，来不得半点勉强和胁迫。只要沾上一点强制和胁迫，爱情就会即刻转化为一种统治关系或剥削关系。同时，爱情必须以互爱为前提，女子和男子享有同等的权利。任何单相思、一厢情愿都不是爱情。正如马克思所说，只能用爱去换取爱，用信任去换取信任。如果你在爱别人，但没有唤起对方对你的爱，也就是说你的爱作为一种爱情不能使对方产生爱情，即作为一个正在爱的人，你不能把自己变成一个被爱的人，那你的爱情是软弱无力的，是一种不幸。

2）专一性和排他性

爱情是一对男女之间的相互倾慕，不得有第三者插足。青年人的爱情具有激动、疯狂、如醉如痴的品格；中年人的爱情具有风雨同舟、患难与共以及温存、醇厚的品格；老年人的爱情具有相互珍惜、含蓄典雅以及人格升华的品格。

3）社会性和道德性。

爱情的这一基本特征，在其主要内涵中均有涉及。德国古典哲学家黑格尔明确指出："爱情确实有一种高尚的品质，因为它不只停留在性欲上，而是显示出一种本身丰富的高尚优美的心灵，要求以生动活泼、勇敢和牺牲的精神和另一个人达到统一。"爱情具有社会性和道德性的根本原因在于人作为爱情的发动者和承受者具有社会性和道德性，其内容主要包括人的价值观、人生观、知识水平、道德修养等。换句话讲，如果否认爱情的社会性和道德性，那么，我们就很难解释人为什么有爱情的选择性，也就是为什么只爱"他（她）"，而不是别的"他（她）"。

### （二）大学生的恋爱特点

关于"恋爱"的定义，不少社会学家、心理学家、文学家和艺术家都是根据自己的经验或观察对其进行描述的，至今尚无统一明确的概念。一般来说，恋爱是指男女之间在婚前进行情感交流、培养爱情的过程，是男女之间相互了解、认识的一种活动，同时，它也是男女之间的一种情感和人际关系状态。

**1. 大学生恋爱是大学生生理、心理发展的自然现象**

大学生的年龄大多在17～23岁。这个年龄的大学生在性生理上已完全成熟，在性心理发展上也已走过了性疏远期和性接近期，进入了恋爱期，对情感的需求和渴望大大增强了。这是大学生生理、心理发展的自然现象。从这个角度讲，大学生的恋爱现象是自然的、正常的、无可指责的。

**2. 大学生恋爱是大学生人格特征的反映**

现实中，有些恋爱带来勃勃生机，成为促进学习、工作和全面发展的推动力；而有些恋爱则使人情绪起伏、烦躁不安，学习成绩滑坡，弊端明显。造成这一现象的原因，很大程度上与恋爱者的人格成熟状况以及恋爱的动机、择偶标准、恋爱的过程及应对方式等有关，而这些往往是一个人人格特征的反映。

心理学家指出："在人格尚没有成熟的时候就谈恋爱，对该人的人生有可能带来不利影响。"不成熟的心灵既难以把握自己要选择什么样的人，也难以处理恋爱中的各种矛盾。正如张洁的小说《爱是不能忘记的》中所言："人在年轻的时候，并不一定了解自己追求的、需要的是什么，甚至别人的起哄也会促成一桩婚姻，等到再长大一些、更成熟一些的时候，你才会知道你真正需要的是什么，可那时，你已经干了许多使你悔恨的蠢事。”恋爱带来的并不都是光明和幸福，有些人体会到的往往是烦恼和苦涩，对这样的人来说，还需要进一步发展自己、完善自己，否则匆忙恋爱，很可能弊多利少。大学阶段学习很紧张，时间很有限，如果为了处理恋爱中的矛盾、烦恼而花去很多时间、精力，影响学习和全面发展，无论是对自己还是对国家都是不利的。因此，大学生是否可以谈恋爱以及弊多还是利多的问题，实际上是一个什么样的大学生具有谈恋爱资格的问题。从恋爱心理学的角度分析，人格不成熟的大学生匆忙恋爱容易导致不成熟的恋爱，容易产生多种心理问题。如果恋爱双方都不成熟，那么失败的可能性就更大，或者产生较多的负面因素。从大学生心理咨询的实践看，恋爱中的矛盾纠纷多产生于不成熟的思想、心理和行为。

从年龄、年级的角度分析，随着年级的升高，大学生的生活经验更丰富，处事方式更成熟，价值观更稳定，更能把握自己，因而恋爱的成功率要高些，通常已能够做到感情与理智的结合。而低年级大学生的恋爱多半不是自觉思考、谨慎选择的结果，很大程度上与周围环境的影响，远离父母、旧友而需要感情的抚慰等因素有关。低年级的同学有时还分不清友情和爱情的界限，他们的恋爱往往带有生物性、不自觉幻想、动机单纯等特点，加上生活经验有限，许多人不善于处理恋爱中的冲突，因而比较容易失败。同时，由于低年级同学的自控能力不足，因此恋爱挫折引起的身心反应也比较强烈。正如有过恋爱经历的大学生所说，如果自己没有稳定下来就谈恋爱，双方是无法沟通的。也正是从这个意义上讲，大学新生对于恋爱问题还是“安其身而后动”为好。

**3. 大学生的恋爱动机存在被异化的倾向**

列夫·托尔斯泰曾经说过：“爱是人生的试金石。”歌德也曾指出：“谁要游戏人生，他就一事无成；谁不能主宰自己，他永远是一个奴隶。”然而，在大学生恋爱问题上还存在着一种不可忽视的被异化的倾向，即许多大学生只想着现在的恋爱而没有考虑到将来的婚姻，他们选择恋人时不是清楚地、自觉地意识到应该选择一个终身伴侣，而是抱着一种临时的观点。用这些人的话说，就是“跟着感觉走”，“不求天长地久，只求曾经拥有”，追求不以婚姻为目的的爱情。出现以上倾向的原因是多方面的，其中之一是未能正确认识婚姻与爱情的关系，把二者割裂开来，其实质是害怕负责任，不愿承担爱情的义务，这些都值得恋爱中的大学生们深思。

当然，对于大学新生来讲，问题还没有发展到那么严重的地步。他们之所以想恋爱、要恋爱，主要是因为自己需要爱和需要被爱，对未来的家庭生活考虑得并不多，这是由其年龄特点所决定的。但是，以上恋爱被异化的现象却是值得我们警惕的，切不可良莠不分，盲目仿效。因为性、情、爱是一个不可分割的整体，恋爱的目的、归宿是婚姻，没有爱情的婚姻是不道德的，而爱情和性爱离开了婚姻又是不可靠的，是不会长久的。换句话说，假若认为一定要在大学找一个恋人，追求一种没有结果的爱情，岂不是白白浪费了大学四年追求知识、增长才干的大好时光。

### （三）用理智升华爱情

**1. 学会自爱**

艾克哈特大师有一段话：“如果你爱自己，你就会像爱自己那样爱其他的每个人。只要你对其他人的爱不及对自己的爱，你就不会真正地爱你自己，但是，如果你同样地爱所有的人，包括爱你自己，你就会爱他们像爱一个人，这个人既是上帝又是人类，这样的人就是一个爱自己，同样也爱其他所有人的伟大而正义的人。”

真正的爱就像弗洛伊德讲的，意味着“关心、尊重、责任、认识”，它不是为某个人所爱之意义上的一种情感，而是为所爱的人的成长和幸福的一种积极、主动的奋斗，它根植于“自爱的能力”。爱某个人是爱的能力的实践和凝聚，“人对自己生命、幸福、成长、自由的确定，同样根植于其爱的能力，也就是说根植于关心、尊重、责任和认识。如果一个人有能力产生爱，他也就爱他自己，如果他仅爱其他人，他就根本不能爱”，“自私和自爱是不统一的，它们实际上是对立的。自私的人爱自己不是太多，事实上他是仇视自己的”。在爱别人之前学会爱自己是十分重要的。

**2. 培养爱的能力**

爱的能力是指和他人建立亲密关系的能力，它对人的一生发展有着重要的意义。具备了爱的能力会引导一个人去真正地爱他人，也真正地爱自己，能真正地体验爱给人带来的快乐和幸福。恋爱的过程是培养爱的能力的过程。爱的能力是一种综合的素质，既像上面讲到的首先需要个人有爱的储备，同时又表现为在爱的过程中许多方面的能力。

弗洛姆在《爱的艺术》一书中指出，爱不是一个偶然幸运的体验并为之“陶醉”的一种快感，而是一门需要知识和努力的艺术。许多人相信爱只是一种快感，认为爱没什么可学的。他们之所以持这种态度，错在把爱只简单地看成被爱的问题，而不是看成爱人及自己有无爱人能力的问题。弗洛姆还指出，要掌握爱的艺术，一是要掌握理论，二是要学会实践，三是要赋予爱以最大的关切。

应该说，弗洛姆的以上论述是非常精辟、独到和有见地的，甚至可以说，他简直就是针对大学生们讲的。因为大学生们正处于青春的后期，他们渴望爱情，追求爱情，但又对爱的知识知之甚少，更缺乏爱的能力，使恋爱、婚姻这种自身带有矛盾的事情，从一开始就存在着隐患。当然，这也是造成大学生性爱困扰及其恋爱成功率不高的主要原因。那么，出路何在呢？弗洛姆的话无疑具有十分重要的借鉴意义。爱是一门需要知识和努力的艺术，大学生从性成熟、恋爱到结婚，中间一般要 7 ~ 8 年，这一时期的一个重要任务就是要为未来成功的婚姻做准备，培养爱的能力。

1）迎接爱的能力

迎接爱的能力包括施爱的能力和受爱的能力，前者是主动给予爱，后者是被动接受爱。尽管恋爱之初或许是一方施爱、一方受爱，但就恋爱的整个过程来说，必定是男女双方互相施爱和受爱，否则爱就无法持续下去，爱情也就不能称之为爱情了。

一个人心中有了爱，在理智分析之后，敢于表达，善于表达，是一种爱的能力；一个人面对别人的施爱，能及时、准确地对爱做出判断，并做出接受、拒绝或再观察的选择，是一种爱的能力。缺乏爱的能力的人，或是匆忙行事或是无法把握。

大学生要具有迎接爱的能力，就应该懂得爱是什么，并有健康的恋爱价值观；就应该了解自己，知道自己喜欢什么，需要什么，适合什么；就应该对自己、对他人、对万事保持敏感和热情；就应该主动关心他人，热爱他人；就应该在生活的“所有领域里都能保持创造性和主动性，倘若在其他领域消极无能，他在爱的领域也将重蹈覆辙”（弗洛姆语）；就应该有一种健康的心理，能坦然地表达爱或接受爱，能承受爱被拒绝或拒绝求爱所引起的心理问题。

2）拒绝爱的能力

这是对不愿或不值得接受的爱加以拒绝的能力。大学生活中可能有并不期待的爱情来到眼前，有时还可能出现挥之不去的情形，所以，拒绝爱的能力也显得非常重要。拒绝爱的能力包括两个方面：一是敢于理智地拒绝不希望得到的爱情。在一份并不希望得到的爱情到来时，优柔寡断或屈从于对方穷追不舍的做法都是有害的，因为爱情来不得半点勉强和将就，因此，要学会勇敢地说“不”。二是要掌握恰当的拒绝方式。曾发生过这样的事情：一个女生收到一封男同学的求爱信后，不顾情面、不假思索地将信公之于众，结果使那个男同学的感情和自尊心受到伤害，造成了不好的结果。这是很不妥当的。虽然每个人都有拒绝爱情的权利，但是，珍惜每一份真挚的感情是对他人的尊重，也是对自己的尊重，同时也是一个人道德情操的体现。生活中善良的人们都是真切地关怀和同情他人的命运，运用一种充满关切、尊重和机智的方式来维护自己也维护他人的利益。一个人的魅力不是靠他的某种条件，而是靠他的心灵来维护的。

3）承受失恋的能力

失恋是恋爱过程的中断，在客观上表现为与相爱者的分离，在主观上表现为失恋者体验的悲伤、绝望、虚无、忧郁等创伤性情绪，在行动上多表现为冷漠、颓废、烦躁、逃避或攻击等。

产生失恋的原因多种多样，或是由于家庭或社会舆论的压力，或是由于一方变心，或是由于双方在交往中发现彼此思想、个性不吻合，情感不融洽等。此外，某些人的人格特征也容易导致失恋，比如，内向而不把自己的想法、感情表明的人；以自我为中心，以自己的感情左右其行动，而不顾及对方感情的人；梦想可望而不可即的人；自恋感强烈的人；把对方过分理想化的人等。

失恋对一个人来说是一次不小的打击，但有时打击也会促使失恋者走向成熟。首先要正确对待失恋，摆脱自卑的束缚。失恋的人往往心理脆弱，容易在郁郁寡欢中失去自信，认为失恋意味着自己无能，这多半是自己强加给自己的。失恋其实是很自然的事，在此，超然与雍容的态度非常可取，如果不属于自己，分手本身就是幸运；如果是因为自己的经验不够或是某方面的不足所致，那就从这次失败中站起来，认真总结经验，努力完善自己。失恋并不是失败，失恋更不能失志。

有了对待失恋的正确态度，就可以寻求一些具体的途径来解除失恋的痛苦。进行一次旅游，让自己置身于大自然的怀抱；找几本传记小说来读读，从他人的经历中获取力量；找知心朋友或心理咨询机构倾吐一番，消除心中的郁闷；把注意力转向学习、活动，使心理得到某种补偿。无论是以哪种形式缓解失恋的苦涩，一份超然的心境是最为重要的。失恋犹如观看晚霞，有时人们未及饱览，夜幕就已降临，这时只好把一切美丽收进记忆的深处。是遗憾吗？当然。然而，以超然的心境站在审美的高度来反观这种遗憾时，谁能说这悲凉里没有过生命楚楚动人的辉煌与美丽呢？

4）发展爱的能力

美国著名诗人惠特曼说："爱，不是一种单纯的行为，而是我们生活中的一种气候，一种需要我们终身学习、发现和不断前进的活动。"鲁迅先生也指出："爱情必须时时更新，生长，创造。"爱情是人类最美好的感情，恋爱只是爱情生活的第一步。在人生漫长的道路上，要使爱情之树常青，必须不断发展爱的能力。

发展爱的能力主要包括三个方面。

一是要不断发展爱的鉴赏能力。弗洛姆认为，要获得爱的成功，就要有约束感、专注感、忍耐性及高度的关心，需要有谦逊感、客观性和理智感的发展。其实，爱是一种意志行为，是一种把自己的生命同另一个生命紧紧维系在一起的决策行为。爱某人不仅仅是一种强烈的感情，还是一种决策，一种鉴赏力，一种诺言，一种生命相托的行为。因为情感可以产生也可以消逝，所以，男女双方要白头偕老和永远相爱，就应当不断发展爱的鉴赏力。

二是要不断发展爱的生活能力。黑格尔说："爱是一个人放弃自我独立和另一个人之间的统一，因而爱是一种不可思议的矛盾。"男女相爱的过程也常常是一个矛盾纷呈的过程，这在婚姻和家庭生活中表现得尤为明显。为什么有些人认为"婚姻是爱情的坟墓"，爱情就像一座"围城"，原因大概就在于此。事实上，真正的爱情并不完全是文学家笔下的花前月下、甜言蜜语，也不是"剪不断，理还乱"的狭隘、缠绵情思，而是包含着丰富的生活内涵，需要相爱双方不断充实精神世界和提高生活能力来支撑这一崇高的情感。相爱的人们只有在爱的实践中不断充实精神世界，丰富生活经验，培养处理爱之矛盾的能力，才能使爱情不断巩固、不断发展，使爱情之树根深叶茂，开花结果。

三是要不断完善自己的人格。弗洛姆在《爱的艺术》一书的前言中写道："人必须竭尽全力促进自己完善的人格，形成创造性的心理倾向，否则他追求爱的种种努力注定要付之东流。"莫里哀说："爱情是一位伟大的导师，教我们重新做人。"大学生要想获得爱的成功，应当不断完善自己的人格，无论是心理学研究，还是大学生活的现实，都说明了这一点。

**3. 在理想和事业的追求中升华爱情**

爱情和事业是人生的两大支柱，没有爱情的人生是苍白的，没有事业的人生则是空虚的。真正充实、高尚的爱情，属于热恋而不忘事业的人们。美好的爱情只有在理想和事业的追求中才能得以升华。

我国著名文学翻译家傅雷先生曾给当时读大学的儿子傅聪的信中写道："学问第一，艺术第一，真理第一，爱情第二，这是我至此为止没有变过的原则。""我想你心中的上帝一定也是巴赫、贝多芬、肖邦等第一，爱人第二，既然如此，你目前所能支配的精力和时间，只能贡献给你的第一个偶像，还轮不到第二种神明。"这不仅是傅雷先生的人生哲理，也是许多父辈对年轻大学生的希望。著名作家柳青曾经说过："人生的道路虽然漫长，但紧要处常常只有几步，特别是当人年轻的时候。"大学是事业的摇篮，处理好大学期间爱情与学业的关系，不仅关系着大学生活是否充实、美好，更关系着我们的人生是否成功、幸福。

大学阶段可谓人生的黄金时期，是人生中精力最旺盛、想象力和创造力最活跃的时期。一生的事业在这里打下基础，成才的希望在这里播下种子，生命的历程在这里起飞。这一时期的作为在一定程度上预示着人一生中成就的大小，大凡有成就的人，都是在青年时代打下了坚实的基础或有令人瞩目的成就。大学生活为生机勃勃的大学生们开辟了全面发展的广阔天地，大学的全部意义在于学习、培养和提高自身的各种素质。诚然，爱情的追求并不意味着学业的荒废，但是，生活的严峻也使我们在诸多需要中往往只能选择其中最重要的一种，我们必须冷静地思考自己最需要什么？真正的爱情固然是事业的帆和桨，能激发人的力量，鼓舞人前进，但这些都是以我们理智地把握感情为前提的。对于人格尚不完全成熟的大学生来说，要把握这一人生难题，实在不那么容易。面对大学期间繁重的学业，我们的时间和精力都十分有限，如果把对爱情的追求作为大学期间的第一要事去做，势必会耗费大量的精力和智慧，无异于舍本求末。大学时光并不是每个人都能拥有的，即使是幸运儿，也只能拥有一次。爱情可以迟到，而错过了自我全面发展的宝贵时间，却是追悔莫及的。人生是一部交响曲，爱情这一旋律的出现，只有恰到好处地与友谊、事业、理想等旋律和谐一致时，才能使人生的交响曲悦耳动听，妙不可言。用理智升华爱情，大学生们的人生将会更加辉煌。

**4. 在体育运动中锤炼身心**

大学时期是人一生中身心发育逐步成熟的重要转折时期，在这一阶段，个人的生理和心理方面会出现许多前所未有的变化，大学生们应该积极参加各类体育锻炼，主动通过体育锻炼这种方式来完善自我身心发展。

在生理方面，体育锻炼是增强体质的最积极、有效的手段之一，不仅有利于人体骨骼、肌肉的生长，增强心肺功能，改善血液循环系统、呼吸系统、消化系统的机能状况，有利于人体的生长发育，提高抗病能力，增强有机体的适应能力。而且能改善神经系统的调节功能，提高神经系统对人体活动时错综复杂变化的判断能力，并及时做出协调、准确、迅速的反应；使人体适应内外环境的变化，保持肌体生命活动的正常进行。

在心理方面，其一，体育锻炼具有调节人体紧张情绪的作用，能改善生理和心理状态，恢复体力和精力；其二，体育锻炼中的集体项目与竞赛活动可以培养人的团结、协作及集体主义精神；其三，体育锻炼还可以陶冶情操，保持健康的心态，充分发挥个体的积极性、创造性和主动性，从而提高自信心和价值观，使个性在融洽的氛围中获得健康、和谐的发展。

## 本章小结

1. 大学生活是丰富多彩的，但它也是规律的。大学生活环境的变化体现在生活方式、生活范围等方面。

2. 大学具有人才密集、人文氛围浓郁、教学设备先进等特点。根据这些特点，大学生要主动适应。

3. 大学的管理较中学有很大区别，主要的特点有强调自律、制度健全、执纪严明等特点。

4. 大学新生要从心理上、思想上和行为方式上去主动适应、认真领悟以及自觉实践，尽快熟悉并适应新生活，实现角色的转换。

5. 从中学生到大学生角色的转换是人生中的一次大跨度转换，应早适应早发展。

6. 人生的发展就是一个从身体独立、行为独立、人格独立、思想独立、经济独立到社会独立的过程，大学阶段是人格独立、思想独立的最重要时期，大学生必须完成这个发展任务。

7. 大学新生应高度重视建立和谐的人际关系。

8. 大学生人际关系的主要类型主要有师生关系、同学关系和恋人关系。

9. 大学生人际交往中，要注意学会主动、学会微笑、学会倾听、学会赞美、学会感恩、学会包容。

10. 在大学生活中必须注意科学地使用网络工具，树立正确的消费观，正确对待爱情。

## 相关阅读

### 优秀校友励志故事

王丽萍，1976 年生于凤城市农村，母亲是位纯朴农民，全家的生活支出仅靠在凤城市一家煤矿烟叶收购站工作的父亲维持，日子过得紧紧巴巴。从小王丽萍就有着运动天赋，学校每次举行运动会，总是拿个第一。1989 年 6 月，王丽萍被凤城市体校选中，并改学竞走。

第二年，赵世梁向当时中国竞走界著名教练王魁推荐了王丽萍，将其调入辽宁队试训。由于王丽萍训练中特别能吃苦，所以王魁留下了这位瘦弱的小姑娘，还当即奖给她一套运动服，一双运动鞋。从此，王丽萍和陈跃玲、王妍、刘宏宇等人成为同门师姐妹。王丽萍肠胃不好，运动量一大就要呕吐，可是好成绩必须伴随大运动量训练，于是训练场上，王丽萍常常吐得只剩黄胆水可吐了，连王魁教练都不忍再看下去。

1996 年，王丽萍在训练中膝伤复发，愈来愈重，开始还能勉强训练，到后来走一步都钻心的痛。医生告诉王丽萍，必须立即放弃竞走，王丽萍只得回到了家乡进行休养。两个月后，王丽萍带着稍稍缓解的伤痛，又重新站到了训练场上，咬着牙重新开始训练。凭着顽强的毅力，王丽萍终于战胜了伤病，成绩有了显著的提高。

1997 年 4 月，入选国家田径竞走队参加世界杯竞走赛。同年 12 月，再次入选国家田径竞走集训队，备战亚运会。

1998 年，在重庆举行的全国竞走锦标赛暨第 13 届亚运会选拔赛上，以 45 分 12 秒的成绩获女子 10 公里比赛第三名。

1999 年，世界杯前国内进行了一次预选赛，在包括刘宏宇、王妍等众多好手的“夹击”中，王丽萍走出了第 2 名的成绩。

2000 年悉尼奥运会前，王丽萍并不在正选名单中，她要通过选拔赛获得奥运会的参赛权。第一站、第二站选拔赛，王丽萍连续两个第一。最后一站在大连旅顺，比赛前 4 天，王丽萍膝伤复发，她的教练急忙从哈尔滨请来专家，为她进行理疗。两天后，比赛开始前，王丽萍惊喜地发现膝盖不痛了。20 公里下来，王丽萍又是冠军。凭着三次选拔赛冠军头衔，王丽萍获得了悉尼奥运会参赛资格。

2000 年，在悉尼举行的第 27 届奥运会上获女子 20 公里竞走比赛的冠军。

2004 年，雅典奥运会女子 20 公里竞走第八名。

# 第五章 大学生健康

1948 年世界卫生组织（WHO）指出：“健康不仅是没有疾病或不虚弱，而是身体上、精神上和社会适应方面的完好状态。”

1989 年 WHO 根据现代社会现代人的状况，提出：人的健康应是“躯体健康、心理健康、社会适应良好和道德健康”。

健康是人的身体、心理、道德健康和对社会环境良好适应的总和。它既有生物学的特征，又具有社会学的特征。大学生作为年轻群体，又处在人生的转折期，更应重视健康。大学生健康包括身体健康和心理健康。

## 第一节 大学生的身体健康

身体健康是新世纪人们的基本目标，是人们所追求的时尚。人人都希望自己健康、长寿、高质量地生活，因为拥有健康，才能拥有一切，有健康的身体才能挑起生活的重担，才能为人民服务，才能对社会有所贡献，才能享受生活带来的幸福。

### 一、健康及健康的标志

WHO 提出了个体健康的标志，有以下几点：

（1）精力充沛，能从容不迫地应付日常生活和工作；

（2）处事乐观，态度积极，乐于承担责任，事无巨细，不挑剔；

（3）善于休息，睡眠良好；

（4）应变能力强，能适应环境的各种变化；

（5）对一般性感冒和传染病具有抵抗力；

（6）体重适当，体形匀称，站立时头、肩、臀位置协调；

（7）眼睛明亮，反应敏锐，眼睑不发炎；

（8）牙齿清洁，无空洞，无痛感，齿龈颜色正常，无出血现象；

（9）头发有光泽，无头屑；

（10）肌肉、皮肤富有弹性，走路轻松；

（11）道德高尚，有良好的公德，有道德修养；

（12）对自己和他人的健康负责，不损人利己；

（13）不侵占、偷窃他人的钱财物品、知识产权与作品。

（14）不吸毒、不淫乱。

## 二、影响健康的因素

### （一）人的行为与生活方式

人的生活方式与健康有密切关系，例如吸烟有损健康，易患癌症及心血管病等。

欧洲一些专家发表了他们对4种不良行为的综合研究，这些行为是：吸烟、饮酒过量、运动太少、吃蔬菜水果少。他们对良好行为的定义较过去的定义宽松。例如：不吸烟也包括曾吸烟而现已戒烟者；饮酒指男性每周少于3杯（酒精168克）女性少于2杯（酒精112克）；运动指非工作时间每周运动超过2小时；饮食指每天吃蔬菜水果3次以上。

他们以此标准于1984—1985年前瞻性调查4 886名18岁以上的英国人，被调查者的平均年龄为43.7岁。调查者将这4种行为按轻重打分，并随访被调查者20年。在此期间共死亡1 080人，这其中心血管病者431人，肿瘤患者318人，其他死因331人。没有上述4种不良行为者有387人，死亡32人，占8%。而4种不良行为全都有且最严重者314人，死亡91人，占29%。两者有显著差异，后者相当于减寿12年。

分析表明，吸烟与癌症及其他死因关系较强，而体力活动减少与心血管病死亡关系较强。如以各人不良行为的多少与无不良行为者相比，分别以4种不良行为计算，则危险比（HR）依次为1.85（95% CI，1.28～2.68）、2.23（95% CI，1.55～3.20）、2.76（95% CI，1.91～3.99）及3.49（95% CI，2.31～5.26）。这4种行为的综合协同作用对其他死因影响最强，对癌症死亡率影响最弱。

对这4种行为综合作用的研究很少。2008年一篇报告调查不吸烟、体力活动多、饮酒适量、饮食中水果及蔬菜多者，对45～79岁男女随访11年，结果显示健康习惯越多者死亡率越低。4个健康习惯都有者的死亡率仅为全无者的1/4。其健康打分最高者与最低者相差约14年的寿命，与本文结果相似。欧洲2004年发表的一个多中心研究，对11个欧洲国家70～90岁的不吸烟、适量饮酒、体力活动多、吃地中海饮食者随访10年，结论为全因死亡率及特殊病因的死亡率都能减少50%以上。

以上研究说明，此4种行为对健康十分重要。不过为了使人容易达到健康行为，故将其标准放宽。例如不吸烟不一定指从不吸烟；饮食也仅统计水果及蔬菜，未计少吃饱和脂肪、反式脂肪，多吃单不饱和脂肪，多吃鱼、粗粮等；体力活动指二周内健身运动、游泳、骑车、跳舞等。因此对其作用可能低估，但无论如何，能逐步向这些良好行为前进，是有好处的。

### （二）人类自身的生物学因素

人类自身的生物学因素主要是遗传因素和心理状态。而从身体机体健康方面来看主要是遗传因素。

生物通过生殖产生后代，子代和亲代性状相似，称为遗传；但是，子代和亲代之间、子代各个体之间却又存在差异，称为变异。遗传和变异的物质基础是染色体和基因。染色体除决定人的性别外，还决定了子代和亲代相似的多种特征，如体态、体质，甚至影响人们的性格、智力、功能等方面。

遗传物质的改变可以直接引起遗传性疾病，例如因染色体畸变引起的先天愚型，基因突变引起的血友病等。遗传因素的改变也可使机体获得遗传易感性，环境因素的作用使机体发生相应的疾病，例如蚕豆病（红细胞中缺乏－6磷酸葡萄糖脱氢酶，当吃蚕豆时出现溶血）、高血压病、糖尿病等。

遗传病有二三千种之多，发病率较高，虽然有些治疗方法可以纠正或缓解一些临床症状，但目前尚无有效的根治方法。遗传性疾病不仅影响个体终身，也是重大的社会问题，在家庭、伦理、道德、法制和医疗康复等方面成为很大的难题。

许多国家大力发展康复医学，遗传性残疾是重要的康复服务对象。应通过提倡科学婚姻、优生、优育、计划生育，用法制来管理婚姻和生育，这是预防遗传性疾病、保障人类世代繁衍、获得健康美好生活的基本措施。

### （三）生活环境（自然环境和社会环境）

随着现代科学技术的发展，人们的生活方式与生活环境发生了变化，一系列疾病也由此而生。调查资料表明，某些顽固性头痛、失眠都与现代生活中的环境因素有着非常密切的关系。

#### 1. 地磁减弱

现代都市化的城市建设，使越来越多的人住进了高层楼房中，一些长期生活在高楼上的人享受不到地磁场的充分保护而出现了顽固性的头痛、失眠，有时还伴有头晕、腹泻、皮炎及关节痛之类的症状。据报道，这类因缺磁所引起的头痛和失眠，经过磁枕、磁椅等人造磁场的补充调节后，得到了较好的控制。

#### 2. 耀目光源

街市上闪烁夺目的各种五彩灯、照明灯、信号灯、霓虹灯以及现代舞台、舞厅不可缺少的，令人眼花缭乱的活动光源，不仅危害人的视觉，而且能干扰大脑中枢神经系统的功能，甚至可使人在短时间内就觉得头晕目眩，站立不稳。许多人长时间地在这种耀目光源之中，会产生剧烈的头痛、心烦失眠，有的人还会出现注意力难以集中、记忆力减退、食欲不振等症状。

#### 3. 现代噪声

随着现代工业、交通运输事业的迅速发展和城市人口的急剧增加，城市中的噪声正以惊人的速度日益增强。长期处在这种噪声环境中，可造成中枢神经功能紊乱、大脑皮质兴奋和平衡功能失调，出现头晕、头痛、失眠、乏力、耳鸣、胸闷等症状。噪声还会使妇女内分泌失调而出现月经失调、流产或早产等。

#### 4. 强节奏音响

现代舞厅的迪斯科音响、摇滚乐的打击音响配器等逐渐庞大升级，使音乐变成了强烈噪声和强声波振动的组合体。人们在欣赏这种音乐时，精神始终处于紧张、亢奋的状态。节奏强烈的现代音乐不仅严重损害人的听力，还会影响植物神经和内分泌系统的功能，可产生心动过速、血压升高、头痛眩晕、耳鸣失眠等神经官能症及心血管系统疾病。

#### 5. 微波污染

现代广泛应用的微波，属于一种高频电磁辐射。微波技术越来越广泛地应用于生活的各个领域，如无线电发射台、电视转播台、高压线网、微波炊具等，使微波污染防不胜防。据研究，长期接触微波辐射，可影响人体的神经系统，最常见的是神经衰弱综合征，主要有头晕、头痛、失眠、乏力、记忆力减退、消瘦和脱发等，并可伴有植物神经功能失调，如手足多汗、心动过速或过缓、血压波动等。

## 三、体育锻炼的必要性

### （一）对新陈代谢的影响

体育锻炼能促进体内组织细胞对糖的摄取和利用能力，增加肝糖原和肌糖原储存。体育锻炼还能改善机体对糖代谢的调节能力。如在长期体育锻炼的影响下，胰高血糖素分泌表现对运动的适应，即在同样强度的运动情况下，胰高血糖素分泌量减少，其意义是推迟肝糖原的排空，从而推迟衰竭的到来，增加人体持续运动的时间。

脂肪是在人体中含量较多的能量物质，它在体内氧化分解释放出能量，约为同等量的糖或蛋白质的两倍，长期坚持体育锻炼能提高机体对脂肪的动用能力，为人体从事各项活动提供更多的能量来源。

### （二）对运动系统的影响

坚持体育锻炼，对骨骼、肌肉、关节和韧带都会产生良好的影响，经常运动可使肌肉保持正常的张力，并通过肌肉活动给骨组织以刺激，促进骨骼中钙的储存，预防骨质疏松，同时使关节保持较好的灵活性，韧带保持较佳的弹性，锻炼可以增强运动系统的准确性和协调性，保持手脚的灵便，使人轻松自如、有条不紊地完成各种复杂的动作。

### （三）对心血管系统的影响

适当的运动是心脏健康的必由之路，有规律的运动锻炼，可以减慢静息时和锻炼时的心率，这就大大减少了心脏的工作时间，增加了心脏功能，保持了冠状动脉血流畅通，可更好地供给心肌所需要的营养，可使心脏病的发病率降低。

（1）经常参加体育锻炼可使心肌细胞内的蛋白质合成增加，心肌纤维增粗，使心肌收缩力量增加，这样可使心脏在每次收缩时将更多的血液射入血管，导致心脏的每搏输出量增加，长时间的体育锻炼可使心室容量增大。

（2）体育锻炼可以增加血管壁的弹性，这对人体健康的远期效果来说是十分有益的。随着年龄的增加，人体内血管壁的弹性逐渐下降，因而可诱发高血压等退行性疾病，通过体育锻炼，可增加血管壁的弹性，预防或缓解退行性高血压症状。

（3）体育锻炼可以促使大量毛细血管开放，加快血液与组织液的交换以及新陈代谢的水平，增强机体能量物质的供应和代谢物质的排出能力。

（4）体育锻炼可以显著降低血脂含量（胆固醇、三酰甘油等），改变血脂质量，有效地防治冠心病、高血压和动脉粥样硬化等疾病。

（5）体育锻炼还可以让人在安静时脉搏徐缓和血压降低。

### （四）对呼吸系统的影响

经常参加体育锻炼，特别是做一些伸展扩胸运动，可以使呼吸肌力量加强，胸廓扩大，有利于肺组织的生长发育和肺的扩张，使肺活量增加。经常做深呼吸运动，也可以促使肺活量的增长。大量实验表明，经常参加体育锻炼的人，肺活量值高于一般人。

体育锻炼由于加强了呼吸力量，可使呼吸深度增加，以便有效地增加肺的通气效率。研究表明，一般人在运动时肺通气量能增加到60L/min左右，有体育锻炼习惯的人运动时肺通气量可达100L/min以上。

一般人在进行体育活动时只能利用其氧气最大摄入值的60%左右，而经过体育锻炼后可以大大提高这种能力，体育活动时，即使氧气的需要量增加，也能满足机体的需要，而不致使机体缺氧。

#### （五）对消化系统的影响

体育锻炼加速机体能量消耗的过程，能量物质的最终来源是通过摄取食物获得，因此，运动后会促进消化系统的功能变化，饭量增大，消化功能增强。

#### （六）对中枢神经系统的影响

体育锻炼能改善神经系统的调节功能，提高神经系统对人体活动时错综复杂的变化的判断能力，并及时做出协调、准确、迅速的反应。研究指出，经常参加体育锻炼，能明显提高脑神经细胞的工作能力；反之，如缺乏必要的体育活动，大脑皮层的调节能力将相应的下降，造成平衡失调，甚至引起某些疾病。

### 四、常见病的防治

（一）发热

**1. 发热定义**

各种原因引起体温中枢功能紊乱，产热与散热不平衡，使体温高过正常范围都可称为“发热”。

正常体温：口腔（舌下）温度：36.7~37.3℃。

腋下温度：略低0.2~0.4℃，即36.3~37.1℃。

**2. 发热分类**

低热：37.4~38℃。

中等热：38~39℃。

高热：39~41℃。

超高热：41℃以上。

**3. 临床意义**

发热是人体防御疾病的一种反应，分感染性发热和非感染性发热两种。

#### （二）头痛

**1. 病因**

（1）颅脑病变。

感染脑膜炎、脑膜脑炎、脑炎、脑脓肿等。

血管病变：蛛网膜下隙出血、脑出血、脑血栓形成、脑栓塞、高血压脑病、脑供血不足、脑血管畸形、血栓闭塞性脉管炎等。

占位性病变：脑肿瘤、颅内转移癌、颅内白血病浸润、颅内猪囊尾蚴病（囊虫病）或棘球蚴病（包虫病）等。

颅脑外伤：脑震荡、脑挫伤、硬膜下血肿、颅内血肿、脑外伤后遗症等。

其他：偏头痛、丛集性头痛（组胺性头痛）、头痛型癫痫等。

（2）颅外病变。

颅骨疾病：如颅底凹入症、颅骨肿瘤。

颈椎病及其他颈部疾病。

神经痛：如三叉神经、舌咽神经及枕神经痛。

眼、耳、鼻和牙疾病所致的头痛。

（3）全身性疾病。

急性感染：如流行性感冒、伤寒、肺炎等发热性疾病。

心血管疾病：如高血压病、心力衰竭。

中毒：铅、酒精、一氧化碳、有机磷、药物（如颠茄、水杨酸类）等中毒。

其他：尿毒症、低血糖、贫血、肺性脑病、系统性红斑狼疮、月经期及绝经期头痛、中暑等。

（4）神经官能症神经衰弱及癔症性头痛。

**2. 发病机制**

（1）血管因素：各种原因引起的颅内外血管收缩、扩张以及血管受牵引或伸展（颅内占位性病变对血管的牵引、挤压）。

（2）脑膜受刺激或牵拉。

（3）具有痛觉的脑神经（Ⅴ、Ⅵ、Ⅹ三对脑神经）和颈神经被刺激、挤压或牵拉。

（4）头、颈部肌肉的收缩。

（5）五官和颈椎病变引起的头面痛。

（6）生化因素及内分泌紊乱。

（7）神经功能紊乱。

**（三）胸痛**

胸痛一般由胸部疾病（也包括胸壁疾病）引起。胸痛的剧烈程度不一定与病情轻重相平行。

**1. 发病原因**

（1）炎症皮炎、非化脓性肋软骨炎、带状疱疹、肌炎、流行性肌痛、胸膜炎、心包炎、纵隔炎、食管炎等。

（2）内脏缺血心绞痛、急性心肌梗塞、心肌病、肺梗塞等。

（3）肿瘤原发性肺癌、纵隔肿瘤、骨髓瘤、白血病等的压迫或浸润。

（4）其他原因自发性气胸、胸主动脉瘤、夹层动脉瘤、过度换气综合征、外伤等。

（5）心脏神经官能症。

**2. 临床表现**

（1）胸痛的部位。胸壁皮肤炎症在罹患处皮肤出现红、肿、热、痛等改变。带状疱疹呈多数小水疱群，沿神经分布，不越过中线，有明显的痛感。流行性肌痛时可出现胸、腹部肌肉剧烈疼痛，可向肩部、颈部放射。非化脓性肌软骨炎多侵犯第1、2肋软骨，患部隆起、疼痛剧烈，但皮肤多无红肿。心绞痛与急性心肌梗塞的疼痛常位于胸骨后或心前区。食管疾患、膈疝、纵隔肿瘤的疼痛也位于胸骨后。自发性气胸、急性胸膜炎、肺梗塞等常会出现患侧的剧烈胸痛。

（2）胸痛的性质。肋间神经痛呈阵发性的灼痛或刺痛。肌痛则常呈酸痛。骨痛呈酸痛或锥痛。食管炎、膈疝常呈灼痛或灼热感。心绞痛常呈压榨样痛，可伴有窒息感。主动脉瘤侵蚀胸壁时呈锥痛。原发性肺癌、纵隔肿瘤可有胸部闷痛。

（3）影响胸痛的因素。心绞痛常于用力或精神紧张时诱发，呈阵发性，含服亚硝酸甘油片可迅速缓解。心肌梗塞常呈持续性剧痛，含服亚硝酸甘油片也不能缓解。心脏神经官能症所致胸痛则常因运动反而好转。胸膜炎、自发性气胸、心包炎的胸痛常因咳嗽或深呼吸而加剧。过度换气综合征用纸袋回吸呼气后胸痛可缓解。

胸痛伴随下列症状，有提示诊断的意义：

（1）伴咳嗽，常见于气管、支气管胸膜疾病；

（2）伴吞咽困难，常见于食管疾病；

（3）伴咯血，常见于肺结核、肺梗塞、原发性肺癌；

（4）伴呼吸困难，常见于大叶性肺炎、自发性气胸、渗出性胸膜炎、过度换气综合征等；

（5）心绞痛、心肌梗塞常发病于高血压动脉硬化的基础上；

**3. 家庭应急处理**

（1）卧床休息，采取自由体位，如为胸膜炎所致者，朝患侧卧可减轻疼痛。

（2）局部热敷。

（3）口服止痛药物，可选用阿斯匹林0.3～0.6克，每日3次；扑热息痛0.25～0.5克，每日3次；消炎痛25毫克，每日3次。若加用安定5毫克，每日3次，效果更好。

（4）若疑为心绞痛者，可舌下含服硝酸甘油或心痛定5～10毫克。

（5）经上述紧急处理后疼痛仍未缓解时，应速送医院急救。

**（四）腹痛**

**1. 病因**

（1）腹部疾病。

①腹膜炎。由胃、肠穿孔引起者最常见。腹痛的特点为：疼痛一般位于炎症所在部位，病变部位有压痛、反跳痛与腹肌紧张，肠蠕动音减弱或消失。

②腹腔脏器炎症。如急性或慢性胃炎、肠炎、胰腺炎、阑尾炎和盆腔炎等。一般腹痛部位与病变脏器的体表投影相符。

③空腔脏器梗阻或扩张。如肠梗阻、胆石症、胆道蛔虫病、泌尿道结石梗阻等。腹痛常为阵发性剧烈绞痛。

④脏器扭转或破裂。急性扭转如肠扭转、肠系膜或大网膜扭转、卵巢囊肿扭转，急性内脏破裂如肝脾破裂、异位妊娠破裂等。急性扭转及内脏破裂时可引起剧烈的绞痛或持续性疼痛。

⑤腹腔或脏器包膜牵张。

⑥化学性刺激。消化性溃疡，可因胃酸作用而发生刺痛或灼痛。

⑦肿瘤压迫与浸润。多见于演进中的腹腔恶性肿瘤压迫或由浸润感觉神经而引起。

（2）胸腔疾病的牵涉痛。如肺炎、心绞痛、急性心肌梗死、急性心包炎、肺梗死、胸膜炎、食管裂孔疝等，疼痛可牵涉腹部，类似急腹症。

（3）全身性疾病。如尿毒症时毒素刺激腹腔浆膜引起腹痛，铅中毒时则引起肠绞痛。

（4）其他原因。如荨麻疹时胃肠黏膜水肿，过敏性紫癜时肠管浆膜下出血等。

#### 2. 临床意义

急性腹痛：急性炎症、胃肠穿孔、肠梗阻、内脏破裂出血等。

慢性腹痛：慢性炎症、胃十二指肠溃疡等。

腹痛＋发热：腹腔内脏器急性炎症。

腹痛＋呕吐：急性胃肠炎、胆囊炎等。

腹痛＋腹泻：食物中毒、肠炎。

腹痛＋血便：痢疾、肠肿瘤、结肠炎等。

腹痛＋黑便：胃、十二指肠出血。

腹痛＋血尿：尿道结石。

腹痛＋黄疸：肝炎、胆囊炎、胆结石。

### （五）肌肉、关节痛

#### 1. 肌肉痛

急性痛：肌肉挫伤、拉伤，流感等。

慢性痛：肌肉劳损。

#### 2. 关节痛

外伤：关节内骨折、关节脱位、关节扭伤。

感染：化脓性关节炎等。

结缔组织病：风湿热、类风湿性关节炎。

### （六）皮肤、黏膜出血

血小板病变：血小板减少、血小板功能异常。

血管性病变：过敏性紫癜等。

凝血功能障碍：血友病等。

外伤：挫伤等。

### （七）心悸

#### 1. 病因

心率加速或减慢、心律不整、心搏增强等。

**2. 临床意义**

生理性：剧烈运动后或精神激动后心搏增强或早搏。

病理性：高血压、风湿热、贫血、高热、甲亢、心律失常、心脏神经官能症、冠心病、心肌炎。

**（八）咳嗽与咳痰**

**1. 病因**

咳嗽的原因：咽、喉、气管、支气管等受到刺激性气体、异物或炎症刺激。

咳痰的原因：咽、喉、气管、支气管等炎症引起分泌物增多。

**2. 临床意义**

干性咳嗽：急性咽喉炎、支气管炎初期。

湿性咳嗽：肺炎、慢性咽炎、慢性支气管炎等。

急性咳嗽：急性上呼吸道炎症、气管、支气管异物等。

慢性咳嗽：慢性呼吸道炎症、支气管哮喘、肺结核等。

痰色：无色或灰白色黏液样为呼吸道轻度炎症，黄绿色、脓性为呼吸道化脓性感染，红色或棕红色（血痰）为肺结核、支气管炎、肺癌。

**（九）恶心与呕吐**

**1. 病因**

中枢性呕吐：中枢性病变、前庭功能障碍、精神性呕吐。

周围性呕吐：胃受刺激或胃病变、腹腔内其他脏器炎症、咽部受刺激。

**2. 临床意义**

呕吐可将有害物质从胃里排出，起保护作用。

恶心常是呕吐的前驱感觉，但也可单独出现。

呕吐＋剧烈头痛：颅内高压。

前庭功能障碍所致呕吐：与头部位置变化有关，如坐车、坐船等。

精神性呕吐：与精神因素有密切关系，多无恶心，食后即吐。

胃炎引起呕吐：常有上腹部疼痛不适。

腹腔内其他脏器炎症：常有恶心，胃内无物仍干呕不止，兼有相应脏器病变症状。

## 第二节 大学生的心理健康

心理健康是完整健康概念的重要组成部分，人们不仅要关心自己的身体健康，还应关注自己的心理健康以及自己与社会相融合的程度。一个人的心理怎样才算是健康，以什么作为心理健康的标志呢？这是非常复杂的问题。国内外很多学者曾从不同角度探讨过心理健康的定义与内涵，并提出了各种各样的观点，但至今在心理学界尚未达成共识。这是因为心理健康的判断并不像生理健康那样具体、精确、绝对，心理健康与否不是直观上可以确认的，它的度量很难有一个清晰而明确的界限。

1946 年召开的第三届国际心理卫生大会对心理健康是这样定义的：“所谓心理健康，是指在身体、智能以及情感上与他人的心理健康不相矛盾的范围内，将个人心境发展成最佳的状态。”世界心理卫生联合会还明确提出了心理健康的标准：①身体、智力、情绪十分调和；②适应环境，人际关系中彼此能谦让；③有幸福感；④在工作和职业中能充分发挥自己的能力，过高效率的生活。

根据中外心理健康专家的研究，可将人的心理健康水平大致分为三个等级：一是一般常态心理，表现为心情愉快，适应能力强，善于与别人相处，能较好地完成与同龄人发展水平相适应的各种活动，具有调节情绪的能力；二是轻度失调心理，表现出不具有同龄人所应有的愉快，与他人相处略感困难，生活自理有些吃力，但经自己主动调节或通过专业人员帮助后可恢复常态；三是严重病态心理，表现为严重的适应失调，不能维持正常的生活和工作，如果不及时治疗可能会恶化，甚至会成为精神病患者。

## 一、大学新生可能出现的心理问题

每年 9 月，莘莘学子怀着胜利和喜悦的心情跨入大学校门。面对新的学校、新的老师、新的同学、新的生活，大学新生一定会感到兴奋而激动，新鲜而愉快。但是，新鲜过后，往往会有部分学生出现种种的不适应，主要表现如下。

### （一）环境上的不适应产生失落心理

#### 1. 理想中的大学与现实不一致而产生失落感

高中生想象中的大学是神秘的、浪漫的和完美的。他们往往在入学之前心里就有了一个关于大学生活的模式：春风得意的大学生、满腹学问的老教授、宽敞明亮的大教室、风景如画的校园环境、丰富多彩的文化生活、真挚的同学情谊等。然而，这种美好的期望会在他们进入大学后逐渐减少，直至幻灭。原来大学生活并非想象中的那么诗情画意，不过是教室、宿舍、食堂“三点一线”的枯燥生活，现实与理想的差距太大了。还有人会抱怨说，真没想到堂堂大学，有的教学设备甚至不如中学，图书资料贫乏，师资水平也不过如此。也有人后悔自己高考成绩不理想，或是填报志愿时受到老师、家长的左右，所上大学并非自己所愿，所学专业自己并不感兴趣。面对这种情况，大多数同学会积极调整，主动去适应大学的新环境；而有的同学则情绪低落，感到前途渺茫、困惑、失望，从而形成失落心理，甚至产生退学的念头。

#### 2. 角色转换的不适应产生失落感

社会是个“舞台”，每个人都是一个“角色”。人的社会角色会不时转换，由高中生变成大学生，这便是一种角色转换。

进入大学后，在强手如林的新生集体里，面对新一轮的排列组合，有些同学从高中时的“鹤立鸡群”变成大学里的“平庸之辈”，昔日的优越感已荡然无存，如同是河流汇入大海一样，变得不再起眼，他们不再是老师、同学经常关注的对象，总觉得事事不如别人，越想越沮丧，以至于心灰意冷，再也找不到原来的自信，于是在心理上产生失落感和强烈的自卑感。例如，有一位大学生中学时代曾是班上的佼佼者，并以当地高考第一名的成绩考上了北京某名牌大学。这所大学汇聚了来自全国各地的学习尖子，相比之下，他第一学期的成绩排名顶多算是中下等，还有一科不及格，这使他产生了强烈的失落感和自卑感，最后他竟然跳楼自杀了。

高考前学习成绩的好坏是衡量一个学生能力、素质高低的主要指标，而进入大学后，学习成绩不再是衡量一个人的唯一标准，取而代之的是每个人自身的全面素质和综合能力，表现在眼界学识、文体特长、组织才干、人际关系等方面。在这种情况下，要么奋起直追，迎头赶上；要么停滞不前，自卑自责，从而导致自我评价的失调。此外，有些来自农村、山区和贫困地区的学生，或因家庭经济条件差被人轻视，或因浓重的乡音遭人鄙视，或因孤陋寡闻怕别人嘲笑，总有“见人矮三分”的感觉，于是便沉默寡言、自我封闭，从而导致自我认识的困惑。

**（二）学习上的不适应产生茫然心理**

学习问题是大学新生关心的首要问题。进入大学校园后，大多数学生对学习表现出浓厚的兴趣，学习积极性较高，但由于对教学方式、竞争方式不适应，学习的盲目性也较大，渴望求知与盲目学习并重，表现出一定的不适应。

**1. 教学方式不适应**

有些大学新生课堂学习仍寄希望于教师的灌输和安排，不会自己支配时间，听课抓不住重点，做不好笔记，不会科学地、充分地利用图书馆来进行学习，由于学习不得法而导致学习兴趣减退。在高校心理咨询时就有大学生自述，他们上课听不懂，作业不会做，学习成绩总上不去，而在读高中时，自己能控制、掌握自己，通过努力，学习成绩总能赶上去。承袭过去在高中阶段的学习方法，较难获得满意的效果，这在大学新生中是相当普遍的现象。

**2. 学习目标不明确**

有些大学新生形容高中阶段的生活“就像在漆黑一片的隧道中赛跑”，高考就是前方那一盏最明亮的灯，同学们你追我赶地向着这一目标奔跑，虽身心疲惫但目标十分明确，有强大的动力做支撑，因而生活紧张而又充实。顺利进入大学之后，高考这盏明灯熄灭了，一时不知目标和动力何在，周围全然一片陌生的景观，大学生活反而显得茫然。

许多大学新生认为，进入大学就等于进入了“保险箱”，应该潇洒轻松、痛痛快快地玩了，加之大学不像高中管得那么紧，自由度较大，自我支配的时间也较多，一些自觉性较差的同学不知不觉地失去了明确的奋斗目标和前进的动力，变得无所适从，放松了对自己的要求，这部分学生不再把分数看得那么重，学习不再认真，泡网吧，谈恋爱，有的甚至模仿社会上一些人的做法，进歌厅、下饭馆、抽烟、酗酒，丧失了年轻人蓬勃向上的健康心态。如果以为自己经过“寒窗苦读”，终于“鱼跃龙门”了，理所当然地要放松放松，潇洒一番，则会在不知不觉中沉溺于花花世界，“目迷五色、耳迷八音”而不能自拔，把将来用以安身立命的大学学业荒废了。在几乎所有高校的历届新生中，都不乏这样的前车之鉴。

**3. 竞争方式不适应**

大学的学习氛围是外松内紧，竞争是潜在的、全方位的。和中学相比，在大学里很少有人监督你，很少有人主动指导你。这里没有人给你制定具体的学习目标，但这里绝不是没有竞争。每个人都在独立地面对学业；每个人都该有自己设定的目标；每个人都在和自己的昨天比，和自己的潜能比，也在暗暗地与别人比。在大学的竞争中，考试分数不再是衡量人的唯一指标，人们更看重的是综合能力和全面素质。

中学的学习主要是一种应试教育，为了在激烈的高考竞争中取胜，中学生几乎是全身心地投入学习，分数成为学生的命根，导致学生在许多方面发展得不够好，如学习技能欠缺、知识面狭窄，加上家长和老师的过度保护，使他们缺乏应有的挫折承受能力，因而，面对大学高强度、高难度的学习，面对其他同学在学习上的进步，很多学生感到忧心忡忡。

**（三）生活上的不适应产生焦虑心理**

进入大学后，远离了父母和家庭，大学新生需要适应集体生活方式，学会自己洗衣服、买饭、料理生活；大学老师往往是讲完课就走，不容易亲近；同学之间也较陌生，回到宿舍便“躲进布帘成一统”。恍然四顾，人生地不熟，心里的话无处诉说，遇事时没人商量，生病时无人照顾，孤独感便会笼罩心头。

有些学生因缺乏独立生活的能力，一时生活上不能自理；有的学生开支无计划，女生攀比衣着打扮，男生抽烟饮酒，同学之间过生日送礼以及恋爱消费等，时常出现“经济危机”；有的学生每天循环往复于“三点一线”（宿舍、教室、食堂），面对丰富多彩的校园文化生活无所适从；有的学生因缺乏集体生活的经历，总希望得到他人的照顾和帮助，不知道也不会关心他人；还有的学生不适应学校饮食以及气候、语言环境及作息时间的变化等。大学新生在遇到这些问题时，常常束手无策、郁郁寡欢，致使有的学生出现烦躁、痛苦、紧张不安等焦虑情绪和疲倦、失眠、注意力不集中等症状。

**（四）人际关系上的不适应产生孤独心理**

大学生的很多时间都是在寝室度过的，与同寝室同学的相处就显得非常重要。大学新生来自五湖四海，初来乍到，彼此很是陌生，如何与有着不同城乡背景、不同方言、不同性格的同学相处对每个新生来说都是个问题。由于同学之间的生活习惯、家庭背景等客观因素的差异，极易造成人际交往的困难。特别是独生子女，他们多数习惯以自我为中心，待人接物时缺少从多角度考虑问题的融通性，容易造成交往障碍。而且个体的性格特征也会阻碍人际交往，如自卑、怯懦、鲁莽和孤僻等也会造成人际交往的困难。所以，许多大学新生一方面渴望交流沟通，另一方面却屡屡失败，他们日益感到压抑和郁闷，越来越不愿意同其他同学交流，如有些同学逐步迷恋网络，希望在虚拟世界里觅到知音和良友，冷漠地对待现实世界。“踏着铃声进出课堂，宿舍里面不声不响，互联网上诉说衷肠”，这句顺口溜实际上反映了相当一部分大学生的交际现状。

## 二、情绪管理

### （一）情绪管理及其意义

**1. 情绪管理的定义**

情绪管理是指一个人对自己情绪的自我认知、自我控制、自我驱策能力和对他人情绪的识别与适度的反应能力。它包括如何准确地了解自己的真情实感；如何克服冲动、延迟满足；如何调整情绪，避免因过度沮丧而影响思维；如何设身处地地为他人着想，真诚地理解别人；如何激励自己越挫越勇，对未来永怀期望等内容。一个善于管理自己情绪的人，其情绪的基调应该是积极的、乐观的、愉快的，能够接纳自己与他人的情绪；能够表达自己的情绪；能够较好地把握与调节自己的负面情绪，有效地管理自己的情绪；能够适时、适度地做出情绪反应，而且情绪反应能够与周围环境相协调、相适应。

**2. 情绪管理的意义**

（1）情绪管理有助于身心健康。

俗话说："情积百病生，情舒百病除。"可见情绪管理对人的身心健康具有重要的意义。大量的生活实例和研究都已证实，情绪活动能影响人的身心健康，情绪不仅可以致病，也可以治病。不良的情绪不仅会导致心理疾病，还会导致生理疾病；良好的情绪不仅可以治疗心理疾病，还可以治疗生理疾病。

处于忧郁、焦虑不安和烦恼等消极情绪之中会使人的内分泌失去平衡，造成器官功能活动受到抑制，如果反复出现这种情绪就可成为致病因素，并带来一系列不良后果。比如，急躁而爱发脾气的人，易患高血压；忧郁而多愁善感的人，易患肺病。情绪的激烈变化是大病的先兆，盛怒之下会使人脑血管破裂、当场中风或冠状动脉闭塞而突然死亡。发怒时，胃出口处肌肉骤然紧缩，东西出不去，会使整个消化道痉挛，腹部剧痛。生气时吃饭，则会消化不良。具有不良情绪的人，往往表现出过度的情绪反应与持久的消极情绪，而消极的、负面的情绪如果持续时间过长，则会干扰一个人正常的心理活动，对人的身体健康、人际关系、工作学习效率等产生不良影响，甚至导致心理障碍，引发生理疾病。

良好的情绪则会对人的身心健康起到积极的作用。积极情绪可以使人的内分泌腺向血液中分泌肾上腺素，它参与代谢可以提高能量。乐观、开朗、心情舒畅的人，其各种内脏功能健康运转，对外来不良因素的抵抗力较强。美国哈佛大学的一些学者曾用了 40 年的时间，对 204 位成年人做了跟踪调查，结果发现，在 21 ~ 46 岁之间过着舒畅精神生活的 59 人中，只有 2 人在 53 岁时得了重病，其中 1 人死亡；而在同一时期内，得不到舒畅精神生活的 48 人都在 55 岁以前死去。

因此，只有学会管理好自己的情绪，你才能保持健康、良好的情绪状态，才能有助于学业的进步、人际关系的改善以及身心健康的保持。

（2）情绪管理关乎人生。

情绪管理不仅与身心健康有密切关系，从广义上讲，它与我们能否适应社会、获得事业成功和更好地享受生活也有着密切的联系。一直以来，我们都非常重视人的智力开发，并认为一个人的事业的成功与否是和他的智商的高低成正比的。但这种智力学说无法解释这样一些常见的现象：有的人在学校是尖子生，但步入社会后却表现平平；我们对有些人一见面就能产生好感，而对另外一些人却一见生疑；面对同样的困难和挫折，有的人会一反常态、精神沉沦，有的人却能保持轻松愉快、一如既往。研究发现，影响人的发展和事业成败的因素，主要是情绪管理能力。一个善于管理情绪、调节情绪的人，当他面临困难和挫折的时候，往往能够及时地调整自己的情绪，合理地看待困难和挫折，从而使自己能够保持乐观、自信的心态，并最终战胜困难和挫折。反之，一个不善于管理情绪、调节情绪的人，当他面临困难和挫折的时候，往往不能够理智地看待困难和挫折，从而使自己陷入悲观、消极的心态中无法自拔，甚至一蹶不振，最终则会被困难和挫折所击垮。

**（二）不良情绪是由不合理认知引起的**

**1. 不合理认知**

人们为什么会产生不良情绪呢？合理情绪疗法的创始人——美国心理学家艾里斯（Albert Ellis）为解答这个问题，在1979年曾提出四点基本假设。

（1）自寻烦恼是人的本性，人并不完全是理性的动物，人常为情绪所困扰，而困扰多半是由内因造成的，很少是由外因造成的。

（2）人有思考能力，但在思考自身问题时，则多表现出损己害己的倾向。对与自己密切相关的事，往往做过多的无谓思考，这是困扰自己的主要原因。

（3）不需要有事实根据，单凭想象力处理问题，想象力越丰富，就会使人陷入越想越苦恼的困境之中。

（4）人有自毁倾向，同时也有自救能力，合理情绪疗法则可以通过转化前者来帮助发展后者。

因此，当你对与己有关的事件做出不合理的解释和评价时，则会导致不良的情绪或行为后果的发生。对自己、对他人以及对周围世界的不合理的认识和评价，心理学上称之为“不合理认知”。

**2. 不合理认知的特征**

（1）绝对化的要求。

这是不合理认知中最常见的特征，是指人们以自己的意愿为出发点，对事物怀有必定发生或不会发生的信念。例如，“只要我付出了努力，我就应该获得成功”；“我那么喜欢他，他就应该用同样的爱来回报我”；“他是我最好的朋友，现在我遇到了麻烦，他理所当然要帮助我”。显然，这些认知常常与“必须”“应该”等词语联系在一起。为什么说这类认知是不合理的呢？因为万事万物的发生和发展都有其自身的规律，并不能以你的主观愿望为转移，同时你对这些客观规律的认识往往是不完全的，因此，考虑问题就不能太绝对，要留有余地。

（2）过分概括化。

过分概括化是一种以偏概全的思维方式。用艾里斯的话来说，“这就好像是以一本书的封面来判定它的好坏一样”。过分概括化的具体表现使个体对自己或别人做出不合理的评价，其典型特征是以某一件或某几件事来评价自身或其他人的整体价值。例如，有的人遭遇失败后常常认为自己“一无是处”或“毫无价值”，这种片面的自我否定往往会导致自责、自卑、自弃的心理以及焦虑和抑郁等情绪，而一旦将这种评价转向他人，就会对他人做出不符合实际的评价，抓住一点不放，就会一味地责备别人，并产生愤怒和敌对的情绪。例如，某人有某种缺点，就会据此认为他一无是处，本质不好，进而对他产生敌意。为什么说这类认知是不合理的呢？因为世上没有一个人能做到十全十美，每一个人都应认识到自己和他人都是有可能犯错误的。因此，比较妥当的做法就是“评价一个人的行为而不是评价一个人”（艾里斯语）。也就是说，我们应该就事论事地去评价自己或别人的具体行为和表现，而不应动辄对自己或别人做出整体价值的评价。

（3）糟糕至极。

不合理认知的第三个主要特征是“糟糕至极”，这是指对事物的可能后果做出非常可怕、非常糟糕，甚至是一种灾难性的设想。这种想法之所以是非理性的，是因为对任何一件事情来说都有比之更坏的情况发生。因此，没有任何一件事情可以被定义为百分之百的糟糕透顶。如果某个人坚持这样的观念，那么当他遇到了自认为是百分之百糟糕的事情或比这还糟糕的事情发生时，他就会陷入极度不良的负性情绪中。其实，虽然不好的事情确实可能发生，你也有很多理由不希望它发生，却没有理由说这些事情不该发生。因此，面对这些不好的事情，你首先应该努力地去接受现实，然后在可能的情况下想方设法去改变这种状态，如果确实不能改变则要努力学会如何在这种状态下继续生活下去。总之，所谓“糟糕至极”就是认为一件不好的事情发生之后会带来非常糟糕的后果，这种认知会给人带来严重的不良情绪，并使人陷入恶性循环中难以自拔。

**3. 日常生活中常见的不合理认知**

艾里斯认为，日常生活中常见的不合理认知可以归结为三大类，即对自己、对他人、对周围环境及事物的不合理的、绝对化的信念和要求。这些不合理认知的显著特征是在语言上经常使用“应该”“必须”“一定要”等词。

第一类不合理认知：我必须出色完成我所做的事情，以赢得他人的赞赏，否则，我会认为自己是一个毫无价值的人。

艾里斯认为，这是一个不切实际的目标。理性的人会在自己原有的基础上努力做好每件事而不去和别人做比较；他们会在努力的过程中寻找乐趣而不是忙于得到结果；他们会努力学习怎样把事情办得更圆满而不是试图去做一个完美的人。以具体的一件事来评价一个人的全部是不理智的，人的价值仅仅在于他是一个人，具有人性，每个人都应该承认和接受自己是一个可能犯错误的人。

第二类不合理认知：人们必须善意地对待我、体谅我，以我所希望的方式对待我，否则，社会和上天应该对他们给予严厉的谴责、诅咒和惩罚。

艾里斯指出，任何人都不可能控制他人的意愿。理性的人受到他人的责备时，如果自己确有错误，会努力改正；如果自己没有错误，会认为这种责备是别人情绪的表现。当别人犯了错误时，可能的话，他会阻止其继续发展下去，阻止不了的，就尽量使自己少受别人行为的影响。

第三类不合理认知：我周围的环境与条件必须安排得井然有序，以便我能很舒服地、迅速地、很容易地得到每一样我想得到的东西，而我不想要的东西一件也碰不到。

艾里斯指出，人们周围的各种事物有其自身的运动规律，理性的人会努力去改善那种令人不愉快的环境，当无法改善时，则会努力学会接受这种现实。

### （三）保持良好情绪的基本原则

#### 1. 不要过于关注自己

有一个大学生，他每天都为别人总在看他而感到苦恼。当他走在路上时，总是觉得路上的行人都在盯着他看，以至于他走路的姿势都很不自然；当他走进教室时，会觉得整个教室的人都在看他，看得他面红耳赤、手足无措，非常不自在，这样的日子让他实在难以忍受，于是他来到了心理咨询室。听完他的诉说后，咨询老师问："那么，当你走在路上时，你有没有总盯着别人看呢？当你坐在教室里，有同学走进来时，你会不会总看着别人呢？"他说："那倒没有。"老师又问："你为什么不会总盯着别人看呢？"他说："因为我自己的事都忙不过来，哪有那么多时间去看别人呢？"老师又问："既然你没有那么多时间去看别人，为什么你却认为别人会有那么多时间看你呢？"他却答不上来了。

其实，每天盯着他"看"的不是别人，而是他自己。由于他过于关注自己，才导致了他的苦恼。因此，要保持良好的情绪，首先应学会不要过于关注自己。

#### 2. 不要太在乎他人的评价

别人的评价是否总是那么客观地反映了自己的真实情况呢？形象地说，别人的评价就像一面镜子，有时会是平面镜，能真实地反映自己；有时则是哈哈镜，会歪曲地反映自己。因为每个人在评价别人的时候，由于受自身生活经验等因素的影响，看待问题的角度往往不一样，因此，对别人的评价往往也会有很大差别。所以，要想得到别人的完全客观的评价显然是不可能的。如果说有人为哈哈镜里的自己是个胖子而苦恼的话，你一定会觉得这个人很可笑，而事实上因为别人的评价使得自己的情绪受到影响的大有人在，其实这和为哈哈镜里的自己是个胖子而苦恼是一个道理。因此，要保持良好的情绪，就应学会不要太在乎别人的评价。

#### 3. 学会积极认知，培养积极心态

有这样一则故事，它讲的是一个大学生到郊外写生时，突然看到田里有一个农民正背对着他坐在地上插秧，当时他想："这个农民真懒，连插秧都要坐着插。"想到这里，他摇了摇头，准备绕开这个农民，当他绕到农民前面的时候，无意中回头多看了一眼这个农民。这时他才发现，原来这个农民是个残疾人，他的两条腿都没有了！至此，这个大学生的想法又完全改变了，他感叹道："这位农民真勤劳啊！即使两条腿都没有了，他还要自食其力，我回去就以这为主题画一幅画。"

其实，这个残疾农民在种田这个客观事实上并没有改变，但由于大学生看待这个客观事实的角度不一样，他得出的结论就完全不一样。当他在背后看的时候，对这个农民做出了消极的评价；当他在前面看的时候，则对这个农民做出了积极的评价。这个故事说明，其实任何事物都有两面性，关键在于你从哪个角度来看待它。如果从消极的角度来看，你就会觉得

心情很糟糕；如果从积极的角度来看，你就会感到心情很愉快。因此，要保持良好的情绪，就应学会积极认知，培养积极心态。

所谓积极认知，就是在看到事物不利方面的同时，更要学会“多看一眼”，即看到事物的有利的方面。这种看待问题的方式，容易使人看到希望、增强信心，始终保持良好的情绪多于不良的情绪。

**4. 学会顺应情绪的自然发展规律**

日常生活中，你可能有过这样一种体验，那就是有的时候情绪会莫名其妙地变得非常低落，什么事情也不想干，如果这时强迫自己去做事情，则会使自己的心情变得更加烦躁。其实，这是由情绪周期所决定的。生理学家发现，人的情绪变化周期为28天，在这个周期里人的情绪要经历一个“高涨期”和一个“低落期”。当情绪处于“高涨期”时，会感到心情愉快，做事的效率也很高；当情绪处于“低落期”时，则会感到情绪低落，做事的效率也比较低。因此，要保持良好的情绪，则应学会顺应情绪的自然发展规律，当情绪处于“低落期”时，就不要勉强自己去学习或工作，可以适当地去做一些休闲、娱乐活动，放松一下情绪。一般来说，情绪“低落期”只会维持两三天，过了这两三天的情绪“低落期”后，你的情绪就会慢慢地好转起来。

**（四）情绪管理的方法**

人的一生不可能不碰到这样或那样不愉快的事情，因此，就不可能没有烦恼、焦虑、忧愁和恐惧的时候。不愉快的事情往往会引起人们的心理骚动和心理失衡，使人们的情绪活动偏离正常状态，并过多地出现诸如恐惧、忧郁、紧张、焦虑等情绪，心理学上把这种心理状态称之为“情绪失调”。情绪失调会对人的心理和生理产生不良的影响。轻度的情绪失调会干扰人们的正常学习、工作和生活，如注意力不集中、记忆力减退、判断力降低、学习和工作效率下降等。严重的情绪失调则会导致恐惧症、恐慌症、强迫症、忧郁症、神经过敏症等病态人格或神经方面的疾病，还会导致胃溃疡和十二指肠溃疡、心肌病发作等，甚至危及人的生命。因此，应当尽量地防止和减少情绪失调，当情绪出现失调时，应及时采取各种情绪管理技巧，防止其进一步恶化，以保持良好的情绪状态。一般来说，比较常用的情绪管理方法有以下几种。

**1. 宣泄法**

所谓“宣泄”，实质上是指个体通过所能够采取的行为，将郁积于个体内部的受压抑的能量引导出来并消耗掉，借此使个体获得平静。宣泄法最早来源于日本企业的管理策略。日本的许多工厂都设有“泄气室”，屋内除了与老板酷似的橡皮人外空无一物，心中有气的工人关上门后便可以对着橡皮人老板或打或骂，直到筋疲力尽为止，这时气也消了一大半。日本企业通过这种方法调节工人的情绪，结果工人的工作效率大大提高。后来，心理学家就把这种调节情绪的方法运用到了心理学上。宣泄的方法有很多，如运动宣泄法、倾诉宣泄法、娱乐宣泄法、眼泪缓解法等。

（1）运动宣泄法。

较为剧烈的劳动或体育运动能在一定程度上起到宣泄情绪的作用。因此，当你的情绪处于不良状态时，可以通过参加一些较为剧烈的劳动或游泳、跑步、踢球等体育运动来释放心中的郁闷。

（2）倾诉宣泄法。

当人遇到痛苦的事情时，通常都希望得到别人的理解、同情、安慰、鼓励、信任和支持。当遇到痛苦和烦恼时，如果有一个值得自己信任的人在身边认真倾听自己的诉说，即使他没有提供很有价值的建议，但诉说之后，你会感到非常畅快。

（3）娱乐宣泄法。

当人的情绪不佳时，可以通过听音乐、看电影、看电视、读小说、散步等娱乐活动来宣泄不良的情绪。

（4）眼泪缓解法。

美国精神病学家曾对331名18~75岁的人进行调查，结果表明，女性每月平均哭3~5次，男性每月平均哭1~4次，他们都感到哭过以后情绪明显好转了，对恢复心理平衡很有帮助。因此，当你感到心情很难受时，不要过于压抑自己的情绪，该哭就哭。

**2. 升华法**

当个体出现一些不能为社会所允许和接纳的动机、欲求与行为时，强烈的冲突可能使得个体将自己的心理能量导向比较崇高的方向，使之符合社会文化和社会规范的要求，这就是升华法。比如，一个失恋的男青年很想报复和自己分手的女朋友，但如果用伤害她的方法来报复，则要受到法律的惩罚，于是他将对恋人的报复心理转向了对事业的追求上，通过在事业上获得成功，让女朋友为当初和他分手而感到后悔，从而将报复心理导向了比较符合社会规范的方向。

**3. 补偿法**

社会性需要区别于生理性需要的一大特点是可以通过补偿来获得满足。比如，饥饿不能通过饮水得到满足，但家庭的美满幸福能缓解人们事业失败的苦痛；我“饿”了不能通过你吃饭来获得满足，但自己的未竟之志可以在儿女的成就之中得以实现，这就是补偿。补偿的另一种含义是指个体在某一方面的缺憾或不幸可以通过其他方面优势的发挥来弥补，使自己获得成功。比如，在容貌方面的自卑心理可通过学业或事业上取得成就来补偿。

**4. 自我积极暗示法**

自我积极暗示是一种自我刺激过程，指个体以超出客观现实的想象或自认为某些特定的事、物、人的存在来进行自我刺激，达到改变行为和主观经验的目的，同时引起心理、生理上相应的变化。比如，一个心情不佳、郁郁寡欢的人可以拿起镜子直视自己，然后强迫自己露出笑容，看着自己的笑容告诉自己：你看，我不是很高兴吗？我应该放声大笑。通过这样的身心相互暗示，也许郁积的心情会获得很大的宽释。有时自我积极暗示能使自信心得到自觉的发掘与确立。当遇到挫折、身陷困境时，能够处变不惊、临危不惧，通过内心自我激励产生惊人的力量，获得真正的成功。

**5. 文饰法**

顾名思义，这是文过饰非的一种心理防御机制。当个体面临挫折时，为减轻挫折的程度，维护个人的自尊心和心理平衡，人们常常为自己错误的行为寻找理由或对自己遭受的挫折做歪曲的理解。文饰法的具体方法如下。

1）酸葡萄法

酸葡萄法是指对自己无法得到的东西降低好感。《伊索寓言》中有一则《狐狸和葡萄》的寓言，说的是狐狸饿极了，看见架上挂着一串串葡萄，想摘又摘不到，临走时自言自语地说："葡萄还是酸的。"这则寓言在世界上广为流传，可以说家喻户晓，在西方还被引入字典。酸葡萄表示得不到的东西就说它不好。心理学上也借用了这个术语，用来解释合理化的自我安慰，它是人类心理防卫功能的一种。其实，每个人都会经历那个狐狸的境遇。

2）甜柠檬法

与"酸葡萄"心态相对应的是"甜柠檬"心态，它指的是人们对得到的东西，尽管不喜欢或不满意也坚持认为是好的，即对自己被迫得到的东西增加好感。例如，你买了一套衣服，觉得价钱太贵，颜色也不如意，但你也许还是会告诉别人，这是今年最流行的款式，很值得。

3）援例自卫法

援例自卫法是指用别人或名人做过的事来解释自己行为的合理性。

## 三、培养健康的心理

大学生活是人生中一段最美好、最难忘的时光。这个时期的大学生既保留着青少年的稚气和冲动，又开始出现成年人的稳重和成熟，同时又处于"心理断乳期"，大学生将逐步摆脱对父母和老师的心理依赖，转而独立地适应社会群体的生活，因此，这一时期同学们必须注重培养自己健康的心理。

### （一）大学生心理健康的标准

#### 1. 大学生心理健康的主要标准

心理健康的标准随着时代变迁、文化背景的变化而变化。大学生的年龄一般为18～25岁，从心理学的观点来看，正处于青年中期。大学生的心理具有青年中期的许多特点，但作为一个特殊群体，大学生又不能完全等同于社会上的青年。根据我国大学生的实际情况，评判大学生的心理健康水平应着重从以下几个标准考虑。

（1）智力正常，拥有较浓厚的学习兴趣。

智力是指人的观察力、注意力、记忆力、想象力、思维力、创造力及实践活动能力等的综合。智力正常是人从事生活、学习、工作等活动的最基本的心理条件，也是适应周围环境变化所必需的心理保证。大学生的智力一般都比较优秀，他们具有较强的学习和理解的能力、获得和更新知识的能力、迅速而准确地对新事物做出反应的能力、运用推理有效地解决问题的能力等。学习是大学生活的主要内容，心理健康的大学生具有明确的学习目标，能够在学习中保持较浓厚的学习兴趣和求知欲望，乐于接受新鲜事物和勇于挑战，善于克服学习中的困难，学习成绩稳定，能保持一定的学习效率，能从学习中体验满足与快乐。

（2）具备良好的环境适应能力。

人生活在纷繁复杂、变化多端的大千世界里，一生中会遇到多种环境及变化，因此，具有良好的环境适应能力是大学生心理健康的重要标志之一。环境适应能力包括正确认识环境的能力以及正确处理个人和环境关系的能力。心理健康的大学生能够与环境保持良好的接触，对社会现状有清晰的认识，在环境改变时能面对现实，对环境做出客观的认识与评价，并能根据变化的环境及时修正自己的需要和愿望，使个人行为符合新环境的要求；当个人需要与社会发生矛盾时，能够选择积极的方式调节自我与社会之间的冲突，使自己在思想和行为上与社会保持协调一致；心理健康的大学生还具有较强的竞争意识与创新意识，敢于正视人生与社会的变化与挑战，不断实现自我提升与自我超越。

（3）能保持正确的自我意识和自我悦纳。

自我意识是指人对自己以及自己与周围世界关系的认识和体验。人贵有自知之明。客观评价自我和正确认识自我，是大学生心理健康的重要条件。积极悦纳自我和不断发展自我，是大学生心理健康的重要表现。心理健康的大学生首先表现为自我评价客观、全面、恰如其分，能够充分了解自己、认识自己；其次表现为能够正视现实，积极地进行自我接受和自我悦纳，既不因自己在某些方面优于别人而自傲，也不因自己在某些方面存在缺点而自卑；最后表现为面对挫折与困境，能够乐观自信，积极进取，做到自尊、自强、自制、自爱，不断调整自己在生活中的位置，实现自我发展与自我完善。

（4）具有较强的情绪调节与自控能力，意志健全。

情绪是伴随人的心理活动过程所产生的内心体验。对于大学生来讲，情绪是复杂多样的，它与大学生的生活、学习、人际交往、个人发展等密切相关。大学生情绪的自我管理与控制，不仅是大学生身心健康的重要内容，而且也是大学生自我发展和人格成长的必要条件，是大学生面对挫折、适应环境的基础。心理健康的大学生具有较强的情绪管理与调节能力，情绪稳定，乐观开朗，富有朝气，对生活和未来充满希望；能适度表达和控制情绪，合理宣泄自己的情绪，正确处理生活中的喜、怒、哀、乐等情绪体验，做到胜不骄、败不馁、喜不狂、忧不绝。同时，心理健康的大学生还具有坚强的意志力和承受外部挫折的能力，能够有意识地锻炼和培养自己良好的意志品质，并具有克服困难、锲而不舍、勇往直前的精神。

（5）具备完整统一的人格品质。

人格是指人的整体精神面貌，是个体比较稳定且具有一定倾向性的心理品质或心理特征的总和，它是一个人素质的重要组成部分。人格完整是指拥有健全统一的人格，即构成人格诸要素的气质、能力、性格和理想、信念、人生观等各方面均衡发展。心理健康的大学生，他们的所思、所做、所言能够协调一致，具有正确的自我意识和积极进取的人生态度，有明确的社会责任感，注重培养自己优良的品格，把自己的需要、愿望、目标和行为统一起来。

（6）能保持和谐的人际关系，善于交往。

人际关系状况最能体现和反映人的心理健康状况。一个心理健康的大学生必然是一个善于与人沟通和交往的人。建立良好而深厚的人际关系，也是事业成功与生活幸福的前提。心理健康的大学生乐于与他人交往，具备良好的沟通能力和技巧，能用尊重、信任、友爱、宽容、理解的态度与人相处，能为其他人所理解和接受，并建立和谐的人际环境。心理健康的大学生还表现为善于与人交往，即在交往中能保持独立而完整的人格，既能接纳自我，客观评价自己，又善于取人之长补己之短，“严以律己，宽以待人”，与他人同心协力、合作共事，乐于助人，进行积极健康的人际交往。

(7) 心理行为符合大学生的年龄特征和性别特征。

人在生命发展的不同年龄阶段，都有与其相适应的心理行为表现和性格特征，即他们的认识、情感、言行、举止等都应与自己所处的年龄段相符。大学生作为处于特定年龄阶段的特殊群体，也应具有与自身年龄、角色相适应的心理行为特征。心理健康的大学生表现为充满朝气和活力，精力充沛，勤学好问，反应敏捷，喜欢探索。过于老成，过于幼稚，过于依赖，情绪喜怒无常等，都是心理不健康的表现。心理健康的大学生还表现为能够接纳自己的性别特征，能根据社会对性别的要求来调整自己的行为，使自己的性别特征符合社会的要求与发展。

**2. 正确理解和运用大学生心理健康的标准**

为了正确理解和准确运用大学生心理健康的标准，应注意以下几个问题。

一是心理健康标准的相对性，即大学生心理健康的标准并不是绝对的，也不是固定不变的。事实上，心理健康与不健康之间不是泾渭分明的对立面，心理健康的标准是很难做到确定而统一的，大学生心理健康的标准同样也存在这样的问题。心理健康不能脱离个人的自身条件，不同社会对心理健康的划分标准是不同的。综合关于大学生心理健康问题的研究，我们发现，人们对大学生心理健康的标准有许多不同的看法，而且关于这一问题的探讨一直处于不断发展之中，因此，大学生心理健康的标准具有相对性。

二是心理健康标准的全面协调性，即运用心理健康的标准衡量大学生的心理健康状态时，应视心理健康的各项标准为一个有机统一的整体。一时的情绪波动并不能代表心理出现异常，在某一方面出现了不健康的心理和行为也并不等于心理不健康，更不等于自己已经患了心理疾病。因此，我们不能仅从一时一事而简单地给自己或他人下心理不健康的结论，而应善于从多个角度和多个方面去衡量和分析自己或他人的心理健康水平。

三是心理健康状态的发展性，即人的心理总是富于弹性，处于变化的相对状态之中，从良好的心理健康状态到严重的心理疾病之间有一个广阔的过渡带，人们的心理往往是处于正常与异常、常态与变态之中，它们之间没有绝对的界限。大学生的心理正处于不断变化和发展之中，他们反映出来的心理困惑和心理冲突，应该视为青年大学生在成长过程中遇到的发展性问题。因此，大学生在人生发展过程中出现不同程度的心理问题时，不必大惊小怪，一方面应当提高自我保健意识，及时进行自我心理调适，达到心理趋于健康或基本健康；另一方面随着个体的心理成长、经验的积累、环境的改变，许多发展性问题是可以自行解决的，心理健康状况也会有所改变，而真正心理变态或有精神异常的人是极少数。

四是心理健康标准的理想性，大学生心理健康的标准是一种理想尺度，它既为人们提供了衡量心理是否健康的标准，也为人们指明了提高心理健康水平的努力方向。因为心理健康是人的心理的最佳状态，心理健康没有止境，它永远是人们努力追求的方向。大学生心理健康的基本标准是能够进行有效的学习和生活，是基于多数大学生的行为表现而确立的，是从大学生的共性出发提出的，但每个大学生还具有自己的个性特征。因此，在运用该标准判断大学生心理健康时，还要注意理想尺度与学生个性发展的统一问题。一方面，我们要依据理想尺度开展心理健康教育，要求大学生按照大多数人的发展轨迹来发展；另一方面，我们也要强调大学生个性的发展，鼓励个体在自己现有的心理健康水平基础上做不同程度的努力，追求自身心理发展的更高层次，达到心理健康的最佳状态，从而不断激发自身的潜能。

### （二）大学生培养健康心理的方法

#### 1. 保持平常心态，量力而行，确定适合自己的奋斗目标

保持平常心态，对自己的能力做出客观的评价，确定适合自己的奋斗目标，并付诸社会实践，最终实现自己的预定目标。正如许多成功人士在接受采访时所说的，因为自己是一个普通人，所以仍要保持一种“平常心态”，不被胜利和鲜花冲昏头脑，这样才能够继续苦练，再创佳绩。这对于大学生保护自己少受挫折及充分发挥才能是有益的。在获得成功的过程中，不但个人的需求得以满足，个人的价值得以体现，而且自己的信心得以巩固和加强，使自己的心理机制处于良好的竞技状态，更使自己的能力得到了锻炼和提高，从而为实现下一个奋斗目标奠定了坚实的基础。相反，大学生仅凭良好愿望和热情，盲目、过高地确定自己的奋斗目标，其目标不但不能实现，而且使自己受到打击，增加挫折体验，结果不但白白耗费了精力和时光，而且也给自己的自信心和心境造成了不良影响，甚至影响到今后的心理发展。所以，同学们在确立自己的奋斗目标时，一定要量力而行，目标一定要在自己力所能及的范围内。

#### 2. 不盲目与其他同学竞争，避免过度紧张

每一个心理正常的人，都有争强好胜的自尊心和荣誉感，都渴望自己在集体中有一席之地，受人尊重、被人仰慕。由于每个人的优势、劣势不同，能力又有限，盲目、过多地和别人竞争往往容易给自己造成挫折和打击，心理上承受过大的压力和过度的紧张，从而给身心健康带来不良影响。所以，在和他人竞争时，一定要有所选择地侧重于那些有意义、对自己有帮助的竞争，要注意发挥自己的优势，千万别去做无谓的竞争。

#### 3. 融入集体，参加活动，扩大交往

生活在集体之中的大学生要融入其中，在集体中既能和同学们一起进行思想的沟通和情感的交流，从中得到启发、疏导和帮助，又可以通过积极的社会活动，扩大人际交往，建立良好的人际关系，使自己感受到充分的安全感、信任感和激励感，最大限度地减少心理危机感，这也是维护和保持心理健康的最基本、最重要的因素之一。一个离群索居、孤芳自赏、生活在社会群体之外的人，是不可能做到心理健康的。

大学生的兴趣除了专业学习以外，还主要表现在参加各类学生社团活动、参加各类体育运动、读书、听音乐、玩乐器、旅游、交友、欣赏影视作品、绘画、收藏等方面，内容丰富，形式多样，参加这些活动有助于松弛身心，消除疲劳，保持健康；有助于陶冶情操，净化心灵；有助于开阔眼界，锻炼能力；有助于拓展知识，提高效率；有助于个性发展，人格完善。

**4．调控情绪，保持心理平衡**

同学们在困难面前要有意识地、自觉地控制自己，要有矢志不渝的顽强意志，要有面对挫折的勇气、决心和毅力，只有这样才能克服困难渡过难关。做到这一点，其中一个重要的方法就是培养愉快、知足、振奋、开朗的“正性情绪”。

在学习和生活中，遇到不愉快和烦闷的事情，情绪出现波动和不稳时，应运用心理学知识，寻求方法调控自己的情绪，保持心理平衡。

1）转换心情

当不愉快的事情发生时，不要总是去想它，要避免愤怒情绪的最终爆发，可以告诫和提醒自己制怒，可以脱离现场出去散步，看看电视、电影，打打牌，找同学玩等。忧思苦愁无济于事，不如抛开它，去做、去想一些能转换心情的事情。如果总是郁积于心，耿耿于怀，不仅于事无补，反而会使不良情绪不断蔓延，日益加重。

2）请人疏导

当自己难以有效调节情绪时，可以借助别人的疏导。如可以找自己信得过的同学、朋友、亲人等，将自己的苦恼、愁闷向其倾吐，一方面使自己的不良情绪得以宣泄，压抑的心情得到缓解和减轻，失去平衡的心理得到恢复；另一方面，别人的劝慰、点拨可能会使自己茅塞顿开，从而减轻自己心中的痛苦。

3）助人为乐

帮助别人不仅可以使自己忘却烦恼，而且可以确定自己的存在价值，更能获得珍贵的友谊。

4）自我宣泄

自我宣泄可以采用眼泪缓解法，在悲痛欲绝时大哭一场，使情绪平静；又可以采用运动缓解法，在愤怒时干体力活或进行剧烈的体育运动，有助于释放激动情绪带来的能量。

**5．对他人的期望不要过高，避免失望感**

俗话说：“金无足赤，人无完人。”在现实生活中，每个人都不可能是完美无缺的，各人的个性、行为习惯、性格、价值观念和情绪状态等都会有各自的优势和劣势。大家在学习、生活中也都需要互相关心和帮助，取长补短，共同提高。然而，凡事都期望于他人是不现实的，对他人更不能有过高的不切实际的期望。凡事首先要立足于自己，依靠自己，尽自己最大的努力把事情办好。其次才应该考虑他人帮助的可能性，在接受帮助时，要多从他人的角度考虑其局限性，千万别对他人的期望过高，否则，一旦事情没办好，就会责怪、埋怨他人，这样不但使自己感到遗憾和失望，而且使自己的心理平衡受到干扰，造成不良影响。所以，大学生在学习和生活中，既要相信自己的才能，也要和其他同学和睦相处、互相帮助，不要对帮助你的同学求全责备、期望过高，以避免失望感的产生。

**（三）培养良好的心理素质**

**1．培养广泛的兴趣**

人的兴趣是在一定的生活条件下形成和发展起来的。虽然它具有一定的稳定性，但也不是固定不变的，更不是先天的，而是随着生活条件和教育条件的变化而发展变化的。大学生应该从以下方面培养自己良好的兴趣。

1）参加丰富多彩的课外活动

在课外活动中，学生可以把课堂上学到的知识加以具体运用，加深对所学知识的理解，同时还可以进一步充实新的知识。因此，参加课外活动是形成多方面学习兴趣的好机会。

2）把兴趣的广泛与专一统一起来

青年人的爱好和兴趣常常是很广泛的，而且是不断变化的。这当然不是什么坏事，但想要精通一门学问，成就一番事业，又怎么能同时满足多方面的兴趣，或者经常改变自己的爱好呢？怎么办？想想凸透镜，也许就能找到正确的答案。有一位青年曾向法布尔请教怎样才能解除心中的苦恼，因为他把自己的全部精力都放在他爱好的各种学科上面了，结果却没有什么成效。这时，法布尔从口袋里掏出一个放大镜，回答他说："把你的精力集中到一个焦点上试试，就像这个凸透镜一样。"

3）将兴趣与行动结合起来。

古人说："锲而不舍，金石可镂。"有兴趣还要会行动，并且能够持之以恒。我国古代著名地理学家徐霞客将他十分热爱的地理专业作为终生奋斗的目标。他长年跋涉于奇峰恶水之间，在考察途中，他受了伤，在"西望有山生死共，东瞻无侣去来难"的绝境中，他没有气馁，没有退缩，而是继续前进，才成就了地理巨著《徐霞客游记》的诞生。

4）要"好奇"，不要"猎奇"。

好奇表现出求知的渴望，目的是为了探索事物的奥秘和创新。伟大的发明家爱迪生说过："我的人生哲学是工作，我要揭开大自然的奥秘，并以此造福人类。在人短暂的一生中，我不知道还有什么比这更美好的。"我们活在世上，在享受他人的发明给我们带来的巨大方便的同时，也要乐于用自己的发明去为他人服务。好奇正是求知、创新、发明的起点。

好奇有着明确的目的性，而猎奇却与此相反，它仅仅是为了费尽心思搜寻奇异的事物，不是为了探索事物的奥秘，更不是为了创新。"好奇"应该，"猎奇"则不可取。

**2. 培养良好的情绪**

培养良好情绪的途径有很多，每个同学都可以通过自己的努力来实现。

1）树立正确的人生观

一个人如果能够树立正确的人生观，他就会对人生充满信心，无论在什么情况下，都能保持乐观主义精神，他的情绪也会变得积极而稳定。

2）要有宽广的胸怀

一个人胸怀宽广，顾全大局，体谅他人，就不会为一些小事而陷入无穷的尴尬和莫名的痛苦之中。如果再加强学习和修养，他就会"心底无私天地宽"，不会为情绪所动了。

3）热爱生活

对生活缺乏兴趣的人，生活上往往缺乏寄托，朝三暮四，这样的人很容易陷入自卑、失落等不良的情绪状态之中，生活的天地也会越走越狭隘。相反，如果他对生活充满兴趣，他的情绪自然是健康而稳定的。学生在学习过程中，应不断培养自己的直接兴趣与间接兴趣，如果把学习当成一件有趣的事，就不会因为学习中遇到挫折而感到烦闷了。

4）建立良好的人际关系

人际关系紧张会引发不愉快的情绪反应，造成悲观、失意。协调的人际关系会营造一个比较和谐、融洽的气氛，这种气氛反过来会促进情绪的舒畅。

总之，保持良好、健康、积极而稳定的情绪最关键的是要靠自己。不要患得患失、想入非非，不要有过高的奢望；要容忍、体谅，世界上没有十全十美的人和事；要直率、坦诚、畅所欲言，以消除心理压力；不要过分自责，不要自悲、自怜。

**3. 培养积极的情感**

1）加强学习，提高认识水平

情感的倾向性、深度、稳固性、效能离不开人对生活的基本态度，离不开人的理想和信仰。只有树立了生活理想，确定了奋斗目标，人的情感才会有明确的方向，才会有可靠的精神支柱。理想的确定和人生观的形成都是以认识为基础的。所以，大学生应当通过学习来提高认识水平，以科学知识为指导来培养自己健康向上的积极情感。

2）积极参加校内、外的实践活动

情感并不是抽象产生的，而是由“感”而生“情”。生活中的各种实践都是人的感情来源。大学生应当自觉、积极地与同学交往、合作，在相互的学习、接触和生活中，共同体验幸福与欢乐，分担痛苦和忧愁。在社会交往和集体生活中，学会并体会怎样更好地与他人互相关心、互相友爱、互相激励，从而更加热爱生活、热爱人民、热爱社会。大学生应该在学习、生活中表现出极大的热情和参与意识，这样才能使自己的情感世界丰富而健康。

3）多欣赏文学艺术作品

人的情感不仅是因现实的事物或情境而生，而且会因自己想象中的事物或情境而生。文学艺术作品能引起人的想象和联想，从而激发人的情感。大千世界如此广阔，对于大学生而言，是不可能事事都亲身经历的，而古今中外的文学作品则能带你走遍上下几千年，纵横数万里，能极大地补充和完善你的情感世界。优秀的小说能深深打动读者的心，令读者随之欣喜或叹息；优美的音乐对人的情感也有独特的陶冶功能，能引起人的情绪反应，以更加直接、真切、生动的形式激发人的多种情感。总之，文学、绘画、音乐等多类艺术对人的作用是潜移默化的，其影响力也相对持久而深远。大学生应当有意识地多接触优秀的文艺作品，如读小说、诵诗歌、看画展、听音乐等，从中接受有益的感染和熏陶。

4）通过接触大自然进行情感调节

常常去领略、观赏大自然的美景，感受大自然中起伏的山峦、奔腾的河流、辽阔的天空、深沉的大海、苍翠的树林、碧绿的原野，日月星辰、花鸟生命的律动，会令人更加热爱生活，使人易于调整那些不利于自身发展的消极情感，并能以饱满的热情和信心投入到新的学习与生活之中。

5）寻求适当的心理咨询

心理咨询有助于人调整和控制情感。大学生可通过阅读有关心理调节与指导方面的书籍或与教师、家长、同学交流切磋，学习一些心理调节的方法，又或者接受一定的心理咨询，使自己的情感积极、健康地发展。

**4．培养良好的个性**

1）培养积极的自我期待

人们战胜自己、完善自己的能力是与其自我期待和努力程度成正比的。对于一个真正想完善自身个性的人来说，不论他从前的环境多么恶劣，也不论他在恶劣的环境中留下了多么严重的个性缺陷，只要他坚持做自己的主人，就一定能运用自身的力量，克服原有的个性弱点，使自己趋于完善。

2）掌握科学的方法，有计划、有步骤地进行自我调节

（1）培养新习惯，进行自我调节。

用培养新的良好个性习惯代替旧的不良个性习惯，不仅能较快地完成个性塑造，而且情绪上、心理上的负担也不会过重。因为一个人一旦形成了某种习惯，他就会身不由己地受习惯支配，在内心深处产生一种要去完成某种习惯的倾向。

培养新习惯可以采用对抗法和强化法。对抗法就是自己同自己对抗，对自己提出具体而严格的要求，态度坚决地执行，直到改变旧习惯；强化法是指对一个特定环境中的行为进行多次重复，经多次强化，新的习惯就形成了。

（2）保持气质、性格、兴趣、能力四个子系统的相互协调。

一个人性格上的自卑、狭隘会随个人能力的增长而改变，变得自信、开朗，情绪低落时一个人的广泛兴趣能帮他分散注意力而使不良情绪得到缓解。因此，在调整个性时要加以具体分析，有计划、有步骤，分轻重缓急地进行自我调节。

3）主动吸收环境中的积极影响

个性的塑造与家庭、学校、社会文化等有着紧密联系。大学生在成长过程中应充分认识到父母、长辈的爱护与支持，在相互理解中学会自尊、自信，从而奠定好个体社会化的基础；要注意学校风气的潜移默化的影响，通过学习教师良好的个性特征来培养和塑造自己。大学生还应注意向电影、电视、通讯报道、文艺小说中具有良好个性的人物学习，以他们为榜样塑造自己健康进取的个性。

总之，个性的形成受时代、社会、文化、家庭、学校、生理等因素的交互作用影响，但最终还是取决于每个人的自我调整，取决于个体对自己提出的要求和个体自我修养的实践。

**5．培养坚强的意志**

1）树立正确的人生观

意志不是生来就有的，唯有锻炼才能造就意志。自觉、果断、坚韧、自制等意志品质的获得是同一个人的人生目标、人生态度密不可分的。

正确的人生观所激发的意志力量不仅能指导人们坚定果断地确定行动的目标，也使人们能不懈地为实现目标而奋斗。虽然某些利己主义者能在一定程度上发展其意志力，但他们的意志品质绝不能达到完美的高度，因为在他们可能遭遇的各种困难中，有些困难是注定无法超越的。例如，以荣华富贵、吃喝玩乐为人生目标的人，他们必定是贪生怕死之辈，一旦面临险境，其精神极易崩溃进而产生沮丧、颓废的情绪。因此，大学生要想使自己成为一个具有坚强意志的人，应先从树立正确的人生观起步。

2）从实际出发确定人生理想与奋斗目标

根据有关专家对大学生的追踪调查发现，大学生立志的时间最早是在大学一年级，大学一年级可谓是大学生树立理想、立志成才的关键阶段，其特点表现为：对所确立的理想事业不再是从自己简单的情感出发，主要是从责任感的角度出发。因此，大学生在开始自己的人生旅途之时应牢记四个字：有益、有效。有益是指确定有益于人民的远大理想。有效是指把远大理想落实到具体有效的目标上。

3）要善于依靠集体的力量来培养自己的意志品质

每个成员适应和遵守集体准则与纪律的过程，就是按照客观要求调节自己行为的过程，也就是培养意志的过程。如果一个集体是蓬勃向上、团结友爱的，而其成员又珍惜和热爱这个集体，那么，集体对个人的意志发展可以发挥巨大的作用。大学生应该学会依靠学校和班集体的力量帮助自己培养意志品质。集体的作用还在于它经常地对其成员提出一定的要求，并以各种方式监督其实施，这既构成了集体成员必须达到的行为目标，又是推动成员完成任务的力量。集体的舆论，集体对其成员功过的赞许、褒奖和批评、责备，也是激励每个成员克服困难、实现行动的巨大精神动力。此外，集体中的优秀成员可以成为其他成员学习的榜样，从而帮助其他成员克服困难。

**（四）体育运动对情绪的调控作用**

1）转移注意状态

由于学业竞争和身心的发展，学生经常会产生烦恼和忧愁，而体育活动具有使人忘却这些不愉快的事情，分散对忧虑和挫折的注意，从消极的体验中摆脱出来的作用。例如，健美操、健身舞等项目，可以使锻炼者进入自由联想状态，从中体验愉快感和满足感；太极拳、长跑、乒乓球、羽毛球等项目可以调节神经系统，增强自我调控能力，使注意状态发生转移，从而稳定情绪。

2）宣泄消极情绪

日常学习和生活中难免会产生各种不良情绪，如果不采取适当的方法加以宣泄，对身心就会产生消极的影响。体育活动具有替代作用，是释放消极情绪的安全通道，通过适当的运动项目、方式、场所，可以释放内心的郁闷，减弱或消除不愉快的情绪，降低由于应激生活事件所导致的内心紧张状态，保持心理平衡。例如，采用短距离冲刺跑、排球的扣球、足球的快速运球射门、连续快速的俯卧撑或仰卧起坐等练习，拳击或脚踢沙袋、长跑、成套的武术演练、登山等，均可宣泄情绪，但不要与同学进行身体直接对抗项目的比赛以及攀岩等危险性项目的练习。

3）提高自我效能

体育活动可以使学生获得控制感、竞争感、成功感，从而提高自我效能感，诱发积极的思维和情感，对抑郁、焦虑和其他消极情绪具有积极作用。选择动作易于掌握、运动量易于控制的体育活动如健美操、武术、游泳、长跑等项目，有助于学生获得成功感，提高自我效能感，改善情绪。

4）增强活动胜任感

学生成功的完成任务后，就会产生“我能行”的自信心、积极的情绪体验和再次尝试的欲望。因此，进行自己感兴趣、擅长的运动项目的运动，可以产生积极的情绪体验，从而改善情绪状态。

5）促进社会交往

在体育活动和赛场上，人们通常会情不自禁通过拥抱、拍肩膀、击掌、握手、欣赏的眼神来表达友好，选择在足球、篮球、排球等集体性项目的锻炼中，人们通过多种方式表达友好之情，从而增进同学间的交往，增进相互间的友谊，因此，积极参与集体性项目的锻炼，可以调节人际关，从而达到改善情绪状态的作用。

## 本章小结

1. 1948 年 WHO 指出“健康不仅是没有疾病或不虚弱，而是身体上、精神上和社会适应方面的完好状态。”

2. 人的行为与生活方式、人类自身的生物学因素和生活环境（自然环境和社会环境）是影响健康的主要因素。

3. 体育锻炼能促进体内组织细胞对糖的摄取和利用能力，增加肝糖原和肌糖原储存。体育锻炼还能改善机体对糖代谢的调节能力。

4. 坚持体育锻炼，对骨骼、肌肉、关节和韧带都会产生良好的影响，经常运动可使肌肉保持正常的张力，并通过肌肉活动给骨组织以刺激，促进骨骼中钙的储存，预防骨质疏松，同时使关节保持较好的灵活性，韧带保持较佳的弹性。锻炼可以增强运动系统的准确性和协调性，保持手脚的灵便，使人可以轻松自如，有条不紊地完成各种复杂的动作。

5. 适当的运动是心脏健康的必由之路，有规律的运动锻炼，可以减慢静息时和锻炼时的心率，这就大大减少了心脏的工作时间，增加了心脏功能，保持了冠状动脉血流畅通，可更好地供给心肌所需要的营养，可使心脏病的发病率降低。

6. 经常参加体育锻炼，特别是做一些伸展扩胸运动，可以使呼吸肌力量加强，胸廓扩大，有利于肺组织的生长发育和肺的扩张，使肺活量增加。经常性的深呼吸运动也可以促使肺活量的增长。大量实验表明，经常参加体育锻炼的人，肺活量值高于一般人。

7. 心理健康是完整健康概念的重要组成部分，人们不仅要关心自己的身体健康，还应关注自己的心理健康以及自己与社会相融合的程度。

8. 部分大学新生往往会出现种种的不适应，进而产生各种不良情绪，主要表现为环境上的不适应产生的失落心理、学习上的不适应产生的茫然心理、生活上的不适应产生的焦虑心理、人际关系上的不适应产生的孤独心理。

9. 情绪管理是指一个人对自己情绪的自我认知、自我控制、自我驱策能力和对他人情绪的识别与适度的反应能力。

10. 大量的生活实例和研究都已证实，情绪活动能影响人的身心健康，情绪不仅可以致病，也可以治病。不良的情绪不仅会导致心理疾病，还会导致生理疾病；良好的情绪不仅可以治疗心理疾病，还可以治疗生理疾病。

11. 情绪管理不仅与身心健康有密切关系，从广义上讲，它与我们能否适应社会、获得事业成功和更好地享受生活也有着密切的联系。

12. 应当尽量地防止和减少情绪失调，当情绪出现失调时，应及时采取各种情绪管理技巧，防止其进一步恶化，以保持良好的情绪状态。

13. 大学生保持心理健康通常有：①保持平常心态，量力而行，确定适合自己的奋斗目标；②不盲目与其他同学竞争，避免过度紧张；③融入集体，参加活动，扩大交往；④调控情绪，保持心理平衡；⑤对他人的期望不要过高，避免失望等方法。

**相关阅读**

## 优秀校友励志故事

谭纪雄，男，汉族，湖南株洲茶陵县人，1976 年 5 月出生。武汉体育学院体育系 95 级学生。1999 年 6 月毕业后参警，先后参与处置严重暴力案件 20 余次，参加大型活动安全保卫 300 余次，圆满完成党和国家领导人及重要人士警卫活动 200 余场。先后荣获武汉市公安系统第四届“十大形象民警”、武汉市“新长征突击手”称号、2008 年残奥会火炬手、全国公安系统抗震救灾先进个人、武汉市抗震救灾模范等荣誉，2 次荣立个人二等功。

多年来，谭纪雄亲手抓获了公安部 B 级逃犯、黑社会犯罪团伙的主要成员、特大跨省贩毒团伙的主犯等一批重大犯罪嫌疑人；多次直接冲入突发事件现场，成功制服扬言实施爆炸、持刀劫持人质、持枪伤人等多名违法歹徒，被战友和群众誉为“关键时刻的一把尖刀”。

2009 年 6 月 3 日上午 9 时许，武汉某大学发生一起持枪劫持人质事件。谭纪雄和战友闻警即动，火速赶赴现场参与战斗。为确保人质安全，现场指挥部决定寻机实施营救人质行动。

谭纪雄主动请战进入现场，瞅准时机，奋不顾身扑向持枪歹徒，歹徒扣动扳机将谭纪雄头部击伤。谭纪雄当即被送往医院，经 3 小时手术，成功取出颅内 50 个颅骨碎片和弹头，最终脱离生命危险。谭纪雄的机智勇敢行为，为安全解救人质赢得了宝贵时机。谭纪雄获得全国公安系统最高荣誉——一级英模称号，成为武汉警方第九位获此殊荣者。

2011 年 6 月 12 日，由公安部和中央电视台共同举办的第四届“我最喜爱的人民警察”评选活动，组委会给谭纪雄的致敬辞：

“在最需要人民警察站出来的一瞬间，你慷慨向前，因为你把人民的生命安全看得高于一切。在子弹横飞的一瞬间，你的颅骨和常人一般脆弱，但你的精神压倒了邪恶。你用鲜血为“人民警察”这个称号书写了新的光辉。此时此刻，在回到岗位的路途上，没有壮美的冲锋，唯有你对职责的向往。快回来，我们等着你，人民需要你！

# 第六章 大学的学习与考试

同学们完成了中学学业，跨入了大学学习深造，从报名之日起，就开始了独立的学习生涯，并将逐渐以一个有责任心、有担当的形象出现在父母、老师、朋友以及同学面前。进入大学后，同学们面临的最大困难可能就是学习了，要想在大学的学习生活中游刃有余，大学生必须学会如何进行学习，掌握正确的学习方法。

## 第一节 正确认识大学学习

人类的成长离不开学习，学习是学生的主要活动。大学生首要的且最重要的任务是学习，大学独特的教学特点对大学生的学习提出了更高的要求。大学生要把握大学的学习规律，学会学习。未来的文盲不再是目不识丁的人，而是不会学习的人。学会学习不仅是继续学习的需要，更是适应人类未来生存的需要；不仅是知识经济时代掌握认识的手段，同时也是一种人生目标。学会学习已经成为大学生必须面对的时代新课题，是大学生成长的重要一课。

### 一、大学学习与高中学习的不同

大学学习是一种与未来职业需要直接挂钩的、层次更高的、需要进一步发挥积极主动性的学习。大学学习与高中学习相比有很大差别：在学习目标上，高中学习的目标就是考上大学，而大学学习的目标是成为社会需要的优秀人才，掌握专门知识、培养专门能力和提高综合素质是对大学生提出的要求；在学习自主性上，高中生学习的自主性较小，依靠教师的安排较多，而大学生自主学习的范围很广，课外学习完全由自己安排，这也决定了大学生必须具有很强的自我管理和学习的能力；就学习的课程而言，高中的课程少而浅，多限于粗浅的经典知识，同时选修课极少，而大学的课程多而且深，通常涉及深层的经典知识与现代科学前沿知识，选修课也很多，这要求大学生广泛学习，努力钻研，不仅要掌握经典知识，而且还要了解专业领域的最新知识；就实践教学而言，高中的实践教学很少，大学的实践教学则较多，这要求大学生能够将专业知识运用到实践中并转变为专业能力；在学习方法上，高中学习课程少、作业多，学生通常按照老师的安排，被动地学习，而大学则是课程多、作业少，学生要根据自己的兴趣主动求索，培养综合利用多种学习方式获取知识的能力；就思维方式而言，高中阶段主要是模仿、记忆的知识多，一般性的理解也多，而大学则是深层次的理解多，创造性学习多，学生要有较强的创新意识和创新能力。

### （一）学习内容不同

中学的内容重在打基础，不外乎语、数、外、理、化、政、史、地、生等课程。对一些天资聪慧的学生，这些课程的课本内容都能全部记诵下来，什么章节的什么内容，在哪个课本的哪一页都能牢牢记住。大学学习的内容特点是宽、深、新：“宽”指所学的课程门数比中学要多5～6倍，一般达到四五十门之多，涉及的领域十分广泛；“深”指内容比起中学要深得多；“新”指大学的学习要把握科技文化发展前沿的最新知识和最新成果。在中学，学生的学习内容主要是课本知识，基本上在课堂中进行，时间也安排得非常紧凑。大学阶段则不同，课程有选修、必修之分，学习场所有教室、多媒体教室、实验室、图书馆、资料室等，尤其是在体育院校，校园里的各种运动场地更是体育类大学生们学习的主要场所。怎样合理安排时间，是对大学新生的一大考验。

### （二）教学方式不同

大一刚开始时，每个人都保持着较高的学习热情，早早起床占位，认真听课。尽管积极性很高，但学习方法衔接不上，不知怎样学习。学习上的不适应主要表现在：大学老师不如中学老师讲得详细，一节课讲几十页内容，还说进度太慢；上课听不懂，作业不会做，学习成绩总上不去，尤其是高等数学和英语最感头疼；在多媒体教室中上课，拉上窗帘后一片漆黑，在内容枯燥难懂的前提下，加上温度适宜，最容易做的事就是睡觉。大学的学习更多的是依靠学生的自觉，在这里没有老师无所不在的督促，没有家长每时每刻的检查和提醒，也不会有密集的考试。但是，正因为如此，才更需要我们养成自觉的学习习惯。大学的学习相对中学而言更注重能力的培养和锻炼。课外活动的开展可以培养人的组织能力、协调能力、开拓能力、人际交往能力，拓展知识面。教育方式的区别的另一个表现在：高中主要由教师口头传授各科理论知识；而在体育院校则是强调实践与示范，辅以口头传授。所以，上课是学习，下课也一样是学习。

总的来讲，中学的应试教育以教师课堂教学为主，学生依赖教师和课本；大学教育的显著特点是在教师的指导下以自学为主，学生有更多的学习自主权。而且，大学上课几乎是堂堂换老师，节节换教室，上课同争议，下课各东西。不仅课堂上所学的内容要靠你自觉消化吸收，而且整个知识体系也要靠自己去架构、填充和完善。

## 二、学习是大学生的首要任务

在高中的时候，大多数老师为了激发学生的学习动力与激情，提高学生对大学的憧憬与期待，把大学描绘得像人间天堂一般美好。某些高中老师甚至说，“大学是自由自在的天堂，学习不是很重要”。其实，这只是一个善意的谎言，大学并没有他们所说的那么美好，大学同样是教书育人、培养人才的地方，大学生的首要任务还是学习。

学习对大学生而言是第一位的，是首要的。大学所学的课程和知识比高中的更深、更广，难度更大。这就意味着要把大学的课程学好须付出更多的努力，花更多的心思。三心二意、心不在焉是不可能把大学课程学好的，是学不到知识的。“大学的课程很简单、很容易，随便应付就可以，不用像高中那样要拼命地学习，把学习看成生活的全部”，这种观点是完全不正确的。学生进入大学后还是要认真、刻苦、努力地学习，只有这样才不会虚度大学四年的光阴，四年下来你才会觉得自己学到了很多知识。否则，就只能是“少壮不努力，老大徒伤悲”。

## 三、更新学习观念

作为以发展和改造自己为根本任务的学习活动，一个人的学习观念会对其产生重要的影响。《观念决定命运》一书的作者张守富在书中写道：“一旦观念出了问题，不管你多么有知识、多么有能力，都失去了意义。”“改变世界之前，需要改变的是你自己，是观念而不是环境在决定你的命运。”因此，旧的学习观念必然会对我们的学习活动产生消极的、不利于自身发展的影响。

当今社会，知识经济时代已经悄然向我们走来，在这样一个飞速发展的社会，学习将贯穿人的一生，无论是从纵向的学习时间长度还是从横向的学习内容宽度而言，均是如此。新的社会形势要求我们树立新的学习观念。作为新世纪的大学生，我们应该顺应时代要求，用新的学习观念指导我们的大学学习和未来的学习活动，树立现代学习观念。

### （一）自主学习观

受传统计划经济的影响，高等教育的计划性对中国大学生的学习自主性有很大的抑制作用，多年计划经济制度下的高等教育模式，使得大多数学生学什么专业、学什么课程、使用什么教材、谁是任课教师等，都是由学校安排的。这样的安排在大学校园里，问题似乎不大。但是，当大学生就业以后，他在大学所学到的知识能够应用到工作实践中的部分则是非常有限的，更多的知识需要其结合工作实际进一步学习。因此，走上工作岗位后，自主、自发地学习是非常重要的。因为在知识经济时代，科技已经成为第一生产力，谁拥有知识并通过运用于实践且将知识转化为能力，谁就能够在这个竞争日益激烈的社会中取得持续的竞争优势，而知识的获得要靠后天的学习，特别是要靠自主学习。缺乏动力，没有学习自主性，即使头脑再聪明，基础再好，在学习上也不可能有很大的收获。“要我学→我要学→我会学→我学会→我学好→我成才”从学习的角度诠释了一个人的成才过程。

如今，大学里实行开放式选课、学习、管理，给了学生许多学习自主权。学生学什么、怎么学、学习得好与差，完全靠自己，责任也在自己。自主从大学开始，主体在大学形成，为什么有的人在大学成为浪子，有的人在大学成为书虫，有的人在大学练就“平台”，关键是他们形成的自主学习观和科学思维方法不同。

### （二）创新学习观

大学的一个职能是向受教育者传播知识。然而，作为处在一个要求不断创新的知识经济时代的大学生，仅仅作为知识的“接收器”已经不能适应社会发展的需要了。社会要求我们不仅能够主动地去学习已有的知识，而且还要能够作为知识的创造者，在学习和工作中做一个具有创新精神、有创造能力的人。

培养创新能力，首先要有创新意识。因此，在学习知识或解决问题时，不要总是死守一种思维模式，不要让自己成为课本或经验的奴隶。只有在学习中敢于创新，善于从全新的角度思考问题，我们潜在的思考能力、创造能力和学习能力才能被真正激发出来。

### （三）终身学习观

传统的、非常狭隘的学习观认为，现实生活中，当一个人念完小学、中学、大学、研究生，从就业那一天起，他的学习生涯便结束了。这种传统的学习观在知识和社会发展相对缓慢的社会，其消极影响并不突出。然而，在当今这个知识大爆炸、社会发展日新月异的时代，其消极作用就日益明显，它必然要被终身学习观所取代。表 6－1 是传统学习观与终身学习观的比较。

**表 6－1　传统学习观与终身学习观的比较**

| 比较项目 | 传统学习观 | 终身学习观 |
|---|---|---|
| 学习时间 | 幼儿期、少年期、青年期 | 人生的各个阶段 |
| 学习目的 | 学习基础知识 | 培养生活和工作的能力 |
| 学习作用 | 文凭作为挑选人才的凭证 | 发现和强化潜能，注重提高实际能力 |
| 学习领域 | 限定的、隔离的 | 沟通的、融合的 |
| 学习机会 | 分数、年龄、区域、专业、性别都会影响选择 | 学所想学，不受限制 |
| 向谁学习 | 学校里的老师 | 能者为师，先者为师，快者为师 |
| 学习方式 | 你教我学，你问我答 | 提供方法，事实检验 |
| 考试场所 | 教室 | 社会（市场） |
| 考试内容 | 考卷上的题目 | 事事都可能是考题 |
| 成绩标准 | 分数 | 事情结果 |
| 学习工具 | 主要用书本学习 | 各种学习工具、媒体 |
| 成人与儿童的学习关系 | 小孩向成人学习 | 相互学习 |
| 学习观点 | “活到老，学到老”是一种好品德 | “学到老才能活到老”是一种生存本领 |
| 学习内容 | 根据学校、老师安排，侧重于自然科学、抽象知识 | 根据生活、工作需要，侧重于文化修养、实用知识 |
| 文盲的定义 | 不识字的人 | 不会继续学习的人 |

21 世纪是学习的世纪。美国前总统克林顿从整个社会的角度说道：“终身教育是知识经济的成功之本。”就个人职业生涯而言，大学里传授的知识对一个人一生的职业生涯发展的作用是非常有限的。大学里传授的知识只是为我们初次进入职场打基础，相对于那些无法接受高等教育的人有一个较高的起点。新的时代要求我们将终身学习的观念贯穿于整个职业生涯。我们只有在整个职业生涯中不断地学习，不断地补充新的知识，才能适应不断变化的世界，才不至于被快速发展的时代所抛弃。以前我们常说“活到老，学到老”，而现在应该是“学到老，活到老”。

### （四）全方位学习观

从时间上来说，我们要建立终身学习观，而从空间上来说，我们还要建立全方位的学习观。全方位学习观的本质是人生中处处皆学习。全方位学习观包括在学校中学习、在工作中学习和在生活中学习。

李开复先生在哥伦比亚大学任助教时，曾有位中国留学生的家长向他抱怨说：“你们大学里到底在教些什么？我孩子读完了计算机系大二，居然连 Visicalc 都不会用!”李开复当时回答道：“电脑的发展日新月异，我们不能保证大学里所教的任何一项技术在五年以后仍然管用，我们也不能保证学生可以学会每一项技术和工具。我们能保证的是，你的孩子将学会思考，并掌握学习的方法。这样，无论五年以后出现什么样的新技术或新工具，你的孩子都能游刃有余。”

大学不是“职业培训场”，而是一个让学生学会适应社会、适应不同工作岗位的平台。在大学期间，学习专业知识固然重要，但更重要的还是要学会独立思考、解决问题的方法，掌握自修之道。只有这样，大学毕业生才能跟上瞬息万变的未来世界。许多同学可能总是抱怨老师教得不好、懂得不多，学校的课程安排得也不合理。然而，“与其诅咒黑暗，不如点亮蜡烛”。大学生不应该只会跟在老师的身后亦步亦趋，而应主动走在老师的前面，培养自己的自学能力。

大学生与中学生在掌握知识方面是有区别的。中学生在学习知识时更多的是追求“记住”知识，而大学生应当要求自己“理解”知识并能提出问题，对每一个知识点，我们都应当问出几个为什么。一旦真正理解了理论或方法的来龙去脉，我们就能举一反三地学习其他知识，解决其他问题，甚至达到无师自通的境界。

### 四、学会利用大学的学习条件

一般来讲，大学校园的范围都比较大，教学设施比普通中学要齐全得多，教学内容所包含的信息量也较高中时大得多。大学新生在刚入学的时候，应认识到要想在学业上获得成功，一定要充分利用大学的学习条件，掌握、运用自己所学到的知识，提高自己的能力。

在入学的最初几个月里，大学新生在熟悉新的生活、老师和同学的同时，还要迅速熟悉学校的教学及辅助设施，如教室、图书馆、实验室、资料室、录音室等的开放时间和使用方法等。此外，大学生还要学会利用现代高科技的教学手段来掌握、运用所学的知识。在大学里，教学内容所包括的信息量越来越大，单凭坐在教室里苦读书是难以适应的。大学生必须通过互联网等多种渠道获取大量的信息，并充分利用计算机教学等多种现代教育手段来掌握、运用自己所学的知识，提高自己的能力。

大学生应该充分利用大学的优势，使个人的能力与潜力得到最大限度的提高与发掘。有些大学生对学习环境、教学设施的意义理解不够，认为只要把老师讲的知识掌握了就行，所以，他们在课堂以外很少利用各种有利条件来发展自己、提高自己，这是对教育资源的浪费，也不利于自身综合素质的提高。

## 第二节　大学的学习过程及考试

### 一、大学学习的过程

#### （一）大学学习过程的基本阶段

大学学习是一个自始至终不断循环向前发展的过程，具体包括以下阶段。

**1. 形成动机阶段**

学习是有目标的活动，目标的选择与动机相关，引起动机的原因是需要。因此，感受到社会科技发展和自身身心发展的需要，是搞好学习的第一步；在感受以后还有一个分辨的过程，即对将学事物和已学、已知事物进行比较，区别它们的性质和特点，预期学习的成果是分辨重要和不重要、有意义和无意义的基础。

一旦“分辨”清楚，就有了行动目标，这就意味着有了学习的决心和决策，具备了学习的意向和计划，同时能够规划学习的方法和行动。

**2. 组织信息阶段**

知识和技能都有它自身横向的（指相关、对比、增添的信息）和纵向的（指分层、伴随、从属的信息）联系。大学生在组织信息时要做到三个“善于”：一是要善于把新信息和旧知识联系起来，既可为新信息提供参照系，又便于新信息的消化、吸收，形成更高级的信息网络；二是善于将新信息用直观和文字概括的方式表达出来，并将感性认识提高到理性认识，学会表达理性认识的方法（如假设、原理、概念、公式、因果关系等）；三是善于将认识的结果用模型（如数学的、物理的、逻辑的等）进行特征描述，做到把片段知识加以综合集中。

**3. 学习应用阶段**

在组织信息的基础上，大学生要通过应用使学习深化，使自己进入角色，成为学习的主人，不能长期停留在被动听课、看书阶段。学习应用阶段的展开首先要通过参与和所学知识技能的相互作用，进入角色（如概括所学内容提出见解，用学会的知识技能做练习和作业，用自己设想的方案做实验等）；其次要通过经历所学内容的各个部分进一步深入学习，如参加实验、进行设计、实际操作、解决一两个实际问题等；最后要看到自己应用后的成果，并对此成果加以讨论、总结、消化，加深对所学内容的理解。

**4. 重复巩固阶段**

在初步应用以后，必须对基本的学习内容进行重复和强化学习，这样才能达到巩固的目的，使它们长期保存在记忆中。重复巩固阶段的要素主要包括熟练、强化和常规。熟练是对基本的学习内容达到熟练程度，对初步应用时遇到的知识和技能进行提炼，获得初步记忆。强化是指每隔一段时间对一些重要的概念、原理和方法进行再次复习和应用。常规是熟练和强化所学内容所期望的效果，使获得的知识技能在运用时达到常规化的程度。

**5. 迁移综合阶段**

学习过程的最终目标不仅仅是将知识技能学到手，更是要知道在什么时候、什么场合、用什么方法将它们迁移应用到新的任务中去。为此，在已经巩固的知识及初步应用的基础上，首先要用学生自己的语言（不是照抄书本上的文字）归纳出其中最重要的概念、原理和方法；其次要将这些自己归纳出的概念、原理和方法迁移到本学习范围以外的领域中加以再应用；最后要把已学习和再应用后的概念、原理和方法综合到一个新的参照系中，进行新的学习和应用，使学习处于更高一轮的学习过程中。

大学学习过程基本阶段循环图如图 6－1 所示。

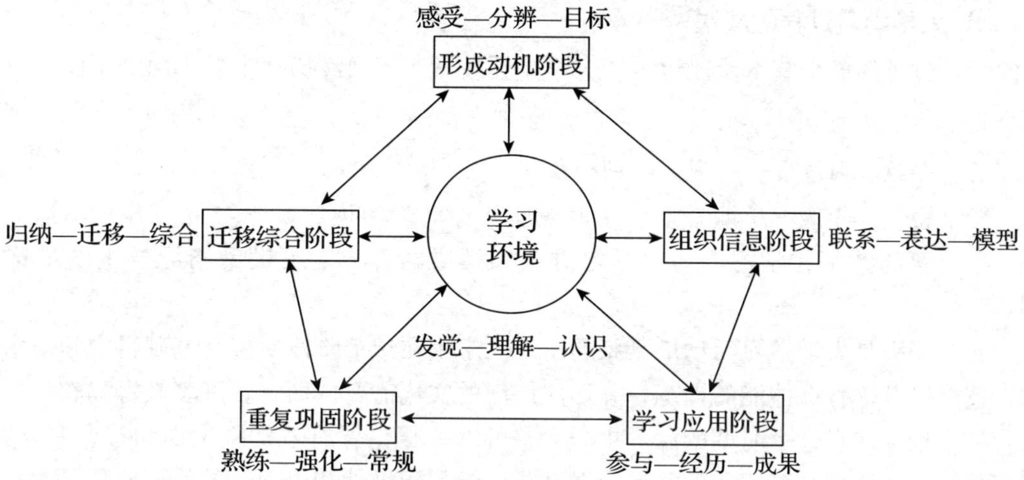


**图 6－1　大学学习过程基本阶段循环图**

以上学习过程的后一阶段既是前一阶段的发展，又会反作用于前一阶段。前一轮学习过程的第五阶段还会发展成为后一轮学习过程的第一阶段。此外，五个基本阶段各自三个要素（或成分）中的第一个要素是该阶段的“促进过程”，第二个要素是“认识过程”，第三个要素是“获得效果”。它们之间是相互联系的，如 6－2 所示。

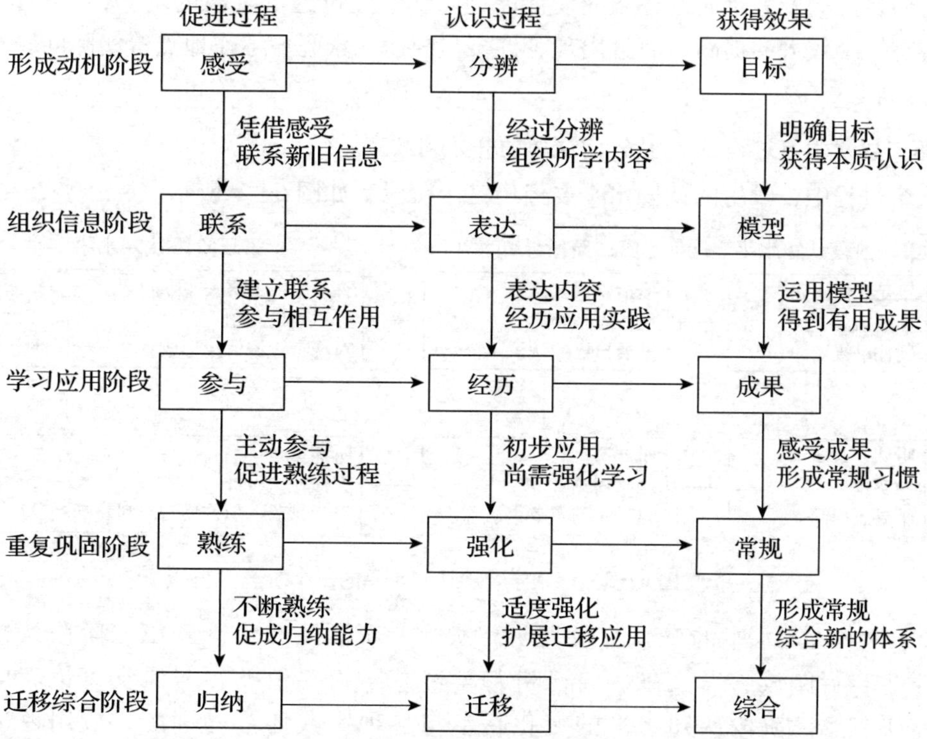


**图 6－2　学习过程中五个基本阶段各要素之间的相互联系**

### （二）大学学习过程的层次

除学习过程的五个基本阶段以外，大学生在校学习还要经历从大到小两个不同层次的学习过程。

**1．第一层次学习过程——从入学到毕业**

一般来说，一年级上学期学生往往表现出种种（学习内容、学习方法等）不适应，这就要求各门课的教师在学习内容、学习方法和学风的养成上帮助和指导学生度过这个适应期。

一、二年级是大学学习活动最紧张的阶段。学生在这个阶段要接受基础科学和技术科学知识、技能以及体育课体能的训练，并形成广泛的文化需要。而且，许多教育和教学形式都会比较集中地反映在这个时期的课程中。大一的专业概论课有着把学生引向接受专业教育，懂得当前学习和今后从事职业的联系，调动学生学习积极性和主动性的作用。

三年级是开始学习专业知识和技能的阶段，也是应用、巩固所学基础和科学技术知识技能，发展学生专业工程意识，使学生对科学技术有浓厚兴趣，并对自己未来发展有朦胧意向的阶段。在这以后，学生个性特征的形成往往会受到专业教育和教学因素的制约。

四年级是学生即将毕业，也是对未来职业逐渐形成明确目标的阶段。在这个阶段，每个学生的学习目标有所分流：一方面要按照自己的专业意向学习各类必修课和选修课；另一方面还要按照自己的发展意向选择毕业设计课题。学生经过这个阶段的培养，其知识、能力、素质都会有一个较大的提高，而且出现了许多与前途、家庭、工作地点等实际问题有关联的新的思考内容。

**2．第二层次学习过程——从一门课程的开始到结束**

在这个过程中，学生的认知水平要经历三个阶段，如图 6－3 所示。

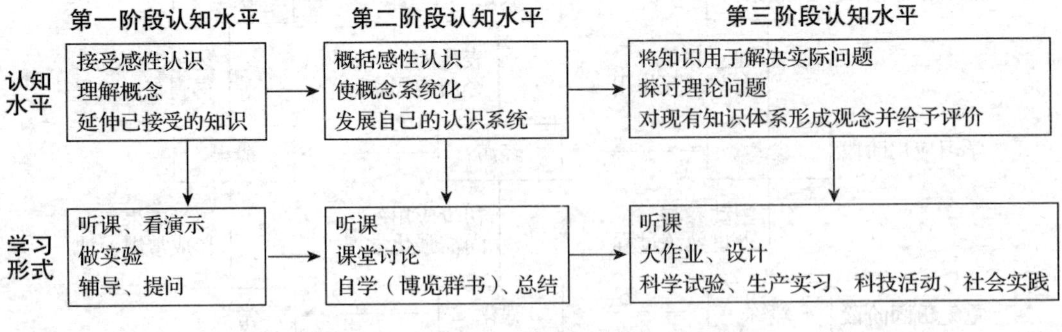


**图 6－3　课程学习中认知水平的三个阶段**

图 6－3 中认知水平的三个阶段表明，从第一阶段认知水平到第二阶段认知水平的变化是学生自行阅读参考文献，自己进行学习总结，并积极参与课堂讨论。从第二阶段认知水平到第三阶段认知水平的变化是参与各种实践环节的训练，应用理论知识解决实际问题。在这些变化中，学生要把握时机及时将自己从低一级的认知水平提高到高一级的认知水平上去。

## 二、大学生考试

大学的考试通常都是以学期为单位，每学期期末进行一次全面的考核，当然，平时也会不同程度地对所学知识进行检验。

很多大学生对大学的学习不适应，归根到底还是因为他们没有自学的习惯，没有静下心来看书。如果能静下心，他们就会发现自学有时会比由老师讲更加容易理解，印象更深刻。对于大学生来说，好的学习方法、学习习惯胜过再妙的复习方法。

平时的知识积累固然重要，但是考试前的复习也必不可少。关于期末考试复习建议，可以从以下几个方面来把握。

### （一）合理安排复习时间

要做到这点，首先要留足复习时间。每科考试至少留三天的时间，不能等到只有两天就考试才开始着手复习，因为最后堆积的内容两天是绝对复习不过来的。其次，可制定一张作息时间表，将自己的学习时间细化。选定合适的、固定的时间用于学习。此外，每天必须留出足够的时间来完成正常的阅读记忆。当然，学习不应该占据作息时间表上全部的空闲时间，应该把休息、业余爱好、娱乐时间协调好，这一点对于学习也是十分重要的。

### （二）把握复习重点

针对考试而言，在短时间内要提高成绩，就要学会抓重点复习，考试要考哪些范围，哪些是重点，这些都要学会把握。必要时，可以向学长学姐请教。另外，历年的考试试卷也能为我们指点迷津。

在复习时，列提纲可以使复习条理化，自己的思维也会清晰很多，有比较好的复习效果。

### （三）增强自制力和学会规划，讲求复习效率

人都有惰性，如果不是做很感兴趣的事，大多数人在复习过程中会觉得烦躁，而且易打磕睡。还会被其他的一些事物带走注意力，比如玩手机、网上聊天等。这样的复习效率不高。所谓“磨刀不误砍柴工”，要想有更高的学习效率就要学会自我约束、心无旁骛。同时注意合理规划，搭配休息时间，这样才能保证复习效率。

另外，找一个安静的、舒适的地方学习，会对保证复习效率非常有作用。这个地方可以是寝室，可以是教室，又或是图书馆，但是它必须是你感觉舒适、安静而没有干扰的地方。手机尽量静音放在书包里，不要在学习过程中因各种各样的事情而影响了自己的学习状态。

### （四）保持积极心态，快乐愉悦复习

我们都知道，一个好的心态意味着什么。如果你心情很好，就好像什么事都特别顺心，什么事都很容易做成。这是一种态度、一种方法，不完全是心理作用。

此外，平时的一些生活习性也很重要，比如：①保证 6～7 小时的晚间睡眠时间和 30 分钟到 1 小时的午休时间；②心理暗示，人的潜能是可以挖掘的，语言引导思维，为了能获得兴趣的良性循环可以不断地对自己进行暗示和鼓励，告诉自己，书的内容很简单，一定可以

搞定。③让自己走路的速度比平时快30%，这可以让你觉得精力充沛。

其实，大学学习重在平时，只要抓住课堂上的有效学习时间，课后及时复习，那么就可以节省不少时间，而且可以达到更好的学习效果。短时间突击对取得成绩是有一定作用的，但对于学习、做研究没有太大作用。

**（五）强化训练，掌握动作要领**

与普通大学相比较而言，体育院校除了有文化课程的考试之外，还有体育运动课程的考试，这也是体育院校考试的一大特色。参加这种体育运动课程的考试要求学生在课堂上认真训练，仔细理解教师或教练员传授的动作要领和技战术安排，另外，要想取得较好的成绩，还必须在课外主动地参加相应的锻炼，要在锻炼中温习、巩固，提高竞技水平与应战能力。

## 三、怎样学会学习

学会学习的意义在于学会怎样去学习，这对大学学习来说具有重要意义。

**（一）自主学习**

自主学习就是自学，是指通过自己的独立思考和钻研去获取知识、培养才干的学习方法。联合国教科文组织专门就自学的重要性做了深刻的论述，并指出："新的教育精神使个人成为他自己文化进步的主人和创造者。自学，尤其是在帮助下的自学，在任何教育体系中都具有无可替代的价值。"

当今世界靠自学成才的专家学者或实业家不胜枚举，那么，当代大学生是否也应倡导自学精神呢？可能有人认为，在大学的学习方法应当以教师的辅导为主，学生只要做好课堂笔记，消化教师授课内容，就可以顺利完成学业、考试等。其实，这是一种被动的学习方法，因为这类学生的学习往往是外部因素强化的结果，由于缺乏积极主动地探索知识，走向社会往往是啃老本，墨守成规，无所作为。积极的选择是：大学生应在教师的帮助下大量阅读本学科专业的参考书籍。这就需要经常进入图书馆、阅览室，获取一些教师未曾讲授的、前沿的知识。只有这样，才能学有所成。在体育院校，体育类大学生的自主学习更多的是体现在课余时间积极地、主动地、有针对性地去参加体育锻炼。

大学生要培养自己的自学能力，必须做到以下几点。

（1）要有坚定的目标。就大学阶段而言，从进校起，就要给自己确定读书的整体目标。

（2）要有坚忍不拔的毅力。自学主要靠自己的自觉学习，这种自觉性靠外来强制力是无法维持的，只有来自自身百折不挠和坚忍不拔的毅力才能维持。

（3）要有坚强的自信心。学习必然要遇到一定的困难，尤其是自学，其难度更大。有时遇到一个学习上的难题，需要学生反复思考，查阅大量的资料，甚至废寝忘食。如果没有战胜困难的勇气和信心，自学很可能半途而废。

（4）要有顽强的拼搏精神。由于自学比在教师指导下分阶段学习需要付出更大的努力，只有一般的学习精神是不够的，必须具有在崎岖的小路上不畏艰苦、勇于攀登的精神，才能更好地达到自学的要求。

（5）要讲究科学的自学方法。自学的特点决定了学生更要讲究科学的方法。就专业学习来说，必须首先学好相关的专业基础知识，尤其要遵循“循序渐进”的原则，不能急于求成。其次是善于自己提出问题并解决问题。在解决问题过程中寻求最佳的途径和思路。再者是善于概括学习材料，学会由具体到抽象，又由抽象到具体的思维方法。特别是学习社会科学知识，读完一本书或一份材料后，要认真概括书中讲了哪几个主要问题，作者是怎样提出问题、分析问题和解决问题的，其分析问题的方法是怎样的，主要运用了哪些基本概念和原理，自己是怎样理解的。对于一些一时难以理解的问题要做好记录，通过请教别人或查阅其他参考资料得以解决。只有这样，自学才会收到实效。

（6）要善于借助互联网资源。对于体育专业的学生，观看、分析一场具有代表性的比赛就是一种学习。受各方面因素的限制，到现场去观看每场比赛或者与运动员面对面交谈是很不现实的，但我们可以运用图书馆电子阅览室的资源，搜索、筛选优秀的比赛观看并详细记录、深入分析不失为一种事半功倍的自学方式。

### （二）创新性学习

要把大学生培养成创新人才，首先需要引导他们开展创新性学习。创新性学习并不一定要求创造发明，而是要求在学习活动中激发创新意识，培养创新思维，养成创新性格，提高创新能力。要树立创新学习观，克服创新的神秘感。著名教育家陶行知说：“处处是创造之地，天天是创造之时，人人是创造之人。”创新性学习是每一个大学生都能做到也应该做的事情，培养创新能力的机会在大学生的学习过程中随时都有，每个学生都可以抓住机会培养自己的创新能力。而体育院校的大学生除了日常训练之外，同样要做到以下几点。

#### 1. 创造性地听课与看书

听课时不仅要掌握知识本身，更要思考问题提出的思路和思维方法。对教师讲授的和书上的内容，不仅要采取求同思维，解决“为什么是这样”的问题，还要采取求异性思维，提出“不这样行不行”“还有没有更好的或其他的办法”这类问题。对教师的结论与书上的结果，还要问一问“有什么局限性”“如果我来做，一定是这样的吗”之类的问题。要强化教学过程中的参与意识，课堂上积极思考，经常发现一些问题，通过课堂提问或课下质疑来讨论这些问题。要养成在教材上加评论与批注的读书习惯，力求在课堂上或书本里发现问题，提出问题。

#### 2. 创造性地做作业

要一题多解，不满足于求得一种结果，而是追求不同的思路和方法，然后再通过分析和比较，找出最巧妙、最合理的解题方法。如果对解题的过程和结果从不同的角度进行分析、推理，有时可派生出新的知识和得到新的体会。要对照理论问题找原形，把书本上、课堂上的内容和社会上或工作中的实际问题联系起来，培养问题来源于实践，又回到实践中去的意识。

#### 3. 创造性地做实验或训练

学生除完成一些验证性实验或训练外，应格外重视做一些设计型、综合型的实验或训练，而且应尽可能独立完成，实现自我设计、自我操作、自我分析、自我总结。要在实验或训练中养成细心观察、善于分析的好习惯，不满足于书本上所限定的结论，大胆地提出疑问和设想。

**4. 在课程设计、毕业设计中力争有所创新**

这些教学环节往往要求针对一个实际问题，提出方案，完成设计。面对这类问题，要分析要求，查阅资料，确定方案，给出总体设计和每部分的设计，很多题目还要求实际制作，完成调试，甚至形成产品。这个过程中的每一步对学生独立工作能力、创新能力的锻炼都很重要，这点在体育院校中的非体育类大学生中表现得更加明显。

**5. 在各种课外活动中锻炼创新能力**

大学课外活动形式多样，是培养创新能力的重要环节。如课外科技活动、各种竞赛活动、参加教师的科研、各种社会实践、写读书报告、写综述报告、写现场实习或调研报告、写科普论文甚至是学术论文等。

**6. 在各类比赛中锻炼临场发挥的创造力**

作为体育运动项目的训练者，积极投入到各类比赛中锻炼自己，不失为一个快速检验自身学习成果的方法。如果在比赛中获得好的成绩，对自己是一种激励，使之后的训练将更有动力；如果不幸失利，就更能反映自身存在的不足，为之后的学习指明方向；另外经常参与赛事对培养波澜不惊的临场应变能力有促进作用，为以后参加级别更高的赛事做好心理建设的准备。

**（三）快速学习方法**

**1. 保持最佳的学习状态**

国外教育学家调查发现，80%的学生出现的学习困难与压力有关。如果排除了压力，那么学生应该就能克服学习中的困难。教育学家还幽默地说，当人们处在压力之下，他们的大脑就“短路”了。只有消除人的思想上的压力，恢复最佳学习状态，才能保证大脑正常的思维和有效的学习。从心理学上讲，最佳的学习状态就是既保持自然放松又集中注意力的一种精神状态，做到轻松、自如、乐观和自信。看起来，这二者好像是矛盾的，其实这是矛盾对立的统一，所以它是一种最佳精神状态，也是一种高境界的思想状态。要保持这种状态，重要的是保持对学习的浓厚兴趣，要敢于说行。同时，要保持良好的心理状态，不管遇到什么麻烦，应当依靠毅力尽快使心理达到平衡状态，这是每一个成功者必须具备的心理素质。

**2. 开动全部的学习感官**

人无论对外界的感知，或是对间接知识的学习，无一例外的都是通过5个感官而形成，通过5个渠道而获得的。人的认知能力大多是这些感官综合协同作用的结果。国外的一项测试表明，大多数的学习者还是习惯于单一的感觉方法学习，如果他们学会了利用开动全部感官来学习，那么他们的学习效率就会成倍地增长。有人在总结爱因斯坦成功的经验时说，他发明相对论的灵感，就是开动全部感官的结果。

**3. 学会略读**

所谓“略读”，就是粗读、泛读，也叫“观大略”的读书法。这是三国时的思想家和军事家诸葛亮倡导的读书法，意为“观其大略，举其大纲”。在信息时代，书刊就像浪潮一样向我们袭来，如果我们不学会略读的技巧，那么就不能涉猎广泛的知识。事实上，任何书籍，其中有主要的，也有次要的；有实用的，也有无用的；有精彩的，也有乏味的。因此，在读书之始，应通过略读对全面的概貌有一个了解，以便分清主次、难易，以提高学习的效率。有些读书不得法的人，往往是一页一页地读，一行一行地记，看起来似乎十分认真，实际上是极大的浪费。如果每个学习者掌握了快速学习方法，那么每个人在一生中就可以实现“读万卷书，行万里路”。

**4. 学会精读**

略与精是相对的，略是精的前提，精是略的目的与要求，二者相辅相成。因此，学会精读也是一种重要的学习能力。

所谓“精读”，就是要仔细地阅读，有些要反复地阅读、理解和记忆。一般来说，精读的目的是要掌握书中的重点，攻克难点和深究疑点，重点是指各门学科中的重要内容，要么它们具有重要的学术价值和使用价值，要么对进一步深入学习有关键性的作用。重点是分层次的，每门学科、每本书和每一章节都有各自的重点，这在学习中是需要注意的。至于难点，对于每个人来说是不同的，每个人通过略读以后，应当找出自己不懂的地方，这就是自己学习的难点。对于学习者来说，遇到学习中的困难，切不可绕过去，一定要自己刻苦钻研把它攻下来。如果自己力量实在不及，才请老师帮助释疑，千万不要爱面子，不懂装懂，否则，只能害自己。再者，深究书中疑点的读书方法，是读书的最高境界。读书万万不可迷信，“唯书、唯古和唯上”都是保守主义的思维方法。殊不知，书本上的知识不仅受著作者观点的影响，而且还有时代的局限性。因此，我们读书学习一定要采取分析批判的态度，对书本知识进行一番“由表及里、由此及彼、去粗取精、去伪存真”的加工。对于一切经过实践检验的真知，我们要学习掌握和应用；对于过时的甚至是错误的内容，我们应当抛弃；对于前人尚未解决的疑难问题，我们应当深入研究，不断创造新的知识。在科学史上，这种破除书本迷信的事例是不胜枚举的，有人因纠正了某种片面性而拓展了前人的理论，也有人解决了前人的遗留问题而带来了重大的科学发明。

**5. 要学会对信息的记忆、储存和加工**

首先，应当澄清一个问题，那就是如何对待记忆。我们反对死记硬背，但绝不是忽视记忆的重要性。科学的记忆是有选择的，储存是有规律的，加工是有创造性的。记忆是十分重要的。现在许多学生不愿记忆，这是不对的。不愿记忆是怕困难的表现，是思想懒汉。无论是科学家、作家或是发明家，他们都有惊人的记忆力，这是他们成功的原因之一。记忆力就像人的肌肉一样，越练越发达，只要坚持锻炼，保持良好的心理状态，每个人都会具有良好的记忆力，甚至到老年仍然可以保持良好的记忆力。

增强记忆力是有法可循的。

第一，根据艾宾斯的遗忘曲线，遗忘具有“先快后慢”的规律。学习者在阅读一些比较重要的材料时，必须及时进行复习。学习的材料开始遗忘的时间间隔很短，只有在学习的材料在大脑皮层上形成的暂时神经联系尚未消失时，多次强化学习内容，以痕迹的形式保留在头脑中，才能在一定的条件下，使原有的联系得到恢复。因此，对学习的材料按时间间隔先短后长进行多次复习是记住学习材料的必要前提。

第二，持久地保持大脑的生理卫生是增强记忆力的重要举措。大脑是人体的思维器官，也是记忆的物质承担者，没有健康的大脑，就没有正确的记忆。因此，必须学会保持大脑的卫生。首要的是保证大脑所必需的营养物质，谨防脑组织损伤，严禁烟酒，科学安排作息时间，防止大脑过度疲劳。

第三，掌握科学的识记方法。意义识记在整个记忆中占有主导地位，尤其是老年人更是如此。意义识记是指在理解材料内容的基础上，按照材料的内在联系所进行的识记。

第四，记忆材料与运用材料相结合。在学习中，为记忆而记忆大量的材料，是难以记住的，只有将记忆材料与运用材料相结合，才能真正记住。如学习英语词汇，仅仅依靠机械记忆去死记硬背，其效果往往不佳。但是，把学习词汇放在语言的运用中去记忆，却能收到事半功倍的效果。有些公式、法则，也只能在不断运用中才能真正把握，加深记忆。

第五，要学会激活大脑，挖掘大脑的潜力。人的大脑与思想的关系犹如电脑的硬件与软件一样，如果要增强大脑的记忆，就像改进电脑的内存和外存器一样。激活大脑的方法有很多，如树立远大的理想，追求卓越的目标，设置紧急的情境，强化记忆的动机，激发对记忆事物的兴趣，凭借毅力集中注意力等，它们都可达到增强记忆力的目的。

第六，充分发挥“记忆钩”的作用。所谓的“记忆钩”就是联想，是指加强记忆的一种方法。在学习外语、化学、生物等课程中，人们最怕的是记忆大量的词汇、化学反应式和生物名词等，然而记忆钩可以帮助记忆，如果掌握了这种方法，就可以大大提高学习效率。

### （四）学会利用信息技术和网络资源进行学习

当代大学生首先要掌握在信息时代学习的认知工具、环境的创设工具和情感激励工具—— 信息技术，利用信息技术进行自主学习、协作学习、研究性学习、网上学习。要主动、认真地学习信息技术课程，学习信息技术的理论知识，掌握信息技术的基本操作技能和信息资源的开发与利用能力，提高自己的信息素养，学会利用信息技术去获取有用的学习内容和学习资源；学会利用信息技术去进行情境探究和发现学习；学会利用信息技术进行协作学习；学会利用信息技术去进行知识构建；学会利用信息技术去进行自我测试和学习反馈。

互联网提供了最广泛的学习资源和丰富的学习情境，为资源共享和信息时代的学习提供了物质条件，使教育打破时空的限制，学习者可以在任意时间、任意地点通过网络自由地学习给学习者终身学习提供了基础与可能，同时，学习者不管贫富贵贱都可以享受到平等的、高质量的教育，都有可能向世界一流教师、学者、专家请教，与同行、伙伴合作，从世界上的任何角落获取最新的信息和资源。网络技术、多媒体技术的综合运用，可以最大限度地发挥学习者的主动性、积极性，并为学习者的研究性学习创造有利条件，真正达到实现自己获取知识、更新知识、创造新知识的理想目标。大学生必须学会网上学习，网上学习主要有如下几点。

（1）学会使用网页浏览器去浏览网页上有意义的信息资源。如学会利用 CAJ 浏览器、PDF 浏览器、超星浏览器阅读电子期刊、杂志、图书。

（2）学会利用百度、Google、天网中英文搜索等搜索引擎查询网络中的学习资源。

（3）学会利用 FlashGet、网络蚂蚁、FTP 等网络工具，从网上下载或上传课件、教案、图片、动画等学习资源。

（4）学会利用博客等技术管理自己的知识资源。

（5）学会借助 Netmeeting、ICQ、E－mail、Chatroom、BBS、SKYPE、POPO 等网络通信工具实现协作学习。

（6）学会利用网上学校、网上实验室、网上书店等进行在线学习。

### （五）学会协作学习

协作学习是当今教育界提倡的一种学习方式，其理念源于建构主义学习理论，认为“情境”“协作”“会话”和“资源”是学习环境中的基本要素，强调学习既是个别行为，又是社会性行为，学习需要交流与合作。进行协作学习，要学会同其他学习者在自主学习的基础上，针对相应的学习内容彼此交流和合作，并共享资源。具体来说，首先，大学生要学会根据各自的特点组成小组，并选出组长，小组人数以 2～5 人为宜，按照老师或者小组建立的学习情境，制定共同的、有意义的学习目标。其次，在目标确定后，小组制订可行的学习计划，根据成员的特点，明确成员的具体分工，对一些重要问题和难点可以集体讨论，做到分工与合作相结合。要学会相互信任、尊重、激励。再次，要掌握和灵活运用竞争、辩论、伙伴、协作和角色扮演等不同的协作模式，还要学会在协作学习的过程中，不断地在提问者、解答者、协作者、评价者等角色间进行变换的能力。最后，要学会相互提供资料，公正评价和分享学习结果、交流心得。另外，还要学会同教师、专家进行协作学习，以及学会同其他学习者利用互联网进行远程协作学习。在协作学习过程中，不仅要重视学习信息的交流与探讨，更要重视语言的表达，思想、心灵的沟通。通过协作学习培养良好的人际关系和协作精神，形成健康的情感，学会共处与做人。

### （六）学会研究性学习

研究式的学习办法，也可以称为“发现学习法”，这是由古罗马时期西班牙教育家昆体良先提出来的，后被美国心理学家布鲁纳所大力推荐的方法。“发现”是一个既广泛而又深刻的一个词语，它不限于寻求人类尚未能知晓的事物，而且还包括用自己的头脑亲自获得知识的一切方法。布鲁纳主张：“一个人要能把学习方法作为有所发明的一项任务。”“人们只有通过练习解决问题和努力于发现，才能学会发现的探索方法。”研究式的学习方法与传统的学习方法是根本不同的，前者是为发现而学习，走自己的路，创造新的知识；后者仅仅是传授知识，只能接受前人创造的知识。

研究性学习是一种全新的学习方式，学习者通过在开放的现实情境中主动探索研究，多渠道地获取知识，并将所获得的知识综合应用于实践，获得亲身体验，以此来培养创新精神和解决实际问题的能力。大学生要学会在教师的指导下，从自然、社会和生活中自主确定研究课题，发现问题，主动提出问题，寻找解决问题的方法。在研究过程中要充分发挥信息技术工具和平台对研究性学习起的重要辅助作用，根据所选的课题，从教师那里，从图书馆、教材、数字光盘、网络中获取探究过程中需要的大量信息资源，资料收集后，需要对资料进行处理，如果运算量大或者处理复杂，要学会借助相关的数据处理软件（Excel、SPSS 等）

和编程工具（VB、VC 等）来辅助完成。同时，交流与协作是研究性学习成功的重要条件，研究过程中要注重利用网络工具随时随地进行交流与协作，根据个人的兴趣与特长，主动地获取、应用知识，从而解决所选课题。综上所述，大学生要学会根据实际情况，利用信息技术这一学习工具，根据学习的最优化原则，选择最佳的学习方式，不断提高自身素质，满足信息社会对人才质量的要求。

## 本章小结

1. 大学生首要和最重要的任务是学习，大学独特的教学特点对大学生的学习提出了更高的要求。大学生要把握大学的学习规律，学会学习。

2. 大学学习与高中学习相比有很大差别：在学习目标上，高中学习的目标就是考上大学，而大学学习的目标是成为社会需要的优秀人才，掌握专门知识、培养专门能力和提高综合素质是对大学生提出的要求；在学习自主性上，高中生学习的自主性较小，依靠教师的安排较多，而大学生自主学习的范围很广，课外学习完全由自己安排，这也决定了大学生必须具有很强的自我管理和学习的能力；就学习的课程而言，高中的课程少而浅，多限于粗浅的经典知识，同时选修课极少，而大学的课程多而且深，通常涉及深层的经典知识与现代科学前沿知识，选修课也很多，这要求大学生广泛学习，努力钻研，不仅要掌握经典知识，而且还要了解专业领域的最新知识；就实践教学而言，高中的实践教学很少，大学的实践教学则较多，这要求大学生能够将专业知识运用到实践中并转变为专业能力；在学习方法上，高中学习课程少、作业多，学生通常按照老师的安排，被动地学习，而大学则是课程多、作业少，学生要根据自己的兴趣主动求索，培养综合利用多种学习方式获取知识的能力；就思维方式而言，高中阶段主要是模仿、记忆的知识多，一般性的理解也多，而大学则是深层次的理解多，创造性学习多，学生要有较强的创新意识和创新能力。

3. 新的社会形势要求我们树立新的学习观念。作为新世纪的大学生，我们应该顺应时代要求，用新的学习观念指导我们的大学学习和未来的学习活动，树立现代学习观念。

4. 大学新生在熟悉新的生活、老师和同学的同时，还要迅速熟悉学校的教学及辅助设施，如教室、图书馆、实验室、资料室、录音室等的开放时间和使用方法等。此外，大学生还要学会利用现代高科技的教学手段来掌握、运用所学的知识。

5. 大学学习是一个自始至终不断循环向前发展的过程，具体包括形成动机阶段、组织信息阶段、学习应用阶段、重复巩固阶段、迁移综合阶段等。

6. 除学习过程的五个基本阶段以外，大学生在校学习还要经历从入学到毕业、从一门课程的开始到结束两个不同层次的学习过程。

7. 大学的考试通常都是以学期为单位，每学期期末进行一次全面的考核，当然，平时也会不同程度地对所学知识进行检验。

8. 学会学习包括自主学习、创新性学习、运用快速学习方法、利用信息技术和网络资源进行学习、协作学习、研究性学习等。

## 相关阅读

### 优秀校友励志故事

1992年2月22日，李珊珊出生于湖北省黄石市的一个普通工人家庭。

1995年，李珊珊3岁时，父亲李友明因为李珊珊小巧玲珑，比较适合练体操，就带着李珊珊来到黄石市体育馆的体操训练馆。李珊珊当时是最小的，可是体操方面的悟性很好，许多动作她练一遍就会了。李珊珊的上进心特别强，懂事也早，每次都是以选到省队的姐姐们为目标，因此在训练时非常刻苦，有时练习一个动作把手都磨出血泡了，她仍一声不吭，但如果因为一个动作没做到位而受到老师的批评，她就会难过得流下眼泪。

李珊珊的体操之路很坎坷，但她始终坚持，一路下来历尽不少艰辛。

1997年，她被送到湖北体操少儿培训班学习，练了一年效果不佳。她的父母看到程菲在武汉体院练得好，于是1998年，李珊珊转入武汉体院训练。但李珊珊却没能加入湖北省体操队。在这之后，李珊珊被广西队要去试训。但由于她手掌比较小，广西队的教练就认为李珊珊不适合练高低杠，队里希望她考虑自身条件改练弹网（蹦床），但李珊珊坚持要练体操。由于跟教练要求不一样，过了试训期后，李珊珊又从广西队回来。赵汉华教练说起这段经历时，忍不住眼睛里闪烁着泪花，“有两个省队让珊珊练了一段时间，又把她退回来了！”

李珊珊强项是平衡木，优势是“木感”非常好，可能上天可怜这孩子，手虽小而脚却非常贴木。打小学平衡木时，李珊珊做起动作来常常是一趟即可顺利过关。

之后，2004年，这个当年被三支省队退回的女孩儿，因出色的平衡木成绩，正式入选中国女子体操队（国家队）。2007年世锦赛，作为新人，李珊珊进入到了大名单中，那时候，她的名字排在第七位。因为世锦赛一支队伍只有六个运动员能够上场，所以李珊珊当时的位置是替补。后来，还是因为庞盼盼有伤在身，状态不好，珊珊才成为正选队员，代表中国队出战了自己生命中的第一次世锦赛。在预赛中，李珊珊的一套平衡木动作难度大、质量高，在帮助中国队顺利晋级团体决赛的同时，她也以第一名进入了平衡木的决赛，李珊珊在世锦赛的第一次亮相引起了体操界的高度关注。此役已经显示出李珊珊在平衡木上的高超技艺，以后的表现也证明：这个曾经因为手小而一路艰辛的女孩，无愧中国体操“平衡木上的女王”。

在北京奥运会上，她为团体夺冠立下了汗马功劳，并以平衡木预赛第一的身份进入决赛。但在决赛中，她再次出现落木的重大失误，在名将肖恩、柳金、程菲正常发挥的情况下，获得第六名，无缘奖牌。

# 第七章 大学生的自我管理

在高校里，大学生不仅是管理的客体，而且也应该是管理的主体。任何一个学校都不可能仅凭借学校单方面的强化管理，来使学生进步、成长。在大学里，大学生的自我管理是尤为重要的。

## 第一节 大学生的素质提升

素质是以人先天禀赋为基础的，在环境和教育影响下形成和发展起来的，相对稳定的，身心组织的要素、结构及其质量水平。21 世纪，以经济和科技为基础的综合国力的竞争，说到底是人才素质的竞争。大学生要根据新世纪经济、科技和社会发展的要求，努力使自己的思想道德素质、科学文化素质和健康素质协调发展。因此，刚刚进入大学的新生，要好好把握大学的时光，全面提升自身的素质。

### 一、自我升值

大学生实现自我升值有多种方式，只要是对自身的成长有帮助的，都可以尝试，只要有效利用大学时光，自我升值是可以实现的。

#### （一）自学专业外的知识

大学生可以学习第二专业，考试合格可以获得第二学位。目前高校普遍都有有关辅修第二专业的管理办法，这对提高在校大学生的自学能力、综合能力，增强自制力，拓宽知识面和就业面，有一定的好处，主要表现在以下方面。

（1）目前全国多功能人才全面告急，用人单位均不惜重金招募这类人才。在校大学生学习第二专业正是走多功能人才的路子。

（2）现在用人单位对人才的德育及品质要求越来越高，而能够自学成才的人，一般都具备足够的上进心和百折不挠的精神，此点也受用人单位欢迎。

（3）获得双学位能最直接地体现当代大学生具有敢于开拓、勇于奋进和积极上进的个人品质和独特的个人素质。

在校大学生学习第二专业（二学位）的优势主要有以下几个方面。

（1）可以免考众多科目（外语、数学、毛概等基础课程）：很多专业的社会考生须修到近二十门课程，而在校大学生因可以通过在学校学习的方式获取相应课程的学分，一般只须修十门课程左右。

（2）所学专业接近，在校大学生参加双学位考试，很多科目已经学过或接触过，专业设置也很接近，报考无疑是轻车熟路。

(3) 考试费用低廉、毕业时间自由；双学位考试采取分科考试，学分累积的办法，不受学年制的限制，而在校大学生只要自己努力仅须投入少量资金就可在本校本科毕业前后拿到第二学位。

### (二) 参加课外实践活动

大学生的课外实践活动包括专业课程的实践部分和学习之外的整体校外实践活动。

(1) 专业课程的实践部分对大学学习来说相当重要。由于课堂上所学的知识具有抽象性，如果学生自己不动手实践，是很难在专业领域有所提升，所以大学生应有意识地增加对本专业所学内容的动手实践部分，做到动手与动脑相结合，牢固掌握所学知识。

(2) 校外实践活动大致可分为学校组织的校外实践活动和学生自己的校外实习。学校组织的如“大学生暑期社会实践”活动，对大学生增加社会阅历、增长见识都有一定的帮助，所以大学生应积极参加。大学生自己的校外实习在一定程度上也对大学生的自我升值有积极作用，但是参加校外实习应视大学生自身实际情况而定，主要原则是不能影响专业学习时间。

### (三) 参加职业培训、听讲座和考取相关证书

大学生可根据自身实际情况确定是否参加一些职业类培训。参加职业培训可为大学生以后的求职打下一定的基础，是大学生自我升值的一种方式。

大学里会经常举办一些名人、学者的讲座，大学生可抓住这些机会提升自我。

在大学里，自我升值还有一个重要的部分，那就是考取相关的证书。大学生应该积极关注大学英语四六级、计算机等级、普通话等级等考试，并积极考取证书。另外，相关专业的从业资格证等也应该在大学期间尽量考取，为就业做准备。

## 二、注重参与学科竞争

### (一) 大学生竞赛活动的发展历程

大学生竞赛活动是伴随着“科学技术是第一生产力”的论断逐渐为社会接受并确立其在经济社会发展中的主导地位而发展起来的。它大致经历了三个阶段的发展，每个阶段都是在具体的历史条件下产生的，并且都有其各自的特点。

第一阶段，20 世纪 80 年代初，伴随着高等教育的恢复和校园文化的繁荣，学术、科技创新活动开始启动。恢复高考后，党中央和全国学联做出了一系列开展有益的学习、文化、娱乐、体育活动的决议，此后，校园文化开始繁荣，创新意识和创新人才大量涌现。大学生课外竞赛活动是以文体活动为主，局限在娱乐性文化活动的层面上。

第二阶段，21 世纪初，科学技术越来越表现为经济增长、社会发展和文明进步的主要推动力。大学生课外竞赛活动也相应进行了调整，以“挑战杯”为标志，中国大学生竞赛创新活动走上了系统化、规范化道路，并逐步向市场化、社会化迈进。“挑战杯”是一项具有导向性、示范性和群众性的全国性大学生课外学术科技作品竞赛活动，它确立了课外学术科技创新活动在校园文化中的主导地位，发掘和培养了一批在学术上、科技上有潜力、有作

为的优秀人才，激励了高校学生课外科技创新活动的发展，促进了学生课外科技成果的不断涌现。多年来，有100多万人次直接或间接地参与了这项赛事，产生了一大批优秀的学生课外学术科技成果，其中一些成果已直接应用于生产，并取得了积极的社会、经济效益。

第三阶段，最近几年，以“挑战杯”中国大学生创业计划竞赛的举办为标志，中国大学生课外竞赛活动取得了总体突破。创业计划竞赛是借助风险投资的实际运作模式，要求参与者组成优势互补的竞赛小组，提出一项具有市场前景的技术或者服务，以“获得风险投资家的投资”为目的，通过深入研究和广泛的市场调查，完成一份完整、具体、深入的商业计划。创业计划竞赛是以实际技术为背景、跨学科的团体之间的综合较量，是以市场经济为背景的创业准备和推动科学技术向现实生产力转化的实践尝试。竞赛的意义在于高等院校与现实社会、大学生与企业之间的互动与沟通。

没有量的积累就不会有质的飞跃。当代大学生的各种竞赛活动日益为社会所重视并吸引了越来越多的企业参与其中，使大学生开始研究关系国民经济和社会发展重大问题的学术理论和科技发明，使大学生从单纯受教育和知识传承，逐渐成长为社会财富的创造者。同时，缩短了人才培养的时间，提高了人才培养的质量。

另外，除了参与上述大学生竞赛活动之外，体育院校的大学生还经常参加各种级别、各种类型的体育竞赛，而这些体育竞赛大多历史悠久、影响深远，如奥运会、世锦赛、洲际运动会以及各种类型、级别不同的单项赛事。

### （二）体育院校开展大学生竞赛活动的意义

#### 1. 提高学生技、战术运用能力，丰富比赛经验

体育院校术科专业的学生在日常教学过程中所学习的技术、战术，只有通过比赛才能付诸实践，做到学用一致。每学期或每学年举行的各专项比赛，由于比赛的性质、规格、氛围及至组织管理与大型比赛没有多少差别，学生参赛水平较高，自然能达到提高技、战术运用能力和丰富比赛经验的目的。

#### 2. 培养学生组织比赛的能力和临场指挥能力

体育院校内部的各专项比赛，其组织工作一般都有意识地让高年级学生担任。从规程制订，到报名、编排、印制秩序册等，学生在校期间得以参与一整套的竞赛组织工作，无疑能得到极好的锻炼，这样的机会弥足珍贵。有的教师还有意识地安排高年级学生担任低年级或普修班的教练工作，从而锻炼了学生的临场指挥能力。

#### 3. 培养了运动员队伍

体育院校的学生，除了在校内的各种比赛中与同学互相交流外，部分人还要与全国各体育院校进行比赛，还有少数学生要参加全国比赛、世界比赛。通过参加不同层次的比赛，学生分别获得不同等级的运动员称号。各体育院校每年都要在比赛后申报一批等级运动员。

#### 4. 培养了裁判员队伍

体育院校负责竞赛职能部门和各教研室，都注意学生在校时裁判能力的培养，在组织竞赛活动中有意识安排部分学生作临场裁判，有的学生甚至还担任副裁判长职务。通过不同层

次的比赛，根据学生完成裁判工作的情况，每年要申报、审批不同等级的裁判员。

**5. 开阔师生眼界**

体育院校举办的高层次竞赛活动，例如招标的全国比赛，运动员来自全国各省市专业队，都有较高的运动技术水平，其中不乏全国冠军。他们高超的技术，精彩的表演，大大开阔了体育院校师生的眼界。每年由体育院校承办的全国体院比赛，还为各体院提供了一个相互交流、增进了解的机会。这对各体育院校的教学、训练工作，都具有一定的促进作用。

**6. 活跃学校生活**

竞赛活动本身就具有一定的激励作用，而在体育院校内，竞赛活动更具吸引力。校内各专项比赛，不参赛的学生自动组成啦啦队，为本年级或本系加油；在院校内举行的全国体院比赛或全国招标比赛，尤其是比赛的精彩场次，整个体育馆内加油声此起彼伏，赛后师生们还会对比赛精彩场面津津乐道。另外，比赛期间校园里版报、广播等宣传活动造就了热烈的氛围，活跃了学校生活。

**7. 获得一定的社会效益**

在体育院校内举办全国体院比赛和全国招标比赛，来自各体育院校的代表队或全国各省市代表队，都汇聚在校园内，使他们对本院校有了进一步了解。尤其是各省市运动员，通过在院校内比赛改变了对体育院校的某些偏见，萌发了退役后到体院深造的愿望。而且，通过他们回到原省市的宣传，还能扩大体育院校的社会影响，收到一定的社会效益。

**8. 获得一定的经济效益**

体育院校通过组织承办全国体育竞赛，可引进少量资金。由于吃、住、交通都可以由学校自行解决，总体上这少量的经费基本上留在了校内；在安排好运动员食宿，保证比赛顺利进行的前提下，还可争得少量的器材赞助，从而使承办单位本身获得了一些经济效益。

### （二）在参与竞赛活动中培养竞争能力

**1. 正确看待竞争与合作**

心理学研究认为，竞争是每个参与者不惜牺牲他人利益，以期最大限度地获得个人利益的行为，它的目的在于追求富有吸引力的目标。合作心态和竞争心态都是一种心理情境，其中竞争心态是指一个人或者有限的几个人进入或接近目标就会相应地妨碍团体中其他人进入目标，而且竞争者会产生这样一种心理状态，即认为自己达到目标的机会是在同团体其他成员的关系中彼此妨碍地相互依存的。竞争具有三个特征：第一，它必须是人们对一个相同目标的追求，目标不同就不会进行竞争；第二，这个目标必须是比较少的或者是难以得到的；第三，竞争的目的虽在于实现目标而非反对竞争者，但在竞争过程中不可避免地要对他人进行排斥，因此，竞争具有排他性。竞争对人的心理影响是双方面的：一方面，它极大地激发了竞争者的成就动机，使其排除困难实现自己的目标，使竞争者获得自信心并赢得他人的尊敬；另一方面，它使竞争者承受巨大的心理压力，导致其产生焦虑、急躁、抑郁等心理障碍，同时在与他人进行竞争时，难免会带来人际关系问题。

在全球化背景下，人与人之间的依存关系日益加强。当代社会有秩序的竞争运作需要合作，竞争的发展要求越强烈就越要求高层次的合作，越善于合作则竞争力越强。竞争与合作是密切相连的，两者不仅在发生史上存在着同步性，而且在逻辑上也有着内在联系：竞争要求并创造着合作，而合作则以竞争为基础。合作与竞争既是社会发展的需要，也是人类自身生存的需要。合作与竞争能力是当代大学生适应社会、立足社会不可或缺的重要能力。当代大学生要想在21世纪激烈的竞争中立于不败之地，必须具备较强的合作与竞争能力。

**2．在竞赛活动中加强知识的积累**

在课外竞赛活动中，重视知识积累是培养创新意识的基础。大学生求知欲旺盛，抽象思维能力和理解能力较强，记忆力、创造力、想象力都有一定程度的发展。因此，大学新生应有重点地参与一些具有较高知识性和科技含量的课外竞赛活动，使自己通过活动能接触新事物，得到一定的知识积累。知识的积累不是一两次活动能完成的，它需要一个长期、连续的过程。

一是加强创新思维等综合素质的培养。新时代具有创新意识的人应该具备以下素质：以敬业精神、良好的工作态度和进取心为主的思想道德素质；以科学的方法、科学的态度和求异思维意识为主的科学素质；以知识协调能力、人际交往能力、信息处理能力和科学创新能力为主的能力素质；以良好的传统文化素养为主的人文素质；以正确应对挫折的能力和健康体魄为主的身心素质。因此，不应仅关注课外竞赛活动出了多少科技成果，更应注重在活动中培养学生的素质和能力。

二是强化个性教育。强化个性教育是激发和培养创新意识的内在动力。强化个性教育，鼓励、支持和促进大学生个性潜能的发挥，有利于激发和培养大学生的创新意识。

大学新生应尽快把握好自己的优势和兴趣所在，找到自己的主要支点，明确自己的志向，塑造自我，发展和促进自身的创造力，提高竞争力。

**3．注重参与形式多样的竞赛活动**

创新能力来源于宽厚的基础知识，学生仅仅掌握单一的专业知识是很难做到的。大学新生参与的竞赛活动应有层次性，应遵循“点与面”“重点与普及”相结合的原则，既要参与一些有高科技含量、能出重大成果的活动，又不能忽视大众性的普及活动。

因此，在形式上，大学生应注意最好能跨校、跨学院、跨学科组成一定的兴趣小组，内容上不能一味求“高”、求“深”，要把重点放在创造性地运用知识上，要更多地着眼于综合性较强的跨学科训练。这不仅可以优化自身知识结构，为在某个专业深造做好准备，而且有利于发展特殊兴趣，达到学有所长、提高积极性的目的。

大学新生还应多参加一些文化素质教育类的竞赛活动，只有将知识、能力和情感结合起来，才能做到文理渗透、学科互补，以进一步提高自身的综合素质。

**4．积极参与有鲜明专业特色的科技创新竞赛活动**

各种有鲜明专业特色的科技创新竞赛活动，由于其鲜明的专业特色和科技性、实践性、探索性与大众性相结合的特点，为每个学生参与科技创新、进行探索性学习提供了机会，正越来越多地吸引着众多学生的参与，成为大学生创新活动的主要形式之一。

## 三、努力向党组织靠拢

积极向党组织靠拢，也是大学生提升自我素质的重要方面。向中国共产党党组织靠拢，已成为大多数学生自觉追求的目标。学生党员是大学生中的典范，在青年学生中起着积极向上的影响作用。他们的榜样力量时刻鼓舞着许多青年学生勤奋学习，鼓舞着青年学生为中国特色社会主义事业学好真正的本领，为中华民族的伟大复兴做出应有的贡献。

### （一）入党的基本条件和程序

中国近现代历史充分证明，中国革命、建设和改革的卓越成就，是全国各族人民共同奋斗的结果，是近代以来中国所有仁人志士前赴后继、不懈努力的结果，也是一代代中国共产党人无私奉献的结果。中国共产党不愧为伟大、先进、光荣的马克思主义政党，不愧为中国人民和中华民族的先锋队。正因为如此，加入中国共产党是无数大学生的执着追求。入党的基本条件和程序有以下一些。

#### 1. 入党的基本条件

根据《中国共产党章程》（以下简称《党章》）的规定：年满 18 岁的中国工人、农民、军人、知识分子和其他社会阶层的先进分子，承认党的纲领和章程，愿意参加党的组织并在其中积极工作、执行党的决议和按期交纳党费的，可以申请加入中国共产党。

中国共产党党员的基本要求是：必须全心全意为人民服务，不惜牺牲个人的一切，为实现共产主义奋斗终生；中国共产党党员永远是劳动人民的普通一员；除了法律和政策规定范围内的个人利益和工作职权以外，所有共产党员都不得谋求任何私利和特权。

在新的历史时期，中国共产党党员要做到：认真学习马克思列宁主义、毛泽东思想、邓小平理论、“三个代表”重要思想和科学发展观，学习科学发展观，学习党的路线、方针、政策和决议，学习党的基本知识，学习科学、文化、法律和业务知识，努力提高为人民服务的本领；贯彻执行党的基本路线和各项方针、政策，带头参加改革开放和社会主义现代化建设，带动群众为经济发展和社会进步艰苦奋斗，在生产、工作、学习和社会生活中起先锋模范作用；坚持党和人民的利益高于一切，个人利益服从党和人民的利益，吃苦在前，享受在后，克己奉公，多做贡献；自觉遵守党的纪律，模范遵守国家的法律法规，严格保守党和国家的秘密，执行党的决定，服从组织分配，积极完成党的任务；维护党的团结和统一，对党忠诚老实，言行一致，坚决反对一切派别组织和小集团活动，反对阳奉阴违的两面派行为和一切阴谋诡计；切实开展批评和自我批评，勇于揭露和纠正工作中的缺点、错误，坚决同消极腐败现象作斗争；密切联系群众，向群众宣传党的主张，遇事同群众商量，及时向党反映群众的意见和要求，维护群众的正当利益；发扬社会主义新风尚，带头实践社会主义荣辱观，提倡共产主义道德，为了保护国家和人民的利益，在一切困难和危险的时刻挺身而出，英勇斗争，不怕牺牲。

#### 2. 入党的基本程序

入党手续是发展党员的必经程序，是确保发展党员质量，加强党的建设的需要。发展党员必须以保证质量为中心，必须坚持《党章》所规定的党员标准，因为党的战斗力主要取决于党员的素质，而衡量党员素质高低的尺度就是党员标准。坚持党员标准是《党章》所规定的，无论是对党员的教育和管理还是发展新党员，都不能降低党员标准，或者违背党章另立其他标准。坚持党员标准，提高党员素质是中国共产党在新的历史时期面临的紧迫任务，是党的建设的一项重要工作。随着社会主义市场经济体制的建立，改革开放的进一步扩大和深入，党所处的环境和肩负的任务发生了很大变化。在这一新的历史条件下，能不能坚持党员标准，对保持党的工人阶级先锋队性质，实现党的纲领和任务有着重大意义。

坚持党员标准，做好发展党员工作，说到底是个把好质量关的问题。应坚决克服党员发展工作中不严格履行入党手续，不坚持党员标准，片面追求数量、忽视质量的现象。严格履行入党手续是党组织按照党员标准对发展对象进行全面审查的过程，不管发展什么人入党，都要按党员标准全面衡量。同时，要认识到党员标准既是相对稳定的，又是在不同历史时期的实践中逐步丰富和发展的。例如，党的七大前《党章》只对入党资格做了明确规定，七大在《党章》中第一次正式写明党员的义务和权利，又在以后《党章》中不仅对入党资格和党员的义务、权利做了进一步的补充和完善，而且对党员标准提出了更高的要求。

按照《党章》规定履行入党手续是为了从组织制度上保证把确实具备党员条件的先进分子吸收到党内来，保持党的工人阶级的先进性。办理入党手续不是单纯的技术性工作，而是一项严肃的政治工作，是对申请入党同志的一次政治教育和组织审查。因此，在办理入党手续时，必须按照党章的有关规定严格执行。

1）要求入党的人必须向党组织提出申请

入党是一种纯真的向往，是在自己的政治生活中树立一个高尚的追求目标，应严肃地向党组织提出申请。入党申请一般采用书面形式，其具体内容主要包括：对党的认识、入党动机和对待入党的态度，表明自己要求入党的愿望；个人在政治、思想、作风等方面的主要表现情况；如何以实际行动争取早日加入党组织以及今后的努力方向。

2）在确定发展对象后，对符合条件的，填写入党志愿书

入党志愿书记载了一个人入党的主要情况和党组织的审批过程，表明了党组织吸收一个同志入党的严格手续和加入党组织的严肃性。申请入党的同志必须认真填写，对党要忠诚老实，不允许有任何虚假和隐瞒。个人政治经历复杂的要在重要情节上提出证明人。

3）有两名正式党员做介绍人

入党介绍人一般应由负责培养入党对象的正式党员担任。入党介绍人可由申请入党的同志自己提出由某正式党员担任，也可以由组织推荐其他党员担任。入党介绍人必须详细了解被介绍人的情况，在入党志愿书上写明自己的意见，支部大会讨论时，介绍人应向支部大会报告被介绍人的情况。

4）党组织对发展对象必须进行政治审查

中国共产党不是群众组织，也不是学术团体，而是担负着历史使命的政治组织，对发展对象必须进行政治审查。政治审查的内容主要是：发展对象的政治历史情况，对党的路线、方针、政策的态度，在重大政治斗争中的表现，直系亲属和与本人关系密切的主要社会关系的政治情况。

5）接收新党员必须经过支部大会讨论，并且做出决议

发展党员必须经过支部大会讨论通过，申请入党的同志要参加讨论自己入党问题的支部大会。在支部大会上，入党申请人要汇报自己对党的认识、入党动机及本人的基本情况；介绍人要如实地向大会介绍申请人的思想、品德和经历等情况；其他党员对申请人的表现要展开讨论，指出申请人存在的问题和今后努力的方向；最后形成申请人能否入党的支部大会决议。

6）上级党组织派人谈话和审查批准

上级党组织在审批接收新党员前，要派专人同发展对象谈话，并对其进行考察，着重考察申请人对党的认识、入党动机、熟悉党员义务和权利的情况以及觉悟程度，看是否具备党员条件。在谈话后，经过上级党组织讨论批准，才能成为预备党员。

7）发展对象被批准为预备党员后，要面向党旗进行入党宣誓

这是《党章》的规定，是党员对党组织和党的事业忠诚而自愿地承担政治责任的表现。它不仅是一种仪式，更是一种教育手段。每个申请入党的同志要严格用党员的标准要求自己，积极创造条件，争取早日站在鲜红的党旗下；每个党员都要牢记入党时的誓言，并用实际行动努力去实践自己的誓言。

**（二）大学生党员及其作用**

**1. 大学生党员与大学生党支部**

1）大学生党员

大学生党员是一群具有社会主义的理想信念，渴望成长成才，不断完善自我，在大学生中发挥先锋模范带头作用的青年人。大学生党员的基本特点有以下一些。

第一，先进性。虽然大学生党员的年龄比较小，但他们在申请加入中国共产党党组织的过程中，学校党组织严格按照共产党员先进性的标准培养和帮助他们，成熟一个发展一个，所以，大学生党员的质量是合格的，是能够发挥先锋模范带头作用的。在实践中，大学生党员也证明了这一点，不管是同学、教师，还是社会上的用人单位，对大学生党员的素质都持肯定的态度。大学生党员思想觉悟高、有大局意识、组织纪律性强、能吃苦耐劳、肯钻研等优秀品质体现了党员的先进性。

第二，知识性。大学生党员都是经过严格的高考选拔才进入高校学习的，大学阶段正在系统地接受专业知识教育，可以说，他们的知识水平比较高，思维灵活，视野开阔，这对系统学习、宣传、研究和实践中国共产党建党理论和中国特色社会主义理论体系来说，无疑是一支生力军。

第三，时间的短暂性和事业的继承性。大学生党员在校时间是短暂的，从入党时算起，入党时间有的只有几个月，有的有一两年，最长的也只有 4 ~5 年（包括读研究生的时间），但学校党建工作的确是靠这一批又一批学生党员继承和发展着。他们既是学生，又是党员；既要完成自己的学业，又要做好学校党建工作，他们为党的事业发展贡献了力量。

大学生的入党标准：一看对党的认识，入党动机要端正，理论学习态度要端正；二看业务学习的态度和学习成绩，学习成绩要优秀；三看对待社会工作的态度，如关心和帮助同学，认真做好本职工作，起到积极分子的作用；四看群众基础，要得到大家的一致好评；五

看对自己的态度，要正确看待自己的优点和缺点；六看党支部培养、教育、考察的程序是否符合要求。

2）大学生党支部

大学生党支部是学校最基层的党组织之一，它与其他党支部相比，有其自身独有的特点。

第一，流动性。大学生党支部是大学生党员的一级组织，也是一个特殊的群体。该群体中的个体每隔 1~4 年便变动一次，因为每年总有一批大学生党员毕业离校，同时也不断有优秀的大学生被吸收加入到组织中，这就形成了流动性。

第二，年轻化。大学生党支部也是学校最年轻的基层党组织之一，大学生党员都是青年人，年龄小，富有朝气，无疑是党的新生力量。

第三，未直接参与社会建设事业。这是由大学生本身的特点所决定的，他们只能以勤工俭学、社会实践等方式为步入社会做准备。

大学生党支部是通过平时考察、日常考察、活动考察、关键考察、写实考察等来评价入党积极分子的。同时，通过建立入党联系人的制度，对积极分子进行“四谈”，即及时谈、超前谈、综合谈、离别谈。党支部吸收他们参加党支部的有关活动，并告诉他们由于大学生在校时间短，因此，党组织将积极地通过交任务、压担子的办法对他们进行培养，如要求新生入党积极分子全部加入马列研究会等，以便使他们快速成长。

**2. 大学生党员的作用**

1）思想上的先进作用

大学生党员作为大学生群体的中坚力量与骨干队伍，党的信念、党的事业要靠他们继承和推动，党的优良传统要靠他们发扬光大。所以，思想上先进是学生党员发挥示范作用的前提。思想是行动的指南，思想先进是其他各方面先进的根基。正如党和国家领导人 1956 年会见国际青年代表团时指出的那样：“党的任务是要一步一步地提高党员的觉悟，使他们在思想上、行动上成为名副其实的共产党员。”

2）学习上的带头作用

学习上名列前茅是大学生党员发挥示范作用的重要方面。作为一名大学生党员，不仅应在政治上、思想上保持先进性，还应树立强烈的学习意识，用先进的理论和科学文化知识武装自己，努力保持学习上的先进性。

3）工作上的榜样作用

工作上的榜样作用是大学生党员发挥先锋作用的重要环节。榜样作用体现在以下三个方面。

第一，增强工作的责任感，强化责任意识，尽职尽责，埋头苦干，扎实工作。

第二，树立良好的服务意识，大学生党员绝大多数是学生干部，要在实践中培养为人民服务的精神。

第三，坚持高标准、严要求，在学生工作中树立党员的形象。严格要求自己最重要，凡是要求别人做到的，自己首先要做到；凡是要求别人不做的，自己坚决不做。

4）生活上的模范作用

日常生活最能体现一个人的素质，大学生党员应严于律己，以身作则，并带动周围的同学，共同倡导并践行文明、健康、进步的生活方式。

### （三）在向党组织靠拢中提高思想政治素质

**1．在学习党的基本理论中认识党，牢固树立为共产主义奋斗终生的信念**

《党章》规定：中国共产党以马克思列宁主义、毛泽东思想、邓小平理论、“三个代表”重要思想和科学发展观作为自己的行动指南。这就是说，马克思列宁主义、毛泽东思想、邓小平理论、“三个代表”重要思想和科学发展观就是我们党的基本理论，学习党的基本理论对提高我们对党的认识具有重要的作用。作为一个要求入党的同志，树立正确的入党动机，是建立在对某一事物正确认识的基础上，这种认识越清晰、越明确，所形成的动机也就越稳定，就不会因暂时的情况变化而对其认识有所改变和动摇，就能在错综复杂的环境中，把握局势，驾驭矛盾，始终坚持自己的理想，坚定自己的信念。

**2．在学习党的基本知识中的过程了解党，增强党性原则**

党的基本知识包括以《党章》的基本内容为主的马克思主义的建党学说，学习这些知识是党员和入党积极分子最基本的要求。《党章》是为了保证全党在政治上、思想上的一致和组织上、行动上的统一所制定的，是党的建设的指导文件和党内生活的最高法规。《党章》对党的性质、党的最终目标、党的指导思想、党的基本路线、党员的义务和权利、党的纪律、党的作风、党的领导、党的组织制度和党的思想工作等都做了明确规定和说明，是每个要求入党的同志必须学习、了解和掌握的常识。学习党的基本知识，重在增强党性原则，真正从思想上以马克思列宁主义、毛泽东思想、邓小平理论、“三个代表”重要思想和科学发展观作为自己的行动指南，自觉地在政治上、思想上、行动上与党中央保持一致，树立正确的入党动机。

**3．以实际行动争取早日加入党组织**

大学新生入学后除了在学习、能力方面培养和提高之外，还要在思想上有新的追求，以实际行动积极向党组织靠拢，以党员的标准来规范自己的言行，争取早日加入党组织。

1）提高自己对党的基本知识的认识，坚定理想信念。

高校的各个党支部在对大学生的日常教育中，都会及时地把递交了入党申请书的新生组织起来，建立“学理论”小组，推动“学习理论、提高认识”的高潮。同时，在大学新生入学的第一学期，高校基层党组织将对大学新生进行入党启蒙教育，如鼓励他们递交入党申请，增强他们入党的主动性、紧迫感，提高他们自我教育、自我管理和自我服务的水平，使他们尽快从思想上、行动上积极向党组织靠拢。因此，大学新生应在学校党组织的教育引导下，努力提高自己对党的基本知识的认识，增强自觉性，坚定理想信念。

入党知识讲座是每所大学在开展思想政治教育工作时必须安排的重要内容，大学新生应积极参加这类讲座，掌握入党的必备条件。讲座内容包括：党的基本理论知识，马克思列宁主义和毛泽东思想，中国特色社会主义理论体系，大学生树立正确世界观、人生观、价值观的重要意义，为什么要积极倡导在学生中发展党员，什么是正确的入党动机，大学生入党的具体标准是什么，学生党支部应如何做好对入党积极分子的培养、教育、考察和发展工作，学校学生党建工作的实践和学生党支部的设置情况，入党的主要程序和手续有哪些，等等。

坚定理想信念，最根本的是用中国特色社会主义理论体系武装头脑，指导我们的学习和工作。理想和信念是我们思想和行动的指南，一个积极要求进步的大学生党员，必须树立远大的共产主义理想，坚定共产主义信念，矢志不渝地为党的最终目标而奋斗终生；必须积极地学习马克思列宁主义、毛泽东思想和中国特色社会主义理论体系，提高政治理论水平和政治觉悟；必须自觉地引导其他入党积极分子树立坚定的共产主义信念，树立起全心全意为人民服务的思想，自觉地改造世界观，为做一个合格的共产党员而努力。

2）向高年级学生党员学习，积极进行自我管理

随着高等教育的大众化，高校普遍扩大了招生规模，从培养学生党员的角度看，让学生参与管理，有利于学生党员的成长和能力的提高，在参与活动中增强工作责任心。因此，在高校中，一批素质高、能力强的高年级学生党员会参与新生的接待和日常信息联络以及一些学生管理工作，这一方面弥补了学生政工干部人手的不足，另一方面，也可以让高年级学生党员经常性地与新生进行面对面的交流，使新生直接感受到与高年级学生党员的差距，从而增强党组织的吸引力、凝聚力和感召力。

大学新生在充分认识高年级学生党员的示范作用后，可以减少对学生党员的神秘感，从而认识到入党对自己能力的培养和提高、良好行为习惯的养成具有很大的帮助；同时，积极开展自我管理，通过与高年级学生党员面对面的交流，把学生党员的良好形象与素质展示、融入到自我管理中，让自己感到学有榜样，从而增强入党的紧迫感。

此外，大学新生中的入党积极分子不必因入党动机中存在着一些缺陷而自咎，应鼓励自己在现有的思想基础上提高自我。对党的认识不只是情感上的事情，更应从理性的高度去认识。这种认识是在党组织的关心和帮助下，一步一步提高的。大学生要了解党的性质、指导思想、宗旨，党的最高纲领，党在现阶段的路线、方针、政策，并理解党的现行方针、政策等；积极参与学习马克思列宁主义、毛泽东思想、邓小平理论、“三个代表”重要思想和科学发展观等一系列重大战略思想，用中国特色社会主义理论体系武装头脑。

## 第二节　大学生的社会活动

大学生的社会活动丰富多彩，有校园内的各类学生社团活动，也有在假期或课余时间走出校园的以科教文化服务、社会调查、公益劳动、文明共建等为主要内容的实践活动。这些社会活动不仅给同学们提供了了解社会的窗口，同时也使同学们发现问题、解决问题的能力和自身的综合素质得到了提高。

### 一、学生社团活动

学生社团是经过学校批准，由本校学生在自愿的基础上组织的群众性团体。随着大学生要求全面发展，提高自身素质的愿望逐步强化，高校的社团活动逐渐为更多的大学生所接

受。大学社团活动十分活跃，使越来越多的大学生加入其中，这也成为大学生课余学习、活动的重要组成部分。

### （一）学生社团的组织及种类

学生社团是由有共同志趣、爱好的学生自愿组成并经学校批准认可的学生群体组织。学生社团的组织和活动，实际上是一种校园文化群体的组织与活动。它是校园文化中不可忽视的一个方面。各种类型的学生社团，有力地推动着校园文化的发展。遍及校园的各种学生社团通过组织种种活动，对学生素质的提高起到了积极的作用。

目前，高校学生社团种类比较多，概括起来大致可分为以下四类。

第一类是知识型社团。这类社团以理性的文化知识为主要内容，具有理性思辨的特征，包括一些专业知识性社团、学术研究性社团和政治性社团等。

第二类是创造社团。这类社团以创造、创作、发明为特征，以培养人们的动手能力和锻炼思维为目的，如各种文学社团、科技兴趣小组等均属于此类。

第三类是文娱社团。这类社团以文娱、体育、艺术等方面的活动为主要内容，以追求感性的或感官刺激为主要特征，如桥牌协会、球迷协会等。

第四类是服务社团。这类社团是指校园中一些以提供服务为手段，以营利为目的的社团组织，如大学校园里的“学生自助商店”“家教服务中心”等。

这四种类型的学生社团又可以分为两大类：一类是同学生的学习密切相关的各种兴趣小组，如数学兴趣小组、科技兴趣小组等，这些学生社团组织是课堂教学的辅助形式，对于提高学习效率，扩大和巩固知识很有帮助；另一类是同学生的业余生活密切相关的各种社团组织，如诗社、文学社、书法美术社等，这些学生社团对于丰富业余生活，培养生活乐趣，陶冶情操，提高审美鉴赏能力大有裨益。学生社团是学校教育、教学活动的补充和调节，对学生的全面发展发挥积极的作用。

### （二）学生社团的特点

#### 1. 社团组织具有层次性

在社团组织活动的规模上，有班、年级、系、跨系及全校等多规模的层次。一般来说，班、年级中的社团组织，受人数等因素的限制，规模小，但活动次数较多，社团中各个成员彼此熟悉，活动容易进行。而系、校级社团活动，多数为重大节日或围绕学校中心工作而开展的系列性大型活动。此类活动内容丰富，人数众多，持续时间较长，且影响面大。从学生社团的活动范围来看，也具有多层次性放入特点，并表现为开放性的发展趋势。如年级以下的活动、全校范围的活动、各个学校相互间组织的活动以及社会范围内的调查与实践活动等。此外，组织活动的部门和单位具有多层次性。由于各种社团组织隶属于不同的部门，所以他们中的成员开展的活动由不同主管者负责，开展的活动也不一样，有各年级社团组织的活动、学生中党团组织开展的活动、全校性学生社团开展的活动，等等。活动负责者的多层次性，使社团活动次数增加，内容各不相同，形式多样化，呈现出纵横交叉的主体性特征。

#### 2. 活动内容的广泛性

由于学生社团是根据某种需要而结合起来的群众性组织，成员广泛，因此，他们对活动内容的追求也会有广泛的趣味。一方面，有的学生需要丰富的课余文体活动，以缓解紧张学习带来的疲劳；而有的学生则是希望通过参加社团活动，锻炼自己的才干，培养自己各方面的能力，为毕业后适应社会生活做准备。另一方面，有的学生对政治颇感兴趣，十分关心社会的发展与进步，渴望从活动中更多地了解社会，寻求理想、信念、道德、人生道路和人的社会价值等问题的正确答案。有的学生则为寻求知识，希望通过社团活动，扩大自己的知识面，了解其他专业的情况，特别是对新兴学科、边缘学科很感兴趣。总之，成员的活动动机是多方面的，因而社团组织活动的内容也呈现出丰富多彩的特点。另外，社团活动中各种信息的传播，开阔了社团各个成员的眼界，使他们的兴趣、爱好迅速扩展，产生了求乐求美、追求自我完善的多种需求。不仅追求知识的富有，而且更倾心于精神的寄托、感情的满足和心理的平衡，形成了对文学、音乐、舞蹈、美术、书法、摄影等文娱活动的爱好和追求。

**3. 活动形式的多样性**

随着学生社团活动内容的不断充实，多种多样的社团组织形式也应运而生。不同类型的学生社团根据各社团的特点开展形式多样的社团活动，对学生素质的全面提高和个性的张扬起到了积极的推动作用。

**（三）学生社团组织的管理**

学生社团文化是校园文化的重要内容，它对校园文化建设的积极作用是很大的。但是，我们也必须看到，学生社团文化也可能产生消极的一面，例如有些学生容易通过社团形成小宗派，不能很好地处理个人或少数人与集体的关系，甚至容易发展为“个人至上”；再如有些学生组织社团的态度和目的不端正，他们不是为了组织一批志同道合的同学进行有益的活动，培养大家的能力，而是为了自己捞取功名，从而导致学生社团文化的庸俗化。另外，从已有的教训来看，极少数学生社团还容易成为一些反党反社会主义的极端分子利用的阵地。凡此种种，都说明在校园文化建设中，我们既要充分发挥学生社团文化的积极作用，同时也要加强对学生社团组织的正确引导和管理，消除其不利的一面。

在对学生社团组织的管理方面，关键在于要把握学生社团文化的发展方向。学校的党团组织和行政管理部门要加强对学生社团组织的引导工作，本着融学术性、知识性、趣味性、娱乐性为一体的原则，把学生社团组织引向正规化的发展道路；在总体上要把握“大的方面要管好管住，小的方面要放开放活”的指导方针的同时，做好各个学生社团成员的思想政治教育工作，特别是要加强对各个学生社团负责人的思想素质和业务能力的培训；要建立和完善学生社团组织的核查审批制度、学生社团组织章程、社团财务管理制度和学校对社团的有关管理制度等，对学生社团要定期或不定期地进行检查。为此，要建立一支高效的学生社团的管理队伍，学校的领导、管理人员和教职员工要经常参加学生社团的活动，在参与的过程中发现问题、解决问题，在活动中给予正确的引导。还有一个重要的方面就是要组织学生社团经常与社会上的文化团体进行交流，使学生在更加广阔的天地里得到锻炼，促使他们早日成熟。

**（四）社团活动与成才**

市场经济条件下，大学生不但要求掌握现代科学技术知识，建立最佳知识结构，而且还要有较合理的能力结构，成为具有渊博知识和较高能力的开拓型、创造型人才。但是，大多数同学的社会经验和实际工作能力相对缺乏，有的同学明显地存在着“高分低能”的弱点，这种状况与社会对人才的需求存在较大的差距。那么，参加社团活动就成了缩小这个差距的有效途径之一，是提高大学生在人才市场的竞争力的重要渠道。

学生社团虽然规模大小不一，活动内容和形式各异，但它们的作用却是共同的。

**1. 社团活动为同学们走进社会、接触社会提供了多种途径**

社团活动使越来越多不满足于课堂教学的同学将较多的注意力转向课外，把课外领域的社会实践当作人才培养的途径。同学们一方面把所学到的知识用于实践，使理论与实践相结合；另一方面，又从社会中汲取营养，了解社会的需要，从而调整自己的知识结构。无疑，社团为同学们适应社会提供了有利条件。

**2. 社团活动促进了第一课堂的学习**

跨专业、跨学科、多层次、多内容的社团活动打破了封闭的教学体系，加快了信息的传递，加速了不同学科之间的交叉、相互渗透，开拓同学们的视野，培养同学们获取、分析、利用信息的能力。

**3. 社团活动锻炼和培养了学生的组织管理能力和社交能力**

在社团活动中同学们需自我管理，维护社团内部的团结，决定组织发展方向，平衡组织与外部的关系，等等，这使同学们的组织管理能力得到很好的提高；社团成员打破了年级、班级、专业、年龄的界限，扩大了同学们的社交范围，提高了同学们的社交能力。

**4. 社团活动是提高大学生综合素质的好形式**

社团作为大学生自我教育、自我管理、自我服务的一种好的形式，对大学生各种素质和能力的提高具有愈来愈重要的作用，愈来愈受到广大学生欢迎。

当然，参加社团绝不能随意，大学生应该结合自己所学专业和自己的爱好选择社团。同时，选择社团时要合理安排时间，充分利用时间，处理好“博”与“专”的关系。另外，选择社团时要注意重点，为培养某方面的能力创造条件。最后要注意的一点是参加社团要持之以恒，不可朝秦暮楚。

## 二、大学生勤工助学

勤工助学是大学生直接接触社会、了解社会的一个很好的窗口，是大学生的社会活动之一。

如今的大学生不再是“一心只读圣贤书，两耳不闻窗外事”了。找一份“工作”做做，可以开阔视野，更多的是感受社会的气息。通过勤工助学，可以使大学生意识到自己是社会的一员，要立足于社会，必须满足社会的需要，向社会奉献自己的才华。同时，通过勤工助学这一与经济有直接联系的校园生活，会使大学生在通过自己的努力，用自己的力量去挣一份工资时，对市场经济有更直接的体验。

通过勤工助学，大学生可使自己的大学生涯增加一份难忘的经历，锻炼自己各方面的能力。

在学习期间利用课余时间去工作，在学生商店做当班人员、在图书馆里整理图书、在校外当家庭教师、在大街上卖报纸等，这些看上去并没有特别之处的工作，由于参与者是大学生，而显得有些不同。当然，通过勤工助学也可以培养大学生的某些能力，如组织管理能力、社会交际能力等。

**（一）寻找勤工助学的机会**

正是考虑到大学生勤工助学的需要，现在不少大学都设立了勤工助学办公室（资助管理中心、勤工助学指导中心），以加强对大学生参加勤工助学的管理与服务。勤工助学办公室的一大职责是，不断开拓大学生参加勤工助学的渠道并创造更多的勤工助学机会。如今，一些学校的勤工助学办公室不但把校内的大多数勤工助学机会会集起来，而且还成为不少校外企业或个人联系学生参加勤工助学的“中介”。

学校勤工助学办公室发布有关勤工助学的信息，一般有如下几种方式。

（1）在某一具体时间举办勤工助学公开招聘会。

（2）由老师通知同学，自愿报名。

（3）以互联网、海报、校园广播的形式向学生公布，并请有需要、符合具体条件的同学到规定的地方报名。

（4）以书面通知的形式将信息发到各班级。有意参加勤工助学的同学，要时时留意这些信息。大学生如果需要勤工助学机会，除了等待信息外，还可以直接找学院负责学生工作的老师或到勤工助学办公室提出申请。

另外，除了通过学校的勤工助学部门，大学生也可以通过找自己的朋友、老乡等渠道寻找勤工助学的机会，这主要是一些校外的勤工助学机会。

针对大学生的实际情况，在暑假里，一些地方也推出了勤工助学招聘市场，把需要勤工助学服务的企业集中在一起，让供求双方见面。暑假没有其他安排的大学生，要密切注意勤工助学市场的时间、地点，到时可以在勤工助学市场尽可能选择待遇、工种比较符合自己愿望的勤工助学机会，利用暑假时间好好地干一番。

**（二）大学生勤工助学的形式**

目前大学生勤工助学的机会以简单的服务性、劳务性的工作为多，智能性的偏少。具体而言，大学生勤工助学大致有以下几种主要形式。

**1. 学校助管**

所谓“助管”，就是大学生参与校园的管理。助管的内容有：学校有关部门办公室助管，主要是帮助老师完成一些办公室事务，如进行文件整理、办公室值班、电脑管理等，提供这类勤工助学的办公室有各学院办公室、学校学生工作部门办公室等；校园治安执勤、校园巡逻、校园秩序维护，主要在学校保卫部门、学生工作部门的领导下，维护健康、文明的校园秩序，对不良校园情况及时制止并进行汇报；学校一些公共服务设施处的值班、当班或场地管理，如宿舍公用电话的值班收费，学校溜冰场、台球房、卡拉 OK 厅等地的管理等。

大学生以勤工助学的方式参加学校的管理，有四方面的好处：一是增加对学校的了解，加深与老师间的沟通；二是增强自己的学校主人翁意识，有助于加强自我管理；三是时间、精力容易调配，老师对学生勤工助学的安排一般随学生情况变化进行调整；四是学生参与助管，在某种程度上也可视为担任社会工作。助管的表现通过使用部门反馈给各学院，可作为学院综合评价学生在校表现的材料之一。勤工助学其实也是一条重要的培养能力的途径。

**2. 家教服务**

家教服务在各个大学都是比例很高的一种勤工助学形式。现代家庭非常注重对独生子女的智力投资，请家教成为大城市中很多家庭的选择，即便是一些经济情况并不如意的家庭，也会省下其他开支为孩子请家教，而家教的老师除了中学教师外，大学生也是主要的组成部分。对大学生而言，帮中小学生补习数学、语文、外语等，在知识结构、时间精力上并不是一件难事，因此，家教颇受大学生的欢迎。但是，把家教看得很简单却是大学生家教的一大误区。做家教时不好好准备，每次就是为学生复习上课内容或者做几道习题等，使有的家长开始对大学生家教失去信心。其实，大学生家教对中小学生的引导，更主要的是帮助他们培养一种良好的学习习惯和思维习惯，因此，也要有针对性地备好课。

**3. 技术服务**

大学生凭借自己的一技之长进行勤工助学，在大学校园里并不少见。技术服务主要包括维修自行车、电视机、录音机、耳机、电脑、打印机等。另外，也有同学提供摄影服务、文字处理服务（以电脑设计、制作、打印为主）等。大学生的技术大部分是在入校前培养起来的，当然也有一些大学生是在入校后才学的。对于开展技术服务，如果学校里有类似的服务部门，可以直接与之联系参与勤工助学；如果学校没有这类服务部门，而学生对此又有需要，则可向学校老师提出申请，在得到批准后开设此类技术服务。由于这类技术性工作只需准备一些办公设备即可，因此用不了多少启动资金。掌握一定的技术对大学生而言，好处颇多。

**4. 专业服务**

大学生勤工助学如果能与专业联系在一起，学以致用，那是再好不过了。事实上，如今的社会也为大学生提供了广阔的天地。如学建筑、服装、美术的同学，可以尝试建筑设计、广告设计、装潢设计、装帧设计、服装设计、形象设计等，如果有经济实力，还可以进行某些设计内容的制作，如广告制作、服装制作等；学计算机的同学，可以提供软件开发、计算机安装、调试等服务；学中文、新闻、文化管理等专业的同学，可以与报社、杂志社、出版社、电视台、广播台等联系，当个自由撰稿人为其写稿，或者受聘去进行一些新闻采访报道、文字编辑、文字处理等工作；学外语专业的同学，可以做翻译，既可以是文字翻译，也可以是口语翻译。而体育院校的很多大学生在参与勤工助学时则是选择借助自身的运动优势，为有意向参与体育锻炼或是培养体育爱好的人群提供指导服务，例如进行游泳、羽毛球、网球等体育活动的培训指导。

开展与专业学习对口的勤工助学，不但可以理论联系实际，锻炼自己的实际工作能力，获得一定的经济收入，而且有的还可以作为自己社会实践的成果。

**5．商品服务**

大学生处在市场经济的时代，在勤工助学中免不了从事与经济直接相关的工作。校外单位为大学生提供的勤工助学机会，很大一部分是从事商品的推销、商品的宣传、物品的传送等工作。这类工作比较费时间、费精力，但由于操作简单，因此也比较受大学生欢迎。从事商品服务需要大学生克服思想上怕难为情的障碍，进而磨炼出人际交往和公关的技巧。

**6．信息服务**

这是信息时代正在兴起的一种服务。目前，大学生参与信息服务的勤工助学活动还很少，但这可能会成为一种发展的趋势，因为大学生在信息的获取、整理、创意、策划等方面有自己的优势。来自祖国四面八方，地处教学、科研的密集区，年轻人敏捷、活跃的思维以及群体生活的环境，使大学生既能把祖国各地的信息会集在一起，又能把各种新的信息传递出去，还能通过集体交流活动产生智慧的火花。事实上，有的学生活动，如科技扶贫，让大学生到山区为当地送去现代化的科技知识，为当地的发展出点子，这在某种程度上说也是信息服务。大学生的信息服务要建立在多观察、多思考的基础上，善于为某一事物的发展提出自己有创新意义的观点，善于策划一件事并自始至终圆满完成，这本身就是对大学生的一种锻炼。

除此之外，大学生的勤工助学活动还有其他多种形式。比如，为报纸、杂志、广播、电视联系广告，利用自身特长、优势进行演出，当特邀节目主持人、时装模特等。

**（三）大学生勤工助学应注意的事项**

**1．以不误学业为前提**

勤工助学的目的是为了让大学生更好地完成学业，对于大学生参加勤工助学活动，学校一般持支持态度，但是，如果将勤工助学转变为以赚钱为主要目的的打工经商，学校是明确反对的。大学生的主要任务是学习，如果把过多的时间投入到打工经商中，以致荒废学业，实在是本末倒置。有的同学陷入打工经商中不能自拔，以致出现一学期好几门功课不及格的情况，最后甚至退学，这是很不应该的。在这方面，大学生要“向前看”，而不要“向钱看”。如果勤工助学影响到了学业，就要引起注意了。

**2．树立健康的劳动观念**

如今大学生参加勤工助学，有一种普遍认识，即工作要轻松一点、工资待遇要高一点。对于那些工资较高但要出“苦力”的活不愿做，对于那些工作很轻松但工资较低的事又不肯做。有的学生在勤工助学中想来就来，想走就走，对自己的责任、义务认识不清，劳动合同意识不强。

**3．必须遵纪守法**

大学生参加勤工助学时接触社会的机会较多，在勤工助学中，必须遵纪守法。另外，大学生勤工助学还得遵守教育部和学校制定的有关文件，比如，不能在学生宿舍兜售商品，不能在校园里随便张贴商品信息广告，校园里不得有无证摊贩等。违反了这些规定，都要承担相应的责任。

**4. 必须保持清醒的头脑**

涉世不深的大学生往往容易在形形色色的社会现象中迷失方向，因此，大学生要时刻保持头脑清醒。我们不能以社会复杂、人心叵测之类的“道理”来阻止大学生去接触社会和参与勤工助学，但大学生头脑里也要有一根保护自己的“弦”，在涉及利益较重的勤工助学活动中，要多一点谨慎，以防上当受骗。另外，也不要以损坏自己的人格尊严为代价去获得某些“好处”，如见钱眼开、见利忘义、图蝇头小利，从而忘却做人的准则。

**5. 合理使用勤工助学的收入**

自己挣来的钱自己用，当然无可厚非。但是，有的同学通过打工赚了一笔钱，就成为校园的“贵族”，买手机、上饭馆、追求时髦等。这些情况虽然在学生中还是个例，但对其他学生的冲击、影响较大。挣到了钱，要学会正确使用自己的钱，正如有句话所说，管理金钱在很大程度上就是管理你自己。能够通过勤工助学挣到钱，当然是值得称赞的，但能够学会合理使用钱，更是素质高的一种体现。

## 三、当好学生干部

做学生干部也是大学生社会活动的一项。在大学里，学生干部类似于一个单位的管理者，当好学生干部，是大学生社会活动表现优异的有力说明。

同学们都是经过千军万马过独木桥“拼杀”出来的“英雄”，在这人才济济的大学里，要想成为一名合格的学生干部不是件容易的事，如何才能成为一名同学喜欢、老师认可的学生干部呢？关键是要具备一定的素质要求。

### （一）学生干部的素质要求

**1. 政治素质**

学生干部比一般同学应该有更高的政治觉悟，政治上必须坚定，能坚持四项基本原则，自觉贯彻党的各项路线、方针和政策，敢于和各种错误思潮和不良现象作斗争，这也就是我们经常讲的“德”。

**2. 思想素质**

人总是要有点精神的，包括奉献精神、创新精神等。学生干部所做的都是服务性的、义务性的工作，当工作和学习、生活冲突时常常要牺牲个人的利益，要做到这一点，没有奉献精神是不可能的。此外，由于形势不断变化，社会在不断发展，各种情况层出不穷，这就对学生干部提出新的挑战。因此，学生干部没有一点创新精神和良好的思想素质是很难适应形势发展的需要的。

**3. 智能素质**

学生干部的智能素质包括智力素质和能力素质两方面。智力素质是学生干部的知识素质。一名合格的、有威信的学生干部，不仅工作要出色，而且学习也要优秀。因此，作为学生干部，要努力学好专业知识，争取优良成绩，广泛涉猎关于管理、心理、交际等其他方面的知识，锻炼和提高自己的能力。

**4. 心理素质**

在现实生活中，学生干部既有春风得意、踌躇满志的时候，也经常有工作不被同学理解、支持而受到嘲讽、打击的时候。这就要求学生干部必须具备稳定的心理素质，才能宠辱不惊，坦然处之。

此外，做一名好的学生干部还应该具备良好的身体素质。学生干部是做服务性工作的，做事、开展活动经常要身先士卒，如果身体素质不行，三天两头打针吃药，那是很难胜任学生干部的工作的。

**（二）学生干部应具备的能力**

**1. 组织能力**

学生干部作为学生的骨干和带头人，是各种学生活动的策划者、组织者和实施者，需要把广大同学吸引、组织起来，这就要求学生干部能号召群众、发动群众、组织群众，必须具备一定的组织能力。

**2. 表达能力**

它包括书面表达能力和口头表达能力。作为学生干部，经常要制订计划、写总结及各种材料，没有较好的文字表达能力是很难胜任的。此外，还要经常主持会议、发表讲话、传达文件，要经常与同学进行思想交流，没有良好的口头表达能力也是难以胜任的。

**3. 收集处理信息的能力**

作为学生干部，应及时了解、掌握并反馈各种信息，及时做到上情下达，下情上达，通过收集信息，分析信息，发现问题，进而找到解决问题的办法。因此，学生干部应多读书看报，深入同学当中，广泛听取同学意见。

**4. 社交能力**

学生干部不仅要经常和本班、本院系同学联系，而且还得与其他班、其他院系乃至其他学校或社会上的单位等进行联系，如组织班际或校际活动、社会实践活动等。因此，必须具备一定的交际能力，才能有利于工作的开展。

**5. 团结协作能力**

学生活动、学生工作不是靠一两个人就能完成的，而是靠大家共同参与，依靠大家的力量才行。因此，学生干部应有团结协作的能力，能团结人，吸引人。

**（三）要处理好学习和工作的关系**

**1. 要注意统筹兼顾**

做学生干部既要搞好学习，又要做许多服务性的工作，因此，时间是极紧张的，尤其是活动较集中的时候，更是忙前跑后，不亦乐乎。在这种情况下，就得学会统筹兼顾，巧妙安排，在制订计划、组织活动前就应该有一个全盘的规划，使自己有较大的自主权，做到工作的时候努力工作，学习的时候认真刻苦学习。统筹兼顾不仅指在安排工作和学习的关系上，还体现在学生干部的合理使用上，不管是班级、院系级还是校级学生干部，都归属同一个组织，因此，都是一个有机统一的整体，作为一名学生干部，在开展组织活动时要善于吸引、组织大家一起来分担工作，这样既有利于发挥集体的力量，又可以减轻个人的压力，一举两得。

**2. 提高效率**

效率越高的人，时间安排上越主动，宽松的余地就越大。因此，一个学生干部要想在工作和学习的关系中游刃有余，做到两不误，双丰收，最关键的就是提高效率。学生干部有时需要占用休息时间，甚至占用学习时间来完成工作。与一般同学比，他们用于学习的时间相对要少，如果不讲究效率，学习成绩就容易受到影响。有不少干部总喜欢把事情往后拖，认为反正后面有的是时间，结果只能使事情越拖越多，积重难返，疲于应付，从而影响了学习和工作。

**3. 要珍惜时间**

陈毅同志曾写过这样一句诗："应知学习难，在于点滴勤。"就是说学习必须抓紧点滴时间。学生干部与普通学生不一样，当同学们在阅览室里查资料时，你也许正在为组织活动而奔波，当同学们在教室里看书、写作业时，你可能正参加学生干部会议……总之因为你担任了学生干部工作，你用于学习的时间相对就少了。因此，你就必须要稳得住、静得下，做到既不浪费时间，又善于"挤"时间，争分夺秒，尽可能挤时间来学习，因为"时间就像海绵里的水，只要你愿意挤，它总还是有的"。

**（四）正确看待学生干部的得与失**

从表面上看，担任社会工作要耽误时间，耗费精力，而且工作中的矛盾会分散学习的注意力，但从提高素质、锻炼能力的角度来看，当学生干部，却是一种难得的锻炼机会，有利于自身的成长。

（1）担任学生干部，有更多和老师、同学接触的机会，有更多进行实际锻炼和接受各种信息的条件。这种锻炼和接触，虽然在平时显得微不足道，但长期的积累对人的全面发展却很有益处。现代社会是一个竞争的社会，毕业走上社会后，曾经当过学生干部的人因为有一定的社会工作锻炼，总体上看会比普通同学思想更活跃、视野更开阔、适应性更强，因此也往往容易得到用人单位的青睐。

（2）有利于提高自身的综合素质。当今社会，到处充满着竞争，那种"两耳不闻窗外事，一心只读圣贤书"的书呆子很难适应现代社会的竞争需要。要想在竞争中取胜，就必须要有较高的综合素质和较强的能力。担任学生干部，往往比一般同学有更多的锻炼机会，有利于促进各种能力和素质的提高。通过设计活动，可以锻炼决策能力；通过组织同学开展活动，可以锻炼组织协调能力；通过召开会议、布置工作等可以锻炼口头表达能力；通过写计划、总结、报告等，可以锻炼写作能力；通过与老师、同学交往等可以锻炼社会交往能力和协调能力等。这种优势和机会，是一般同学所没有的。因此，一个担任学生干部的同学，其各方面的能力和素质相对来说要比一般同学高，因此，也更容易得到社会的认可。

（3）担任学生干部，可以增强工作的责任心和社会责任感。责任心是做好工作的必要前提。古人说："在其位谋其政。"学生干部身负的责任重大，这也促使他不断从各方面完善自己，努力为老师、同学服务，争做同学的表率，不辜负大家的期望。这对个人的成长无疑是非常有利的。

总之，大学生要成才，除了课堂上的专业学习之外，还需要加强多方面的学习，参加一些必要的力所能及的社会工作也是一种学习，这是课堂教学的有益补充，是提高知识质量的措施之一。因此，每个学生干部应该正确看待其得与失。不要放弃参加社会工作的机会，而应主动争取做些社会工作，努力完善自己，使自己能成为一专多能的复合型人才。

## 第三节　努力塑造健全的人格

大学生的自我管理还体现在塑造健全的人格方面。这也是非常重要的一个方面。人格是人的心理面貌的集中反映。心理卫生学认为，随着社会的发展，人类健康而幸福的生活越来越多地取决于人类自身的人格健康状况，而且人格的健康发展也是促进社会健康发展的一种力量。人格素质是大学生综合素质的重要组成部分，综合素质的发展和提高包含着人格素质的发展和提高，而人格素质的发展和提高对综合素质的发展、提高有着重要的促进作用。因此，寻找通向健全人格之路、塑造健全的人格是大学生心理健康教育的重要目标之一。

### 一、人格的含义及人格与身心发展的关系

#### （一）人格的含义

“人格”的使用范围非常广泛，在生理、心理、宗教、社会、伦理、法律和美学等不同领域有不同的意义。例如，常常听人说，张三的人格卑鄙，李四的人格高尚，这是从伦理道德上给人以评价。在某种情境下有人会气愤地说，“这是对我人格的污辱”，这里的“人格”属于法律范畴，说明有人侵犯了他的尊严和人权。在国外，有的广告会说这种产品能增进你的人格，其意是指对你的衣着、发型、装饰等有所改进，令你的外表更加美观，这里的“人格”则是指容貌、仪表、给人的印象等。

即使在心理学中，“人格”也是一个很复杂的概念。“人格”的定义因人格心理学家的理论观念而异，有多少种理论就可能有多少种定义。据统计，至少有50种以上的不同定义，可谓是众说纷纭。

这里所说的人格，是相对于认知、情绪、意志等而言的一种心理现象，亦称“个性”，它反映了一个人总的心理面貌，是相对稳定、具有独特倾向性的心理特征的总和，是在长期的社会生活实践中形成、发展起来的。一般认为，人格包括气质、性格、能力、兴趣、爱好、需要、理想、信念等方面的内容。换言之，人格涉及四个方面：全面整体的人、持久统一的自我、有特色的个人和社会化的个体。

#### （二）人格与人的身心发展

人格由气质、性格等多种因素构成，诸因素的相互作用构成了一个人的人格。人格是人的心理行为的基础，它在很大程度上决定了人如何面对外界的刺激做出反应以及反应的方

向、速度、程度、效果，进一步说，人格会影响到人的身心健康、活动效率、潜能开发以及社会适应状况。因此，重视人格的整合与塑造，既是身心健康的需要，又是自我发展、自我实现的需要。

身心医学的研究已表明，许多生理疾病都有相应的人格特征模式，这种人格特征在疾病的发生、发展过程中起到了生成、促进、催化的作用。例如，哮喘患者多有过分依赖、幼稚、暗示性很高的人格特征；偏头痛患者多有刻板、好胜、嫉妒心强、刻意追求完善的人格特征；具有矛盾、强迫性、吝啬、抑郁特征的人容易得结肠炎、胃溃疡等疾病。

大学生优化人格，整合、塑造健全人格的目的不仅仅是为了避免身心疾病，更重要的是发挥人格最佳作用，达到自我实现。所谓的“最佳作用”，即：人是可变的，人是最佳的，人能够实现任何一种个体潜能，能够塑造自己的生活，促进周围环境的发展。发挥最佳作用是实现自我、不断超越自我的必由之路。

近年来，人们已逐渐形成一种共识，影响大学生成才的除了智力因素外，更主要的是非智力因素，或者说“情商”。一个性情开朗、乐观、热情大方、善于交际、诚恳忠实的人，往往比较容易获得群体和他人的悦纳，也比较容易获得帮助，从而创造出一种和谐的环境，有利于自己心理愉悦、施展才华。大学生心理咨询的实践表明，大学新生入学后的适应不良，往往与人格素质有关。

另外，人格与一个人的思想品德不仅互相影响、互相制约，而且相互包容。一些良好的人格特征同样也是良好的思想品质，比如对现实的态度（对他人、集体和对工作的态度）既是大学生思想品质的重要内容，也是大学生人格素质的具体体现。塑造大学生健全人格的过程，也是培养思想品质的过程，两者相辅相成、互相促进。

21 世纪要求跨世纪的一代大学生更具有竞争意识、责任意识、机遇意识、创新意识和效率意识，具有面向世界、面向未来、面向现代化的素质，而这些往往与自信、外向、乐观、进取、顽强、灵活、守信等人格特征联系在一起。因此，加强对大学生的健全人格教育，培养大学生在人格方面的自我教育能力，乃是新世纪的呼唤。只要当代大学生具有独立人格的行为、整合人格的意向、自我实现的愿望，那么，祖国的未来一定会变得更加美好。

### （三）大学生常见的人格发展不足

大学时代既是学习并掌握知识的黄金时代，也是人格发展的重要阶段。在大学生人格发展中普遍存在的人格发展不足主要有以下八方面。

#### 1．无聊

无聊心理的主要特点是空虚、幻想、被动，感觉不到自我存在的意义与人生的价值，其核心在于没有确立恰当的人生目标。空虚是因为没有目标或目标太低，人一旦失去目标的牵引，生活就没有动力，缺乏对生命意义的深刻认识，就会出现茫茫然混日子的现象，对生命意义的否定发展到极端是对生命的否定；幻想是由于目标定位不准确或者目标太多而导致的心理负担，实质是对责任的恐惧；被动是由于目标不是自己内心的渴望，未获得内心的自觉与认同，只是为学习而学习，为考试而考试，疲于应付，学习生活中缺乏主动性和创造性。克服无聊心理的根本方法是确立恰当的人生目标，并由人生目标牵引着实现自己的人生价值。

**2. 不良意志品质**

不良意志品质是指意志发展的不良倾向，主要表现为：生活缺乏目标，随波逐流，无所事事，懒散倦怠，浑浑噩噩，醉生梦死；还有的意志发展不成熟，曲解意志品质，把刚愎自用、轻率当作果断，把犹豫、彷徨当作沉着、冷静，把固执己见、执着一念当作顽强等。不良意志品质一经形成，会带来很多性格缺陷，以致最后发展为人格缺陷。克服不良意志品质的办法是矫正自我认知中的非理性观念，正确理解意志品质的内涵，发展自觉性、果断性、坚韧性和自制力。远大的理想、坚定的信念和正确的世界观，是人奋斗的动力之源，要确立适当的行动目标并付诸实践。

**3. 懒散**

懒散是指一种慵懒、闲散、拖拉、疲沓、松垮的生存状态。主要表现在：活力不足，什么也不想做，没有计划，随波逐流；无法将精力集中在学业中，无法从事自己喜欢的事，百无聊赖，心情不爽，情绪不佳，犹豫不决，顾此失彼，做事磨蹭。在大学生活中常常是踏着铃声进教室，生活中的“九三学社”会员，常为自己的懒散寻求合适的解释，做事一误再误，无休止地拖下去，虽下决心改正，但不能自拔，不接受教训，对任何事没有信心，没有欲望。克服懒散的办法是从小事做起，自我监控，学会运筹和管理时间。正如学者所言：你是容量极大的水库，里面蓄积了从未使用过却随时随地可以供你使用的天赋与才干，但如果拖拉和胆怯会使你永远无法打开那智慧的闸门，那水库也就如同空的一样。

**4. 退缩**

退缩是指在困难面前表现出怯懦与畏难的心理恐惧，选择逃避与后退。主要表现是：在困难面前缺乏勇气和信心，不表明自己的态度，不敢承担责任，不敢冒险，不敢与坏人、坏事做斗争，回避困难，逃避责任等。这样的人常常抱怨自身的不幸，却宁愿忍受痛苦而不主动追求。克服退缩的办法是：鼓励自己积极应对生活中的挫折，发现自己的优点，变被动为主动。克服退缩需要勇气与毅力。

**5. 偏狭**

偏狭是一种有百害而无一利的人格特征。偏狭人格多出现于性格内向者，尤其是女性。偏狭不是与生俱来的，而是后天习得的。因而，克服偏狭人格首先要学会宽容，能够容人、容事，正确看待生活中出现的矛盾冲突，对事不对人；其次要开阔心胸，拓展视野。人一旦心胸狭窄，就容易进入管状思维，只见树木，不见森林。

**6. 虚荣**

虚荣是指过分看重荣誉、他人的赞美，自以为是。虚荣心往往与自尊心、自卑感紧紧相连。没有自尊心，就没有虚荣心，也就没有自卑感。虚荣心是自尊心与自卑感的混合产物。虚荣心强的人一般性格内向、情感脆弱、自尊敏感。虽然有些自卑，但又担心别人伤害自己的尊严，过分介意别人的评论与批评，与人交往时防御性强，喜欢抬高自己的形象，他们捍卫的是虚假的、脆弱的自我。克服过强的虚荣心，首先要对虚荣心的危害性有明确的认识；

其次要正确看待名利，正视自己的优势与不足，扬长避短；再次是树立健康与积极的荣誉心，正确表现自己，不卑不亢，正确对待个人得失与他人评价。

**7. 自我中心**

自我中心是指考虑问题、处理事情都以自我为中心，将自我作为思考问题的出发点与归宿。表现为一切以自己为出发点，目中无人，甚至自私自利，当遇到冲突时，总认为自己对而别人错。特别是那些自尊心强、优越感强、自信心高、独立的大学生，比较容易陷入自我中心之中，当这种倾向与一些不健康的思想意识（如个人主义、自私自利）和心理特征（如过强的自尊心、唯我独尊）相结合，自我中心与自我膨胀便呈现出来。改变自我中心的途径主要有：一是正确估价自己，认识到自己的社会责任，既不妄自菲薄也不夜郎自大，既不自我贬损也不自恋；二是树立正确的人生观与价值观，将自己与他人，自我与社会，个人利益与集体利益统筹考虑，从狭隘的小天地走出来；三是学会尊重自己与尊重他人，懂得设身处地，换位思考，真诚待人。

**8. 环境适应不良**

环境适应不良主要是指大学生对大学学习、人际关系、异性交往等方面表现出的不适应，表现为强烈的失落感、孤独感，不能适应环境的改变。事实上，在构成环境的诸多要素中，人是最重要的要素，个体既受环境的影响与制约，又影响与改变着环境。因此，大学生要多了解自己所处的环境，培养自我调节的能力，在不同的环境下，能够主动适应环境并成为环境的改造者。

## 二、健全人格的基本特征

健全人格指各种良好人格特征在个体身上的集中体现，是生理、心理、社会、道德和审美各要素完美统一、平衡、协调的结果。健全人格的基本特征是什么呢？关于这点，国内外学者有不同的表述。

### （一）国内学者揭示的健全人格的几种表现

全国知名心理咨询专家、浙江大学心理咨询中心主任马建青教授认为，健全人格表现出以下的基本特征：

（1）人格结构中的各个方面得到协调、充分的发展；

（2）能有效地适应变化着的社会生活环境以利于个体身心的发展；

（3）对身心健康、潜能发挥以及学会生活的诸多方面产生积极而有效的影响；

（4）体现了人性与社会性的协调，并代表着人类社会发展的积极方向。

### （二）国外学者揭示的健全人格的几种表现

国外学者曾在20世纪50年代做过一项以大学本科生和研究生为被试者的研究。被试者分为两组：一组是普通的大学本科生和研究生，另一组是根据拟定的健康标准选择出来的大学本科生和研究生。研究采用行为观察、自我陈述、完成任务和人格测量等方法，比较两组被试的差异，从中揭示出健康人格的几种表现：

（1）心理健康的学生具有灵敏的反应、良好的现实向往、较高的自主性，人际关系真诚；

（2）心理健康的学生能够维持友谊，幼年时建立的同伴关系，十多年后仍能保持，在正常的社交领域有着亲密和理智的异性关系；

（3）心理健康的学生对自己的父母有一种自豪感，不以地位、身份、经济收入、受教育程度等因素来衡量父母，把父母看作最值得尊敬的人；

（4）心理健康的学生具有一定的自我领悟能力，也即具有自知之明，待人接物时能够意识到自己给别人带来的积极影响和消极影响；

（5）心理健康的学生对挫折或紧张能做适度的调节，包括心理转移；

（6）健康史的记录表明，心理健康的学生一般没有早期患重病的记录。

### （三）现实生活中大学生健全人格的基本特征

以上阐述都是人格健全者的标志，虽然生活中很多人达不到这个标准，但这些都为健全人格的培养提供了一种范式。我们认为，大学生健全人格应包括以下几个方面的内容。

#### 1. 自我悦纳，接纳他人

人格健全的大学生能够积极地开放自我，正确地认识自己，坦率地接受自己的不足并对生活持乐观向上的态度。

#### 2. 人际关系和谐

人格健全者心胸开阔，善解人意，宽容他人，尊重自己也尊重他人，对不同的人际交往对象表现出合适的态度，既不狂妄自大，也不妄自菲薄，在人际关系中具有吸引人、深受大家喜欢的优势。

#### 3. 独立自尊

人格健全者人生态度乐观向上，生活态度积极热情，有正确的人生观与价值观，能够用理性分析生活事件，头脑中非理性观念较少。人格独立，自信自尊。

#### 4. 能够发挥自己的潜能

人格健全的大学生具有自我发展、自我塑造与自我完善的能力，能够充分开发自身的创造力，创造性地生活，发现生命的意义并选择有意义的生活。

## 三、大学生健全人格的塑造

### （一）21世纪的呼唤：塑造健全人格

#### 1. 现代化与人格

美国社会学家英格尔斯指出：“一个国家，只有当它的人民是现代人，它的国民从心理和行为上都转变为现代的人格，它的现代政治、经济和文化管理机构中的工作人员都获得了某种与现代化发展相适应的现代性，这样的国家才可真正称之为现代化国家。”这就是说，人的现代化是社会现代化必不可少的因素，并且是社会现代化发展和成功的先决条件，而人的现代化归根到底又是人格的现代化。一方面，现代化呼唤着现代化的人格，并塑造着现代化的人格；另一方面，国民的现实人格影响着现代化的模式和进程，两者交互作用，构成了当代大学生塑造健全人格的时代背景。

党和国家领导人曾高瞻远瞩地指出，“教育要面向现代化，面向世界，面向未来”，面向现代化当然要造就大学生的现代化人格。

**2．新世纪的呼唤**

当代大学生是跨世纪的一代，亲眼目睹了两个世纪年轮的更替，深刻感受了两个世纪变化，领略了两个世纪时代氛围的变迁。

跨世纪大学生同时肩负着更宏伟的历史使命。这种使命是多重的，从心理学的角度看，跨世纪大学生应扬起双臂勇敢地迎接一场自我的深刻革命——个性革命，否则，人格的现代化、人的现代化将成为纸上谈兵。

事实上，世界各国也在积极调整教育目标，以使其青年一代更能适应新世纪。全美教育协会早在 1977 年就提出，学校不限于培养学生“成为生存于社会中的人，它要培养出全面发展的、获得了自我实现的、具备能够缔造美好社会的能动作用的人——一个真正的、具有自我革新精神的、自律的个人”。为了实现将日本建成“信息化、国际化社会”的目标，日本政府也提出：“要为 21 世纪造就更富有创造性、更富有个性、更具有竞争力和广阔国际视野的日本国民”。毫无疑问，这些教育目标中包含了丰富的人格教育因素，非常值得我们思考和借鉴。面对 21 世纪的挑战，当代大学生必须认真做好世纪之交的人格准备。

**3．新时期的人格准备**

联合国教科文组织提出：“教育能够是，而且必然是一种解放”。作为一种解放的教育，必然包括人格教育。但现实并不令人乐观，一份对北京某著名大学经济学院招收的 14 名全国高考状元的跟踪调查显示：时隔一年之后，这些状元中的一些人表现出心理脆弱、缺乏创造性、没有主人翁精神、不敢面对困难与挫折、漠视集体生活与社会活动等人格发展缺陷。

国民的人格是健全还是不健全，在很大程度上决定着我们民族的前景是光明的还是黯淡的。因此，当代大学生应在广阔的时代背景下，在认真的比较、选择中，广泛地吸取中西文化、传统人格和现代人格的长处，从而形成一种适合中国现代化发展、有利于身心健康和全面发展的新型人格模式，这既是追寻个体生命完整的需要，也是服务祖国人民的需要。

### （二）寻找塑造健全人格之路

**1．马斯洛提出的自我实现之路**

马斯洛认为自我实现是人生追求的最高境界，他列举了历史上 38 位最成功的名人，包括富兰克林、林肯、罗斯福、贝多芬、爱因斯坦等，从他们的人生历程中，马斯洛归纳出如下 16 条人格特征。

第一，了解并认识现实，持有较为实际的人生观。

第二，悦纳自己、他人以及周围的世界。

第三，在情绪与思想表达上较为自然。

第四，有较广阔的视野，就事论事，较少考虑个人利害。

第五，能享受自己的私人生活。

第六，有独立自主的性格。

第七，对平凡事物不觉厌烦，对日常生活永感新鲜。

第八，在生命中曾有过引起心灵震撼的高峰体验。

第九，爱人类并认同自己为全人类之一员。

第十，有至深的知交、亲密的家人。

第十一，有民主风范，尊重别人的意见。

第十二，有伦理观念，能区别手段与目的，绝不为达到目的而不择手段。

第十三，带有哲学气质，有幽默感。

第十四，有创见，不墨守成规。

第十五，对世俗，和而不同。

第十六，对生活环境有改造的意愿和能力。

马斯洛认为，以上述人格特征为参照，是塑造健全人格、达到自我实现的主观条件。

**2. 心理学家提出的形成健全人格的途径**

心理学家经过研究，进一步提出了以下更具有操作性的形成健全人格的途径。

第一，对自己和生活的世界有积极的看法。把自己看作被喜欢的、被需要的、被热情接待的和有能力的，并生活在自己能应付的世界上的人。

第二，和别人有着热情的亲密的人际关系，和别人有基本信任的关系。

第三，有时间完全冷静地独处反省，使自己有机会揣摩、体验各种人的情感，而这有助于更好地理解自己的人格。

第四，在发展社会性的、智力的以及职业的各种技能方面取得成功，即在学习上、工作上和与人交往上有成功的体验。

第五，接受新思想、新哲学以及和有独特见解的人交往。新的思想可以从读书中、从对戏曲和音乐的感染中取得，也可从旅行、和陌生人的相识中获得。

第六，找出充分表达出自己情绪的方法、嗜好，和朋友间的亲密关系或“一群青年人聚在一起”，有助于基本情绪的释放。

第七，经常提高独立性的程度。逐步减少对他人的依赖而更多地依靠自己的能力和价值体系，如对工作和家庭、邻里以及人类社会承担更多的责任，在该做该说时，无拘束地表达自己的意见，自尊和自爱。

第八，灵活性和创造性。并非在任何情境中都按一个标准行事；学会知道不总是“非此即彼”，而是“这个、那个和更无限量的各种组合”。

第九，在关心他人方面达到高水平。

第十，在每一生活阶段学会和别人一起时变得更人性些。

**3. 当代大学生塑造健全人格的途径**

以人格健康为基础，当代大学生应努力寻找塑造健全人格之路，不断提升自己的人格素质。没有健全的人格，“有理想、有道德、有文化、有纪律”也难以做到。鉴于当代大学生在自我认识、自我控制方面的能力不断增强，在这里着重介绍塑造健全人格的几个基本途径，供大家在进行人格自我塑造时参考。

1）认识自我，优化人格整合

生活中的许多事例告诉我们，人格系统中存在着一种基本的动机，它是个体的一个中心能源。为了有效地进行人格塑造，就应该充分了解自己的人格状况，深刻理解这种要求实现的动机，明确人格塑造的目标、内容、途径、方法。认识自我是改变自我的开始。

人格塑造也就是为了实现优化人格整合，以达到人格的健全。人格整合的基本含义是：随着个体心理的成熟，人格的各个方面逐渐由最初的互不相关，发展到和谐一致状态的过程。优化人格整合，一要择优，二要汰劣。

择优即选择某些优良的人格特征作为自己努力的目标，如自信、勇敢、勤奋、坚毅、善良、正直等可作为人格塑造的依据。汰劣即针对自己人格上的缺点、弱点予以纠正，比如自卑、胆怯、抑郁、冷漠、懒惰、任性、自我中心等。当然，择优与汰劣往往是同步进行的。

2）努力学习科学文化知识

荣格有句名言："文化的最后成果是人格。"培根也有句名言："知识就是力量。"学习科学文化知识，增长智慧的过程也是优化人格整合的过程。事实上，有不少人格发展缺陷源于无知，无知容易使人自卑、粗鲁，而丰富的知识则使人自信、坚强、理智。

各学科的全面发展是人格健全发展的智力基础，因为各学科的知识同处于一个庞大的系统中，其间既相互联系，又能在各自的发展中相互迁移，相互促进，可以说，有了智力基础，人格发展的速度与质量才有保证。对此，培根的论述很深刻："读史使人明智，读诗使人灵秀，数学使人周密，科学使人深刻，伦理学使人庄重，逻辑修辞之学使人善辩。凡有所学，皆成性格。"受应试教育影响，许多理工科大学生缺乏人文知识，文科大学生缺乏科学精神，这对于人格的健全发展是不利的，当代大学生应做到科学与人文并重。

3）积极参加实践活动，从小事做起

实践是人格发展的必由之路。无论是知识的获取、能力的形成，还是意志的磨炼都离不开实践。诸如一个人的勤奋、坚韧、乐观、细致等人格特征都是长期实践锻炼的结果。大学生应积极参加各种有益身心健康的实践活动，如近年来校园内兴起的青年志愿者活动对于大学生人格的发展与塑造就很有意义。

一个人的一言一行往往是其人格的外化，反过来，一个人日常言行的积淀成为习惯就是人格。例如，一个人有刷牙、梳头、洗手、勤换衣服、常剪指甲等习惯，就反映了他具有"清洁"这一人格特质。因此，优化人格整合要从眼前的小事做起，无数良好的小事可"聚沙成塔"，最终构建成优良的人格大厦。

4）发展良好的人际关系，融入集体

人格发展、塑造的过程是个体实现社会化的过程，是个体与他人、集体、社会相互作用的过程。人格是在行为中表现出来的，健全的人格也只有在与人交往中才能体现出来。塑造健全人格，必须发展良好的人际关系：尊重社会习俗、关心他人的需要、真诚的赞美、不做无建设性的批评、多与他人沟通意见、保持自尊和独立等。

集体是人格塑造的土壤，通过与集体交往，自己的某些人格品质或受到赞扬、鼓励，或受到压制、排斥，从而有助于做出有针对性的调整。

5）锻炼身体，强健体魄

人格发展的过程是体质、心理因素与智力因素协同作用、相互促进的过程，健康的体质是人格健全发展的物质基础。

6）防止过犹不及

凡事都有度，人格发展和表现的度是十分重要的，人格塑造过程中应把握辩证法，掌握好度，否则就会过犹不及，适得其反。

具体来说，应该是：自信而不自负，自谦而不自卑，勇敢而不鲁莽，果断而不冒失，稳重而不犹豫，谨慎而不怯懦，豪放而不粗俗，好强而不逞强，活泼而不轻浮，机敏而不多疑，忠厚而不愚昧，干练而不世故等。

对于人格中“度”的把握还表现在不同的人格特质要协调发展，做到“刚柔兼济”，对于“刚”者应多发展些“柔”，对于“柔”者应多发展些“刚”，这样才能形成合理、和谐的人格结构。此外，还要因人、因时、因地地表现人格特征，有时表现“刚”比表现“柔”好，有时表现“柔”比表现“刚”好；有时应多表现自信，有时应多谦恭，即所塑造出的人格应有韧性，有较强的应变、适应能力。

人格健全的过程，就是心理健康和心理成熟的过程。塑造健全人格，是一项系统的自我改造、自我实现的工程，要从小事做起，贵在坚持。当代高职院校的大学生应从塑造健全人格做起，不断强化人格的自我教育能力，将人格的行为、人格的意向和自我实现的愿望重新整合，努力将自己塑造成为竞争意识、责任意识、机遇意识、创新意识和效率意识强的新型人才，将来为祖国的发展贡献出自己的力量。

## 本章小结

1. 任何一个学校都不可能仅仅凭借学校单方面的强化管理，来使学生进步、成长，因而在大学里，大学生的自我管理就显得尤为重要。

2. 大学生要根据新世纪经济、科技和社会发展的要求，努力使自己的思想道德素质、科学文化素质和健康素质协调发展。因此，刚刚进入大学的新生，要好好把握大学的时光，全面提升自身的素质。

3. 大学生可通过自学专业外的知识，参加课外实践活动，参加职业培训、听讲座和考取相关证书等方式实现自我升值。

4. 大力开展大学生课外竞赛活动，特别是科技创新活动，是高校构建适应时代要求的全新人才培养模式的重要手段。

5. 积极向党组织靠拢，也是大学生提升自我素质的重要方面。向中国共产党党组织靠拢，已成为大多数学生自觉追求的目标。

6. 大学生的社会活动丰富多彩，有校园内的各类学生社团活动，也有在假期或课余时间走出校园的以科教文化服务、社会调查、公益劳动、文明共建等为主要内容的实践活动。

7. 勤工助学是大学生直接接触社会、了解社会的一个很好的窗口，是大学生的社会活动之一。

8. 每个学生干部应该正确看待其得与失。不要放弃参加社会工作的机会，而应主动争取做些社会工作，努力完善自己，使自己能成为一专多能的复合型人才。

9. 大学生的自我管理还体现在塑造健全的人格方面。这也是非常重要的一方面。

10. 人格素质是大学生综合素质的重要组成部分，综合素质的发展和提高包含着人格素质的发展和提高，而人格素质的发展和提高对综合素质的发展、提高有着重要的促进作用。

11. 大学生优化人格，整合、塑造健全人格的目的不仅仅是为了避免身心疾病，更重要的是发挥人格最佳作用，达到自我实现。

12. 健全人格指各种良好人格特征在个体身上的集中体现。是生理、心理、社会、道德和审美各要素完美统一、平衡、协调的结果。

## 相关阅读

### 阅励志故事

董范教授，1983 年 7 月毕业于武汉体育学院，现任中国地质大学（武汉）体育部主任，中国登山协会委员、户外运动专业指导委员会副主任委员，中国登山户外运动学科带头人，武汉体育院客座教授。2001 年至 2012 年期间获得学校“良师益友”称号、省“五一”劳动奖章、国家体育荣誉奖章等多种荣誉。结合 20 多年的教学实践经验，编写并出版 6 部专业教材，主持省部级以上课题 5 项，撰写了 10 余篇论文在核心期刊以上刊物发表。在全国高校率先提出并开设了野外生存体验课，得到了教育部高度评价并在全国高校推广，2005 年在全国高校首开户外运动专业。1984 年至今，率领中国地质大学登山队多次成功登顶 6 000 米以上高峰；2012 年 5 月 19 日，作为地大登山队总指挥，他带领三名学生登上海拔 8 844.43 米的世界最高峰珠穆朗玛峰，成为第一位登顶珠峰的湖北武汉人，也是中国第一登顶珠峰的大学教授。

他是桃李满天下的良师，他是勇攀最高峰的益友。教书育人，他用累累硕果证明公勇诚毅、学思辨行的校训；登顶珠峰，他用无所畏惧践行敢为人先、追求卓越的精神。

# 第八章 大学生职业生涯规划

进入大学学习，对我们每一个人来说都具有重要的意义。但在庆贺自己能顺利进入象牙塔的同时，也要清醒地认识到：大学，只是人生旅程的另一个起点。新的起点意味着新的挑战和新的机遇，谁能未雨绸缪、提前规划，为自己今后的职业生涯做好准备，谁就能在今后的职场中拥有竞争力，实现自己的理想。

## 第一节 职业规划与人生发展

人的一生，大部分时间是在职业生涯中度过的，职业的发展决定了我们每个人的生活质量。一位哲人说过："在人生旅途中，职业是幸福生活的源泉。"大学新生应该从现在起就对自己的职业生涯进行规划，从而实现人生价值。

### 一、职业的内涵、分类及发展趋势

#### （一）职业的内涵

谈起职业，人们便会想到日常生活中各种各样的劳动岗位以及与劳动岗位相关的各种工作，如教师、工人、医生、记者、护士等。这些工作，由于性质、任务、对象和方式不同，可区分为不同的职业。

所谓"职业"，是指由于社会分工而形成的具有特定专业和专门职责，并以所得收入作为主要生活来源的社会活动。

每一个健康的成年人，其一生大部分时间都要从事一种或几种职业。从社会的角度来看，职业是劳动者获得的社会角色；从国家的角度来看，每一种职业都是社会分工中的一个部门；从个人的角度来看，职业则是劳动者"扮演"的社会角色，他因此而为社会承担一定的义务和责任，并获得相应的报酬。

职业在社会生活中，主要体现出三方面的要素：一是职业职责，即每一种职业都包含着一定的社会责任，必须承担一定的社会任务，为社会做出应有的贡献；二是职业权力，即每一位从业人员都有一定职业的业务权力，也就是说，只有从事这种职业的人才有这种权力，而在此职业之外的人不具有这种权力；三是职业利益，即每种从业人员都能从职业工作中取得工资、奖金、荣誉等利益，从而使个人获得心理平衡，达到"乐业"的境界。任何一种职业都是职业职责、职业权力和职业利益的统一体。

每种职业对其从业人员来说有三种意义。首先，职业是人们谋生的手段。人们通过职业为社会奉献劳动，社会按照一定的标准付给劳动者报酬，这些报酬成为劳动者及其家庭成员生存和发展的主要经济来源。其次，职业是人们与社会进行交往的一种主要渠道，它使个人以一定的社会角色进入社会，以较为固定的内容形式同外界进行着交往，而不至于被社会所抛弃，它是个人为社会做贡献的途径。再次，职业是一个人实现人生价值的主要场所，能够使个人的某些才能得到发挥和发展。每一个人都有自己的理想，理想的实现需要一定的机遇和物质条件。而职业则给每一个从业人员提供了一个施展才干的机会。

因此，我们认为，职业是对人们的生活方式、经济状况、文化水平、行为模式、思想情操的综合反映，也是一个人的权利、义务、权力、职责，从而成为一个人社会地位的一般表征。也可以说，职业是人的社会角色的一个极为重要的方面。比如，在社会生活中，人们从事着各种各样的工作，有的当司机，有的当营业员，有的当实业家，有的当警察，有的当教师等，他们从事着不同的职业，并且这些工作相对稳定，有报酬。因而职业是个人谋生的手段，是个人发挥才能与获得发展的条件，也是个人为社会做出应有贡献的一个平台。人作为社会的一员，都要在一定的职业岗位上履行自己对社会的义务，同时也接受社会为自己提供的生存和发展的条件。在通常情况下，人人都应当有一定的职业，当然，不一定一生固定在一种职业上。

### （二）职业的分类

根据我国的具体国情，我国所有的产业被划分为16大行业：①农、林、牧、渔业；②采掘业；③制造业；④电力、煤气和水生产供应业；⑤建筑业；⑥地质普查和勘探业、水利管理业；⑦交通运输仓储和邮电通信业；⑧批发零售贸易和餐饮业；⑨金融、保险业；⑩房地产业；社会服务业；卫生体育和社会福利事业；教育、文化艺术和广播电影电视业；科学研究和综合技术服务事业；国家机关、党政机关和社会团体；其他。

在上述行业分类的基础上，劳动部修订了我国的《职业分类大典》，将我国所有职业分为8个大类：①国家机关、党群组织工作人员，企事业单位管理人员；②各类专业、技术人员；③办事人员和有关人员；④商业与服务业人员；⑤农、林、牧、渔业生产人员；⑥生产人员、运输人员和有关人员；⑦军队；⑧不便分类的其他劳动者。

美国霍普金斯大学心理学教授、著名的职业指导专家约翰·L. 霍兰德（John L. Holland）将职业划分为六大基本类型。

#### 1. 实际型

实际型主要是指熟练的手工和技术工作，通常指运用手工工具或机器进行的工作，在西方常被人称为“蓝领”职业。例如，木匠、锁匠、产业工人、运输工人（司机）等。

#### 2. 研究型

研究型主要指科学研究和试验工作。从事这些工作的人，包括研究自然界和人类社会是怎样构成和发展变化的工作人员。科研（包括自然科学和社会科学）人员就属这类职业。

#### 3. 艺术型

艺术型指艺术创作类工作。从事这类工作的人们使用语言、音像、动作、色彩等来进行艺术创造。如作家、音乐家、舞蹈演员、摄影师、书画家、雕塑家等各类文艺工作者。

**4．社会型**

社会型是指为人办事的工作，即教育人、医治人、帮助人、服务人的工作。如教师、医生、护士、服务员、家庭保姆等。

**5．企业型**

企业型是指那些劝说和指派他人去做某事的工作。如国家机关及工作机构的负责人、党政干部、经理、厂长、律师、工业顾问、推销员等。

**6．传统型**

传统型通常指办公室工作，即与组织机构、文件档案和活动安排等打交道的工作。如办公室办事员、图书管理员、统计员、银行出纳、商店收款员、邮电工作人员等。

**（三）职业的发展趋势**

职业的划分不是一成不变的，它会随着社会的发展而不断变化发展。目前职业变迁和发展有如下趋势。

**1．社会职业种类越来越多**

随着社会经济文化生活的日益丰富，职业呈现多样化发展趋势，职业种类已远远超过“三百六十行”。据有关资料介绍，大约在20世纪70年代，全世界的职业种类就超过42 000种，现在则更多。

**2．社会职业结构变迁的速度越来越快**

社会经济飞速发展，使得职业结构的变迁节奏加快。从农业革命到工业革命经历了数千年，而从工业革命到新的产业革命，才200多年。在这200多年里，不断出现新的行业，且占主要地位行业变化也越来越快，先是纺织业，接着是钢铁、汽车和建筑业。而电子行业从产生到发展并成为一个主要行业，只用了几十年时间。

**3．脑力劳动者职位在社会职位总额中所占比例越来越大**

据有关资料介绍，1960年美国的脑力劳动者占就业总数的43.3%，1997年上升到51.4%。在我国，脑力劳动者和专业技术人员的比重也在不断增大。

**4．行业兴衰决定职业存亡**

随着社会的不断进步，职业在不断分化、重组，新的职业层出不穷，传统的职业面临着消亡。有统计表明，在最近的五年中，美国有7 000多种职业已经消失，随之而来的是8 000多种新的、技术含量较高的职业的出现。在我国，由于农业社会、工业社会和信息社会的多元特征并存，目前，第一、第二产业的社会职业以消亡、变动和重组为主，第三产业正在迅猛发展，如交通运输业、邮电通信业、商业、服务业、金融保险业、信息咨询业、租赁广告业、卫生、体育、教育培训和文化艺术等，尤其是信息产业，发展潜力很大。

**5．职业的内涵愈加丰富**

职业的变化不仅表现在名称上、职业种类的增减上，而且表现在职业的内涵上。很多传统职业因技术、科学和文化的发展以及其他各种相关因素的变化，职业的内涵也变得更加丰富，对人的发展的要求更加综合化。

新兴行业的出现和兴起，传统行业的更新和改造，引发了职业的变化，这使得当代大学生的就业将面临一些新情况：①与传统专业绝对对口的岗位越来越少；②劳动岗位的地域空间越来越小，行业特征不像过去那么鲜明；③岗位所需的职业知识和技能更新周期加速，复合程度提高。这些特征，使宽口径、复合型、通用型专业的大学生择业余地较大，也使用人单位对大学生的非专业综合素质的要求有较大提高。

## 二、职业发展在大学生人生发展中的作用

美国心理学家马斯洛曾说：“人是永远不能满足的动物。”他提出了著名的“人的需要层次理论”，把需要分成生理需要、安全需要、社交需要、尊重需要和自我实现需要五类，依次由较低层次到较高层次排列，构成了等级有序的“人生需要金字塔”。在人的一生中，需要扮演不同的角色，从事不同的工作，在不同的角色与职业中体现自己的价值。职业生涯是一个人的职业经历，一般认为，职业生涯开始于任职前的职业学习和培训，终止于退休。选择什么样的职业作为自己的工作，自己就会有什么样的人生发展。

我国著名桥梁专家茅以升从小好学上进，善于思考，11 岁时在家乡看到端午节龙舟比赛中桥塌人亡的悲惨情景后，就暗下决心长大一定要学造桥。从此，他处处留心桥，观察桥，15 岁时，以优异的成绩考入唐山路矿学堂学习。在五年的学习时间里，他记录了两百本笔记，约 900 万字，摞在一起，足有一人多高。他学成以后，就为人民造桥。1937 年，他主持设计和建造了中国桥梁建筑史上第一座现代化大桥——钱塘江铁路公路两用桥。茅以升的名字和我国许多新建大桥一起，永远留在祖国大江南北。他通过职业发展实现了个人的人生价值，也实现了为人民造福的宏愿。

扮演好工作角色，使自己事业有成，不仅可以使自我价值得到充分体现，而且也能很好地支撑其他人生角色的扮演和发展。如果一个人忙忙碌碌一生，却不能满足家庭物质生活和精神生活的需要，不管是他自己还是社会都不会承认其度过了一个有意义、有价值的人生。可以说，在现代社会中，职业是人生全面发展的重要载体，而人生全面发展又是成功职业生涯的最终目的。

## 三、职业规划对大学生成长成才的作用

一起成长起来的伙伴，为什么有的人就能一帆风顺、功成名就，而有的人一生碌碌无为。其中一个最重要的因素是后者忽略了对自己人生发展的设计，让自己在通向成功的漫漫人生路途中走了不少弯路。

如果，我们早一天规划自己的职业生涯呢?

英国前首相丘吉尔曾经说过：“一个人看不到未来，就把握不了现在。”我国台湾著名心理学家金树人说：“人为自己设定目标，带出希望，所有之行为将凝聚在这个希望周围，人生才能活出意义来。”

在进行职业规划之前，可以先想想：自己对生涯的态度是什么，职业规划与人生有什么关系，人生的目的是什么，人生要追求什么，可以说，从个人的经历看，有成功的生涯，也

有失败的生涯。但不以成败来论英雄，生涯只须求得个人的“心之所安”。世界上到处充斥着在职场中失败的人，充斥着在人生奋斗中失意的人，他们不知道自己需要什么，也不知道如何去达到自己的目标。他们在极其盲目的状态下选择一份职业、一个公司、一个领导，干着与自己的性格、兴趣和理想完全不适合的工作，自然无法在事业上取得成功，更不会从中获得快乐。其结果要么是一生无所成就，要么是一次次跳槽、一次次被解雇。

比尔·盖茨在小学时就对电脑着迷，十三岁时就自修电脑程式设计。这是他在电脑领域的天赋。1973年，比尔·盖茨以全国优质的学生身份，同时被普林斯顿大学、耶鲁大学和哈佛大学录取，最后他选择了哈佛大学。这一时期，盖茨的兴趣朝多方面发展，他一直被“这一生到底要干什么”困扰着，因为“每件事看起来都那么吸引人，一旦你挑选一种，就必须舍弃其他种种”。于是，他开始思考：

“假如我到那家律师事务所，某某合伙人可能讨厌我，指派我办很逊的案子，科学家的工作好像比律师更有趣。”相比律师，他更偏爱科学家。

“我呆坐在寝室做个抑郁的哲学家，试着想清楚要怎么过我的一生。”于是，“抑郁”的哲学家也不是他的偏好。

盖茨从大一起就开始修研究生级的数学课，而且成绩大多都得A。这是他在数学方面与生俱来的天赋。

最终，盖茨舍弃了与他性格不相适合的律师、哲学家的职业，选择了从小就着迷且自身具备必需知识和技能的计算机行业，并最终成就了微软。

这里，不难看出盖茨曾经历择业的苦恼。但机智过人的他首先从性格、天赋方面进行排除，然后考虑自己的后天积累，最终选择了适合自己的行业，在这种科学的职业规划保障下，世界首富的诞生也就不足为奇了。

对职业生涯规划缺乏认知的大学生一定能够从盖茨的成功案例中得到启发。年轻人在刚开始步入社会时，往往都是野心勃勃，对未来充满了玫瑰色的梦想，但是现实却不是我们所想象的那样，你可能会在求职的过程中一次次碰壁、一次次不如意，即使找到了一份工作也不是自己喜欢的，于是变得沮丧和颓废，甚至麻木不仁，这时会产生一种挫折感，以至于完全丧失了对生活的信心。

为什么会这样？那是因为没有为自己设定人生目标，即便有了目标也没有对目标进行规划，规划以后更没有付诸实施，而这些都与自己缺乏对职业生涯规划的认识和掌握有关。所以说，处于人生关键阶段的大学生，在学习修身之余了解一些职业生涯规划方面的知识，掌握一些职业生涯规划的方法，对自己在谋求职业、规划人生方面，可以起到指路扬帆的作用。

职业规划有助于全面提高大学生的综合素质，避免学习的盲目性和被动性；规划个人的职业生涯，可以使职业目标和实施策略了然于心，并便于从宏观上予以调整和掌控，能让大学生在职业探索和发展中少走弯路，节省时间和精力；同时，职业规划还能对大学生起到内在的激励作用，使大学生产生学习、实践的动力，激发自己不断为实现各阶段目标和终极目标而努力。大学生首先要认识到职业规划的重要意义，职业生涯活动将伴随他们的大半生，拥有成功的职业生涯才能实现完美人生。因此，职业生涯规划具有特别重要的作用。

### （一）职业规划可以发掘自我潜能，增强个人实力

一份行之有效的职业规划将会：

（1）引导你正确认识自身的个性特质、现有与潜在的资源优势，帮助你重新对自己的价值进行定位并使其持续增值；

（2）引导你对自己的综合优势与劣势进行对比分析；

（3）使你树立明确的职业发展目标与职业理想；

（4）引导你评估个人目标与现实之间的差距；

（5）引导你前瞻与实际相结合的职业定位，搜索或发现新的或有潜力的职业机会；

（6）使你学会如何运用科学的方法采取可行的、有效的措施，不断增强自己的职业竞争力，实现自己的职业目标与理想。

### （二）职业生涯规划可以增强发展的目的性与计划性，提升成功的机会

职业生涯发展要有计划、有目的，不可盲目地“撞大运”，很多时候大学生的职业生涯受挫就是由于规划没有做好。好的计划是成功的开始，“凡事预则立，不预则废”就是这个道理。

### （三）职业生涯规划可以提升应对竞争的能力

当今社会处在变革的时代，到处充满着激烈的竞争。物竞天择，适者生存。职业活动的竞争非常突出，尤其是我国加入 WTO 后，要想在这场激烈的竞争中脱颖而出并立于不败之地，必须设计好自己的职业生涯规划。这样才能做到心中有数，打有准备之仗。而不少应届大学毕业生不是先坐下来做好自己的职业生涯规划，而是拿着简历与求职书到处乱跑，总想着会撞到好运气，找到好工作。结果是浪费了大量的时间、精力与资金，到头来感叹招聘单位不能“慧眼识英雄”，叹息自己英雄无用武之地。这部分大学毕业生没有充分认识到职业生涯规划的意义与重要性，认为找到理想的工作最重要的是学识、业绩、耐心、关系、口才等条件，认为职业生涯规划纯属纸上谈兵，简直是耽误时间，有那个时间还不如多跑两家招聘单位。这是一种错误的观念，实际上未雨绸缪，先做好职业生涯规划，是磨刀不误砍柴工，有了清晰的认识与明确的目标之后再把求职活动付诸实践，这样的效果要好得多，也更经济、更科学。

# 第二节　大学生涯与职业生涯

大学生职业生涯规划是一种对学生以职业要求为目标的管理，通过让每一位学生明确其预期目标，使之自觉地按照目标的要求开发潜能，提高综合素质。职业生涯教育要从大学生入学教育开始，常抓不懈。

## 一、大学生涯是职业生涯的准备期

大学生涯是大学生整个人生的重要阶段，是职业发展的准备期。大学生涯往往为个人发

展奠定了坚实的基础。在大学里学习的任何一个专业，都是在为今后的就业做准备，因而，大学生涯也可以看作职业准备阶段或者准备期，这是个人职业生涯的起步阶段。

职业没有高低、贵贱之分，但是社会职位是有高级、低级之分的。从社会职位的分布来说，低级职位在社会上分布最多，职位层次越高，相应的职位也就越少。任何职业对从业人员都有一定的从业要求，而各级职位也要求从业人员具备相应的能力。大学生涯，作为职业生涯的准备期，是学知识、长才干的关键时期，一定要抓紧这一时期的学习，为今后的职业生涯做好知识、能力等方面的储备。

### （一）珍惜在校的学习生活

著名寓言作家克雷洛夫曾有一个精彩的比喻：“现实是此岸，理想是彼岸，中间隔着湍急的河流，行动则是架在川上的桥梁。”扣开职业理想的大门，重要的是持之以恒的奋斗。高职学生必须认识实现职业理想的持久性和艰巨性，珍惜在校的学习生活，为实现未来的职业理想打好基础。

实现职业理想要从现在做起。“无冥冥之志者，无昭昭之明；无惛惛之事者，无赫赫之功。”（《荀子·劝学》）也就是说，没有专心致志的学习，就没有豁然贯通的智慧；没有默默无闻的工作，就不会有显著不凡的功绩。在为实现职业理想的奋斗中，必须脚踏实地，从眼前的具体事情做起，如上好每一堂课，做好每一次实操训练，搞好每一项社会活动……人生道路是漫长的，职业理想的实现不可能一蹴而就，需要一步一个脚印地前进。

职业生涯的准备是一个不断学习、不断适应的过程。学习，不仅包括了对文化知识、专业知识的学习，也包括了对政治理论、思想品德、法律法规以及党和国家路线、方针、政策的学习；不仅要学习本专业的有关知识、技能，还要学习与本专业相关专业的知识和技能。要将课堂学习与自学相结合。使自身知识结构不断完善，适应工作的能力不断提高。

“莫等闲，白了少年头，空悲切。”同学们，就让我们珍惜现在宝贵的光阴，努力学习，努力奋斗吧！

### （二）积极参加职业实践活动，全面提高综合职业能力

综合职业能力的提高与完善是在实践过程中形成、发展并在实践中表现出来的。“纸上得来终觉浅，绝知此事要躬行。”实践活动是培养能力的重要途径，因此，在校学习期间要多参加社会实践活动，为今后的职业生涯做准备。

在大学生求职择业过程中，用人单位最看重的是毕业生的综合素质，毕业生只有不断提高自身的综合素质，才能在竞争日益激烈的社会中立于不败之地。因此，这就要求高职院校学生在校期间除了学好专业知识外，还要勇于实践，从知识学习、科研活动、社团活动、创业大赛等各个方面来培养自己的全面素质。同时，高职学生应主动走出校园，深入社会，到企业第一线去，从而了解社会、了解用人单位对人才需求的变化，认清形势，合理定位，树立正确的就业观念。社会发展要求从业者全面提高职业素质和综合职业能力。可以说，全面素质和综合职业能力决定了大学生职业选择和生存、发展。

## 二、大学生涯的发展目标

大学是人生的关键阶段，因为这是你一生中最后一次有机会系统性地接受教育，最后一

次全身心建立你的知识基础，最后一次将大段时间用于学习的人生阶段，最后一次可以拥有较高的可塑性、集中精力充实自我的成长历程，也是最后一次能置身于相对宽容的理想环境中学习为人处世之道。

那么，在这样一个关键阶段，发展目标是什么？刚进入大学校门的同学们要认真思考这个问题。

### （一）直接就业

在众多的大学毕业生中，每年有70%～75%的学生选择直接就业。大多数毕业生是根据国家建设需要、家庭经济状况和个人职业发展需要选择工作单位的。现在国家就业政策为用人单位与毕业生的“双向选择”，只有用人单位和毕业生双方达成一致才能签订协议。从每年众多的招聘会来看，由于高等教育的改革，大学毕业生的人数越来越多，用人单位对毕业生的要求也越来越高，就业竞争越来越激烈。在众多求职者中，谁的能力强、素质高，谁就能得到用人单位的青睐；反之，想要找到理想的工作就比较困难。今天不努力学习，明天就难找到工作；今天刻苦学习，明天就有单位会来找你。为了找到理想的工作，同学们可以在在校学习期间做好如下准备。

#### 1. 努力学习，提高学习成绩

在每个毕业生的求职书中，都会有一份由学院教务处盖章审核的学习成绩表。成绩表详细地记录了你在大学期间的所学课程以及各科成绩。这些成绩直接反映了你对专业知识的掌握程度。学习，作为大学生的主要任务，是成为高层次人才的基础。用人单位十分注重高职院校毕业生的专业理论课和专业实践课成绩，这是毕业生求职的第一张也是最重要的一张名片。

#### 2. 获取相关职业证书

对于大学新生来说，在迈入大学门槛之时，新一轮竞争便已悄然开始。由于大学毕业生就业的“担子”较重，在比拼毕业证书的同时，职业证书已成为另一个重要砝码。良好的开端等于成功的一半，在大学学习的同时考一个职业证书已被纳入不少目光长远的学生的学习计划之中。

目前职业证书种类繁多，供学生选择的机会很多，教育主管部门和学校为了提高学生的就业竞争力，纷纷把原本单独举行的社会考试职业培训体系引入校园。目前，各高职院校内职业技能认证考试众多，学生在选择认证时，要从证书的社会认知度和含金量两个方面来考虑。

社会认知度是指证书是否被用人单位接纳，接纳程度如何以及企业能否通过证书直接量裁应聘者（所谓“量裁”，是针对应聘者的证书直接可以确定应聘者学到什么技能，该拿多少薪水等）。含金量则是证书的定位是否准确，是否能够对应于特定的技能。那些定位过于宽泛的证书，表面上对应面广，实际上用人单位则认为广而不精。另外，选择证书要根据自己的实际情况和精力来选择，可以选择一个或者几个认证来参加考试，但时间分配一定要合理，不能为了考证而把主要的专业学习给耽误了。最后，在众多的职业技能证书中选择时，可根据自己日后可能从事的工作或社会迫切需要的人才要求来确定，也可以根据自己的个人爱好以及在学校所学习的专业来确定。总之，选择的认证考试要对将来的工作有帮助，否则获得的认证证书再多，如果日后根本就用不上，只会白白浪费大学时期宝贵的专业学习和训练机会。

**3. 辅修第二专业**

随着社会对复合型人才的青睐以及就业形势的日趋严峻，用人单位对就业的大学生也提出了越来越高的要求。为适应社会对复合型应用人才的需求，增强学生参与社会竞争的实力，增加学生择业、创业和继续深造的机会，许多高职院校都搭建了辅修第二专业的学习平台并鼓励在校学生积极辅修第二专业。

学生在主修本专业培养计划规定课程的同时，可以根据自己志趣、爱好和发展需求，自主地辅修第二专业，以符合自身的知识结构，拓宽继续深造与发展的空间。辅修第二专业课程，自第二学期开始、第五学期结束，每个辅修专业教学计划设置 7～8 门专业基础和专业课程（每学期约 2 门，100 学时左右）。教务处将根据同学们的选择，落实辅修专业课程教学任务。为方便学生学习，将辅修教学安排在晚间或双休日等课余时间。学生完成主修专业学习计划，同时完成辅修专业教学计划规定课程的学习，考核成绩合格者，由学校颁发辅修专业证书。辅修专业证书可作为学生具有某一方面的专门知识或能力的资质证明。

一个毕业生拥有两个方向以上的专业知识，使用人单位看到了该生的学习能力，只有学习能力强的学生才能采取主修与辅修相结合的办法提高自我，增加知识，扩大视野；另外，也使用人单位也看到了该生知识面广、适应性强等优点，一般用人单位都会优先录用这样的毕业生。

**（二）自主创业**

2008 年以来，受到全球金融危机的影响，我国就业形势更加严峻，“求职人数多，就业岗位少”是目前大学生就业难的主要原因。为此，国家提出“以创业拉动就业”的政策，推动大学生自主创业。大学生自主创业这一话题也成为当前全社会关注的热点。国务院办公厅下发了关于加强普通高等学校毕业生就业工作的通知，其中明确提到鼓励高校毕业生自主创业，给出了免收行政事业性收费、提供不超过 5 万元的小额担保贷款等一系列优惠措施。

大学生自主创业是新时期大学生就业过程中的一种新选择，是对传统就业观念的一种挑战，成为毕业生流向社会的一个全新的、更高层次的就业方式。这一新的就业模式是对人才成长、对社会的贡献，尤其是可以直接为大学生创造更多的就业机会，大学生在校应做好创业能力、素质的准备。

**1. 自主创业应具备的基本素质与条件**

（1）较高的综合素质。

大学生在意志品质方面，应具有自觉性、坚毅性、自制力和勇敢果断等品质，要正直、守信、有责任感，具有敏锐的商业意识和创新精神，具有团队意识。

（2）广博的知识储备。

大学生要想自主创业应具备扎实深厚的专业知识和广博的非专业知识及相关的商业知识、法律知识和一定的管理知识。

（3）较强的综合能力。

大学生在开始创业或创业过程中必须不断培养和提高自我综合能力，如学习能力、实践能力、科研动手能力、开拓创新能力、组织领导能力、管理能力、协作能力、沟通能力等。

**2. 大学生如何准备创业能力、素质和条件**

当今社会为大学生自主创业提供了有利条件和大好机遇。作为大学生，首先应该注重知识的积累和技能的培养，调整好心态，掌握好学习方法，树立正确的价值观，充分利用现有条件，抓住机遇，在此基础上进行大胆艰苦的尝试，勇于在实践中磨炼，成为新的创业者。

（1）掌握伴随创业过程的创业者心理的变化。

伴随着创业过程的进展，大学生创业者的心态一般会发生如下变化：由起初的兴趣、特长和爱好→目标和热情→团队工作的乐趣→梦想和理想化的前景激励→挫折、怀疑和信心的反复摧毁和重建→重新评估和对目标和自身的再认识→责任→新的乐趣和兴奋点。

（2）根据学习过程积极准备，不断完善并提高创业能力、素质。

有创业志向的大学生在校期间应在树立崇高理想的基础上将理想和实际学习目标结合起来，不怕困难和挫折，积极参加各种实践活动，加强意志锻炼，培养强健的体魄。大学生在锻炼和培养自己的创业才能时，要通过创业实践来增长才能，也要通过在创业过程中的竞争和自我否定增长才能，以求得创业才能的综合性提高。

## 三、大学生涯的发展任务

每个人都是在本职岗位上，通过从事职业活动，为社会创造物质或精神财富而实现自我价值的。要使自己的职业活动得到社会的认可，就必须综合运用三方面的能力，即专业知识技能、可迁移技能、自我管理技能。专业知识技能是完成本职工作所涉及的专业知识，一般用名词来表达，比如医学、美学、英语、音乐、经济管理等，它解决的是“做什么”的问题；可迁移技能指的是一个人的行动，一般用动词来表达，比如组织、说服、管理、计算、调查、分析等，它解决的是“做”的问题；自我管理技能指的是一个人的行事风格或特点，一般用形容词或副词来表达，如认真的、严谨的、宽容的、独立的等，它解决的是“怎么做”的问题，主要表现为职业素质。留心观察一下用人单位的职位招聘信息，同学们会很容易发现用人单位往往是从这三方面对应聘者提出要求的。如果公司招聘美工，其职位要求往往是责任心强、有良好的团队精神和沟通能力、有良好的美术基础、有较强的创作欲望和平面设计水平。

因此，在大学学习阶段，需要从这三种技能入手，结合自身职业生涯规划，完善自己，提高自身综合素质。

### （一）构建知识结构

知识结构是指一个人经过专门学习培训后所拥有的知识体系的构成情况与结合方式。合理的知识结构是现代社会从事一定职业活动的必要条件，是人才成长的基础。良好的知识结构能够在既定知识量的情况下，发挥更大效能，这需要各类知识的搭配和有机联系。大学生应该充分认识知识结构在求职择业和职业生涯发展中的重要作用，根据现代社会的发展需要和自己未来的发展需要，在既定的时间内、有限的资源条件下，构建最高效的知识结构。

每个人的知识结构都有别于他人，撇开具体情况，根据知识结构的基本特征，可以区分为不同类型，经过研究，发现最常见的知识结构是以下四种。

**1．宝塔型知识结构**

这种知识结构形如宝塔，包括基础知识、专业基础知识、专业知识、学科前沿知识等。基本理论、基本知识为宝塔的底座，学科前沿知识为塔顶。这种知识结构的特点是强调基本理论、基础知识的宽厚扎实，专业知识的精深，容易把所具备的知识集中于主攻目标上，有利于迅速接通学科前沿。现今我国高校大多是培养这种知识结构的人才。

**2．T型知识结构**

这种知识结构是宽广的知识面与某一狭窄领域前沿知识的结合，宽广的知识面保证了人才具有广阔的视野，思考问题时思路开阔，能够运用不同领域的基本知识和基本原理，而某领域的前沿知识保障了人才能够进入这一领域的前沿，进行非常专业的问题的深入探索，早出结果。

**3．蜘蛛网型知识结构**

蜘蛛网型知识结构是以所学的专业知识为中心，与其他专业相近的、有较大相互作用的知识作为网状连接，形如蜘蛛网。这种知识结构是以自己的专业知识作为一个“中心点”，与其他相近的、作用较大的知识作为网络的“纽结”相互连接，形成一个适应性较大的、能够在较大范围内左右驰骋的知识网。这种蜘蛛网型知识结构的特点是：知识广度与深度的统一，这种知识结构呈复合型状态。随着社会生产的高速发展，这种知识结构的人才非常受社会用人单位的欢迎。

**4．幕帘型知识结构**

这种知识结构是指一个具体的社会组织对其组织成员在知识结构上有一个总的要求，而作为该组织的个体成员，将依其在组织中所处的层次，在知识结构上又存在一些差异。以一个企业为例，企业对其成员的整体知识结构要求是：具有财会、安全、商业、保险、管理等知识。而对企业中处于不同层次的个人来说，要求掌握上述知识的比例是截然不同的，从而组成各自不同的知识结构。这种知识结构强调个体知识结构与组织整体知识结构的有机结合，人们要根据所选岗位在组织中的位置及具体层次，来调整自己的知识结构，增强就业后的适应性。这种知识结构实际上不是在个体层次而是在群体层次上探讨的，作为个体，只有在实际的工作中才能根据组织的总体要求去建立。

每一个人可以根据自己的职业规划、自己的个性特征和已有基础，来选择自己应该建立的知识结构类型。例如，如果你的理想是从事综合管理性的职业，那么你应该建立的是蜘蛛网型知识结构，成为复合型人才；如果你要从事的是一种技术含量不太高，但却要集成多种技术的一类产品研发，那么你也应该建立蜘蛛网型知识结构；如果你将要开发的产品种类属于技术比较单一，但专业性极强，那么你就应该建立T型知识结构；而如果要开发的产品介于上面两种情况之间，也许建立宝塔型知识结构更为合适。

## （二）提升可迁移技能水平

可迁移技能是一种共同性能力，是从事任何职业都需要的一种能力，可以理解为专业技能之外的通用技能。比如在职场，你不可能不与人交往，不过有的职位需要运用在不同人之间协商的能力，有的职位需要运用服务于他人的能力。可迁移能力是整个职业能力体系的“脊柱”。在大学阶段，我们要重点提升以下几种可迁移能力水平。

### 1. 自主学习能力

学习能力就是要求个人不仅要学习宽泛的知识，还要学会学习的方法，树立终身学习的理念，与时俱进。一个人的学习能力往往决定了一个人的竞争力，也正因为如此，无论对于个人还是对于组织，未来唯一持久的优势就是有能力比你的竞争对手学得更多，更快。管理大师德鲁克说：“真正持久的优势就是怎样去学习，就是怎样使得自己的企业能够学习得比对手更快。”学习也是一种生存能力的表现，专业能力需要不断提升技能组合以及刺激学习能力相配合，所以，不论处于职业生涯的哪个阶段，都不应该停止学习。为了求生存和求发展，每个人都必须不断学习那些自然和本能没有赋予他的生存技术，而为取得新的生存技术就必须不断学习。如果停止学习，必定会落后于人，而在当今社会里，落后就会被淘汰。

### 2. 信息获取能力

在信息飞速发展的时代，信息日益成为社会各领域中最活跃、最具有决定意义的因素。大多数人获取信息的目的是从浩瀚的知识海洋中获取学习和职业发展所需要的信息，从而服务于自己的工作、生活，因此，信息获取能力是可迁移能力中十分有用的一种能力。信息获取能力是指能够到正确的地方去获取正确的和需要的信息的能力。在大学阶段，学会获取信息对于做出合理的学习、职业生涯规划，自觉开展学习活动是非常有帮助的。获取信息能力有以下几种。

（1）信息资源的浏览与查找能力。

最基本的信息获取能力是能够利用信息技术在诸如网络、图书馆等各种信息资源中进行浏览与查找，选择适合自己需要的信息，能够取得它们并且保存在自己认为合适的地方，以备后用。

（2）现场信息收集能力。

进一步的信息获取能力是能够利用信息技术收集各种现场信息。它们包括进行各种试验设计，采集有用的数据，并且转化为所需要的信息。这里可能包括以下一些工作：首先，要对任务中的信息需求进行分析，知道需要哪些信息，它们应该从什么地方取得，并且了解如何取得；其次，应该能够考虑如果需要这些信息，可以使用哪些信息技术，是否有现成的系统可以利用，还是需要自己或者请人协助进行一些信息采集的设计工作；再次，在有了这些信息以后，还需要能够将所采集的数据转化为人们能够理解与利用的信息。

信息获取能力是多种能力的综合体现，由于人们的知识水平、技术水平不同，信息获取的能力也不尽相同。因此，在校期间一定要利用学校资源，学会使用图书馆、电子数据库、互联网、问卷调查、信息采访等方法和技术，提高自身信息获取能力。

**3. 人际沟通能力**

沟通不是简单的对话，而是彼此心与心的交流。沟通是个双向的过程，语言沟通是最常用的形式。要掌握良好的人际沟通能力首先要学会听，其次是学会说。

听就是要清楚别人要表达的中心意思是什么，如果对方的表达不清楚，在听的过程中可以适当要求对方澄清，只有完全听清楚了，自己准备提的建议或意见才可能正确。

有了听的经验再学说，要学会在最短的时间内清楚地表达自己的思想。

很多同学在大学里不珍惜上台讲话的机会，不喜欢在上课的时候主动回答问题，其实，每一次发言，每一次回答问题，都是对你说的能力的锻炼。这些锻炼对走上职场后的语言表达有很大的帮助。所以，建议同学们在大学期间要有意识地主动寻找机会，锻炼自己的语言表达能力，因为，用比别人短的时间把同样的事情说清楚是一种能力的体现。

**4. 时间管理能力**

时间管理的最基本原则：紧急的事情不一定是重要的，重要的事情要有计划地做。

时间对每一个人都是公平的，每天都是24小时，可是对这24小时的使用权是掌握在每一个人自己的手里，使用的效率决定了使用后的结果。通过对同一班级同学的长期观察得出的结论是：学习中时间安排混乱的同学，生活也是混乱的。一个随时都在匆忙赶路的学生，不能证明他很忙，只能证明他很乱。

**（三）完善职业素质**

简单地说，职业素质是劳动者对社会职业了解与适应能力的一种综合体现，其主要表现在职业兴趣、职业能力、职业个性及职业情绪等方面。

影响和制约职业素质的因素很多，主要包括：受教育程度、实践经验、社会环境、工作经历以及自身的一些基本状况（如身体状况）等。

一般来说，高职院校毕业生能否顺利就业并取得成就，在很大程度上取决于其自身的职业素质，职业素质越高的人，获得成功的机会就会越多。

职业素质包含三个方面的主要内容，即职业技能、职业道德和职业精神。

**1. 职业技能**

职业技能无疑是构成职业素质的首要因素。它通常指的是一个人所从事的工作要求具备的技术能力，而这种能力通常来自受教育的程度、工作经验和就业后的各种专业技能训练，其中包括人的生理和心理承受能力。

**2. 职业道德**

职业道德是衡量一个人工作态度的职业规范。在职业化的群体行为中，以条文为基础的规章制度是最低限度的行为准则，它对每一个工作者的制约是最下限的，因而不足以适应不断提升的职业化需求。所以，各行各业都不得不将职业道德作为完善职业功能的重要规则。职业道德要求就业者在工作中每时每刻都务必信守对所从事工作的承诺，这种承诺甚至包括每一个微笑的职业信诺。当然，这种信诺是建立在有偿劳动的基础之上的。

**3. 职业精神**

职业精神或称“敬业精神”，拥有这一素质的人在职业生涯中是一种更高的境界。毫无疑问，没有一定程度的职业技能和不受职业道德规范约束的人是不能达到这种境界的。敬业精神之所以可贵，就在于它表现为优秀的从业者在不计较报酬的前提下自觉自愿地付出个人智慧和超越承诺的劳动的行为。个人智慧指的是具有独特创意的工作方法，超越承诺的劳动指的是定额或任务之外的义务工作。敬业精神既然表现为具体实在的奉献，自然也就是职业素质最完美的体现了。具有敬业精神的人往往是不仅仅为了获取报酬而付出劳动的人，他们更注重的是成就感、事业心的满足和在工作中追寻生命价值的体验和生活的乐趣。简单地说，他们是一些热爱工作本身并充满活力的人。

## 第三节　大学生涯规划的制定与实施

相信许多大学毕业生都说过类似于“如果时间可以倒流的话，我会选择另外的方式度过大学生活”的话。的确，大学是一生中知识储备、性格成熟、人生成长的关键时期。在那里本该度过的是人生中最值得回忆、最有价值的时光。可为什么却让许多人不堪回首呢?回头看一看他们走过的路，不难发现他们中的许多人，都没有规划或者是没有很好地规划他们的大学生活。试问：不以规矩，何以成方圆；没有远大的抱负，何以成就伟业；偏离航向，又怎能抵达成功的彼岸?

那么，什么是大学生活规划呢?一般来讲，大学生活规划是从目前比较流行的职业生涯规划中演变而来的，是一种假定在一定程度上人可以掌握自己的命运，通过对未来大学生活道路的预期设计，并采取相应的措施，谋求在大学生活中取得更大成功的一种新型的大学生活管理活动。科学的大学生涯规划，可以帮助大学生确立在校期间的发展目标、发展前景及发展道路；可以帮助大学生管理时间和精力，使之用于最具回报率的事情上去，以获得更大的成功。

### 一、大学生涯规划的原则

#### （一）持久原则

托马斯·阿尔瓦·爱迪生一生共有约 2 000 项创造发明，为人类的文明和进步做出了巨大的贡献。众所周知，我们今天使用的电灯，就是他发明的。当时为了这一项发明，一共实验了 6 000 多种纤维材料，经历了不知多少次的失败，才最终取得突破，制出了我们今天广泛使用的电灯。

今天，大多数人相信奇迹，世间也的确是有奇迹的发生，但像爱迪生这样的奇迹不是一下子就有的，他几乎花了一辈子才获得了奇迹。从通常的眼光看，他家庭条件不好，没有上学的希望，还带有局部残疾，这样的人在今天一定是什么都没有的人了。但结果却非通常所想的，就是因为他从一生的持久原则来进行职业规划。

持久原则需要从一个更高的高度，以唯物主义辩证法发展的观点来看待大学生涯。从辩证法的观点来看，事物的发展是一个连续的矛盾运动过程。一方面，在矛盾中的各种因素，如主要因素、次要因素、有利因素、不利因素等都处在不断相互运动、相互作用和变化发展之中，这种运动决定了事物的特征、现状、历史及未来。另一方面，事物的矛盾却永远不会停止、消失。在矛盾运动中对立的因素将互相对立、互为支撑，并且互相消长转化着。

从持久原则出发的重要性不仅仅表现在弄清事物本身的客观规律及变化趋势，更为至关重要的是，它提供一种改变当前状况的广阔的回旋余地，也使我们不再拘泥于具体事件的一时成败，得以从根本上解决大学生涯中的难题。

#### （二）藐视原则

中国古代有个寓言，叫作“愚公移山”。这是一个浅而易见的故事，但却蕴含着很深刻的内涵。故事里面的主角试图去完成一个不可能的任务。虽然从理论上说，它是可行的，但稍具常识的人都将从实践直接推导出一致的结论：它在现实中根本不可能。当然，我们更倾向于认为是古人故意用简单的故事来说明一个深刻的哲理，为我们揭示了解决困难，特别是巨大的困难的有效方法。它由三部分组成：①在战略上我们藐视一切困难；②在战术上却要重视困难的组成部分；③解决问题最好的方法是实践。

在具体情况中，我们不再藐视每一个局部、细节的困难。因为困难之所以存在，一直无法解决，是因为它不容易被解决。我们强调藐视困难，但不能什么都藐视，那样将是盲目的。藐视和重视都必须基于现实环境，必须有利于解决问题。藐视的目的，是为了更好地解决问题，而解决问题，则需要从一个个的局部重视开始，从解决这些问题开始。

#### （三）集中力量原则

从战略上我们藐视困难，但在具体的困难中，我们要重视困难。不但要重视困难，而且要集中最优势的力量去克服具体的困难，以多胜少是个好办法。

掌握集中力量这个原则，就能带领自己离开被困难深陷的泥沼，从一个局部的胜利到另一个局部的胜利，最终完成全面的胜利。

总的来说，这几个原则都是一个本质的不同方面的反映，需要综合起来看待。有长远的持久原则，就能看清当前的问题；对于任何问题，我们都需要从战略的高度藐视，但是却要从局部重视；而集中力量原则，正是保障具体问题解决的效果。这样，从战略到战术，从一个点到另一个点，从集中到分散，有原则而又灵活地解决人生中最关键的大学生涯中的所有问题，让自己创造未来。

### 二、大学生涯规划的制定

大学生涯规划是一个周而复始的连续的过程，一般可以分为以下七个步骤。

#### （一）产生规划意识

你是否觉得现在的大学生活没有什么意义呢？你是否觉得每天都在忙碌，却没有收获呢？你是否觉得自己老是比别人慢半拍呢？你是否觉得应该利用大学宝贵的时间和有限的资源做点什么呢？你有没有想过改变自己的现状呢？如果你的回答是“yes”的话，那么恭喜你：你已经开始对现状不满，已经产生了规划的意识了。产生规划意识是开始进行大学生涯规划的开端。如果你是一个不思进取、安于现状或者是一个没有勇气改变自己的人，那么下面的步骤就无须再看了。

### （二）进行自我评估

自我评估就是对自己进行科学、全面、彻底的解剖，包括对现在的我、过去的我的剖析，对将来的我的设想。自我评估的目的是认识自己，了解自己。因为只有认识了自己，才能对自己的大学生活做出正确的选择，才能选定适合自己发展的路线，才能对自己的大学生活目标做出最佳抉择。自我评估包括自己的兴趣、特长、性格、学识、技能、智商、情商、思维方式、思维方法、道德水准以及自己今后想从事的职业等。

### （三）确立目标

在大学生涯规划中确立目标是最关键也是最难把握的一步。能不能正确地确立大学期间的发展方向和发展道路，直接关系到在大学取得成果的大小。芸芸众生，有许多人成功了，也有许多人失败了。分析成功者与失败者之间的差距只在于：成功者在他们成功之前，都准确确立了远大的理想。他们的成功只不过是坚持不懈地朝着目标不断努力的必然结果；而失败者，他们往往没有目标或者是目标比较低，他们只是“做一天和尚，撞一天钟”，从来没有仔细考虑过自己要做什么，不要做什么，所以他们没有成功。因此，在确立目标的过程中一定要慎重行事。

### （四）制定方案

在确立了大学期间的发展目标后，就要制定切实可行的方案，把目标分解成若干个小目标，一段一段地去实现。成功的人最难能可贵的就是能够客观地分段实现他们的目标。而不像我们有些同学，总想一口吞个“大烧饼”，一口吃出个“大胖子”，结果反而被噎着了。所以懂得制定方案，阶段性地朝着目标奋斗的人是很容易取得成功的。大学生涯应该重点对大学期间的学习、生活、社会、兼职、社团活动等方面进行规划。

#### 1. 大学一年级

在这一阶段，主要完成从高中生到大学生的角色转变，熟悉环境，建立新的人际关系。对自己所学的专业方向、职业目标进行深入了解和认识。制定清晰的大学生活、学习和职业发展规划以及实施的具体步骤，并且紧紧围绕自己的人生目标和职业方向，有目的地、主动地、有选择地学习和积累知识、能力。

#### 2. 大学二年级

这一阶段主要是形成清晰的职业定位，使学习更加有目标，有动力。经过大一对专业和职业兴趣的不断深入了解，大二时，就必须确立自己很清晰的职业定位。有了明确的职业定位，学习就有了更加具体的目标和努力的方向，也更便于根据职业定位来进行职业技能和工作经验的积累。在确定了自己的职业定位后，应该围绕选择的职业，制订职业体验计划，对今后欲从事的职业和职位进行更深入的了解和体验。通过短期的职业体验，对这个行业和相关的职位进一步分析和了解，熟悉这一职位所要求的职业技能和职业素质。根据职业体验的结果，进一步修订和完善原来的职业规划目标。职业体验后，根据该职业的具体要求，有目的地进行专业知识的补充和职业技能专项的培养与训练。

**3. 大学三年级**

高职生在这一阶段主要是在实习单位进行实习。在这一阶段最关键的是选择适合自己的实习单位，很多大学生得到的第一份工作往往是实习单位给的。通过有规划、有目的的实习，大学生要逐渐完成由校园到社会的过渡，学会与企业发展同步，学会融入企业发展之中，实现由学校人到企业人的过渡。通过实习，大学生还可以由怯场、胆怯的忙乱人，逐渐变成一个善于掌控时间、从容做事的职业人，可以从实习中获得工作经验、团队精神、解决问题的思路和方法、专业技能等能力，从而为毕业生顺利走向职业生涯做好充分的准备。

### （五）执行计划

制定方案的过程中必然会产生一个具体性的、细节性的计划，那就是平时学习生活的行动指南。它会帮助你分配和管理你的时间、精力，指导你在什么时间该做什么，同时，还会告诉你在哪个阶段会取得什么样的成功。在执行计划的过程中，一定要严格要求自己，要坚持不懈、持之以恒，切不可马虎了事，“三天打鱼，两天晒网”。

### （六）调整修正

“人非圣贤，孰能无过。”当然你也不是圣贤，所以在上面的步骤中有时候会犯错误。那么这个时候，要能冷静地思考，分析问题到底出在哪个环节，同时要有推翻重来的勇气，认真思考调整，在做出正确的修正以后，要坚定不移地继续你的计划，直到取得成功。

### （七）收获成功

进行到这一步的时候，可以真正地恭喜你了：在你的苦心经营和不断努力下，终于抵达了成功的彼岸。你可以无悔地给你的大学生活交上一份完美的答卷。

年轻的朋友们，大学是令人羡慕的年华，年轻是你们最雄厚的资本，你们有什么理由不好好规划你们的大学生活呢？相信通过科学的规划，在大学的舞台上你们将展示与众不同的个性，收获属于你们自己的成功。

## 三、大学生涯规划的实施

### （一）加强执行力

大学生涯规划制定好以后，最重要的是实施。在实施的过程中，一个人的执行力如何直接决定了规划实施的效果。执行力相当于心理学上所说的毅力。有的同学经过精心策划，给自己制定了完美的发展规划，可是，一旦遇到困难或挫折就放弃了。“千里之堤，毁于蚁穴”“使人疲倦的不是远方的高山，而是鞋里的一粒沙子”，这些充分说明，细节决定成败。经常会听到同学说，“从明天起，我要好好学习了……”为什么要从明天开始而不是现在开始呢？

### （二）牢记心中目标

每个人都有许多目标。不能想象，人要是没有了目标，就好像航行在大海上的船只失去了灯塔的指引。生活没有目标，人生就失去了本来的意义，人也就丧失了生活的动力，虚度人生。有了明确的目标，才会为行动指出正确的方向，才会在实现目标的道路上少走弯路。事实上，漫无目标或目标过多，都会阻碍前进的步伐，要实现自己的心中所想，如果不切实际，最终可能是一事无成。不幸的是，你在追逐人生目标的过程中会不时被一些细枝末节、毫无意义的事分散精力，扰乱视线，导致放弃自己的既定目标。有时候，可能并不是出于你的本意，只是一种惯性思维。究其原因，还是由于你没有牢记心中目标。因此，一定要时刻提醒自己：我的目标是什么。

### （三）做好时间管理

有时候，个人预先制定的规划之所以不能有效地得以实施，就是没有有效地做好时间管理。时间本身是不可以管理的，时间管理是指对个人的管理，以使个人利用好有限的时间，从而高效地达到个人目标。有效使用时间的习惯一旦形成，它就会永远帮助你。成功人士拥有的时间和普通人是一样的，他们之所以能在有限的时间内发挥出更多的能量，良好的时间管理技巧是非常重要的因素。

#### 1. 制订计划

把一年要做的事情都列出来，并进行目标切割：①年度目标切割成季度目标，列出清单，确定每一季度要做的事情；②季度目标分割成月目标，并在每月初重新列出本月需要做的事情，碰到突发事件需要调整目标时要及时调整过来；③每周的星期天把下周要做的事情列出来；④每天晚上将第二天要做的事情列出来。

#### 2. 区分轻重缓急

事情按照重要性和紧迫性分为如下几类：既紧急又重要（如学习任务、职业技能证书的考取），重要但不紧急（如建立人际关系、新的机会等），紧急但不重要（如骤响的电话铃声等），既不重要也不紧急（如客套的闲谈、无聊的信件、个人的爱好等）。最重要的时间管理理念是把主要精力放在处理那些重要但不紧急的事情上，这样做既可以把握事情的主要方面，又可以避免将来成为“救火员”。

#### 3. 注重细节积累

生活中有许多零碎的时间很不为人注意，其实这些时间虽然短，但却可以充分利用起来做成一些事情。比如等车的时候可以思考下一步的工作、翻翻报纸、记几个单词；睡觉的时候回顾一下当天的学习，可以帮助记忆和理解知识。在疲倦之前休息片刻，既避免了因过度疲劳导致的超时休息，又可以使自己始终保持良好的“竞技状态”，从而大大提高工作效率。

#### 4. 学会说“不”

当遇到临时出现的情况打乱计划的时候，我们可以说“不”。不要被无聊的人和无关紧要的事情缠住，也不要在不必要的地方逗留太久，不要将整块的时间拆散。一个人只有学会说“不”，才会得到真正的自由。但是，说“不”要讲究技巧，不要直截了当、语气生硬，而是要委婉，要用他人觉得确实是合适的理由来拒绝。

### （四）参加有益的职业训练

在确立了职业目标以后，行动成了关键环节。没有行动，目标就无从实现，因此，要积极参加有益的职业训练。职业训练包括职业技能训练、对自我职业的适应性考核、职业意向的科学预测等内容。如参加学校组织的暑期“三下乡”活动、大学生“青年志愿者”活动、毕业实习工作、校园创业活动等都是职业训练很好的模式。除此之外，多听知名校友、校外名人的经验和事迹；多参加勤工俭学，从事社会兼职工作；多参加学校组织的模拟性职业实践活动，进行职业意向测评等，从而更早、更多地了解职业，掌握职业技能，以便更好地开展自身的职业生涯规划设计。

### （五）评估与修订

很多没有计划的人都将“计划赶不上变化”这句话挂在嘴边。的确，影响职业生涯的因素很多，有的变化因素是可以预测的，而有的变化因素难以预测。在此状况下，要使职业生涯规划行之有效，就必须对职业生涯规划不断地进行评估和修订。修订的内容可以包括：职业的重新选择、职业生涯发展路线的变化、人生目标的修正、实施措施与计划的变更等。评估与修订并不是随意改变目标，而是因客观环境的变化，使规划更具操作性。同时，评估与修订的结果还可以作为下一轮规划参考的依据。其实，评估与修订过程也是对自我认识、对社会认识不断加深的过程。

## 本章小结

1. 大学生应意识到大学只是人生旅程的另一个起点。新的起点意味着新的挑战和新的机遇，谁能未雨绸缪、提前规划、为自己今后的职业生涯做好准备，谁就能在今后的职场中拥有竞争力，实现自己的理想。

2. 从社会的角度来看，职业是劳动者获得的社会角色；从国家的角度来看，每一种职业都是社会分工中的一个部门；从个人的角度来看，职业则是劳动者“扮演”的社会角色，他因此而为社会承担一定的义务和责任，并获得相应的报酬。

3. 职业生涯是一个人的职业经历，一般认为，职业生涯开始于任职前的职业学习和培训，终止于退休。选择什么样的职业作为自己的工作，自己就会有什么样的人生发展。

4. 职业规划有助于全面提高大学生的综合素质，避免学习的盲目性和被动性；规划个人的职业生涯，可以使职业目标和实施策略了然于心，并便于从宏观上予以调整和掌控，能让大学生在职业探索和发展中少走弯路，节省时间和精力；同时，职业规划还能对大学生起到内在的激励作用，使大学生产生学习、实践的动力，激发自己不断为实现各阶段目标和终极目标而努力。

5. 大学生涯是大学生整个人生的重要阶段，是职业发展的准备期。

6. 在大学学习阶段，需要从构建知识结构、提升可迁移技能水平、完善职业素质这三种技能入手，结合自身职业生涯规划，完善自己，提高自身综合素质。

7. 大学生涯规划有持久原则、藐视原则、集中力量原则等。

8. 大学生涯规划是一个周而复始的连续的过程，一般可以分为产生规划意识、进行自我评估、确立目标、制定方案、执行计划、调整修正、收获成功七个步骤。

9. 大学生涯规划的实施需要注意加强执行力、牢记心中目标、做好时间管理、参加有益的职业训练、评估与修订。

## 相关阅读

### 大学生的职业生涯发展规划书

**1. 引言**

花开花落，春去春回，我即将度过自己20岁的生日。驻足观望，知识信息飞速发展，科技浪潮源源不绝，人才竞争日益激烈，不禁让人感叹，这世界变化好快。

身处信息世界，作为一名电子信息专业的当代大学生，我不由得考虑起自己的未来。在机遇与挑战并存的未来社会里，我究竟该扮演什么角色呢?

水无点滴量的积累，难成大江河；人无点滴量的积累，难成大气候。没有兢兢业业的辛苦付出，哪里来成功的喜悦?没有勤勤恳恳的刻苦钻研，哪里来震撼人心的累累硕果?只有付出，才能有收获。未来，掌握在自己手中。

由此，想起自己走过岁月中的点点滴滴，我不禁有些惭愧。我对自己在学业、文体、社团活动中的表现不是很满意。我发现自己惰性较大，平时总有些倦怠、懒散，学习、做事精力不够集中，效率不高，态度也不够端正。如若不改正，很可能会导致我最终庸碌无为。不过还好，我还有改机会。否则，岂不遗憾终生?

记得一本书中这样写道：一个不能靠自己的能力改变命运的人，是不幸的，可怜的，因为这些人没有把命运掌握在自己的手中，反而成为命运的奴隶。而人的一生中究竟有多少个春秋，有多少事是值得回忆和纪念的。生命就像一张白纸，等待着我们去描绘，去谱写。

身为大学生的我们，与其一天天消磨时光，不如抓紧时间多学一些知识来充实自己。人的大学时光一生中也许就一次，不把握好，将来自己一定会追悔莫及。于是，再经过一番深思熟虑之后，我决定对自己进行一下规划。有了目标，才会有动力。

**2. 自我盘点**

1）兴趣爱好

业余爱好：读书、听音乐、无线电维修、画画。

喜欢的文学作品：《红楼梦》《战争与和平》《老人与海》《平凡的世界》。

喜欢的歌曲：《爱拼才会赢》《红日》《流年》。

心中偶像：周恩来、比尔·盖茨。

2）优势与优点

学习成绩优秀，担任班干部，班级群众基础好，父母、亲人、班主任、任课老师对自己比较关爱，动手能力较强；做事仔细认真、踏实、锲而不舍，勤于思考，考虑问题全面；能友善待人。

3）劣势与缺点

目前的经济状况较为窘迫。身高不够，体质偏弱。性格偏内向，能力较差，过于执着偏固执，胆小，思想上属保守派，缺乏自信心和冒险精神，积极主动性不够，做事爱拖拉，惰性较大。

4）生活中的成功经验与失败教训

成功竞选为班支委一员，成功组织过学习研讨主题班会并获年级组评选第一名，个人学习成绩、综合积分均为班级第一，通过考核以较大优势如入系学生实验室，工作中全班同学的悉心支持是我最大的财富。高考失利打击较大，一位好朋友与我有误解而疏远，竞选系学习部长失利，老听别人侃侃而谈可自己却接不上话，心里特难受。

解决自我盘点中的劣势和缺点。

所谓“江山易改，本性难移”。内向并非全是缺点，使我少一份张扬，多一点内敛，但可相应加强与他人的交流沟通，积极参加各种场合各项有益的活动，使自己多一份自信、激扬，少一份沉默、怯场。充分利用一直关心支持我的庞大的亲友团的优势，真心向同学、老师、朋友请教，针对自身存在的各种不足制订出相应计划并加以改正。

加强锻炼，增强体质，提高体育成绩，以弥补身高不足而带来的负面影响。积极争取条件，参加校内外的各项勤工俭学活动，以解决短期内的生活费问题并增强自身的社会工作阅历，为以后创造更多的精神财富和物质财富打下坚实基础。

5）职业取向分析测试

为了进一步认清自我属于何种类型的社会人，初步确定个人未来数年内更适宜从事的工作岗位究竟是什么，我查找了多种测试工具，最终主要选择了霍兰德职业倾向测验量表，并对其中的相关内容进行了认真的测验，从而初步得出了自己的未来职业取向。以下为测验结果。

心目中的理想职业（专业）：公务员、科技工作者、医生。

感兴趣的活动排序：R 型、I 型、S 型、C 型、A 型、E 型。

职业能力倾向测试：R（实际型）——木匠、农民、操作 X 光的技师、工程师、飞机机械师、鱼类和野生动物专家、自动化技师、机械工（车工、钳工等）、电工、无线电报务员、火车司机、长途公共汽车司机、机械制图员、机器修理工、电器师；RIS——厨师、林务员、跳水员、潜水员、染色员、电器修理工、眼镜制作工、电工、纺织机器装配工、服务员、装玻璃工人、发电厂工人、焊接工。表格所测本人适合的职业主要为无线电修理工，电工。

综上所述，本人所适合的未来职业倾向类型主要为工程技术类，即无线电服务、电工类。

**3. 未来职业规划**

1）确定职业通路

根据已确定的自己的职业发展领域，确定自己何时内部发展、何时重新选择及发展通路。简述如下。

职业类型：工程技术型。

典型特征：性格内向，喜欢独立思考，做事谨慎细致。职业选择时，主要注意力是工作的实际技术。即使提升，也不愿到全面管理的位置，而只愿在技术职能区提升。

成功标准：在本技术区达到最高管理位置，保持自己的技术优势。

主要职业领域：工程技术、电类专业。

个人职业通路设计：一线操作员→技术维修技术员→助理工程师→工程师→高级工程师→副总工程师→公司总工程师。在担任高级工程师两年后，如果本企业发展不佳，到大中型企业发展。

培训和准备：3年取得助理工程师资格，7年取得工程师资格，工程师后5年内成为高级工程师。在业余时间进修管理学知识。需要提高处理信息的能力，保持积极的心态。

2）未来人生职业总规划

围绕可能的职业发展通路，本人特对未来50年做初步规划。

2003—2006年学业有成期：充分利用校园环境及条件优势，认真学好知识，培养学习、工作、生活能力，全面提高个人综合素质，并做好专转本或就业准备。(具体规划见后)

2006—2009年熟悉适应期：利用3年左右的时间，经过不断的尝试努力，初步找到适合自身发展的工作环境、岗位。

完成以下主要内容。

①学历、知识结构：提升自身学历层次，从专科走向本科。途径：参加进修、自学或函授、夜大或脱产等。

专业技能较熟练，达到助理工程师技术水平。途径：专业学习、培训，熟悉工作环境。

②个人发展、人际关系：在这一时期，主要做好职业生涯的基础工作，与同事友好相处，获得领导认同，打好基础，职位升迁暂不考虑，途径：加强沟通，虚心求教。

③婚姻家庭：暂不考虑，有缘分可顺其自然，不强求。

④生活习惯、兴趣爱好：适当交际的环境下，尽量形成较有规律的良好个人习惯，并参加体育活动，如跑步、打球等。途径：制定生活时间表，约束自己更好地执行。

2009—2021年稳步发展期：在此10年左右的时间里，努力奋斗，使自己在单位、本岗位上业务精湛，并小有成就。

完成以下主要内容。

①学历、知识结构：在原基础上进一步提升自身学历层次，达到本科或研究生水平。途径：参加进修、自学或函授、夜大或脱产等。

较熟练掌握本专业领域内的技术技能，达到工程师或高级工程师技术水平，并具有一定的生产技术管理经验。途径：参加专业培训，加强学术交流。

②个人发展、人际关系：在与同事友好相处的基础上，使自己逐步成为单位的技术骨干，并充分发挥自身技术优势，能在技术管理岗位上有所小成。途径：大胆工作，敢于创新，充分利用网络、图书馆等条件不断学习新技术、新方法。

③婚姻家庭：寻找另一半，注意品行、学历、家庭背景等因素，并结婚生子，购买住房，承担家庭责任，教育好下一代。

④生活习惯、兴趣爱好：此阶段个人习惯的良好规律显得尤为重要，生活工作压力最大，必须调整好自身状态，以保证能更好地投入到事业发展中去，定时参加体育活动，以增强体质。途径：制定生活时间表，家庭成员督促执行。

2021—2041事业有成期：此为职业生涯发展的黄金时期，应抓好这一阶段，使本人发展到个人事业的顶峰。

完成以下主要内容。

①学历、知识结构：重点加强知识的更新，熟练掌握本专业领域的技术技能，并成为技术权威，具有较强的生产技术管理经验。途径：加强学术交流，虚心向年轻人学习新技术。

②个人发展、人际关系：成为单位的中流砥柱或中层领导，注意管理方法的学习总结，加强对年轻人的指导帮助，带动新一代快速成长。

③婚姻家庭：在工作时注意处理好家庭与工作的关系，保证家庭和睦。

④生活习惯、兴趣爱好：前些年养成的良好生活习惯将成为现阶段的一笔宝贵财富，注意继续保持。

2041—2046年发挥余热期：此时已退休，若体力、精力还允许，可继续参加业余工作，为社会尽自己的一份力量，同时也为充实自己的老年生活。要注意劳逸结合，千万不能过分劳累，时间视具体情况而定，但若有不适就提前停止工作，进入下一时期。

2046年以后颐养天年期：忙碌了一辈子，该休息了。在家可养花弄草，外出游览祖国大好河山，儿孙膝下承欢，尽享天伦之乐。这时候，终于可以慢慢回顾自己过去走过的路，有可能的话还可以写一部个人回忆录。无论在别人的眼中我的一生过得如何，我总可以很自豪地在回忆录的最后一页写上两个字：成功！

3）短期目标规划

“千里之行，始于足下。”本人计划先把目前在校的三年短期规划作为自己职业生涯总规划的开始篇。希望能够走好第一步，为以后更长的路打下坚实基础。

（1）在校期间总的目标规划。

思想政治及道德素质方面：以马克思列宁主义、毛泽东思想、邓小平理论、“三个代表”重要思想为指导，树立正确的人生观、价值观、道德观、奋斗创业观，坚持正确的人生价值取向。定期递交对党的章程的学习、认识及实践的体会以及自己的言、行、感受的材料，争取早日通过审核，加入共产党。积极参加党团活动、“三学”活动等。

社会实践与志愿服务方面：适时参加社会调查活动、下厂参观实习等工作。适时参加义务献血、植树活动、青年志愿服务活动等公益事业。

科技学术创新创业方面：扎实学习专业技能，同时，充分利用校内图书馆、校外图书城及网络信息，开拓视野，扩展知识范围，以此激发、开拓思路，尝试设计开展学术创新、科技创新。

文体艺术、社团活动与身心发展方面：积极参加校内外文体艺术活动、校内社团活动、演讲赛、辩论赛、书画比赛等，以此充分锻炼胆量、能力，展示个人风采。积极参加身体锻炼和校运动会。每周平均参加体育活动三次，每次半小时左右。

技能培训方面：为后期踏入社会、参加工作积累一定的基本能力，并具有较扎实而全面的专业基本技能，力争做到：①大二上半学期通过计算机二级考试；②大二上半学期参加英语三级（B）等级考试并通过；③大三上半学期参加英语四级考试并力争通过；④大三时在技能培训方面注重电子信息技术和专业英语的学习、积累，参加无线电调试工（高级）、通信终端维修工等专业考试并通过。

学业方面：平时，无非常特殊情况绝不迟到、请假，更不能旷课，保证好学习听讲时间及学习质量。除去上课时间，应充分利用课余时间。除去必要适量的身体锻炼、娱乐活动及休闲时间外，均应安心、踏实、专注地攻读职业方向类、专业类书籍和其他类别的实用书籍。学习时应注意预习、听讲、复习、综合分析对比联系以及所用时间比例。知识积累不仅应做到广，更应做到专、精，博采众长，又红又专。

（2）三年阶段规划。

大学一年级——试探期。初步了解职业，特别是自己未来可能从事的职业，即自己所学专业—— 电子信息技术对口的职业，并通过参加选修课的形式学习文学艺术类课程，努力提高本人的人际沟通能力。多和师长们进行交流，多参加学校、院系组织的各种活动，以提高人际交流的技巧，丰富社会阅历。

大学二年级—— 定向期。做好两手准备：①继续学习深造，专业方向为电子信息技术类；②就业，在有合适单位、岗位的情况下，可以考虑先工作。围绕这两个方面，本学年本人一方面做好专转本考试的准备工作，了解与之相关的要求，做好迎考复习；同时注意提高自身的基本素质，通过参加学生会或社团等组织，锻炼自己的各种能力，同时检验自己的知识技能；开始尝试兼职、社会实践活动，在课余时间从事与自己未来职业有关的专业类工作，提高自己的责任感、主动性和受挫能力。

大学三年级—— 分化、冲刺期。若大二专转本成功，则到新的学校继续学习专业知识；若不幸落第，则以成功毕业并找工作为主要目标。注意提高求职技能，搜集就业信息。在平时的学习、研讨中，锻炼自己独立解决问题的能力和创造性；学习写简历、求职信，了解搜集工作信息的渠道，尝试和已经毕业的校友了解往年的求职情况，开始毕业前工作的申请，积极参加招聘活动，在实践中校验自己的积累和准备；最后，预习或模拟面试。积极利用学校提供的条件，了解就业指导中心提供的用人单位资料信息，强化求职技巧、进行模拟面试等训练，尽可能地在做出较为充分准备的情况下进行施展演练。能够为自己的三年大学学习生涯交上一份令自己和所有关心我的人满意的完美答卷。

**4. 结束语**

计划定好固然好，但更重要的在于其具体实施并取得成效。这一点时刻都不能忘记。任何目标，只说不做到头来都只会是一场空。然而，现实是未知多变的。目标计划随时都可能受到各方面因素的影响。这一点，每个人都应该有充分的心理准备，当然包括我自己。因此，在遇到突发因素、不良影响时，要注意保持清醒冷静，不仅要及时面对、分析所遇到的问题，更应快速果断地拿出应对方案，对所发生的事情，能挽救的尽量挽救，不能挽救的要积极采取措施，争取做出最好矫正。相信如此以来，即使将来的作为和目标相比有所偏差，也不至于相距太远。其实，每个人心中都有一座山峰，雕刻着理想、信念、追求、抱负。每个人心中都有一片森林，承载着收获、芬芳、失意、磨砺。但是，无论眼底闪过多少刀光剑影，只要没有付诸行动，那么，一切都只是镜中花、水中月，可望而不可即。一个人，若要获得成功，必须拿出勇气，付出努力。成功，不相信眼泪；成功，不相信颓废；成功，不相信幻觉；成功，只垂青有充分准备的人。未来，只能掌握在自己手中。人生好比是海上的波浪，有时起，有时落，三分天注定，七分靠打拼！爱拼才会赢。

# 第九章 大学生就业指导

## 第一节 就业形势与政策

就业，就的正是社会的“业”，了解就业环境是必要的也是迫在眉睫的。知道“水深水浅”，大学生的职业梦想才能更好的变成现实。在我国，大学生就业制度是随着我国社会主义市场经济的不断发展而逐步走向深入的。在计划分配时期毕业生拿着派遣证，以“国家干部”的身份到国有企事业单位工作，不需要签订任何形式的契约，这是一种单一的、不自主的就业方式。1993 年中共中央、国务院颁发了《中国教育改革和发展纲要》，明确指出改革高等学校“统招统配”和“包当干部”的就业制度。1997 年国家教委（1998 年 3 月更名为教育部）出台了《普通高等学校毕业生就业工作暂行规定》。2000 年教育部将毕业生就业的“派遣证”改为“报到证”，从而确立了毕业生就业的自主地位，为进一步深化改革奠定了基础。2002 年，《国务院办公厅转发教育部等部门〈关于进一步深化普通高等学校毕业生就业制度改革有关问题的意见〉的通知》文件下发，确定了我国的现行就业机制为“市场导向、政府调控、学校推荐、学生与用人单位双向选择”。2005 年 6 月 29 日，《中共中央办公厅国务院办公厅印发〈关于引导和鼓励高校毕业生面向基层就业的意见〉的通知》出台，使应届毕业生到基层去就业、创业成为主流。就业市场的不断变化让面对就业的大学生不得不关注。

## 第二节 大学生就业环境现状与前景

在毕业生就业制度改革的同时，我国高等教育也从“精英教育”时代走进了“大众化教育”时代。2000 年全国高校毕业生人数是 106 万，2001 年是 117 万，2002 年是 145 万，2003 年是 212 万，2004 年是 280 万，2005 年是 338 万，2006 年是 413 万，2007 年是 495 万，七年间翻了两番还多。近年来，社会对大学生就业的关注度越来越高，大学生就业环境现状与前景成为一个社会普遍关注的话题。那么，大学生的就业到底面临一种怎样的形势，国家对大学生就业有哪些积极的政策，这是每一名面临就业的毕业生首先要了解的。

### 一、当前大学生的就业形势

在高等教育进入大众化阶段后，大学生的就业形势发生了根本性的变化，主要表现在以下几个方面。

**（一）日趋提高的社会要求**

世界发展速度的加快，也对中国发展有着影响。作为具有一定知识文化的大学毕业生背负了应对就业竞争日益激烈的使命。就业，成为了这场竞争的前线，是一个双向选择，甚至单项选择的过程。用人单位（尤其是具有一定吸引力的用人单位）接收毕业生的标准越来越高。他们不仅挑选名校和高学历的毕业生，而且注重毕业生的综合素质；不仅注重学生的自荐、面试和笔试，而且也非常重视学生在校期间的学习和表现；不仅要求毕业生学习成绩好，政治素质、思想道德素质高，而且身心要健康，诚实可信，踏实肯干，具有强烈事业心和团队精神；复合型、外向型、开拓型及具有创新意识的学生日益受到用人单位的青睐；毕业生的实际动手能力已成为许多用人单位所要考核的内容；取得一些技能证书也成为一些地区和单位接收毕业生的基本条件之一。此外，愈来愈多的用人单位为了选到优秀的毕业生，已不局限于参加校园招聘会，而是很早进驻学校单独进行招聘，或是经常与学校保持联系，随时物色合适人选。总之，用人单位接收毕业生已从“数量型”转为“质量型”，选择人才时更加注重素质、能力。就业市场不再仅仅是招人，而开始转向招“优秀人”。

**（二）明显改变的就业观念**

网络日趋普及，当代的大学生很多时候也不再是那个等待苹果来敲脑袋的孩子，他们开始积极应对市场变化，不断改变和调适着自己。而这一系列转变中，大学生就业观念的改变十分明显。广大毕业生的自主择业意识不断增强，不再等待“分配”，而是提早准备，主动出击，在全面提高自身素质、增强自我实力的基础上，通过多种渠道广泛联系用人单位，推销自己。而且，毕业生选择单位的标准也发生了变化，不再仅以用人单位所有制的性质为择业标准，而是勇于到各种所有制经济实体和单位就业，不再仅注重用人单位的地理位置、经济效益和福利待遇，更侧重于用人单位的发展前景、工作环境和用人机制；不再过度强调专业对口，而是更关注人职匹配度的实现。毕业生就业渠道也逐渐多元化，毕业生不仅参加学校组织的招聘会，通过学校获得就业信息，而且也充分利用社会上的人才交流大会来落实就业去向，部分人还借助于家长、亲朋好友、校友、同学的推荐来获取就业信息，签订就业协议。针对当前的就业形势，有的毕业生采取了“先就业，后择业，再创业”的策略，有的则宁愿暂时待业，继续复习，立志考研深造。总之，毕业生就业观念的变化，使其就业空间扩大了，就业领域拓宽了，就业渠道增多了。

**（三）走向“买方”的就业市场**

马克思的市场理论渗透于社会生活中，就业市场也不例外。随着大学生就业过程中的市场化趋势日益明显，大学生与社会需求之间的关系也表现得极为突出，有些专业供不应求，供需比达到1:30，有的专业供大于求，甚至无人问津。显然，大学生就业基本趋于市场化，价格机制在就业市场上的调节作用也越来越大。大学生就业由过去的“卖方市场”转变为“买方市场”。可以预见，在今后相当长的一段时间内，毕业生同层次间挤占岗位的效应将呈增强的趋势。同层次、相同专业但来自不同学校的毕业生，其在就业过程中形成的培养质量和个人特色方面的竞争将格外激烈。由于目前的人才市场是买方市场，许多单位在选拔人才过程中出现“人才高消费”的现象，即研究生抢占本科生岗位，本科生抢占专科生岗位的现象。预计随着我国研究生毕业人数的增加，这种现象将进一步加剧。

### （四）急剧转变的就业方式

面对市场的现实需求，国内中小企业已迅速发展，它们对大学毕业生存在着强烈的需求。为了吸引更多拥有一定知识的大学生，各类中小企业为高校毕业生提供的就业机会已经远远超过了大中型企业。据有关部门统计，近年来到三资企业、民营企业的毕业生人数明显增多，参加灵活就业或自愿到艰苦地区、艰苦行业的毕业生人数也明显增多，这说明高校毕业生已经开始了理性的思考。虽然毕业后暂时找不到全职工作的毕业生人数有所增加，并且各个层次的毕业生都有，但毕业生和家长们的心理承受能力普遍增强。有关专家表示，中国大学生就业在今后几年内将呈现两大趋势：一是大学生就业层次将会逐步下降，大学生将从社会精英转向普通劳动者；二是大学毕业生资源不再短缺，大学生就业将主要面向中小企业，面向基层。

### （五）矛盾突出的就业过程

尽管大学生已经开始转变就业观念、适应市场变化，但不能回避的是总体而言，目前高校毕业生的数量与各行各业的需求量相比还远远不够。当下所谓的“就业难”主要表现在毕业生在地区分布和结构的不平衡上，包括专业结构矛盾、地域结构矛盾、学历结构矛盾等。地区之间的供需不平衡也是影响毕业生就业的主要因素，东部沿海地区对毕业生的需求量较大，西部欠发达地区能提供的就业岗位较少，即使是同一专业，在不同地区的需求情况也大不相同。这就使得就业过程的矛盾依然存在并更加突出。

### （六）失业率上升的毕业初期

2001 年毕业生在离校时未落实或未完全落实就业岗位的约为 30 万人，2002 年约为 40 万人，2003 年约为 60 万人，2004 年约为 70 万人。根据国外高等教育由精英化教育向大众化教育转变过程中的经验和特点来看，大学生毕业后 1 ~ 5 年内失业率较高，但总体上要低于社会的平均失业率，而且待遇高于社会上其他没有受过高等教育的人。因此，我们也需要理智看待大学生“毕业即失业”的现象，理解自己也理解别人，以积极乐观、满怀理想、不断进步的心态来应对。

## 二、影响大学生就业的因素

大学生的就业问题并非是一个简单的问题，造成这一问题的因素也较为复杂多样。我们主要从以下三个方面来分析。

### （一）社会大舞台：我国正处于就业高峰期

改革开放 30 多年来，中国经历了社会体制转轨和经济转型，发生着快速而巨大的变化。在我国改革开放的早期，为了振兴经济，开始有限度地鼓励人才流动，目前我国正处在改革开放后的第四次人才流动期。在这次流动中，四股劳动大军纷纷涌向中国的劳动力市场：一是大学毕业人数激增，而社会整体需求则保持相对平稳或略有增长；二是随着农民收入的增加越来越依赖于非农就业的工资性收入，农村劳动力向城镇转移的步伐还将进一步加快；三是随着我国加入世界贸易组织五年过渡期的结束，国企改革力度的加大和经营机制的转换，下岗工人数量会继续增加；四是“海归”人数增加。我国制定和实施的留学人才回归计划，吸引了越来越多的海外学子归国寻找发展机会，他们获得了国内大学生无法比拟的优先权和企事业单位的青睐。然而由于经济发展提供的就业岗位有限，有些“海归”人员也变成了“海待”。如此多的就业人员一同涌向一个狭小的就业市场，客观上增加了国内大学毕业生的就业难度，加剧了就业岗位少而就业需求增加之间的矛盾。

为了解决就业问题，很多人提出了保持经济增长的办法，要求我国的年均经济增长率达到7%以上。遗憾的是，这一办法的效果越来越有限。国际上分析经济增长与就业增长关系的方法一般采用就业弹性这一指标。按照国际惯例，经济增长一般伴随着就业的增长。但是我国经济增长的就业弹性呈现出波动不定且总体明显下降的趋势。从20世纪70—80年代的平均0.34（扣除1990年的异常变动）降到90年代以后的0.118，下降了65.3%。这表明经济增长对就业的吸收能力在逐步减弱，因而单纯依靠经济增长来解决就业问题存在着明显的不足。有关专家称，劳动力资源过剩将成为新世纪我们必须面对的社会问题。未来10年我国农业和工业失业人员较多，此外，电信业、金融业、保险业、石化产业、信息产业等行业也会减员增效，出现较多的失业人员。但是，我国未来新增就业机会也不少，甚至有些行业能够大量增加就业机会。入世可使我国纺织业新增就业机会达282.5万个，服务业新增就业机会达266.4万个。此外，钢铁工业、房地产业、家电业、食品业、商业等将会出现繁荣的景象，因而也会相应地创造更多的就业机会。

### （二）高校营养基：高校专业设置与市场需求变化错位

高校，这个大学生成长和成才的温暖窝，往往也影响着大学生的成事和成功。提供给大学生知识和文化的高校，教授学生各领域的基础知识，培养学生道德、素质，给予学生锻炼完善自我的机会。然而，我们也能在身边的高校中发现高校专业设置与市场需求变化错位这一普遍现象。很多高校的专业设置和调整不是面向市场需求，而是单纯立足于自身师资条件，招生和专业设置与市场需求脱节，结果导致大学生就业过程中的结构性矛盾，成为制约毕业生就业的重要因素。经过几年大学学习后，学生发现自己所学习的专业很难有对口岗位或是对口岗位竞争过于激烈，而其他冷门岗位却没法就业。这给大学生带来了巨大的矛盾和艰难的心理调适，让大量的大学生难以找到称心的工作；同时，更多的用人单位也很难物色到专业对口的人才或者是不得以高价进行招聘，扰乱了就业市场的良性竞争。

### （三）个人小理想：毕业生择业期望与用人单位实际需求的矛盾

我国教育的飞速发展使得很多人圆了大学梦，跨进了大学门。可是，“大众化”教育意味着高校毕业生不完全能占据传统意义上的“精英”岗位，而是要到更广泛的行业、更广泛的领域中去就业。朝气蓬勃的年轻人，太多的奋斗梦想已经过四年的酝酿在跃跃欲试中等待爆发。能爆发吗？答案往往是否定的。大学生择业观与人才市场需求的矛盾由此产生。一方面表现为大学生就业的薪资期望与用人单位所提供的实际待遇之间的矛盾，大学生对薪资的期望普遍高于用人单位所提供的待遇；另一方面表现为大学生的自我意向与用人单位实际需求之间的矛盾。很多大学生头脑中精英意识过强，对薪资和职位的要求较高，眼高手低，不能胜任理想职位。由于他们不能恰当地给自己定位，造成“高不成，低不就”的现象，出现大学生就业市场“就业不难择业难”的现状。一部分大学生宁愿待业或做临时工作，也不愿意“屈就”。

### 三、大学生就业环境的前景

就业市场风云变幻、瞬息万变。我们需要洞悉就业市场，调适就业心理，我们更需要满怀希望地看待就业环境的前景。就业是民生之本，在世界范围内，充分就业已经成为每一个国家发展所要面对的难题之一。在人口众多且经济增速较快，劳动参与率很高但经济增长的就业弹性下降，经济增长率较高但经济结构不协调，社会保障制度还不健全的总环境下，要实现充分就业是党和政府关注的主要问题。

党的十六届三中全会通过的《中共中央关于完善社会主义市场经济体制若干问题的决定》（以下简称《决定》）指出：“把扩大就业放在经济社会发展更加突出的位置”，“鼓励企业创造更多的就业岗位”，“注重发展劳动密集型产业”，“注重扶持中小企业”。这些措施表明，我国的新增劳动力将获得更多的就业机会。《决定》同时指出：“实现投资主体多元化，使股份制成为公有制的主要实现形式”，“清理和修订限制非公有制经济发展的法律法规和政策，消除体制性障碍”。这使每个人能够以平等身份、相同起点参与竞争，迎来更加宽松、宽广的个人创业新天地。可以预见，我国的就业岗位潜力将得到更有效、更充分的开掘。

党的十六届四中全会通过的《关于加强党的执政能力建设的决定》提出了一个全新的思想——构建社会主义和谐社会。《关于加强党的执政能力建设的决定》指出：“社会主义和谐社会是全体人民各尽其能、充满创造活力的社会，是全体人民各得其所和利益关系得到有效协调的社会，是稳定有序、安定团结、各种矛盾得到妥善处理的社会。”这充分说明社会主义和谐社会应该是实现了充分就业的社会。充分就业包括两层含义，一个是从数量上看，每个人都有一份工作；另一个是从质量上看，每个人在其工作岗位上都能充分发挥自己的才能。这是有机联系的两个方面。在传统计划经济条件下，国家通过户籍制度、人事制度、劳动工资制度等把每个人固定在某一岗位上，这虽然可以说是每个人都有工作，但显然不能算是充分就业。充分就业是指在市场经济条件下通过政府与市场的共同作用所达到的社会全体成员的人尽其才、才尽其用、能位相适、按劳取酬。2004 年年底，中央经济工作会议更是提出把积极扩大就业、努力完善社会保障体系、逐步理顺分配关系、加快社会事业发展作为维护群众利益、促进社会公平、构建社会主义和谐社会的重要任务。

大学生就业问题也正是在这种大背景下受到关注的。2003 年公布的《中国教育与人力资源问题报告》指出，在发达国家和新兴工业化国家接受高等教育的人口比率较高。美国和韩国接受高等教育的人分别占 35% 和 23%。我国每百人中接受大专以上教育的不足 5 人。因此，大力发展高等教育是提高我国国民素质、促进经济发展的重要战略。

由于今后几年社会对高校毕业生的需求上升幅度不会有大的变化，而毕业生却逐年增加，可以预计，大学生就业竞争将日益激烈。因此，大学毕业生要准确、全面地了解党和国家的大政方针，辩证地看待国内外形势，特别要正确地看待国家在前进中出现的困难和问题，树立正确的择业观和必胜的信心。充分利用实习、见习和各种社会实践活动，正确认识社会、认识自我，选择好就业的定位和方向，树立起面向市场、面对就业竞争的信心和勇气。只有将个人的发展融入到国家和民族的伟大事业中去，青春才能多彩，人生才能闪光。

2003 年，“大学生志愿服务西部计划”启动。每年招募一定数量的普通高等学校应届毕业生，到西部贫困县的乡镇从事为期 1 ~ 2 年的教育、卫生、农技、扶贫以及青年中心建设和管理等方面的志愿服务工作。2006 年，高校毕业生“三支一扶”计划启动。每年招募 2 万名左右高校毕业生，主要安排到农村基层乡镇从事支教、支农、支医和扶贫工作。可以说高校的毕业生到基层建功立业的主旋律已经唱响。

高校毕业生既面临着发展机遇，又面临着严峻挑战。一方面，社会为应届毕业生提供了更多的施展才干的空间和职业岗位以及相关优惠政策；另一方面，由于劳动人事制度的改革和干部任用制度的创新，以及国有企业改革的深化和中国入世后所带来的冲击等一系列影响，社会对劳动者素质提出了更高的要求，高校毕业生必须深刻认识就业的整体趋势，准确把握各种机遇，才能实现自身的充分就业。

## 第三节 国家现行就业政策

为了解国家关于大学生就业政策的重要性我们来共同关注这样一则实例：展鸿途是东北某高校的毕业生，在校期间品学兼优，2002 年毕业时被学校推荐到北京某单位，展鸿途也以优异的表现通过了单位的考核，与该单位签约。可是当他去单位报到时却因为体检不合格被单位退回了学校，展鸿途一气之下跑到广州和朋友合伙经商。他既没有回校办理相关手续，而且还将户口迁移证明、报到证等撕毁。起初他的生意做得还不错，2006 年展鸿途生病，治疗期间发现其合伙人已吞掉了他全部财产（由于他没有落户口，注册时全都用的合伙人的名字）。贫病交加的展鸿途无奈只好回到东北老家，可是由于他一没户口、二没档案，连低保户都申请不了，只能回到学校要求改派。但是他的户口迁移证明、报到证已毁，学校也无法解决。

展鸿途的例子在大学毕业生就业过程中需引起关注。自主择业不是自由择业，在我国现阶段，户口、档案还是不应轻易放弃的。大学生在择业前要认真学习和掌握国家、地方有关就业的政策，在政策的指引下实现自己的就业。现在有部分毕业生把户口迁移证明、报到证等放置一边就去城市打工，可一旦遇到需要户口、档案的时候，就成了难以解决的问题。所以，毕业生还是要按政策规定的规范操作程序就业，避免不必要的麻烦。

为了大学生更顺利的毕业、妥善处理毕业相关事宜，避免因自己的疏忽而造成的不良影响，本节集中探讨一下国家现行的就业政策，以示警惕。

## 一、国家关于大学生就业的相关政策

2002年3月国务院办公厅转发了由教育部、公安部、人事部、劳动保障部四部委联合下发的《关于进一步深化普通高等学校毕业生就业制度改革有关问题意见的通知》(国办发〔2002〕19号文件)(以下称《通知》)。《通知》明确提出普通高等学校毕业生是宝贵的人才资源，合理使用高校毕业生人才资源是落实科教兴国战略的重要措施之一，并提出“建立市场导向、政府调控、学校推荐、学校与用人单位双向选择的就业机制”，成为了新形势下高校毕业生就业的纲领性文件。之后有关部委又出台许多与之相配套的文件，下面介绍几个重要文件的主要内容。

### (一)《通知》的主要内容

#### 1. 认清形势，深化改革

高校“扩招”后，高校毕业生数量迅速增加，随之产生了新的问题，其中包括一些地方出现的就业困难。总体来说，目前高校毕业生数量与各行各业的需求量相比还远远不足，高校毕业生在地区的分布和结构上也不平衡，所以就业困难只是结构性的。那么解决这一问题，就需要进一步解放思想、转变观念，深化高校毕业生就业制度和社会用人制度等方面的改革。建立市场导向、政府调控、学校推荐、学校与用人单位双向选择的就业机制，努力实现高校毕业生的充分就业。

#### 2. 进一步完善高校毕业生就业工作管理体制

在国务院领导下，教育部、人事部、国家计委、财政部、劳动保障部、公安部等有关部门密切配合，共同做好高校毕业生就业工作。省(自治区、直辖市)人民政府要成立由政府主管领导牵头，有关部门参加的领导协调机构，统筹做好高校毕业生就业工作。要抓紧调查研究，认真研究分析未来几年高校毕业生的就业形势，把高校毕业生就业工作纳入当地经济和社会发展的整体规划，提出深化改革、妥善解决高校毕业生就业问题的具体措施。

#### 3. 加快调整人才培养结构

高校要加快调整高校学科专业结构和人才培养结构，提高教学质量，使高校培养的人才更好地适应实际的需要。进一步加大社会急需的专业招生数量，对教学质量不高、专业设置不合理而导致高校毕业生就业率过低的学校和专业要减少招生数量，直至停止招生。

#### 4. 拓宽高校毕业生到基层就业的渠道

引导高校毕业生到基层、到中小企业就业是解决高校毕业生就业问题的主要途径。具体包括：鼓励和支持高校毕业生到农村基层支教、支农、支医、扶贫等工作，经过两三年的锻炼，根据工作需要选拔优秀人员到县、乡、镇机关，学校或企事业单位担任领导工作，或充实到金融、工商、税务、审计、公安、司法、质检等部门工作；鼓励高校毕业生到西部地区工作。对原籍在中东部地区的毕业生到西部地区工作的，实行来去自由的政策。根据本人意愿，户口可迁到工作地区，也可迁回原籍，由政府主管部门所属的人才交流机构提供免费人事代理服务。到贫困边远地区工作的高校毕业生，可提前定级，并根据实际情况适当提高工资标准。还有已录用到各级政府机关的应届高校毕业生，要安排到基层支教、支农、扶贫或到企业锻炼一至二年。中央国家机关各部门从高校应届毕业生中考试录用的公务员，要安排到西部地区基层单位锻炼一至二年。

**5. 制定鼓励人才合理流动的政策**

鼓励用人单位根据实际需要多招聘高校毕业生，取消对接收高校毕业生收取的城市增容费、出省费、出系统费和其他不合法、不合理的收费政策，省会及省会以下城市放开对吸收高校毕业生落户的限制。

**6. 完善尚未就业的高校毕业生的有关政策**

对毕业离校时未落实工作单位的高校毕业生，档案管理机构对保管其档案免收服务费用。学校可根据本人意愿，将其户口转至入学前户籍所在地或两年内继续保留在原就读的高校，待落实工作单位后，将户口迁至工作单位所在地。如果超过两年仍未落实工作单位的高校毕业生，学校和档案管理机构将其在校户口及档案迁回其入学前户籍所在地。

**7. 进一步整顿和规范高校毕业生就业市场秩序**

应届高校毕业生就业招聘会主要在高校内举办，跨省举办的高校毕业生招聘会必须经当地省级人民政府主管部门批准，并接受监督。要采取措施实现高校毕业生就业市场、人才市场和劳动力市场相互贯通，实现网上信息资源共享，更好地为高校毕业生和用人单位服务。

### （二）《中共中央办公厅、国务院办公厅印发〈关于引导和鼓励高校毕业生面向基层就业的意见〉的通知》（中办发〔2005〕18号）的主要内容

（1）充分认识引导和鼓励高校毕业生面向基层就业的重要意义。

各地区、各部门要站在党和国家事业发展全局的高度，统一思想，提高认识，在充分发挥市场配置高校毕业生人才资源的基础上，进一步加大政府宏观调控力度，切实做好引导和鼓励高校毕业生面向基层就业工作，努力建立与社会主义市场经济体制相适应的高校毕业生面向基层就业的长效机制。

（2）完善鼓励高校毕业生到西部地区和艰苦边远地区就业的优惠政策。

进一步消除政策障碍，健全社会保障体系，促进高校毕业生到西部地区、艰苦边远地区和艰苦行业就业。对到西部县以下基层单位和艰苦边远地区就业的高校毕业生，实行来去自由的政策，户口可留在原籍或根据本人意愿迁往西部地区和艰苦边远地区。工作满5年以上的，根据本人意愿可以流动到原籍或除直辖市以外的其他地区工作，凡落实了接收单位的，接收单位所在地区应准予落户；需要人事代理服务的，由有关机构提供全面的免费代理服务。对毕业后自愿到艰苦地区、艰苦行业工作，服务达到一定年限的学生，其在校期间的国家助学贷款本息由国家代为偿还。到艰苦边远地区和国家扶贫开发工作重点县就业的，可提前执行转正定级工资，高定1至2档工资标准。

（3）积极鼓励、支持高校毕业生到基层自主创业和灵活就业。

对高校毕业生从事个体经营的，除国家限制的行业外，自工商行政管理部门登记注册之日起3年内免交登记类、管理类和证照类的各项行政事业性收费。要加强对大学生的创业意

识教育和创业能力培训，为到基层创业的高校毕业生提供有针对性的项目、咨询等信息服务，对其中有贷款需求的提供小额贷款担保或贴息补贴。对于高校毕业生以从事自由职业、短期职业、个体经营等方式灵活就业的，各级政府要提供必要的人事劳动保障代理服务，在户籍管理、劳动关系形式、社会保险缴纳和保险关系接续等方面提供保障。

（4）对非公有制单位聘用非本地生源的高校毕业生，省会及省会以下城市要取消落户限制。

对到中小企业和非公有制单位就业的高校毕业生，在专业技术职称评定方面，要与国有企业员工一视同仁；对他们当中从事科技工作的，在按规定程序申请国家和地方科研项目和经费、申报有关科研成果或荣誉称号时，要根据情况给予重视和支持。要依法加强对各类企业签订劳动合同、兑现劳动报酬和缴纳社会保险情况的监督检查，维护到中小企业和非公有制单位就业的高校毕业生的合法权益。到非公有制单位就业的高校毕业生，参加了基本养老保险的，今后考录或招聘到国家机关、事业单位工作，其缴费年限可合并计算为工龄。

（5）为帮助回到原籍、尚未就业的高校毕业生提升职业技能和促进供需见面。

（6）从 2006 年开始，省级以上党政机关考录公务员，考录具有 2 年以上基层工作经历的高校毕业生（包括报考特种专业岗位）的比例不得低于 1/3，以后逐年提高对招录到省级以上党政机关、没有基层工作经历的高校毕业生，应有计划地安排到县以下基层单位工作 1 至 2 年。今后在选拔县处级以上党政领导干部时，要注意从有基层工作经历的高校毕业生中选拔。

（7）进一步扩大选调生的规模。

各省、自治区、直辖市每年都要选拔一定数量的应届优秀高校毕业生到基层工作，主要充实到农村乡镇和城市街道等基层单位。各级组织人事部门要加强对选调生的日常管理和培养，在他们到基层工作 2 至 3 年后，按照干部队伍“四化”方针和德才兼备的原则，按照有关规定，结合岗位需求，从中择优选拔部分人员任用到乡镇、街道领导岗位。今后，县级以上党政机关补充公务员，应优先从选调生中选用。

（8）从 2005 年起连续 5 年，每年招募 2 万名左右高校毕业生，主要安排到乡镇开展支教、支农、支医和扶贫工作，时间一般为 2 到 3 年，工作期间给予一定生活补贴。安排到西部地区农村中小学、医疗卫生机构和农技推广服务机构工作的高校毕业生，其生活补贴由财政安排专项经费予以支付。服务期满后，进入市场自主择业，有关部门应协助在本系统内推荐就业。在今后晋升中高级职称时，同等条件下应优先评定。对报考公务员的，可以通过适当增加分数以及其他优惠政策，优先录用。对于已被录取为研究生的应届高校毕业生到基层服务的，为其保留学籍 2 年；对于到西部地区和艰苦边远地区服务 2 年以上的高校毕业生报考研究生的，应适当给予优惠并在同等条件下优先录取。

（9）从 2006 年起，国家每年有计划地选拔一定数量的高校毕业生到农村和社区就业。到城市社区就业的，其薪酬可由所在地财政和社区共同解决。到农村就业的，可通过法定程序安排担任村党支部、村委会的相应职务，市县两级政府可给予适当的生活补贴，其人事档案由县级人事部门管理。要把这批人员作为将来补充乡镇、街道干部的重要来源。对工作 2 年后报考公务员的，要采取适当增加分数以及其他优惠政策，优先录用；报考研究生的，应适当给予优惠并在同等条件下优先录取。争取用 3 到 5 年时间基本实现全国每个村、每个社区至少有 1 名高校毕业生的目标。

### （三）《关于组织开展高校毕业生到农村基层从事支教、支农、支医和扶贫工作的通知》（国人部发〔2006〕16 号）的有关内容

从 2006 年开始连续 5 年，按照公开招募、自愿报名、组织选拔、统一派遣的方式，每年招募 2 万名高校毕业生，主要安排到乡镇从事支教、支农、支医和扶贫工作。由人事部、教育部、财政部、农业部、卫生部（现为国家卫生和计划生育委员会）、国务院扶贫办、共青团中央成立全国“三支一扶”工作领导小组和工作协调管理办公室，负责这项工作的总体规划、协调和指导工作。各省、自治区、直辖市也要成立由人事、教育、财政、农业、卫生、扶贫、团委等部门组成的工作领导小组和工作协调管理办公室，研究制定具体的实施办法，落实本地区基层服务岗位，负责组织报名、招募、审核、体检、培训、派遣及相关材料的上报等工作。

该项目的招募对象为政治素质好，热爱社会主义祖国，拥护党的基本路线和方针政策；学习成绩合格，具有相应的专业知识；具有敬业奉献精神，遵纪守法，作风正派；身体健康的全国普通高校应届毕业生。招募工作坚持“公开、平等、竞争、择优”的原则，并应有一定比例的名额招募家庭经济困难的学生。

**1. 具体招募程序**

（1）汇总计划。每年 4 月底前，省级工作协调管理办公室要收集、汇总乡镇一级教育、农业、卫生、扶贫等基层岗位需求信息，并上报全国“三支一扶”工作协调管理办公室，同时面向社会公开发布。

（2）组织招募。每年 5 月底前，各地根据下达的招募计划和实际情况，采取考核或考试的方式进行招募。

（3）确定人选。经审核、体检确定人选后，省级工作协调管理办公室要组织“三支一扶”大学生签署“高校毕业生“三支一扶”计划申请书”，并于每年 6 月底前将“三支一扶”大学生名单上报全国“三支一扶”工作协调管理办公室备案。

（4）培训上岗。各地要组织“三支一扶”大学生进行上岗前的集中培训，培训内容主要是党和国家有关基层工作，特别是农业、教育、卫生、扶贫方面的方针政策、本地区基层工作的现状、拟服务单位和岗位的基本情况、乡镇共青团有关工作业务等。每年 7 月底前派遣“三支一扶”大学生到服务单位报到。

**2. 具体报到程序**

（1）户档管理。服务期间，“三支一扶”大学生户口应统一由省级工作协调管理办公室指定的有关机构管理，也可根据本人意愿将户口转回入学前户籍所在地，公安机关应按规定为其办理落户手续。人事档案原则上统一转至服务单位所在地的县级政府人事部门，党团组织关系转至服务单位。对服务期间积极要求入党的，由乡镇一级党组织按规定程序办理。

（2）日常管理。服务单位要负责为“三支一扶”大学生安排工作岗位，提供必要的生活条件，承担其日常管理工作，并根据工作需要积极为其提供业务培训机会。团县委要在每

个接收“三支一扶”大学生的乡镇择优选拔1至2名条件适宜的大学生兼任乡镇团委副书记，并负责协调落实相关任职程序。领导小组成员单位及协调管理办公室要引导并教育“三支一扶”大学生遵纪守法，服从分配，虚心学习，联系群众，自觉遵守服务单位的各项规章制度，接受服务单位的管理，充分运用掌握的知识和技能为基层群众服务。

（3）考核管理。县级政府人事部门负责“三支一扶”大学生年度考核和服务期满考核工作，凡兼任乡镇团委副书记的大学生，由团县委会同乡镇党委负责考核其担任团干部期间的工作情况，并将考核材料汇总报送县级政府人事部门，考核情况存入本人档案，并报省级工作协调管理办公室备案。服务期满考核合格的，经省级工作协调管理办公室审核，颁发由人事部统一印制的“高校毕业生到农村基层服务证书”，作为服务期满后享受相关就业优惠政策的依据。“三支一扶”大学生应按照规定期限完成服务工作，由于身体状况等特殊原因不能继续服务的，须经省级工作协调管理办公室批准，并履行有关手续。

（4）经费保障。“三支一扶”计划服务期限一般为2至3年，工作期间给予一定的生活、交通补贴，统一办理人身意外伤害保险和住院医疗保险。上述费用及所需工作管理经费，由地方财政安排专项经费予以支付。中央财政将通过不断加大转移支付力度予以支持。

**3. 服务期满后的就业推荐政策**

（1）各级人事、教育、财政、农业、卫生、扶贫、团委等部门要积极制定优惠政策，鼓励服务期满的“三支一扶”大学生扎根基层。原服务单位有职位空缺需补充人员时，应优先考虑接收服务期满考核合格的“三支一扶”大学生。县、乡各类事业单位，有职位空缺需补充人员时，也应拿出一定职位专门吸纳这部分毕业生。服务期满自主创业的，可享受行政事业性收费减免、小额贷款担保和贴息等有关政策。应届毕业生自愿到国家需要的艰苦地区、艰苦行业基层工作，服务达到国家规定年限，并符合相应条件的，可享受国家助学贷款代偿政策，具体办法另行制定。

（2）服务期满考核合格的“三支一扶”大学生，报考党政机关公务员的，可以通过适当增加分数以及其他优惠政策，优先录用。到西部地区和艰苦边远地区服务2年以上，服务期满后3年内报考硕士研究生的，初试总分加10分，同等条件下优先录取。对于已被录取为研究生的应届高校毕业生参加“三支一扶”项目的，学校应为其保留学籍。

（3）各级人事、教育、农业、卫生、扶贫等部门要制定切实有效措施，采取多种手段，充分挖掘本系统就业岗位，积极吸纳“三支一扶”大学生进入本系统工作。各级人事部门要为“三支一扶”大学生建立专门的人才库，广泛收集各类用人单位的岗位需求信息，动员各类用人单位接收“三支一扶”大学生，有针对性地提供就业指导和推荐，帮助其落实就业单位。

（4）服务期满考核合格的“三支一扶”大学生，根据本人意愿可回到原籍或到其他地区工作，凡落实了接收单位的，接收单位所在地区应准予落户。进入国有企事业单位的，由接收单位按照所任职务比照同等条件人员确定其职务工资标准；其服务期限计算为工龄。在今后晋升中高级职称时，同等条件下优先评定。

**（四）《关于实施大学生志愿服务西部计划的通知》的有关内容**

大学生志愿服务西部计划从2003年开始，按照公开招募、自愿报名、组织选拔、集中派遣的方式，每年招募一定数量的普通高等学校应届毕业生，到西部贫困县的乡镇从事为期1～2年的教育、卫生、农技、扶贫以及青年中心建设和管理等方面的志愿服务工作。志愿者服务期满后，可以扎根基层，也可以自主择业和流动就业。参加大学生志愿服务西部计划的志愿者除享受国家规定的高校毕业生就业优惠政策外，给予以下政策支持。

（1）服务期间，享受一定的生活补贴（含交通补贴和人身意外伤害、住院医疗保险）。

（2）服务期间，计算工龄，党团关系转至服务单位。本人要求户口和档案保留在学校的，按规定保留两年，在此期间，档案管理机构对保管其档案免收服务费用；本人要求将户口转回入学前户籍所在地的，公安机关按照规定为其办理落户手续，人事、教育部门所属人才交流机构负责办理相关手续，人事部门所属人才交流服务机构免费提供人事代理服务。服务期满落实工作单位后，公安机关按有关规定办理户口迁移手续。

（3）服务期间，可兼职或专职担任所在乡镇团委副书记、学校及其他服务单位的管理职务。

（4）服务期满考核合格的，报考研究生给予加分，在同等条件下，优先录取，具体规定在当年的研究生招生政策中明确。

（5）服务期满考核合格报考党政机关公务员的，可适当加分，同等条件下，应优先录用，具体规定由省级公务员考试录用主管机关在当年招考中予以明确。

（6）服务期满，对志愿者做出鉴定，存入本人档案；考核合格的，颁发证书，作为志愿者服务经历和就业、创业的证明。

（7）服务单位应向志愿者提供住宿等必要的生活条件；在录用党政机关公务员和新增国有企事业单位专业技术人员、管理人员、招聘志愿者时优先录用。

（8）服务期为1年、服务期满考核合格的，授予“中国青年志愿服务铜奖”奖章。服务期为2年、服务期满考核合格的，授予“中国青年志愿服务银奖”奖章，表现优秀的授予“中国青年志愿服务金奖”奖章，表现特别优秀的推荐参加“中国青年五四奖章”“中国十大杰出青年”“中国十大杰出青年志愿者”“国际青少年消除贫困奖”等评选。

2004年10月，教育部又下发了《教育部办公厅关于“大学生志愿服务西部计划”志愿者报考硕士研究生享受优惠政策的通知》，规定：参加“大学生志愿服务西部计划”并完成服务期、考核合格的志愿者，符合报考条件，在服务期满后三年内报考硕士研究生，可享受初试总分加10分的政策；在同等条件下招生单位优先录取。

## 二、与大学生就业密切相关的法律法规

### （一）《中华人民共和国劳动法》

1994年7月5日第八届全国人民代表大会常务委员会第八次会议通过了《中华人民共和国劳动法》（以下简称《劳动法》），这是一部保护劳动者合法权益，调整劳动关系，建立和维护适应社会主义市场经济的劳动制度，促进经济发展和社会进步的法律。毕业生在求职择业过程中必须掌握该法律的有关内容，才能维护自己的正当权益。《劳动法》适用于在我国境内的企业、个体经济组织和与之形成劳动关系的劳动者。国家机关、事业组织、社会团

体和与之建立劳动合同关系的劳动者，依照执行。

**1．劳动合同**

《劳动法》规定建立劳动关系应当订立劳动合同。劳动合同是劳动者与用人单位确立劳动关系、明确双方权利和义务的协议。订立和变更劳动合同，应当遵循平等自愿、协商一致的原则，不得违反法律、行政法规的规定。劳动合同依法订立即具有法律约束力，当事人必须履行劳动合同规定的义务。

劳动合同应当以书面形式订立，并具备以下条款：劳动合同期限，工作内容，劳动保护和劳动条件，劳动报酬，劳动纪律，劳动合同终止的条件，违反劳动合同的责任等。劳动合同期满或者当事人约定的劳动合同终止条件出现，劳动合同即行终止。

违反法律、行政法规的劳动合同和采取欺诈、威胁等手段订立的劳动合同属于无效劳动合同。无效的劳动合同，从订立的时候起，就没有法律约束力。确认劳动合同部分无效的，如果不影响其余部分的效力，其余部分仍然有效。劳动合同的无效，由劳动争议仲裁委员会或者人民法院确认。

劳动者有下列情形之一的，用人单位可以解除劳动合同：在试用期间被证明不符合录用条件的；严重违反劳动纪律或者用人单位规章制度的；严重失职，营私舞弊，对用人单位利益造成重大损害的；被依法追究刑事责任的。

劳动者有下列情形之一的，用人单位可以解除劳动合同，但是应当提前30日以书面形式通知劳动者本人：劳动者患病或者非因工负伤，医疗期满后，不能从事原工作也不能从事由用人单位另行安排的工作的；劳动者不能胜任工作，经过培训或者调整工作岗位，仍不能胜任工作的；劳动合同订立时所依据的客观情况发生重大变化，致使原劳动合同无法履行，经当事人协商不能就变更劳动合同达成协议的。

劳动者有下列情形之一的，用人单位不得依据《劳动法》的规定解除劳动合同：患职业病或者因工负伤并被确认丧失或者部分丧失劳动能力的；患病或者负伤，在规定的医疗期内的；女职工在孕期、产期、哺乳期内的；法律、行政法规规定的其他情形。

劳动者解除劳动合同，应当提前30日以书面形式通知用人单位。有下列情形之一的，劳动者可以随时通知用人单位解除劳动合同：在试用期内的，用人单位以暴力、威胁或者非法限制人身自由的手段强迫劳动的，用人单位未按照劳动合同约定支付劳动报酬或者提供劳动条件的。

**2．工作时间和休息休假**

《劳动法》规定劳动者每日工作时间不超过8小时、平均每周工作时间不超过40小时的工时制度。实行计件工作的劳动者，用人单位应当根据《劳动法》规定的工时制度合理确定其劳动定额和计件报酬标准。用人单位应当保证劳动者每周至少休息一日。

用人单位在下列节日期间应当依法安排劳动者休假：元旦，春节，国际劳动节，国庆节，法律、法规规定的其他休假节日。

用人单位由于生产经营需要，经与工会和劳动者协商后可以延长工作时间，一般每日不得超过一小时；因特殊原因需要延长工作时间的，在保障劳动者身体健康的条件下延长工作时间每日不得超过3小时，但是每月不得超过36小时。

**3．工资**

《劳动法》规定，用人单位根据本单位的生产经营特点和经济效益，自主确定本单位的工资分配方式和水平。用人单位支付劳动者的工资不得低于当地最低工资标准。工资应当以货币的形式按月支付给劳动者本人，不得克扣或者无故拖欠。劳动者在法定休假日和婚丧假期间以及依法参加社会活动期间，用人单位应当依法支付工资。安排劳动者延长工作时间的，支付不低于工资的150%的工资报酬；休息日安排劳动者工作又不能安排补休的，支付不低于工资的200%的工资报酬；法定休假日安排劳动者工作的，支付不低于工资的300%的工资报酬。

**4．劳动争议**

用人单位与劳动者发生劳动争议，当事人可以依法申请调解、仲裁、提起诉讼，也可以协商解决。

劳动争议发生后，当事人可以向本单位劳动争议调解委员会申请调解；调解不成，当事人一方要求仲裁的，可以向劳动争议仲裁委员会申请仲裁。当事人一方也可以直接向劳动争议仲裁委员会申请仲裁。对仲裁裁决不服的，可以向人民法院提起诉讼。

**（二）《社会保险费征缴暂行条例》**

《劳动法》规定国家发展社会保险事业，建立社会保险制度，设立社会保险基金，使劳动者在年老、患病、工伤、失业、生育等情况下获得帮助和补偿。社会保险基金按照保险类型确定资金来源，逐步实行社会统筹。用人单位和劳动者必须依法参加社会保险，缴纳社会保险金。

1．基本养老保险

按照《社会保险费征缴暂行条例》和《国务院关于建立统一的企业职工基本养老保险制度的决定》的要求，基本养老保险费的征缴范围是国有企业、城镇集体企业、外商投资企业、城镇私营企业和其他城镇企业及其职工，实行企业化管理的事业单位及其职工。

企业缴纳基本养老保险费的比例不得超过企业工资总额的20%（包括个人账户部分），具体比例由省、自治区、直辖市人民政府确定。个人缴纳基本养老保险费的比例为缴费基数的8%。新招职工（包括研究生、大学生、大中专毕业生等）以起薪当月工资收入作为缴费基数；从第二年起，按上一年实发工资的月平均工资作为缴费工资基数。

按本人缴费工资11%的数额为职工建立基本养老保险个人账户，个人缴费全部记入个人账户，其余部分从企业缴费中划入。个人账户的主要内容：包括姓名、性别、社会保障号码（每人一个终身不变）、参加工作时间、视同缴费年限、个人首次缴费时间、当地上年职工平均工资、个人当年缴费工资基数、当年缴费月数、当年记账利息及个人账户储存额情况等。个人账户储存额，每年参考银行同期存款利率计算利息，个人账户储存额只用于职工养老，不得提前支取。职工调动时，个人账户全部随同转移。个人账户中的个人缴费部分可以继承。个人缴费累计满15年的，退休后按月发给基本养老金。基本养老金由基础养老金和个人账户养老金组成。基础养老金为当地上年度职工月平均工资的20%，个人账户养老金为本人账户储存额除以120。

**2. 基本医疗保险**

按照《社会保险费征缴暂行条例》和《国务院关于建立城镇职工基本医疗保险制度的决定》的要求，基本医疗保险费的征缴范围是国有企业、城镇集体企业、外商投资企业、城镇私营企业和其他城镇企业及其职工，国家机关及其工作人员，事业单位及其职工，民办非企业单位及其职工，社会团体及其专职人员。基本医疗保险费由用人单位和职工共同缴纳。用人单位缴费率应控制在职工工资总额的6%左右；职工缴费率一般为本人工资收入的2%。基本医疗保险由统筹基金和个人账户构成。职工个人缴纳的基本医疗保险费，全部计入个人账户。用人单位缴纳的基本医疗保险费分为两部分，一部分用于建立统筹基金，一部分划入个人账户（一般在30%左右）。基本医疗保险按有关规定计算利息，个人账户的本金和利息归个人所有，可以结转使用和继承。

**3. 失业保险**

按照《社会保险费征缴暂行条例》和《失业保险条例》的要求，失业保险费的征缴范围是国有企业、城镇集体企业、外商投资企业、城镇私营企业和其他城镇企业及其职工，事业单位及其职工。失业保险基金由城镇企业事业单位、城镇企业事业单位职工缴纳的失业保险费，失业保险基金的利息，财政补贴，依法纳入失业保险基金的其他资金四部分构成。其中城镇企业事业单位按照本单位工资总额的2%缴纳失业保险费，城镇企业事业单位职工按照本人工资的1%缴纳失业保险费。

**（三）《住房公积金管理条例》**

住房公积金是指国家机关、国有企业、城镇集体企业、外商投资企业、城镇私营企业及其他城镇企业、事业单位（以下简称“单位”）及其在职职工缴存的长期住房储金。职工个人缴存的住房公积金和职工所在单位为职工缴存的住房公积金，属于职工个人所有。

职工住房公积金的月缴存额为职工本人上一年度月平均工资乘以职工住房公积金缴存比例。新参加工作的职工从参加工作的第二个月开始缴存住房公积金，月缴存额为职工本人当月工资乘以职工住房公积金缴存比例。

职工和单位住房公积金的缴存比例均不得低于职工上一年度月平均工资的百分之五；有条件的城市，可以适当提高缴存比例。

职工个人缴存的住房公积金，由所在单位每月从其工资中代扣代缴。单位应当于每月发放职工工资之日起5日内将单位缴存的和为职工代缴的住房公积金汇缴到住房公积金专户内，由受委托银行计入职工住房公积金账户。单位应当按时、足额缴存住房公积金，不得逾期缴存或者少缴。

**（四）就业准入制度**

就业准入制度是根据《劳动法》和《中华人民共和国职业教育法》的有关规定，从事技术复杂、通用性广，涉及国家财产、人民生命安全和消费利益的职业（工种）的劳动者，必须经过培训，并取得相应的职业资格证书后，方可就业上岗的制度。

就业准入制度是经济社会发展的需要，也是国际上通行的做法。劳动者要进入相关行业就必须获得相关的资格证书，比如医生、教师、律师等。职业资格证表明劳动者具有从事某一职业所必备的学识和技能，是劳动者求职、任职、开业的资格凭证，是用人单位招聘、录用工作人员的主要依据。大学生如果在校期间获得相关的职业资格证书，将为自己的求职择业增添砝码。

## 第四节　毕业生就业基本程序

随着社会的发展与变革，经济形式和社会活动日益多元化，大学生的就业形式也出现了多样性，已经不再单指简单的协议就业，而是包括了大学生在毕业后所选择的各种发展道路。就业作为每位大学毕业生都必须亲自完成和经历的选择活动与过程，不仅受国家法律、就业法规与政策的约束，而且必须遵循一定的原则和程序。每一名大学毕业生都希望找到一份理想的工作，然而求职择业仅有良好的愿望是不够的，满意的工作不会主动送上门来。这就需要毕业生熟悉就业程序，了解就业的各种形式，以便顺利地完成自己就业活动过程中的各个环节，成功就业。本节将详细介绍大学生就业的程序。

### 一、大学生就业管理与服务部门的工作程序

大学毕业生在求职择业前应该了解毕业生就业管理与服务部门的工作程序，就业计划的形成及相关的就业政策，以便摆正自己的位置，明确自己该做什么、怎样去做、什么时间去做，做到事事心中有数，每个行动都符合政策规定。

#### （一）就业管理与服务部门的构成与分工

目前，高校毕业生的就业管理与服务机构主要有教育部、国务院有关部委和各省、自治区、直辖市以及各高等院校。这些管理与服务机构可划分为三个层次：第一个层次是教育部主管全国高校毕业生的就业工作；第二个层次是各省、自治区、直辖市和中央各部委的有关部门管本地区、本部门的高校毕业生就业工作；第三个层次是各高等学校负责本校毕业生就业的具体事宜。

#### （二）就业管理与服务部门的工作程序

**1. 就业管理与服务部门的一般工作程序**

概括而言，大学毕业生就业管理与服务机构的工作程序可以大致分为五步。

第一步，教育部对年度国民经济发展和国家重点建设工程情况开展调查研究，制定相应的政策，从而确定年度就业工作意见。各省、自治区、直辖市和中央各部委按照文件精神，制定出本地区本部门所属高校毕业生就业工作的具体意见。这项工作一般在毕业生毕业前半年内基本进行完毕。

第二步，教育部在每年的10月份左右向各地区各部门提供下一年度的毕业生资源情况，包括毕业生所在的学校、所学专业以及毕业生来源地区等。各用人单位向教育部提供需求信

息，教育部还负责向社会及时通报毕业生资源情况和需求情况，并适时组织毕业生供需信息交流工作。

第三步，各地区、各部门、各高校的就业管理与服务机构，采取多种形式召开由毕业生和用人单位参加的供需见面、双向选择大会和开办毕业生就业市场，为毕业生求职择业创造条件，提供服务。毕业生在学校的指导下可直接参加这类活动。

第四步，各高校在完成全部教学计划后，按照国家统一要求，一般从6月1日（春季毕业研究生一般在3月底至4月初）开始根据就业方案派遣毕业生。

第五步，派遣工作结束后，各级就业管理与服务机构对当年毕业生就业情况进行认真总结。教育部汇总全国毕业生就业计划，并连同毕业生就业情况上报。

**2. 省（市、区）高校毕业生就业办公室（就业指导中心）的管理及服务功能**

近年来，随着高校毕业生就业指导工作的深入开展，各级地方政府的教育主管部门都先后设立了高校毕业生就业办公室（就业指导中心），负责高校学生就业的日常管理与服务工作。其主要职能是：

（1）根据高校毕业生就业工作的政策，制定具体实施意见；

（2）指导高校和用人单位开展毕业生就业工作，并为其服务；

（3）组织管理当地高校毕业生需求信息的登记、发布和供需见面、双向选择活动；

（4）组织实施当地政府委托的高校毕业生资格审查，负责高校毕业生的报到证签发、调整和接收工作；

（5）受委托协调当地高校毕业生就业过程中的有关争议。

同时，省（市、区）高校毕业生就业办公室（就业指导中心）还面向高校毕业生实施如下的就业服务工作：

（1）开展高校毕业生就业的咨询、推荐和招聘等相关服务工作；

（2）负责高校毕业生就业信息的收集、登记和发布；

（3）组织高校毕业生就业市场和信息网；

（4）开展与高校毕业生就业相关的各类指导与培训；

（5）为高校毕业生提供人事代理（目前仅有部分地区实施）等。

总之，大学生可以从省（市、区）就业办公室（就业指导中心）至少可以获得以下三个方面的服务与帮助：一是准确的政策信息，二是宽广的需求信息，三是得力的就业培训。

**3. 高校就业管理与服务部门的工作流程**

目前，各高校均设有负责大学毕业生就业日常工作的部门——毕业生就业办公室（就业指导中心）。其面向毕业生的主要职责是：

（1）负责本校毕业生的资格审查，及时向教育部或当地政府主管部门报送毕业生资源情况以及就业方案；

（2）组织开展毕业教育和就业指导活动；

（3）提供就业信息、就业咨询，组织校园招聘活动；

（4）负责毕业生就业协议书的签证或签证登记；

（5）负责办理毕业生的派遣离校手续；

（6）开展其他与学生就业相关的工作。

毕业生就业管理与服务部门的工作程序大致包括：就业指导、市场调查与收集信息、发布用人单位信息与毕业生资源信息、毕业生资格审查、毕业生测评与鉴定、学校推荐、供需见面与双向选择及其他形式的择业活动，就业协议书签订、办理报到证、派遣调整、办理档案关系、未就业毕业生管理与服务、毕业生追踪调查。

高校就业管理与服务部门的工作流程大致如下。

（1）生源统计。每当新学年开学之初，由各学院、各系按专业、生源地、毕业生人数统计毕业生生源情况，再由学生就业管理与服务部门汇总，主要是给需求单位提供生源信息。

（2）制定专业介绍。新学年开学之初，由各学院对本学院所设专业做全面介绍，包括所设专业、培养目标、专业内容、课程设置（专业课、基础课、选修课）、毕业生适应的工作领域、专业前景等。再由学生就业管理与服务部门汇总并统一印制，主要是向用人单位做介绍。

（3）毕业生资格审查。毕业生资格审查的目的是确认和核实每一位毕业生的入学资格，通过审查后才能取得毕业资格。毕业生资格审查的主要内容是毕业生生源、姓名、专业、学制、培养方式等，所审查的内容以高校新生录取名单上的内容为准。如有不一致之处，须出具相关手续。如改名手续，须出具市区级公安部门的改名手续；生源地变迁，须出具户籍变动手续（由现住址所在地的派出所出具户口迁移证明信）；降级、休学、转系、转专业等，须出具学籍变动手续（由学生处、教务处共同签字盖章的手续）。

（4）发放就业协议书。协议书由学校统一印制，对已取得毕业资格的毕业生由学生就业管理与服务部门审查后，按学院发给毕业生。因为协议书是最后派遣的唯一依据，所以发下来时要仔细阅读上面的条款及说明，并核对自己的个人信息。因每位毕业生只有一套协议书，因此要妥善保管。

（5）走访。向用人单位介绍毕业生情况，了解各地区就业政策，收集需求信息。

（6）向用人单位发邀请函，收集需求信息，邀请用人单位参加学校毕业生就业供需见面会。

（7）组织校园招聘会，举办毕业生就业大市场，毕业生和用人单位供需见面、双向选择。

（8）针对下一年级学生开设就业指导讲座，对学生进行全方位的就业指导。

（9）收集已签好的就业协议书。

（10）形成就业方案并上报教育部。

（11）派遣、离校。

①发放报到证。报到证是就业管理部门派遣毕业生的唯一依据。根据用人单位返回的协议书，学生就业管理与服务部门统一打印报到证。经省级毕业生就业管理部门审核批准盖章后由学生就业管理与服务部门发放到各学院，再发给毕业生本人。

②户籍关系、档案的转寄。户籍关系由学校户籍管理部门（保卫处、派出所）根据就

业方案统一办理转迁证明，并发放给毕业生本人。学生离校后持报到证、户籍关系到单位报到。档案在毕业生离校后由学校学生就业处统一以机要的方式寄送到用人单位。

③办理改派手续。大学毕业生在择业期间，打交道最多的要属学校的就业工作机构。这里是信息的集散地，是学校与用人单位建立联系与沟通的桥梁和纽带。每位大学生在择业阶段，要多留心学校就业工作部门设立的公告栏和网站，在那里你可以及时得到用人单位的需求信息、就业招聘活动以及新的就业政策规定等；要多到学校的学生就业工作部门走走，看看最近有哪些就业活动和信息。同时，你在求职择业中所遇到的问题，也可以在那里得到解决，并能得到相关的就业咨询和服务。

## 二、用人单位的招聘程序

随着我国社会主义市场经济的发展以及我国劳动、人事制度的改革，用人单位接收毕业生不再是计划经济时代“统包统分”的情形，而是可以根据用人单位自身事业的发展需要，直接与普通高等学校或毕业生联系，招聘、录用令自己满意的毕业生。

用人单位的招聘流程一般都包括发布通知和广告、宣讲会、接收简历、笔试、面试、签约等环节。为了招募到合适的员工，用人单位要花费很多的人力和财力，在众多求职者中层层筛选，最后敲定人选，安排到合适的岗位上。

一般而言，用人单位的招聘活动要经历如下程序。

### （一）确定需求和招聘计划

用人单位根据自身的建设和发展状况，确定当年需要招聘毕业生的岗位、人数和条件等，同时制定详尽的招聘计划。

### （二）发布就业信息

用人单位在确定了需求后会及时向外发布，传递给大学生。其主要渠道有：

（1）向政府教育主管部门所属高校毕业生就业指导中心登记；

（2）向高校毕业生就业工作部门登记；

（3）在自己的网站上发布信息，供学生上网浏览；

（4）通过电视、报纸、广播等媒体发布需求信息。

### （三）举行单位宣讲会

为在大学生中进行广泛宣传，一些用人单位（主要是企业单位）还会到学校举办单位宣讲会，介绍单位的发展建设情况、人才需求情况及发展机遇、用人制度及企业文化等，并回答大学生关心的各种问题。单位宣讲会是大学生全面了解招聘单位的好机会。

### （四）收集生源信息

用人单位要招聘到最合适的大学生，需要广泛收集学生信息。收集学生信息的主要渠道有：

（1）从政府教育主管部门所属高校毕业生就业指导中心及学校就业工作部门获取学生信息；

（2）参加供需洽谈会（招聘会或就业市场）收集学生信息；

（3）在网站上收集学生信息；

（4）通过学生的自荐获取学生信息；

（5）通过报纸、杂志等媒体所登的“求职广告”，来获取学生信息。

### （五）分析生源资料

对收集的学生信息进行分析处理，初选出符合本单位条件的学生，以便进行下一轮筛选。一般而言，用人单位对学生分析的内容包括：性别、专业、知识水平、综合能力及素质。

### （六）组织笔试

为了考核学生是否具有在本单位工作所需的基本知识、能力和素质，一些用人单位以笔试的形式选拔学生。笔试的时间、地点、出题范围用人单位会提前通知。

### （七）组织面试

面试是许多用人单位考核学生综合素质的最后一关。有的用人单位还要组织几次面试，每次面试参加人员及考核的侧重点是不相同的。一般而言，有经验的用人单位招聘人员不会故意提一些很难、很偏的问题，而是会创造一种较为宽松的氛围，与学生进行双向沟通与交流，从中发现学生的兴趣、特长以及愿意从事的工作等。

### （八）签订协议

用人单位录用毕业生后，会与其签订就业协议书，有些用人单位还要与毕业生签订劳动合同，明确双方的责、权、利。就业协议书是学校制定派遣方案、办理派遣手续的重要依据，毕业生应按照要求及时将协议书送交学校备案。

### （九）上岗培训

每一个用人单位对新员工都有一套培训计划。培训的内容因用人单位而异，但其目的是相同的，即通过培训让毕业生明确单位的创业精神、规章制度和企业文化，让毕业生掌握成为一名称职工作人员的知识和技能，以使其尽快适应新的工作和生活环境。

## 三、大学生的择业程序

一个完整的择业过程，至少要包括了解就业政策、收集信息、自我分析、确定目标、准备材料、参加招聘会（投递材料）、参加笔试、参加面试、签订协议、走上岗位等环节。走好择业的每一步，对成功实现自己的择业理想十分重要。

### （一）了解有关就业政策

大学毕业生就业是一项政策性很强的工作，了解国家有关就业政策是大学生求职择业的关键一步。有人曾经形象地称求职择业中不熟悉就业政策的大学生“如同不懂得比赛规则而上场比赛的运动员”。的确，面临求职择业的大学毕业生，如果不去首先了解国家以及有关部门的就业政策而盲目地去选择职业，那么很可能事与愿违，甚至碰壁。

大学毕业生就业政策是国家为了完成一定历史时期的任务，适应经济建设和社会发展的需要而制定的有关大学生就业的行动准则，它将根据国家政治、经济形势的变化而不断调整。各地区、各部门也根据国家当年颁布的有关政策并结合本地区、本部门的实际，制定本地区、本部门的一些毕业生就业政策。

学校、毕业生和用人单位必须按照这些政策来指导和规范毕业生求职择业活动。因此毕业生在面向社会求职择业时，首先需要主动向学校及有关部门了解当年国家在大学毕业生就业过程中的具体政策规定，学校及有关部门也会在适当时机向学生公布国家及有关地区、部门的就业政策。

**（二）收集信息**

完成任何一项工作，信息的收集都是必不可少的。对大学生就业活动而言，信息的收集是迈向成功的第一步。大学生在择业过程中需要收集的信息，大致包括五方面内容。

一是政策和法规信息，比如《普通高等学校学生就业工作管理办法》《劳动合同法》等。

二是当前经济发展形势，社会各行业、各类企事业单位经营状况信息。国家经济形势直接影响用人单位的用人需求，从而影响就业形势。而在总体经济形势下，不同行业、不同性质的企业单位各自的经营发展状况也各不相同，从而造成对不同专业人才的不同需求。另外，对某一具体的用人单位，它的经营状况、文化背景，它的发展前景，对人才的重视程度，它的工作条件、福利情况等，也是大学生应该收集的信息。

三是就业活动安排信息，比如什么时候召开企业说明会，什么时候举办招聘会等，这些信息也十分重要。

四是成功择业的经验、教训信息。择业过来人的择业经验、教训，就业指导老师的切身体会等，都会为大学生的成功择业助一臂之力。

五是用人单位的需求信息。用人单位的岗位需求信息，该岗位对于大学毕业生的能力、技能要求以及专业要求的信息，对于大学生就业至关重要。

大学生收集信息的渠道，一般有以下一些：

（1）当地政府教育主管部门所属高校毕业生就业指导中心；

（2）学校学生就业办公室或就业指导中心；

（3）专业性报纸，如《人才市场报》《就业指导报》等；

（4）广播、电视、报纸的“求职”“就业”专栏或专版以及有关企事业单位的招聘广告；

（5）社会考察及毕业实习；

（6）亲朋好友及学校校友；

（7）有关老师及其关系网络；

（8）用人单位举行的说明会等。

在择业过程中收集信息，应该有明确的目的，收集的信息要对自己的就业活动有用。这就要求同学们在收集信息时，注意所收集信息的准确性、客观性和全面性。而且，信息收集活动不应该中断，而要连续进行，同学们在择业的每一个环节，都要注意收集信息。

### （三）自我分析

在收集信息的基础上，大学生要联系自身实际，理智地进行自我分析。

自我分析内容包括以下几点。

（1）自身综合素质、能力的自我测评，如学习成绩在全专业中的名次，自己的兴趣、特长、爱好，自己有何出众的能力（包括潜能）等。

（2）分析自己的性格、气质。一个人的性格和气质对所从事的工作有一定的影响，如果能从事与自己的性格、气质相符的工作，也许更容易出成绩。我们可以用一些测试表对自己的性格、气质进行一定的分析。

（3）自己在择业过程中，具有哪些优势，哪些劣势，该如何扬长避短。

（4）问一问自己究竟想做什么，即自己想在哪一方面有所发展，想成为什么样的人才，换句话说，即自己的满足感是什么，价值标准是什么。

理智地对自我进行剖析，在择业中至关重要。如果你不清楚自己有何优势，有何劣势；不分析自己真正想要什么，会导致择业过程中的盲目从众和患得患失，同时也会影响到今后的工作。“当局者迷，旁观者清。”这句话对于处于择业过程的大学生，同样有效。有时我们确实很难清醒地认识自己，了解自己。这时，我们不妨与父母、老师、同学、朋友谈谈心，从他们那里得到一些对自己的中肯评价和有益的指点。“知己知彼，百战不殆。”在今天双向选择的择业大背景中，认识自己有时比了解就业形势，了解用人单位更为重要。我们要在就业活动中最终获得成功，就一定要做到“知己知彼”。

### （四）确定目标

自我分析的结果，是确定自己的择业目标。从大范围上说，大学生首先需要确定的择业目标。

（1）择业的地域。这是指是在沿海城市就业，还是在内地就业；是留在外地就业，还是回本省、市就业。在确定择业地域时，要问自己这种决定是否符合政策条件，是否会得到政府教育主管部门以及学校的批准，同时还要考虑生活习惯、今后的发展等因素。

（2）择业的行业范围。这是指是在本专业范围就业，还是跳出本专业去其他行业就业；是从事本专业范围内的技术工作、管理工作，还是教学、科研工作等。在确定行业范围时，要多问自己的综合素质、能力如何，有什么兴趣和特长。

在确定了择业地域以及择业的范围与自己希望从事的职业后，可以向择业的目标进一步靠拢：对于愿意到企业工作的大学生，是选择国有企业，还是选择三资企业、民营企业；这些企业中，有哪些单位前来招聘，自己是否符合条件，自己最希望到哪一家企业工作；对于愿意从事教育工作的大学生，是选择高等学校还是中等职业学校或者其他学校等。

择业过程中，当然会遇到不少不可预测的变化，但是，事先给自己的择业确定一个比较明确的目标，可以使整个就业活动显得有的放矢，有条不紊，不然，就会出现乱打乱撞的盲目、被动局面。

**（五）准备材料**

在确定了择业的目标之后，大学生接下来要做的事情便是准备材料。这些材料包括：个人简历、自荐信以及有关的重要补充材料。有关自荐材料的准备在本书的第五节进行详细讲述。

**（六）参加招聘会（投寄材料）**

在大学生就业活动中，招聘会或就业市场在用人单位与学生间架起了见面、沟通的桥梁。招聘会或就业市场大致可分为四类：一是社会上的人才市场；二是政府教育主管部门所属就业指导中心组织的供需洽谈会、就业市场 ；三是学校组织的供需洽谈会、招聘会；四是各院系自己联系组织的小型招聘会。

在招聘会或就业市场上，用人单位与学生之间只是初步结识。用人单位向学生宣传单位的发展建设状况，同时收集众多学生的材料（有的用人单位可能向应聘学生发放登记表）；学生则在了解用人单位的大致情况后，将材料或登记表交给单位。另外，用人单位往往会在网上发布需求信息，而大学生也可以通过上网将自己的信息传递给用人单位。

**（七）参加考试**

不少用人单位在招聘过程中，采用笔试的方法，考核应聘者的知识、能力与素质。

大学生如果获得笔试的机会，应该珍惜并认真对待。在笔试前，要对自己所学知识进行科学、系统的复习，同时调整好自己的应试心理和应试状态，准备好各种考试中可能用到的工具。笔试检验的是大学生运用大学期间所学知识、所培养技能去处理实际工作问题的能力。因此，用不着过分紧张和担忧。

**（八）参加面试**

面试是一些用人单位考核学生综合素质的重要手段。通过面对面的沟通、交流，用人单位可以了解学生的表达能力、思维能力、处世能力以及其他一些不能通过笔试反映出来的个人素质。对于面试，一些大学生容易出现以下情况。一是抱有过高的期望值，以至于急于向用人单位展现自己，说出一些夸大其词的语言；同时因为担忧自己不能引起用人单位负责人的注意或者出现回答不出问题的尴尬局面，在面试过程中表现得十分紧张，患得患失。二是进取心不足，自信心不强。看着同来面试的其他学生，面对主考官，有的学生甚至临阵怯场，萌生退意。

**（九）签订协议**

用人单位通过供需见面、笔试、面试等招聘活动，选拔自己合意的大学生后，便向被其录用的学生发出录用通知书。学生在接到录用通知书后，如果愿意到该单位工作，则双方进入签订就业协议阶段。就业协议书一般应包括以下条款：服务期、工作岗位和工作内容、劳动保障和工作条件、工资报酬和福利待遇、就业协议终止的条件、违反就业协议的责任等。另外，学生和用人单位可在就业协议书上附加双方认为需要增加的条款。

**（十）走上岗位**

与用人单位签订好协议，并得到学校、政府教育主管部门的审核通过后，接下来大学生要做的便是以优异的成绩完成毕业设计，等待毕业派遣，做好毕业离校的各项准备工作。

跨出校门，大学生将步入另一个天地。走上工作岗位，有更多的挑战等待着你。服从安排，踏实肯干，遵守制度，刻苦钻研，尊重长辈，团结同事等，应该成为你的具体行动。机会垂青于那些有准备的人，机会垂青于那些脚踏实地、勤奋努力的人，对于择业如此，对于今后的工作，更是如此。一名优秀的大学毕业生，一定能够在未来大展拳脚。

## 四、大学生就业形式

近年来，随着高等教育的大众化以及就业压力的增加，总体看高校毕业生的就业期望有所降低，到中小企业就业、灵活就业、自主创业的毕业生逐年增加，学生择业观念和心态发生了积极的变化。但是，由于传统观念、社会舆论等多种因素影响，仍有相当一部分毕业生，甚至是家长的观念不能适应就业形势的变化，跟不上社会就业方式的改变。今后几年，这种反差可能会越来越大，突出表现在两个方面：一个是在就业岗位上，一个是在就业方式上。

应该说，大众化时代的大学生不能再自诩为社会的精英，要怀着一个普通劳动者的心态和定位去参与就业选择和就业竞争。这需要广大毕业生更新就业观念，调整就业期望，在正确判断形势的前提下适度选择，以多种方式努力实现广泛就业。目前，大学毕业生就业形式主要有以下几种，我们逐一介绍分析。

### （一）签约就业

签约就业是大学毕业生最普遍的一种就业方式。它包括以下情形。

（1）与用人单位签订学校提供的就业协议，领取就业报到证，到用人单位就业。

（2）被国家机关、事业单位录用。

（3）合同就业。与用人单位签订经劳动部门认证的劳动合同。毕业生与用人单位不签订《毕业生就业协议书》而是直接签订劳动合同，或用人单位出具接收函，不需要就业报到证，到用人单位工作。

（4）定向、委培毕业生回原定向、委培单位就业。按规定该类毕业生不能再自主择业，但若经原定向、委培单位和有关主管部门同意，解除原协议后，可以自主择业。

（5）毕业生参加国家、地方项目就业。（国家项目就业是指参加国家支援服务西部计划、地方志愿服务欠发达地区计划等项目。）

签约就业包括签订合同、接收档案、转迁户口以及毕业后学生携带学校发的报到证去单位报到、用人单位负责解决学生的工作并按劳动合同履行各自义务。目前，有相当数量的签约就业，比如跨国公司、民营企业与新聘员工签订劳动合同后并不接收员工的档案，也没有户籍要求。应该说，对档案要求越少、对户籍要求越松，越符合现代人力资源发展的理念。

### （二）灵活就业

灵活就业是相对于传统就业模式而言的，它不同于正规的全日制、与用人单位建有稳定的劳动法律关系、获有工资福利和社会保障的就业。与传统就业模式相比，灵活就业方式的特点是灵活性强、自由度大、适应范围广、劳动关系比较松散。

灵活就业的形式上大致可分为三类。

第一类是在劳动标准方面（包括劳动条件、工时、工资保险以及福利待遇等）、生产的组织和管理方面以及劳动关系协调运作方面达不到一般企业标准的用工和就业形式，主要是指小型企业、微型企业和家庭作坊式的就业者，以及虽为大中型企业雇用，但在劳动条件、工资和保险福利待遇以及就业稳定性方面有别于正式职工的各类灵活多样的就业形式，比如临时工、季节工、承包工、小时工、派遣工等。

第二类是由科技和新兴产业的发展以及现代企业组织管理和经营方式的实施而产生的灵活多样的就业形式，如目前广泛流行的非全日制就业、阶段性就业、远程就业、兼职就业等。

第三类是独立于单位就业之外的就业形式，包括自雇型就业，有个体经营和合伙经营两种类型；自主就业，即自由职业者，如律师、作家、翻译工作者、中介服务工作者等；临时就业，如家庭小时工和其他类型的打零工者。

目前国内所提的大学生的灵活就业是指没有列入正常派遣手续的非正规就业，现在要从政策上纳入正式就业的统计范围。这是一种适应人才市场发展的选择。就业灵活，首先要求用人单位改变传统，让用人方式灵活起来。灵活就业的方式正在呈现上升趋势。近几年发达国家失业率有所下降，其中一个很重要的原因是推行了灵活就业的方式。在许多发达的市场经济国家，人们逐渐不满足于传统全日制就业的模式和劳动者终生供职一个单位，而是开展很多灵活的就业方式。这种灵活的就业方式已被一些毕业生所接受，就业人数也有上升的趋势。

毕业生以灵活方式就业，包括自主创业、自由职业、意向就业等。

**1. 自主创业**

在新的形势下，自主创业不失为大学生实现自我价值的另一条就业之路，自主创业不仅为自己开辟了就业之路，还增加了其他毕业生的就业。受高等教育的毕业生应不仅仅是求职者，而更应是创业者。近年来，国家和各级政府出台了一系列优惠措施，鼓励大学毕业生创业。

大学生自主创业是改变就业观念，利用自己的知识、才能和技术，以自筹资金、技术入股、寻求合作等方式创立新的就业岗位，即毕业生不做现有岗位的竞争者，而是为自己、为社会更多人创造就业机会。我国政府鼓励、支持和引导个体、私营等非公有制经济发展，也积极鼓励和支持大学生自主创业，中央和地方均出台了许多鼓励大学生创业的政策，为大学毕业生创业提供了良好的政策环境。

当然，创业是一项复杂的系统工程，也是一个艰苦的过程，充满了挑战，不仅需要具备一定的创业环境和外部条件，而且需要创业者自身具备一定的创业素质和能力，需要一定的工作经验和社会阅历，不是仅凭满腔热情就能够实现的。所以，有创业意向的毕业生应该在深入分析主客观条件，制订周密的创业计划，充分论证创业的可行性，确定切实可行后再实施创业，切不可草率。

**2. 自由职业**

自由职业指以个体劳动为主的一类职业，如作家、自由撰稿人、翻译工作者、中介服务工作者、某些艺术工作者。一些在写作、设计、绘画等方面有专长的毕业生则倾向于做一个自由职业者。

**3. 意向就业**

意向就业指毕业生与用人单位达成就业意向，落实了工作岗位，但暂时还没有正式签订就业协议书、劳动合同或没有出具接收函，包括：到单位进行就业见习、试用期、进入家族企业等。这类情况往往是毕业生和用人单位出于还需要进一步相互了解的目的而选择的一种就业形式，也是双方进一步考察、选择的过程。

**（三）出国留学**

出国留学这个梦想，或许在70后的大学毕业生眼中还是夜晚天空中的那颗“遥不可及”的星星，但对于80后和90后的大学毕业生而言，家庭几十年积累的劳动成果为他们提供了更加成熟的出国留学条件。于是，狂热的出国潮一波一波袭来。留学镀金的想法在大学校园中酝酿，带给了毕业生新的出路和选择。

何宇是上海一所知名院校金融专业毕业的硕士研究生，找份好工作按说是“手到擒来”，但他根本就没有去找。今年夏天，他将自己的档案关系放到了外地的一个人才交流中心，自己则准备出国。问他为什么不先找份工作干着，求个安定？他认为一来找工作浪费时间、精力；二来，如今的用人单位限制颇多，一旦进去了，轻易不容易出来，不如先保留“自由身”，免得到时候又受牵绊。反正出国留学这条路是早就确定了的，一定要走下去。这也是很多毕业生的想法，他们选择出国留学而不是直接签约就业这种形式。

随着我国改革开放的深入发展，特别是加入WTO以后，教育的国际交流日益频繁，中国公民有了更多机会自费出国留学。同时，由于国民经济的持续快速发展，许多家庭的经济实力也能够担负起出国留学的费用。所以，大学生毕业后直接申请出国、出境留学或工作的也在逐年增多。当然，出国留学或工作也需要具备一定的条件，不仅是经济条件，自身的知识准备也必不可少，应届毕业生应充分权衡自身条件。

**（四）考研深造**

考研深造是指毕业生被高一级学校录取，如考取研究生、考取第二学士学位等。许多大学生为了获得更多的知识和更高的学历，在校学习期间就为自己确立了进一步深造的目标，并积极进行准备，毕业后直接通过考试升学深造。

近年来，随着高校毕业生就业形势的日益严峻和研究生、继续教育招生规模的增大，选择升学深造的高校毕业生也在逐年增加，虽然这在一定程度上提高了就业竞争力，延缓了就业压力，但需要看到高学历并不一定意味着高职位。择优录用是高校毕业生就业市场化的重要标志，如果没有真本领，即便有高学历而获得就业岗位，也有随时被淘汰的危险。因此，取得高学历不应该是追求升学的目的，培养实际工作能力与提高自身综合素质更为重要。在决定是否选择直接升学深造时应该对自己的主客观条件进行认真分析后再做决定。

随着扩招的进行，大学成了高级人才的生产基地，人才市场上的竞争势必会越来越激烈。从前不为毕业生们所注意的市场“缝隙”还有很多，要靠多种就业的方式去填充它们。市场好比是一块海绵，要被它吸收，就必须稀释自己，放下大学生的架子。社会各界现在都在为解决大学毕业生就业问题出力，相信毕业生们只要调整好心态，选择适合自己的就业方式，一定能在职场上找到自己适合的位置。

## 第五节　求职过程指导

有了求职能力，还不能说就一定能够求职。大学生需要在求职过程中学会收集求职信息，编写自荐材料，掌握求职技巧，懂得保护自己，从而最终达到顺利求职。

### 一、求职信息收集

在信息时代，信息的重要性不言而喻。谁能够以最快捷的方式占有最广泛、最有效、最准确的求职信息，谁就掌握了成功的机遇；谁能积极主动、广辟途径地收集求职信息，认真细致、去伪存真地分析处理信息，谁就能把握选择的主动权，就能抓住最佳的求职机会。大学毕业生求职的成功，不仅取决于个人的学业成绩、能力水平及社会对人才的需求等因素，同时也与毕业生及时有效地获取求职信息密切相关。因此，收集求职信息是高校毕业生求职前的一项重要工作，求职信息越广泛，择业的视野就越宽阔；求职信息质量越高，择业的把握就越大。

#### （一）求职信息的内容

从宏观角度而言，求职信息包括政策法规信息、求职形势与行业信息、用人单位信息、择业求职指导信息等，其在求职择业过程中起到十分重要的作用。

第一，政策法规信息，即有关求职的方针、政策、法律等信息。

第二，求职形势与行业信息，即有关国家总的求职形势，行业发展战略、动向和趋势的信息。

第三，用人单位信息，即具体的用人单位的情况。

第四，择业指导信息，即具有普遍的择业指导理论、方法、技巧，求职指导专家或机构就当前择业方面存在的普遍问题发表的评论、咨询和建议等方面的信息。

从微观角度来看，求职信息的内容归纳起来包括以下十二个方面。

第一，用人单位的准确全称。

第二，用人单位的所有制性质：国有、集体、股份制、民营、私营、乡镇、外资、合资等。

第三，用人单位的隶属关系：要清楚其上级主管部门（指人事管理权限），中央部委单位要清楚主管部委的情况（人事档案管理关系）。

第四，用人单位的详细地址、地理位置及交通状况。

第五，地址、邮编、电子信箱、网址等。

第六，用人单位需求人才的职位、人数、工作岗位、职责范围。

第七，用人单位对需求人才的素质条件及具体要求：学历、思想素质、专业技能、外语水平、计算机操作能力及身体健康状况等。

第八，用人单位的发展历史、成长过程及发展前景：规模效益、注册资产、员工人数、占地面积、主要产品品牌、用户、市场占有率、行业排行榜。

第九，用人单位的薪酬福利体系：工资、奖金、职务津贴、福利保险、医疗、住房以及相应的劳动纪律。

第十，用人单位的领导管理体系：人才战略、用人理念、组织机构、升迁发展机会。

第十一，用人单位的工作环境，文化生活氛围。

第十二，用人单位所在地区对接收外地生源毕业生的条件、要求及程序。

### （二）求职信息收集的途径

求职信息的来源很多，求职者获得求职信息的途径主要有以下几个方面。

（1）各级主管部门和求职指导机构。一是各级政府主管部门和求职指导机构，二是学校求职主管部门。

（2）社会实践与实习。

（3）大众传播媒介。

（4）社会关系。

（5）求职中介服务机构。

（6）“双选”会。

（7）电话收集。

（8）其他途径。

## 二、自荐材料编写

求职简历是求职成功的关键一环，一份成功的简历要达到“见其文如见其人”的效果，使求职者的形象跃然纸上，这样才能使招聘者做出对其面试的决定。如果把整个求职过程视作一次自我推销，那么简历就是这次推销中的广告和产品的说明书。求职简历正是大学生求职中自荐材料编写的主体内容。

自荐即自我推荐，它是毕业生求职的基本环节。大学生在求职择业过程中，要让用人单位认识自己、了解自己、选择自己，就必须通过多种途径和方法正确地宣传自己、展示自己、推荐自己，即成功地自荐。只有成功地自荐，才能获得进一步面试的机会。

自荐材料是大学毕业生和招聘单位取得联系最常用的方法之一。在求职择业过程中，自荐材料是大学生求职择业、赢得面试的“敲门砖”。因为自荐材料是反映毕业生个人总体情况和综合素质的主要材料，是毕业生与用人单位信息交流的载体，也是用人单位透视大学生的一扇“窗户”和决定是否面试的重要依据。

### （一）自荐材料的编写要领

#### 1. 目标明确

组织和编写自荐材料的大目标和大方向就是为了求职，凡有利于求职的各种材料、各种组织编写方法都可以加以运用。

**2. 针对性强**

即编写自荐材料时，应根据大致的求职意向，根据应聘的行业、求职或单位特点进行材料的合理组织、安排和撰写。要做到有针对性，就必须做到知己知彼，根据不同情况写出最适宜的自荐材料，投其所好。

**3. 客观实用**

即实事求是，摆正位置。在编写自荐材料的过程中要采取客观真实的思想态度，可以说，自荐材料的真实性是一个择业者的“生命线”，一旦用人单位发现自荐材料有假，便会让应聘者失去求职机会。另外，在文体上，自荐材料属于实用文书写作中的说明文一类，其目的就是为了求职，切不可过分追求文笔超脱，言辞华丽，而舍本逐末。

**4. 创造性**

自荐材料从形式到内容，材料结构和组织取舍，完全可以发挥自荐者的创造性思维和丰富的想象力。一些用人单位常常被一些创造性很强的自荐材料所吸引，做出进行面试录用的决定。但创造性并不等同于求新求异，要切忌哗众取宠，把握好创造性和求实的尺度。

5. 独特性

正因为自己编撰自荐材料是一项创造性工作，所以它也最能充分展示择业者的个性特征，使自荐材料具有他人不可取代的独特性。

6. 全面性

要针对应聘对象，取舍得当，突出要点，结构合理，条理清晰，让用人单位能够一目了然，印象深刻，促使对方早下面试录用你的决心。但是，切勿为求全面，讲究面面俱到，看不出重点和亮点，而应在全面中体现灵活性和针对性，这样的自荐材料才会命中率高，有利于求职。

**（二）自荐材料的内容**

一份完整的自荐材料主要包括：自荐信、个人简历、学校推荐表以及证书复印件等有关的辅助证明附件。这几种材料，虽然单独都能使用，但各自的侧重点不同。自荐信主要表明自己的态度，个人简历主要说明自己过去的经历，证明材料强调自己所取得的成绩，学校推荐表则体现了学校对自己的认可。缺了任何一个方面，自荐材料都不够完整。

## 三、大学生求职的主要途径

大学生求职的途径有很多种，不同的途径对不同的求职者有着不同的功效和价值。选择正确而且有效的求职途径，对大学生来说能增加择业成功的概率。参加校园招聘会和社会上举办的各种现场招聘会，一直是大学毕业生求职的主要途径。但这种招聘会会受招聘企业数量、招聘人数、时间、场地等各种限制。

大约六七年前，网络招聘开始跃上地平线。与现场招聘会、报刊上刊登招聘广告等传统招聘模式相比，网络招聘具有信息量大、时效性强、传播范围广、成本低、无区域和时间限制等优点，越来越受到大学毕业生和用人单位的青睐。如今，由于博客的火爆，很多学生开通了自己的求职博客，以便更好地“推销”自己。不少企业在这些博客中发现线索，延揽人才，使网络招聘呈现一片红火景象。

依据求职信息来源的不同途径，我们将大学生求职途径分为校内途径、社会途径和网络途径三种主要的形式。

### （一）校内途径

大学生在高校内进行求职活动的主要途径有两种：参加校园招聘会、学校推荐。据统计，有80%的大学毕业生是通过校园招聘信息找到工作的。

#### 1.“专卖店”—— 校园招聘会

对应届大学毕业生来说，校园招聘会是最常见、最有效的求职途径。一般来说，校园招聘会主要有以下三种形式：一是校园专场招聘会；二是高校自行举办的小型招聘会；三是上级教育主管部门组织举办的系列校园招聘会。

校园招聘会的优点是针对性强，安全可靠，降低了大学生的求职成本，因此成为大学毕业生的主要求职途径。但是这类招聘会的不足是规模不太大。因为从表面上看，校园招聘会涉及企业、高校、毕业生三方，实际上成功举办一场招聘会却要经过企业向高校求职部门咨询情况、求职部门借用教室，确定举办时间、地点，通知学生，保卫处备案企业宣传方案等一系列繁杂的程序，所以规模不可能过大，覆盖面没有社会招聘会那么广。这种招聘会被称为大学毕业生求职途径的“专卖店”形式。

毕业生参加校园招聘应该注意以下问题呢。

（1）一般情况下招聘公司会在校园举办招聘会，向毕业生介绍公司情况、岗位职责和应聘条件、人力资源政策以及招聘程序等应聘中必须掌握的重要信息。

（2）对于不同企业的校园专场招聘会要根据其特点有针对性地准备。

（3）在招聘会上要避免给用人单位留下对其没有认知的印象。

（4）建立从基础工作做起的心态。

（5）毕业生要善于展示自己的优势。

#### 2. 学校推荐

学校推荐也是大学生求职的一个有效途径，即通过学校毕业生求职指导中心的推荐，获得求职渠道的一种方式。由于毕业生市场化求职已成定式，各个学校毕业生求职指导中心均与一定数量的用人单位建立了良好的合作关系，对求职资讯、职位空缺情况掌握得比较全面，加之针对本校的毕业生，使之成为比较有保障的求职途径。

高校求职指导部门和院系的专业老师在掌握有效的求职信息后，都会向符合招聘条件的毕业生介绍，并向用人单位推荐毕业生。由于老师对学生有比较充分的了解，而且从专业的角度对招聘单位所处的行业动态和岗位要求有较深的了解，因此，这种推荐往往非常有效。大学生采取这种途径求职的成功率很高，但是选择的余地不大。

### （二）社会途径

为了弥补校园招聘名额有限的不足，毕业生需要多辟通道，广开职路。除了高校内的求职途径外，大学生还可以通过社会上的一些途径进行求职活动。求职的社会途径很多，大学生可以掌握其中几种重要的途径，并了解各种途径的优势和劣势，从中选择适合自己求职途径。

（1）综合性人才招聘会。

（2）社会关系介绍。

（3）电话求职。

（4）直接登门自荐。

（5）中介机构代理。

**（三）网络途径**

在资讯和信息越来越重要的时代，精彩的网络正在悄悄改变着人们的工作和生活理念。不用查报纸，不用去招聘会，不用找求职介绍所，不用求亲告友，只需轻轻点一下鼠标，合适的工作就会“找上门”来。这种方便、快捷、花费少的择业新方式，就是网络求职。

实际上，网络求职与在人才市场举行的人才招聘会性质是相同的，不过供求双方的接触是通过互联网这个虚拟平台来实现。网站一般为求职者准备了发布个人简历的地方，也为用人单位提供了发布招聘信息的网页，求职者可以多种方式查询用人单位的招聘信息，用人单位也可以花费一笔低于网下的招聘费，从众多求职者中挑选“精兵强将”。

**1. 网络求职的形式**

网络求职一般有两种形式。一种是在网络发布求职信息，坐等用人单位与你联系：打开任一人才网站，一般是先注册登记，注明求职意向、要求以及个人情况和通信方式，完成登记即可。另一种方式就是根据网络发布的招聘信息发送求职意向或直接登录单位站点，主动发电子邮件和对方联系。如果用人单位对你发去的资料感兴趣，就会主动与你联系。

**2. 网络求职须知**

网络招聘时，招聘企业的人事部门通常会收到上百份申请同一职位的求职信和简历，因此毕业生要做的，是从其他的求职者中脱颖而出，给对方深刻的印象。也就是向用人单位证明你是求职者中最好的一个，以此争取获得面谈的机会。毕业生网络求职应注意以下问题。

第一，选择适合自己的网络招聘会。

第二，拓宽视野，可将求职信息张贴在“中华求职网”“大学生求职网”等专业网站里，或是将信息发布在一些点击率较高的网站上的招聘专栏中。

第三，参加网络在线招聘时向用人单位提问一定要简明、扼要，回答问题要突出个人特点和优势，网络应聘最忌一开口谈钱。受网络时间、视频空间的限制，网络招聘给每个求职者的时间是有限的，应聘大学生要问最想知道的内容、最关键的问题。获得用人单位首肯后，一定要留下明确的联系方式，为下一步的面试做好准备。

第四，网络应聘不要急于一时，人少时求职，效果反而更好。

第五，根据个人的专业、爱好、特长，有目标地向用人单位求职，不要简历“满天飞”，无目的地投简历等于没投。

第六，求职的自荐材料内容应突出专业、学校、社会实践、自身性格、是否具有工作经验等重点内容。

第八，发送求职简历不要用附件的形式。

第九，发出求职资料后，要主动与用人单位联系。

第十，网络参加招聘活动，要警惕网络求职陷阱，小心受骗。

第十一，大学生网络求职，可以化被动为主动，利用自己的技术优势，在网上建立自己的个人主页，充分展示自身特色，吸引用人单位的目光。

第十二，网络求职要保持平和的心态。

## 四、求职技巧

大学生通过学习掌握一定的求职技巧，对于与求职单位尽快签订求职协议，建立良好的劳动求职关系具有重要意义。本节所谈及的求职技巧主要是指笔试、面试以及求职技巧的综合运用、统筹管理。

### （一）笔试

笔试是用人单位对求职者的专业知识以及文字表达能力和书写态度等综合能力的一次有据可查的测试，主要适用于应试人数较多、需要考核的知识面较广或需要重点考核文字能力的情况。在用人单位招聘大学生的过程中，笔试是一种常用的考核方法。笔试主要适用于一些专业技术要求很强和对录用人员素质要求很高的国家机关、大型企事业单位。一些涉外部门、技术要求很高的专业公司及国家机关招考公务员时多采用这种形式。大学生对笔试并不陌生，但应该注意择业过程中的笔试和学校课程考试的不同之处。有针对性地做好笔试准备，掌握笔试的答题技巧是笔试成功必不可少的。

**1. 笔试的类型**

（1）专业考试。

（2）求职心理测试。

（3）综合能力测试。

（4）国家公务员录用考试。

**2. 笔试的准备和技巧**

（1）注重平时知识的积累。

（2）了解考试重点，掌握笔试方法，进行认真复习。

（3）在笔试时要注意以下几个技巧性要点。

①不要把复习重点放在难点、怪题上，要把基础知识掌握好，在实际运用上下功夫。

②不要死抠几道题，笔试出题量较大，其用意一方面考察知识掌握程度，一方面考察应试能力。所以，考生在浏览卷面后，要迅速解答较容易的题目，余下的时间再认真推敲其他题目。

③答题时要掌握好主次。有时求职者见简答题是自己准备较充分的，洋洋洒洒写了上千字，而对论述题则准备不够，就随手写了几十个字。这样功夫没用到点上，成绩当然会受到影响。求职者在统览全卷的基础上，要抓住重点题目下功夫，认真答写，充分显示自己的知

识水平。

（4）了解笔试目的，运用综合能力。

对求职者进行笔试，不仅仅要考查其文化、专业知识，往往还考核心理素质、办事效率、工作态度、思维方法、修辞水平等。在回答一些客观题时应该正确和严谨，而对于主观性问题，就应该适当地展开和发挥，以充分展示自己的个性和创造性。例如，有些试题的设计是从理论和实践两方面来检查考生的基础知识和技能，并以综合运用为主，检查考生的实际水平和学习灵活性。回答这类问题时就要积极思考，努力回忆学过的知识，并进行联想，将学过的内容相互联系起来比较分析，积极思考，找出正确答案。求职者在参加笔试时一定要认真审题，将自己的认识水平、知识水平和能力水平通过笔试较好地发挥出来。

（5）保持良好的身心状态。

求职笔试与高考不同。临考前一要适当减轻思想负担，二要保证充足的睡眠，三要适当参加一些文体活动，使高度紧张的大脑得到放松休息，以充沛的精力参加考试。

（6）卷面整洁，字迹清楚。

答题时，要做到字迹清楚，卷面整洁，格式、标点正确，不写错别字。一份字迹清楚、整洁的试卷，给人以赏心悦目的效果；而书写过于潦草、字迹难于辨认则会影响考试成绩。因为求职笔试不同于其他专业考试，用人单位有时往往“醉翁之意不在酒”，他们并不特别在意应试者考分的稍许高低，而是从卷面上观察求职者是否具有认真的态度、细致的作风，这对被录用的可能性有较大的影响。

**（二）面试**

正如英国推销业中的佼佼者、吉尼斯世界纪录保持者乔伊斯所说：“推销，最重要的就是推销你自己。”对于每一个应征者来说，要想获得一个较为理想的求职，不光要有真才实学，更应该在面试中成功地向招聘方展示自己。人们常叹：“千里马常有，而伯乐不常有。”然而，伯乐虽有识千里马的慧眼，但若不与所相之马打个照面，看看牙口老不老，听听马嘶响不响，试试马腿壮不壮，恐怕仍是找不到千里马的。因此要使别人确信自己有“一日千里”的能耐，就必须要会推销自己。有研究表明，如果面试的时间是20分钟，那么招聘者在前4分钟内就已经对求职者做出了整体的评估，就这一点而言已经显现出面试者本身强烈的技巧性。可以毫不夸张地说，面试就是一门自我推销的艺术。

**1. 面试的类型**

面试的种类很多，概括为以下几种。

（1）主试式面试。

一般是由数位招聘者组成评委会，其中一位任主试官。主试官根据事先拟定的面试提纲，对应试者进行提问。

（2）情景式面试。

主试官设定一个情景，请应试者设法去完成，目的在于考核应试者处理特别情况或解决客观问题的能力。

（3）群体式面试。

由一名或多名考官对一批应试者同时进行面试，通过提问、对话等方式进行优劣比较，并从中进行选择的方式。

（4）交谈式面试。

主试官与应试者自由发表言论，在闲聊中观察应试者的能力、谈吐、气质和风度。主试官通过交谈考察应试者的能力和素质。

**2．面试的形式**

面试的形式是由招聘一方根据自己机构的基本情况、条件、招聘目标和所招聘的对象决定的。下面从不同角度介绍几种最常见的方式。

（1）个人面试。

个人面试一般分为一对一面试和主试团面试两种。一对一面试是传统的面试方式，一般是规模较小的机构招聘职员或大公司招聘职位较低的职员时使用。主试团面试又称“围攻式面试”，即由招聘方的多人组成主试团会见应聘者。这种方式一般在招聘的职位比较重要时采用。由于主试团的每个成员一般都是该行业的专家、能手，因此应聘者的心理压力、应付难度都要大于其他面试方式。

（2）讨论式面试（小组面试）。

当一个职位有多个应聘者时，为了节省时间，招聘者往往对多个求职者同时进行面试，以小组讨论的方式共同寻找答案，主试者通过求职者讨论中的表现来决定人选。其优点有两方面：一是可以短时间内公正地比较应聘者的表现，二是可以有效考察在场应聘者的交际、管理、决策以及对局面的控制能力。

（3）竞赛式面试（测验面试）。

招聘者要求应聘者当场参与经过精心设计的技能测验与考试，而后根据结果做出评估的面试形式。这种面试形式在招聘一些职位较低或专业性较强的职位时较为常用，既可作为一般面试的初选程序独立进行，也可以与其他面试方式一起进行。

（4）渐进式面试。

这是根据面试程序命名的面试形式，在应聘者较多时，把应聘程序安排为初次面试、第二次面试，甚至第三、第四次面试。在这种近乎车轮战的面试方式下，面试者必须保持旺盛的精力与竞争感，具有百折不挠的心理准备与沉着冷静的心理状态。其优点是可根据职位的高低决定幅度大小、次数多少。

至于自由交谈式、组合式等其他形式的面试，与上述四种面试相比都有交叉或兼容之处，在此就不一一介绍了。

**3．面试的准备**

老子说：“天下大事必做于细，天下难事必做于易。”意思是说，凡是想要成就大事的人，必须先从小事做起，从比较容易的事做起。我们踏进面试室之前，并不知道会遇到什么样的情况，因此，做面试准备最好能“韩信点兵—— 多多益善”。有些准备事先看起来并不重要，甚至显得有些多余，但正是这些不起眼的工作，可能无形中成为你求职成功的阶梯，也可能由于其中的一些疏忽，让你在面试中措手不及，铩羽而归。要记住机会永远只垂青准备充分的人。

（1）知己知彼。要做到这一点需要从两个方面下功夫。一是重新认识自己，在面试之前，求职者有必要对自身条件、能力、潜力等方面做一个比较全面、正确的评价，树立起求职自信心，在求职过程中扬长避短，恰如其分地彰显自己的优势，这样才能在面试中获得事半功倍的效果。二是仔细研究对方，在决定应聘前，要对应聘单位和职位有详细的了解，做到“知己知彼，百战不殆”。

（2）文字材料的准备。文字材料的准备主要包括专业知识、笔试的相关资料、个人发表的论文作品、发明专利证件等。

（3）必要的随身配备。面试中应准备并携带以下一些必要的东西和资料。

①招聘广告。面试时可以随时翻阅广告上的资料。

②自荐书。主试者通常会就拟订申请表上涉及的内容展开询问，也可能是你回答中提到的资料，所以，带一份自荐书不仅可以更快掌握主试者的问题，也可避免因紧张忘记所填资料而陷入尴尬的局面。

③推荐信。应将推荐信以及推荐人的姓名、地址、电话带上，便于主试者需要时供其查阅联系。

④科研成果。你写过的文章，发表过的作品及报告、计划书，尤其是与应征工作有直接联系的成绩与资料等需要随身携带。

⑤问题的准备。应聘者根据自己的应聘想法和要求，预备好一些问题，便于自己在面试时有机会时提问。

⑥应聘单位有关的资料和小册子。这样做可以在面试等待中重温资料，以给主试者留下办事周到的好印象。

⑦带随身听或其他书籍。这样可以在等候面试时转移视线和注意力，缓解面试的紧张情绪，表现出沉稳和耐心。

**4. 做好面试前的准备工作**

（1）深入了解用人单位。

（2）充分准备材料。

（3）面试训练准备。

（4）面试状态的调整。

（5）对可能谈到的问题的准备。

5. 面试实战

面试机会非常宝贵，如果能够获得当然要好好把握。下面是从一些面试成功者的经验教训中总结出来的面试要诀，以此帮助大学毕业生提高面试成功的概率。

1）面试八诀

（1）利用各种渠道寻求面试机会。

（2）面试之前预先了解该公司状况，多搜集公司和应聘职位的资料。

（3）约定会面时，切记要准时到达，如果有事情耽搁不能前往，应及时以电话方式通知对方，并确定下次面试时间。

（4）进入面试会场，应再次检查服装仪容，以愉快的心情面试。

（5）面试时将谈话的重点放在工作职位与自己个性、能力的匹配程度上。

（6）回答问题时应正视发问者，与对方交谈时，态度要不卑不亢。

（7）面试结束后，应从容有礼，并向主考官致谢。

（8）面试后要记得寄致谢卡给对方，邮寄时间不要迟于第二天。

2）面试八忌

（1）只向大公司发简历求职，只参加大型公司的面试。

（2）面试前未做任何准备。

（3）未准时赴约。

（4）不修边幅。不修边幅会使主考官认为你对本次面试不太重视。因此面试时要对个人仪容仪表稍加修饰，注意整洁。

（5）手足无措。面试时过分紧张，手脚不停地动，甚至连眼睛也不正视主考官，答非所问，这样会影响到整个面试过程的连贯性。

（6）夸夸其谈。有的人在面试时，喜欢把自己说成是某一方面的专家，大加吹嘘，使主考官感觉华而不实，有“不可靠”之嫌。

（7）心神不定。面试时不能左顾右盼或刚谈了几句就抬腕看表，使主考官感觉是在提示自己尽快结束面试。

（8）滥竽充数。有的求职者喜欢不懂装懂，甚至对自己尚不具备的经历、学识也胡侃一通，结果只能起到相反的作用。

3）面试必备物品

（1）个人简历。

（2）各种证明材料（包括毕业证书、成绩单、驾照、身份证及特殊专长训练证书等）。

（3）整理仪容的用品（如梳子）。

（4）手表。

（5）面试地点、电话、地图、公共汽车指南等相关资料。

（6）零钱、电话卡。

（7）手帕、面纸、化妆盒。

（8）笔、笔记本。

## 五、求职礼仪

随着社会文明更全面的发展，礼仪逐渐成为决定社交成功至关重要的因素。大学生求职是一种社会活动，作为具有知识文化的活动主体，大学生更需要重视求职礼仪。了解并养成适合自己的求职礼仪，是个人求职成功的强大帮手。

### （一）求职礼仪构成

在不同的活动中人们对仪态有不同的要求，在求职过程中的举止礼仪有其特定要求。一般来讲，求职礼仪举止的总体要求是严谨而不拘谨。在求职过程中，有一系列无声的语言在诉说着求职者的素质，如时间的把握、手足的摆放、动作的得体度、面部表情等；也有一系列有声礼仪在表现着求职者的文明内涵，如“您好”“谢谢”“请”等。在这里，“适度”是最为关键的，言谈举止要严谨又不拘谨，能适时根据自己的身份恰到好处地表达敬意。

**1. 仪容礼仪**

面试前，最好对自己的仪容做一番研究和评价，虽然不要过分修饰自己，但至少要在整体上加以改进，以增强自信心。有些人不愿花心思利用外表发挥优点，隐藏缺点，这是很不可取的。大学生在职时的仪容要注意以下三个方面。

一是发型，男生还要注意自己的胡子。男女生都要保证头发的清洁、干净、有光泽。为了显露整个脸庞，男生发型不宜过短或过长，面试前最好提前一周理好发，这样等到面试时头发的长短正合适。女生有两种发型要避免：一种是“爆炸式”发型，这种占空间过大、具有威胁性的发型，使主考官对你产生本能的排斥情绪；另一种是高挽发髻，此发型看上去有头重脚轻、难以承受的感觉，并给人家庭主妇的印象。人们普遍认为男人的胡子是虚张声势、信心不足的表现，如果面试官是女性，胡子会使她有恐惧和不洁之感，所以男士最好保持面部清洁。

二是脸部修饰。脸部是人最明显的部位，也是最容易出错的地方。首先要注意脸部皮肤的健康，女生要忌浓妆，要尽量体现皮肤的自然光泽；其次是嘴唇，嘴唇是脸部最富色彩、最生动的部分，一定要让它有润泽感，女生使用口红时不要用大红色或橙色，更不要用紫色。

三是手的保养。手是人的“第二张脸”，常常露在服装之外，极易被人注意，因此一定要保持手的干净，保持短而清洁的指甲。女生在面试时忌涂过于鲜艳的指甲油，无色透明或自然肉色的指甲油在任何时候都应是首选。

**2. 服饰礼仪**

“服饰造就一个人”，是服装行业的一句口号。服饰可以帮助一个人塑造他所希望展示的形象。服饰指的是衣服和装饰两个部分，装饰指的是装饰用品，比如领带、胸针、眼镜、手表、手袋等饰物以及附着于装饰用品或衣服上的图案、色彩等。服饰礼仪是人们在交往过程中，为了表示尊重与友好，达到交往的和谐而表现在服饰上的一种行为规范。如何恰如其分地装饰自己，衬托出自己的个性、气质、肤色、发型等是一门很深的学问。在服饰礼仪中男女着装有以下不同要求。

1）男士着装要求

男士的着装在正式场合的着装要注意色彩搭配，必须遵守“三色原则”，这也是选择正装色彩的基本原则。它要求正装的色彩在总体上应当以简洁为宜，最好将其控制在三种色彩之内，这样有助于保持正装庄重、保守的总体风格，并使正装在色彩上显得规范和谐。正装如超出三种色彩，会给人以繁杂的感觉。正装的色彩，一般应以单色、深色为主，并且最好无图案。标准的套装色彩主要是以蓝、灰、棕与黑色为主。衬衫的色彩最好为白色，皮鞋、袜子、公文包的色彩宜为深色，以黑色为最常见。

2）女士着装要求

女士着装一般有四大原则。一是要和所处的环境相协调。人置身在不同的环境、不同的场合，应该有不同的着装，要注意穿戴的服装和周围环境的和谐。比如，在办公室工作就需要穿着正规的套装或工作服；比较喜庆的场合如婚礼、纪念日等可以穿着时尚、潇洒、鲜亮、明快的服装；悲伤场合如葬礼、遗体告别等，参加者的心情是沉重而悲伤的，所以着装要素雅、肃穆。二是要和身份、角色一致。每个人都扮演着不同的角色、身份，这样就有了不同的社会行为规范，在着装打扮上也自然有规范。柜台销售人员就不能过分打扮自己，以免有抢顾客风头的嫌疑；企业的高层领导人员出现在工作场所，就不能随意穿着。三是要和自身“条件”相协调。要了解自身的缺点和优点，用服饰来达到扬长避短的目的。所谓“扬长避短”，重在“避短”。比如身材矮小的人适合穿造型简洁明快、小花型图案的服饰；肤色白净的人适合穿各色服装；肤色偏黑或发红的人忌穿深色服装；肤色偏黄的人最好不要选和肤色相近的或较深暗的服装，如棕色、深灰色、土黄色、蓝紫色等，它们容易使人显得缺乏活力等。四是要和着装的时间相协调。只注重环境、场合、社会角色和自身条件而不顾时节变化的服饰穿戴，同样也不好。比较得体的穿戴，在色彩的选择上也应注意季节性。如春秋季节适合选中浅色调的服装，如棕色、浅灰色等；冬季可以选偏深色的，如咖啡色、藏青色、深褐色等；夏装可以选淡雅的丝棉织物。

**3. 仪态礼仪**

仪态举止一般通过人的坐、站、走的姿态和言谈、表情等表现出来。仪态往往也会无形中体现出了人的内在素质和道德修养。

1）坐姿

坐姿影响一个人的心态，所以应特别注意以下几点。①如果是椅子，坐椅子的2/3最好，如果浅浅的只坐1/3，容易失去平衡，让人感到你心情紧张，胆小怯懦；如果是凳子，最好坐满凳面，显得沉稳大方。②头要正，上身略微前倾，后背要挺直，双肩放松，自然下垂。人坐着时是比较放松的，但要注意挺胸收腹，这样才会显得精力充沛，富有朝气。③两个膝盖并拢，脚后跟往上提；双手自然放在膝盖或椅子沙发的扶手上，有桌子的座位应放在桌面上。④对于女士而言，应注意双腿一定要并拢，并拢的双腿可以放在前方，也可以向左边或右边微微倾斜。此外，坐在椅子上千万不要抖动双脚，不要窝胸塌腰，入座起身都应该轻柔、沉稳，不要突然地站起来或坐下，应该兼顾邻座，同时要让自己的双手保持自然的摆放，不能做挖鼻孔、抠耳朵、抓头发、揪袜子等不雅的动作。万一要打哈欠，一定要低头用手挡住，千万不能有张大嘴、昂着头、伸长脖子等举动。

2）站姿

站立时，要收腹挺胸抬头，双目平视前方，身体立直，两肩舒展，双臂自然下垂，两手可交叉在腹前，也可以将右手放在左手上。忌站立时东倒西歪或弓腰驼背。

3）走姿

抬头挺胸，两眼平视，自然摆动双臂。双臂前后摆动的幅度为45°左右，不要摇头晃脑或左右摆动双肩，也不要故意扭动臀部。

4）表情

常言说得好："伸手不打笑脸人""非笑莫开店"。微笑是人们在社交活动中最常用的表情，它能使陌生人成为朋友。脸上带着微笑，让人一看就知道你是一个热爱生活、充满激情的人；微微一笑就可以淡化双方的心理戒备，拉近距离；微笑还可以提高外部形象，创造良好的交流氛围。

(5) 言谈

人际交往中言谈的一般要求是能够讲话清楚而有条理。在人际交往中一般应当通过表情、速度、语调等相互配合，传达出热忱、乐观、诚恳的态度，切忌含糊不清、吞吞吐吐、信口开河、肆意卖弄。

6）聆听

谦和热情是对他人尊敬且友好的态度，而聆听正是这种态度的表现方式之一。在人际交往中，别人刚发问便抢着回答或打断别人的谈话，都给别人以急躁、轻浮、鲁莽的坏印象，而注意聆听别人的提问和谈话也是尊重对方的表现。

**4. 细节礼仪**

求职礼仪举止尤其要注意把握以下几个重要细节：

(1) 守时守约；

(2) 关好手机；

(3) 敲门进入；

(4) 面带微笑；

(5) 双手递物；

(6) 注意面试结束礼仪。

**(二) 求职礼仪培养**

合适的服饰加上优美的仪容、仪表以及良好的精神面貌，将是求职面试中给人以良好第一印象的基础条件，也是求职成功的重要条件之一。那么何为"合适"呢？除了特定的环境要求外，不同行业对从业人员的服饰、仪态、言语等有不同要求。这里简要介绍10类从业人员的一般形象要求，仅供参考。

(1) 服务人员：干净整洁、不化浓妆。使用普通话，善用礼貌语言，口齿清楚，微笑而不造作。服装色彩要注意搭配，一般上装颜色浅，下装颜色深，以稳重为主。不要穿过于休闲与家居化的服装。

(2) 操作技术人员：穿着整齐、干净，服装款式多为制服。女性多为短发。

(3) 管理人员：穿着不一定要时髦，却一定要大方，甚至略显成熟也无妨。与人交往是工作的核心，故而待人接物要和蔼可亲，耐心周到。

(4) 文秘人员：多为女性，讲话声音甜美亲切，穿着端庄大方，举止有分寸。服装以职业套装为主，配饰可点缀出活泼与可爱。

(5) 宣传人员：企业形象代言人，要求语言表达清晰，普通话标准。与人交谈掌握分寸，突显得体大方，着装以职业套装为主，不宜穿戴过多或过于贵重的物品。

(6) 设计人员：穿着自由，舒适自然，张扬个性，但面试前要了解招聘单位的企业文化。不要穿着前卫的服饰。

(7) 销售人员：穿着代表公司的形象，应体现出明媚亮丽，要注意与公司的文化氛围相一致，仪表姿态要得体。

(8) 财务人员：着装应简洁干练，不宜酷装打扮，切忌过多装饰。

(9) 教学人员：着装得体大方，整洁干净，发音以普通话为标准，不着奇装异服。

(10) 体育运动员：一般为专业运动装，衣着得体大方，款式新颖多样。

故此，我们可以了解求职礼仪并非是一成不变的，它往往和具体的职业密切相关。对于求职礼仪的培养也就因为职业的千差万别而有所不同。这点需要大学生根据个人情况和职业气质要求来制定和养成适合自己的职业礼仪。

对于一些较为普遍和必需的职业礼仪，培养的方式有以下建议。

**1. 内积美德，礼仪油然而生**

真正的美是来自内心的美，是灵魂的美，是气质的美。礼仪确实可以在求职之前突加练习。但我们建议大学生应该用更加长远的目光来看待这一个问题：礼仪使人具有一种道德品质的美。以古为例，塑成自身道德，发自内心的仪态必然是大学生求职成功的“最强有力自荐信”。

**2. 见细见微，礼仪源自细节**

细节决定习惯，习惯决定性格，性格决定命运。细节对于人生道路的作用和意义不易被察觉但也十分关键和重要。对于培养求职礼仪，从细微处入手是最为有效的方法。具体的细节在本节的第一部分业已详述。

**3. 大方得体，礼仪自然流露**

无论是内积而成的个人道德仪表，还是细心培养的品质礼仪，大方得体地展现才能给人以美感，才能真正帮助大学生求职，才能成为一种有意义的礼仪。切忌过分重视求职礼仪，渴求尽善尽美而给人以矫揉造作之感，完全破坏了求职礼仪。

## 六、求职权益保护

俗话说：“没有规矩，无以成方圆。”大学生求职是一个涉及面非常广、任务艰巨复杂的工作，为了保证它的顺利进行，就必须制定一系列的法律法规制度，来规范相关的实施程序、各方权益和义务等。因此，求职政策法规在毕业生的求职求职过程中主要起到两方面的作用：一是导向作用，也就是说求职政策法规可以引导毕业生走正确的择业道路，少走弯路，提高毕业生的求职成功率；二是保护作用，即维护毕业生的合法权益，保证求职的公正性。

### （一）主要相关法规介绍

求职政策法规按指定的主体不同，可以分为国家的求职政策法规、地方的求职政策法规和高校的求职政策。

**1. 国家的求职政策法规**

高校毕业生求职工作作为一项民生工程，关系到和谐社会的构建。党中央、国务院高度重视这项工作，并成立了专门的工作机构，便于定期研究、协调解决工作中的重大问题。国家制定的求职政策是针对全国的毕业生求职工作进行宏观调控的，它虽然会随着时间的发展而不断调整变化，但在目前相当长的一段时间内还是具有较高的稳定性的。国家的求职法律主要有《中华人民共和国劳动法》《中华人民共和国求职促进法》《中华人民共和国劳动合同法》《中华人民共和国教育法》等；主要的求职政策主要有《全国普通高等学校毕业生求职管理规定》（主要包括高校毕业生求职的基本政策），鼓励高校毕业生服务西部的政策，“三支一扶”的基本政策，教师特设岗位计划的基本政策，鼓励毕业生到基层求职、创业的基本政策等。

**2. 地方的求职政策**

为了有效地促进和规范本地区的求职工作，各省、自治区和直辖市在遵循国家总的求职工作指导原则的基础上，都会根据本地方的实际情况制定出相应的规范性文件，有的城市会对进入本市的外地生源定出一些鼓励或限制措施。对这些政策毕业生都应详细了解。

**3. 学校的求职政策与规定**

在各类主管求职的机构中，高校在毕业生求职过程中起着关键作用，对毕业生的影响也最为直接。各个高校都会根据国家的求职政策法规和当地求职主管部门的文件制定出适合本校毕业生情况的求职管理办法和细则，它涉及求职协议书、报到证、户口迁移证、档案等内容，对大学生求职的微观过程起着指导、规范和促进作用。

第一，报到证。报到证的作用体现在以下几个方面：报到证是到接收单位报到的凭证，证明持证的毕业生是纳入国家统一招生计划的学生；凭报到证以及其他材料才能办理户口手续；报到证是档案寄发的主要依据。因此，报到证非常重要，毕业生要小心保管，不要遗失。

第二，户口迁移证。大学生来到学校读书，有的学生将户口从原籍迁到学校，但在学校的户口是临时性的，毕业后应该迁出。户口迁移证是大学生毕业时其户口从学校所在地派出所迁出的证明，不能丢失。不管到哪里，都要在规定的时间内把户口“落”下来，而不是把户口一直放在口袋里。

第三，档案。真正能证明大学生学习经历的是其学习档案。档案里面有大学生各个时期的学籍卡、成绩单、获奖证明、党团材料、实践实习材料、登记表等重要信息材料。这些都是原始材料，不可复制，大学生一定要重视自己的档案。如果大学生求职后所在的单位没有档案管理权，毕业生最好将档案转递给各级人才交流机构，因为人才交流机构是档案管理的专门机构。档案存放在人才交流中心，既安全又方便。提醒毕业生在档案转递时要注意两个方面：一方面一些没有档案管理权的单位也在接收档案，个别单位会把学生的档案弄丢或扣住不放。在没有搞清楚用人单位是否有人事主管权之前，不要把档案转入这个单位，应当把档案转递到这个单位所在地的人才交流中心。另一方面要询问清楚用人单位的性质，如果是国家机关、国有事业单位、国有企业，这些单位或这些单位的主管机关是有人事管理权的，可以接收档案。其他各类非公企事业单位、民营机构无人事管理权的，要通过人才交流中心来接收学生，学生的档案要放到人才交流中心。

**（二）求职协议及其签订时的注意事项**

人生的第一次求职选择是十分重要的。毕业生必须熟悉有关求职知识，掌握签订求职协议的时机与技巧，维护用人单位和学生本人的权益及学校声誉，防止签订求职协议的随意性。

签约与报到是毕业生择业的最后环节。当毕业生与用人单位在洽谈、协商基础上决定互相接纳，达成工作意愿之后，以求职协议的形式将这种关系确定下来，即为签约。在签约的基础上，毕业生完成大学学业，并领取求职报到证之后，去用人单位上班，即为报到。

**1．求职协议**

1）求职协议的界定

求职协议是高校毕业生、用人单位和学校三方签订的，明确三方在求职择业过程中权利义务关系的书面协议。它是全国普通高校国家计划内全日制毕业本专科生及研究生在毕业时找到工作后，根据学校的要求，与用人单位或与用人单位和学校所签订的协议。国家教委于1997年颁布的《普通高等学校毕业生就业工作暂行规定》明确规定，用人单位在当年11月至次年5月签订毕业生录用协议。之后，教育部高校学生司制定了全国统一的毕业生求职协议书，后来又由各省教育厅根据本省情况制定求职协议书，协议书由学校统一发放，每个学生只能领取一套有编号的求职协议书，各个高校对此严格管理，不少学校还出台了专门针对协议书的管理规定。虽然每一位学生都有求职协议，但并不是所有找到工作的毕业生都要签订求职协议。有的学校规定只要有单位的用人公函就可以派遣毕业生，双方的权利义务由国家相关的法律法规调整。

其实，对求职协议的签订方，不同地方的情况有所不同。其主体主要有三方：毕业生、用人单位和学校。对于学校在毕业协议中的地位，主要有两种：第一种是将学校直接作为合同一方当事人；第二种是将学校作为协议签订登记方。应该说，在实践中用人单位与学校的关系、毕业生与学校的关系所引起的争议并不多，出现问题最多的往往是毕业生与用人单位产生的争议。所以我们主要探讨的是毕业生与符合劳动法法律规定的用人单位主体所签订的求职协议的法律性质。

2）求职协议的主要作用

（1）确立用人单位与毕业生的劳动关系。只要毕业生与用人单位签订了求职协议，就确立了双方的劳动关系。毕业生毕业后到用人单位工作，用人单位依据求职协议接收毕业生。

（2）规定一些用人单位与毕业生的权利义务内容。一般求职协议都规定毕业生享有了解用人单位基本情况及用人单位福利待遇的知情权，同时也规定毕业生有向用人单位如实介绍自己真实情况的义务。同时，作为用人单位，有向毕业生说明真实情况的义务，并对学生的情况享有知情权。这与签订劳动合同过程中的知情权是一样的。除此之外，原国家教委统一制定的求职协议书备注以及现在有的省制定的求职协议中还规定了关于试用期、工作条件、劳动保护、社会保险条款等，这些都是劳动合同的权利义务内容。

（3）求职协议还是学校上报求职计划，用人单位申报进人指标，毕业生办理落户手续的依据。毕业生毕业前落实工作单位的，凭用人单位及主管部门盖章同意的求职协议书到毕业生求职指导办公室进行协议登记，学校凭借求职协议上报求职计划并对学生进行派遣，用人单位依据求职协议向有关单位申报入户指标。所以，求职协议也是毕业生办理落户手续的根据。

3）求职协议的法律性质

关于求职协议的性质，国内学术界尚无统一的界定，目前主要有以下几种观点。

第一，民事合同说。这种观点认为，从求职协议签订的时间、内容及求职协议体现的当事人的法律地位来看，求职协议不是劳动合同。如果毕业生违反了求职协议书的规定，用人单位可以根据合同法来追究毕业生的违约责任。有人认为求职协议只是一种简单的合同，它既不是经济合同、行政合同，又与劳动合同也有所区别。

第二，预约合同说。此观点认为，求职协议与劳动合同既有联系又有区别，根据该预约合同而订立的劳动合同属于本合同。它只是毕业生将来与用人单位签订劳动合同的依据，毕业生到用人单位后，求职协议作为预约合同的约束力就完成了，而劳动关系应当以劳动合同为准。

第三，劳动合同说。这种观点认为，求职协议与劳动合同的性质是一致的，两者主体意思表示是一致的，两者的法律依据也是一致的，所以求职协议应当适用劳动合同。

应该说，上述观点都承认求职协议是一种合同，符合合同的本质；其分歧主要集中在求职协议究竟是一种什么性质的合同上。劳动合同虽以合同形式表现出来，但由于劳动者经济上不处于有利地位，为了保障劳动者的利益，对于劳动合同的主要内容及劳动条件法律上有一些限制性规定，不同于一般的民事合同。签订求职协议意味着用人单位和毕业生双方就劳动关系的确立达成合意，并以书面的形式即求职协议书的形式确定下来，所以双方的关系应该是劳动合同关系，而不是一般的民事合同关系。在适用法律上，劳动合同与一般民事合同不同，《中华人民共和国合同法》对劳动合同没有进行规定，劳动合同适用《劳动法》。例如求职协议中关于服务期、违约金的约定不得违反《劳动法》，不能比照民事合同来处理。对于预约合同，《合同法》和《劳动法》没有进行规定。对将来成立契约为合意者即为预约。由于一般对预约之拘束力系采取保留态度，故劳动契约之预约实际意义不大。在英国合同法理论中被称为“产生法律关系的意向”。如果没有产生法律后果的意向，一个协议将不是一个有拘束力的合同。根据订立合同是否有事先约定的关系为标准，合同分为预约合同与本合同。预约合同是指当事人约定将来订立一定合同的合同。预约合同与本合同的订立目的不同。求职协议订立的目的是确立用人单位与毕业生劳动关系，而不是以将来订立劳动合同为目的，所以，求职协议不属于预约合同。

因此，求职协议除了具有学校上报求职计划、用人单位申报进人指标、毕业生办理落户手续的证明作用外，从求职协议规范用人单位与毕业生关系的作用来看，求职协议就是劳动合同，具体表现在以下方面。

1）求职协议符合劳动合同的特征

（1）求职协议具有从属性。劳动合同的典型特征是具有从属性，包括人格上和经济上的从属性，即劳动者一旦成为用人单位的一员，就要服从用人单位的管理，利用用人单位的生产资料，根据指示完成劳动。求职协议要求毕业生毕业后到用人单位工作，它与一般劳动合同的目的是相同的，毕业生要成为用人单位的一员，与用人单位形成人身和经济上的从属性。当然，或许有人认为两者的从属性不同，认为劳动合同主体之间具有从属性，劳动合同双方当事人之间存在管理上的指挥与服从关系。而求职协议强调主体之间地位的平等，对毕业生是否愿意到用人单位工作达成一致，是“合同自由”的体现，由此认为劳动合同与求职协议主体之间的地位不同，并以此作为求职协议不是劳动合同的论据之一。笔者认为这种比较的方法是不对的。不管劳动合同是否订立，与谁订立，劳动者同样享有选择权，劳动合同也是合同自由的体现。无论是劳动合同还是求职协议，只要劳动者进入用人单位或者是毕业生转化为劳动者，就都要服从用人单位的管理，与用人单位存在人格上和经济上的从属性。那种认为求职协议强调主体地位平等，而劳动合同具有从属性就进而否认求职协议的劳动合同性质的观点是不正确的，这种不将求职协议订立时与劳动合同订立时状态的性质进行比较，而把求职协议订立时与生效后的劳动合同进行比较的方法是不合乎逻辑的。

（2）求职协议具有继续性。应该说，一般民事合同成立、消灭都比较迅速，当事人之间的民事关系往往是短暂的、一次性的。而劳动合同则不然，其突出的特点是要保持劳动关系的持续状态。求职协议同样也是要使毕业生与用人单位建立长期关系，即保持劳动关系的持续状态，与劳动合同并无区别。毕业生到用人单位工作后，有可能与用人单位签订劳动合同，也可能不与用人单位签订劳动合同，这时求职协议中毕业生与用人单位有关双方权利义务的规定，只要是不违反法定劳动标准仍然应该适用。

（3）求职协议双务合同。劳动合同中劳动者和用人单位都负有义务，并且双方所负义务既是与各自所享有权利对应的代价，又是实现双方相应权利的保证。求职协议同样也是双务合同，在求职协议中规定毕业生要如实提供自己的真实情况和在校表现、学习成绩并为用人单位提供劳务，用人单位要根据求职协议制订有关用人计划，办理相关手续，如实介绍本单位基本情况以及给予毕业生约定的待遇等。

2）求职协议符合劳动合同的主要内容

求职协议规定用人单位与劳动者的关系主要是通过双方的权利义务内容来体现的，而其权利义务内容与劳动合同内容基本一致。根据《劳动法》的规定，劳动合同的必备条款主要有劳动合同期限、工作内容、劳动保护和劳动条件、劳动报酬、劳动纪律、劳动合同终止的条件、违反劳动合同的责任。而求职协议有关双方权利义务内容很多与劳动合同一致。以上海市为例，上海市在《上海普通高等学校学生求职工作管理办法》中用专章规定了求职协议，并规定求职协议书一般应包括以下条款：服务期、工作岗位和工作内容、劳动保护和工作条件、工资报酬和福利待遇、求职协议终止的条件、违反求职协议的责任。可见，其求职协议中有关用人单位与毕业生权利义务内容的规定就是劳动合同内容。

3）求职合同是一种特殊的劳动合同

求职协议主体的特殊性使求职协议区别于一般劳动合同。一般劳动合同主体的劳动者只要符合《劳动法》关于劳动者权利能力和行为能力规定，都可以成为劳动合同主体。而求职协议主体是普通高校毕业生，劳动合同主体外延大于求职协议主体，两者关系是包含与被包含的关系。正是由于求职协议主体的特殊性，出于历史原因，对于毕业生求职从指令性阶段即国家包分配发展到现在高校毕业生在选择求职过程中是通过市场调配的阶段，我国在毕业生具体管理上仍然没有完全放开，有一系列的统计指标，所以求职协议在一定程度上还承担着上报计划等统计、证明作用。除此之外，求职协议的法律性质就是劳动合同，只不过它是劳动合同的特殊形式。具体表现如下。

（1）求职合同是一种附期限的劳动合同。关于劳动合同的期限，《劳动法》只规定了附终止期限的劳动合同。根据终止期限不同，分为固定期限的劳动合同、无固定期限的劳动合同和已完成一定工作的劳动合同。一般劳动合同的签订，双方当事人须经过要约承诺，协商确定劳动关系，就劳动权利和义务内容达成合意，在这种情况下，劳动合同订立。但由于一方或双方的原因，会要求劳动合同从某一个时间开始生效，也就是附始期的劳动合同。而毕业生的情况比较特殊，由于双方从确立劳动关系到毕业生去用人单位工作的链条较长，所以求职协议是一种典型的附生效期限的劳动合同，即以毕业生毕业被学校派遣时开始生效。

（2）求职合同是一种附条件的劳动合同。这里的条件主要是针对毕业生的，指毕业生毕业时完成毕业要求，达到用人单位的条件。求职协议签订的时间为毕业前一年 11 月到毕业当年 5 月，这时毕业生仍然是在校学生，是否达到毕业条件还未可知，有些单位还有毕业生参加体检等特殊要求，对于未达到毕业条件、体检不合格等不符合用人单位要求的学生，求职协议是不生效的。由此可见，求职协议是典型的附条件的劳动合同。有的求职协议规定如果毕业生考上研究生的，本协议解除。但有的单位求职协议中规定，毕业生不得以考上研究生为由不履行协议，这些条件都是合同的附条件，有的是合同附生效条件，有的是合同附解除条件。

**2. 签约**

1）签约的内涵

“约”即协约，指两方或多方因利害关系而互相协商达成的盟约。它在现实生活中，与协议通用。协议即在组织之间或个人之间，经过协商，明确各自权利、义务而达成一致意见的书面文书。当毕业生与用人单位经过双向选择达成一致意愿之后，就需要以协议的形式将这种关系确定下来。毕业生与用人单位签订协议，并经学校主管部门签证或鉴证，即为签约。从毕业生一方而言，协议的签订意味着毕业生求职，因而也称为“求职协议”。

目前，我国高校毕业生通用的求职协议是由国家教育部制订，省、自治区、直辖市求职主管部门印制的“高等学校毕业生求职协议书”。协议书包括以下内容。

（1）毕业生基本情况及意见，包括：姓名、性别、年龄、民族、政治面貌、培养方式、健康状况、专业、学制、学历、家庭住址、应聘意见等。

（2）用人单位情况及意见，包括：单位名称、单位隶属、联系人、联系电话、邮政编码、通信地址、所有制性质、单位性质、档案转寄地址、用人单位意见、用人单位上级主管部门意见等。

（3）学校意见，包括：学校联系人、联系电话、邮政编码、学校通信地址、院系意见、学校毕业生求职部门意见等。

随着毕业生求职制度改革的深化，毕业生求职协议的内容也在进一步规范化、法制化，目前，一些用人单位或学校在求职协议书上已经附加上了有关劳动合同的内容，以保证毕业生的权益，进一步明确用人单位与毕业生之间的权利和义务。这些内容包括：服务期、工作岗位和工作内容、劳动保护和工作条件、工资报酬和福利待遇、劳动纪律、协议终止的条件、违反协议的责任等。

签订求职协议是一种法律行为，协议书一经签订，便视为生效合同，具有法律效力。签订求职协议，是确认签约双方权利和义务的必要程序，又是处理求职纠纷的主要依据，毕业生应该正确认识和严肃对待求职协议书，慎重签订求职协议。

2）签约决策的基本流程

择业与签约决策是毕业生根据自身条件和择业原则具体制定选择方案并与选定单位签约的过程，它是毕业生实现求职目标和价值期望的必经途径。大学毕业生掌握签约决策的技能和方法，遵循签约决策过程的基本程序，对于做出比较适合自己的求职选择和顺利签约是很有帮助的。

（1）准确定位。

毕业生要实现自己的求职理想和单位选择，必须对自己的情况有清醒的认识，进行准确的定位。而要进行准确定位则有赖于自身素质和社会环境两个方面的基础。

毕业生的自身素质如何，不仅直接影响毕业生能否顺利求职，而且还直接影响毕业生的求职层次。自身素质包括：思想素质、专业知识及专业能力，外语、计算机能力，个性，气质，特长，心理素质及自己的总体情况在同类求职者中所处的位置等。客观准确地认识和把握自己的情况，是选准求职目标的重要基础，也是有针对性地进行求职活动，在竞争中脱颖而出并获得成功的关键。为此，毕业生应全面地对自己进行一番审视，客观地认识自身的素质状况。

可以请专业人员进行专门的测试（如有的学校在大学生心理咨询中心或心理测试中心有此项测试），以得出科学、准确的结论，为自己客观实际的定位提供依据。在此基础上，进一步明确自己适合哪一种求职，适合哪一个层次的单位以及适合哪一种性质的工作。

社会环境对毕业生能否实现求职目标具有重要的作用。社会环境包括：近年来毕业生求职状况；当年求职形势分析；所在院校的地位、声誉；有关地区和城市的求职政策；家长对自己求职去向的期望。只有对自己的情况有清醒认识，并比较充分地了解和掌握社会环境的状况，才能使自己的求职目标确定得比较符合实际，帮助自己在求职竞争中脱颖而出。

（2）充分了解用人单位。

毕业生必须对该单位有一个全面、客观、公正的认识，还要对该单位的情况进行详细了解。毕业生求职前要通过各种方式充分了解用人单位的录用程序、岗位要求以及前景、薪酬、福利等各种信息，衡量自己是否适合该用人单位的职位。

在签约以前，要先了解一下求职单位的基本情况，如单位的成立年限、经营状况、用人机制、晋升制度、培训体系、发展方向、老板的人品等。一个十全十美的单位很少，对于刚刚毕业的大学生来说，最关键的是要明确应聘职位的工作内容是否与自己的求职发展方向契合，单位的稳定性如何，自己的求职能力是否能够得到提升。

（3）遵循程序。

求职协议的签订是在毕业生和用人单位供需见面、双向选择之后达成一致意见的结果。签约一般须经过以下的程序。

第一，由毕业生本人在协议书上以文字的形式，明确表达自己同意到选定单位应聘工作的意愿，同时签署本人姓名。

第二，由用人单位人事部门负责人代表单位签署同意接收该毕业生的文字意见，并签字盖章。如果该单位没有人事决定权，则需要报送其上级主管部门签字盖章，予以批准认可。

第三，毕业生所在院（系）和学校主管部门签署意见并签字盖章。

第四，报学校上级主管部门审批。

在完成上述程序之后，协议就正式生效，并列入高校毕业生求职方案，由学校和有关部门、地区办理求职报到相关手续。

随着毕业生求职制度改革的不断深入，国家和高校的审批权力将日益弱化。目前，一些地区和高校已经在此方面迈出重要一步。学校在求职协议上的签字基本不具有审批的意义，而是起鉴证的作用。可以相信，在不久的将来，在签订毕业生求职协议中，毕业生和用人单位将拥有完全的自主选择权，学校和政府主管部门不再需要直接审批求职协议，而只要掌握毕业生求职情况即可。

3）求职协议签订的法律问题

毕业生经过求职应聘、面试考核环节后，就要与用人单位签订求职协议和接受试用期考察，到用人单位正式报到并与用人单位签订劳动合同。如果毕业生清楚了解自己在求职过程中的合法权益，并在每个环节上注重对这些合法权益的保护，首次求职之路就会更加顺利和平坦。

（1）毕业生的求职权利。

除享有受《宪法》保护的广泛的基本权利外，毕业生在求职过程中还享有多方面的权利，如接受求职指导权、获取信息权、被推荐权等。以下是毕业生的几项基本的求职权利。

①自主选择权。

作为求职方的毕业生（委培生、定向生除外），在求职市场上享有自主选择求职的绝对权利，可以按照自己的兴趣、爱好和能力去选择自己将要从事的职业。家长、学校和用人单位可以为初出校门、缺乏工作经验的大学毕业生提供择业意见。

②平等求职权。

毕业生享有平等求职的权利。但在实际求职过程中，毕业生平等求职的权利常常受到侵犯，求职歧视的现象屡见不鲜，求职者加强自身的维权意识至关重要。

③知情权。

毕业生有全面、真实获悉用人单位信息的权利。在双向选择的过程中，毕业生有权向用人单位了解具体的使用意图、工作环境、福利待遇、发展前景等情况，从而做出符合自身条件的选择；用人单位有义务向毕业生和学校如实介绍本单位的真实情况，并提供相关的资料。任何用人单位发布虚假招聘信息，对毕业生隐瞒本单位实际情况的做法，都是对毕业生求职权利的侵犯。

（2）用人单位的权利与侵权表现。

用人单位在求职过程中也有相应的基本权利，比如，可通过与高校学生的双向选择，自主录用高校毕业生或结业生；通过学校，有权了解学生包括身心状况在内的基本情况和在校表现、学习成绩等。但是不少用人单位在招聘过程中，往往利用自己在求职市场中的强势地位，对毕业生提出过于苛刻的要求和条件，甚至会侵犯到毕业生的求职权益，比较典型的侵权现象主要有以下一些。

①求职歧视。

2001 年 12 月，某银行成都分行在成都某报头版刊登招录行员启事，其中规定“男性身高 1.68 米，女性身高 1.55 米以上”。四川大学 2002 届毕业生蒋某因为身高不符合规定失去了报名资格，蒋某认为自己受到歧视，银行侵犯了自己应享有的求职平等权，将成都分行告上法庭。

在实际求职过程中，诸如此类的“求职歧视”不胜枚举，严重侵害了劳动者的平等求职权益，比较常见的求职歧视主要有五种。

a. 性别歧视。这是女大学生最常遭遇的一种求职歧视，有的单位限制女生前来应聘，有的单位提高同一岗位对女生学历、技能等方面的要求，变相对女大学生设置求职障碍。

b. 生理歧视。许多单位在没有任何正当理由的前提下，对毕业生的身高、相貌等提出过分要求，有毕业生因为长相的原因而屡次遭到用人单位拒绝。

c. 健康歧视。有的用人单位在既无法律规定又无相关行业规定的条件下，将符合其他招聘条件、身体有微疾的毕业生拒之门外。

d. 经验歧视。大学生在参加一些应届毕业生专场招聘会时会发现，很多单位在招聘条件中一味强调对工作经验的要求，没有招聘应届毕业生的诚意。

e. 学历歧视。随着接受高等教育人的增多，许多用人单位走入人才高消费的误区，片面追求高学历，违反了人职匹配的人才选聘原则。有很多原本专科生就可以胜任的工作，用人单位也要求求职者必须具有本科甚至硕士文凭。

②弄虚作假。

许多用人单位为了招到素质很好的毕业生，在招聘时有意夸大或者隐瞒本单位的某些实情，对原本很普通的工作岗位也极尽粉饰；还有的企业在面试的时候，当学生提出问题希望进一步了解企业时，企业往往会回避问题，误导毕业生。这些都是侵犯求职者知情权的表现。

③侵犯隐私。

毕业生在求职时，会在相关网站或招聘材料上按照要求留下自己的信息资料，比如年龄、身高、学历、电话、身份证号码等，这些个人生活信息资料属于个人隐私的一部分，未经本人同意是不允许公开、泄露的。但是由于各种原因，比如工作人员的疏忽以及某些不法商家有意设置圈套等，有可能会导致这些个人资料被他人获得并用来谋求商业利益或对当事人进行骚扰。

3）有关求职协议的签订与维权。

当毕业生与用人单位经过双向选择达成初步意愿之后，双方则开始进入求职的实质性操作阶段—— 订立求职协议。求职协议是关于毕业生求职的一种意向性约定，也是毕业生由

“校园人”转变为“社会人”的第一份“合同”。

求职协议书是求职协议中最常见的书面形式。从法律意义上理解，求职协议书可视作一种劳动合同，因此签订求职协议书是一种法律行为。在实际求职过程中，求职协议的某些条款和内容很容易因与劳动合同衔接不上而引起争议，而这些条款和内容又与毕业生求职权益密切相关。毕业生在约定这些条款时要尤为慎重。

①试用期。

试用期是用人单位和劳动者为进一步加深相互了解而约定的考察期。试用期并不是必需的，是否约定由双方当事人决定。试用期的重点内容在于试用期限和试用期内的工资待遇。《劳动法》规定：“劳动合同可以约定试用期。试用期最长不得超过六个月。”目前用人单位与毕业生约定的试用期多数为一至三个月，但有的试用期期限与劳动合同的期限不相适应，不符合当地政府有关劳动合同管理的规定。

②违约金。

违约金是保障求职协议书得以顺利履行而对签订双方当事人的一种约束，也是违约责任的一种重要形式。不少毕业生在签订求职协议书的时候没有与企业约定违约金，一旦学生毁约，用人单位往往会漫天要价索取赔偿；有些求职协议书中只单方约定了毕业生的违约责任和高额违约金，这也是不公平的，用人单位违约同样要承担责任和支付违约金。

③空白条款。

求职协议书允许空白条款的存在，只要其经过协议双方的认可和默许，且并不影响整个求职协议的效力。不过，空白条款会为日后顺利求职带来颇多隐患，因为常见的空白条款大多涉及试用期限、月薪金额、违约金等，都是与毕业生自身利益息息相关的内容。如果已经签订的求职协议书中存在空白条款，毕业生要及时对空白条款的内容签订补充协议或采取补救措施，以免发生纠纷时无据可依。

④补充协议。

求职协议书允许附加补充协议，其常见的内容主要有：免责条款，如约定毕业生考上研究生或公务员则求职协议自动失效，不用承诺违约责任；与劳动合同衔接的内容，如注明具体的工作岗位与质量等。毕业生在签订补充协议的时候，要注意保护自己的合法权益不受侵害，审视协议的内容是否公平、合法、有效。如果求职协议整体主旨违反了国家法律、行政法规的强制性规定，则整个求职协议全部无效；如果只是某些条款违反了国家法律，一般只认定该条款无效，即求职协议的部分无效。

⑤协议的解除。

求职协议的解除分为单方解除与双方协商解除。单方解除，包括单方面擅自解除和单方面依法或依照协议解除。单方擅自解除协议属于违约行为，解约方应承担违约责任；单方依法或者依协议解除，是指一方解除求职协议有法律上或协议上的依据，如学生未取得毕业资格，此类单方解除，解除方无须承担法律责任；双方协商解除是指毕业生和用人单位经协商一致，解除原订立的协议，使原协议不发生法律效力。协商解除求职协议，双方均不承担法律责任。此类解除应在求职方案上报主管部门之前进行。

⑥劳动合同与权益保护。

毕业生取得毕业资格、到用人单位报到并走上职业岗位，便意味着毕业生完成了由“校园人”到“职业人”的转变，这时毕业生成为了真正意义上的劳动者，与用人单位形成了实质性的劳动关系。在劳动过程中，毕业生（作为劳动者）的权益保护核心则是劳动合同的合法订立。

用人单位往往会利用大学生涉世未深、求职心切、法律观念不强等弱点，在劳动合同中布置“陷阱”，玩弄文字游戏，实行强权主义，通过损害毕业生的合法权益来达到各自的目的。

在签订劳动合同时，毕业生要对此保持高度的警惕。

首先，毕业生要对《劳动法》有所了解。如果劳动合同中有违反《劳动法》的条款出现，就是合同硬伤，可以使用法律武器保护自己的合法权益，但这类“错误”用人单位一般不会犯。许多用人单位在法律规定和保护之外设置软条文，劳动者要特别小心这些内容，否则将会承担不必要的责任或遭受利益损失。《劳动法》第十六条规定建立劳动关系应当订立劳动合同。签订劳动合同应当遵循平等自愿、协商一致的原则，不得违反法律、行政法规的规定。劳动合同依法订立即具有法律约束力，当事人必须履行劳动合同规定的义务。企业的法定代表人代表企业与劳动者签订劳动合同；个体经济组织雇用的劳动者与个体经济组织业主签订劳动合同。大学生与用人单位签订劳动合同是大学生在求职中取得的阶段性成绩，但大学生与用人单位在经验和掌握专业知识程度等方面的不对称性，使他们明显处于劣势，因此签订劳动合同时一定要慎之又慎，不可大意。

其次，签订合同须合法。依法签订劳动合同是其产生法律约束力的前提。如果签订的劳动合同不合法，那么求职者的权益保护会遇到困难。为此，求职者一定要先确认自己签订的劳动合同是否具备产生法律约束力的条件，包括：用人单位这一劳动合同主体须符合法定条件，用人单位应当依法成立，能够依法支付工资、缴纳社会保险费、提供劳动保护条件，并能够承担相应的民事责任。双方签订的劳动合同内容（权利与义务）必须符合法律、法规和劳动政策，不得从事非法工作。此外，签订劳动合同的程序、形式必须合法，如经协商一致、书面形式等。

再次，浏览内容应仔细。将合同内容与相关的具体规定进行比较。如劳动合同期限在6个月以内的，试用期不得超过15日；劳动合同期限与试用期对应关系的规定有：“劳动合同可以约定试用期。劳动合同期限在6个月以内的，试用期不得超过15日；劳动合同期限在6个月以上1年以内的，试用期不得超过30日；劳动合同期限在1年以上2年以内的，试用期不得超过60日；劳动合同期限在2年以上的试用期不得超过6个月。试用期包括在劳动合同期限内。”对于工作内容、劳动条件等内容应具体情况具体分析。因为，通常情况下，劳动合同的工作内容多是转换为岗位和工种，且用人单位希望用尽量大的外延或者概念表示劳动合同中的岗位和工种，如管理人员、生产人员或服务人员等。岗位工种外延大或比较粗，说明在履行劳动合同期间，当事人从事的岗位工种变化范围大，这需要当事人做好适当的心理准备和能力储备，否则，需要承担较大的风险。

求职者提出在劳动合同中约定工资的标准，应注意知己知彼。知己就是应结合自身的条件，包括学历、技能和身体素质等；知彼就是应掌握人力资源市场供求状况、劳动力市场价位等。通常劳动保障行政部门提供的劳动力市场指导价位给出低位数、中位数和高位数三个指标，求职者不可漫天要价，以避免为签约设置障碍。对于试用期、培训、竞业禁止的补偿、补充保险和福利待遇等求职者希望在劳动合同中体现的内容，当事人应提出在劳动合同中写明要求。

4）签订求职协议时应注意的问题

（1）认真了解和掌握国家的求职政策和学校的求职规定。

毕业生在择业前，至关重要的一点就是要认真、全面地学习有关求职的政策和规定。政策和规定是指引毕业生择业的方向，可以规范毕业生择业的行为。只有掌握了这些规定，自己的择业方向才会更明确，目标才会更科学。然而，在实际的求职工作中，很多毕业生却忽略了这一环节，造成了求职被动。因此，认真了解和掌握国家的求职政策和学校的求职规定是毕业生择业的前提。

（2）确认用人单位的主体资格。

签订求职协议的当事人必须具备合法的主体资格。与毕业生签订求职协议的用人单位必须具有从事经营或管理活动的资格和能力，并具有录用毕业生求职的自主权。一般来说，招聘毕业生的各种所有制的企业单位都应具有经过工商行政登记的独立法人资格。毕业生在与用人单位签订求职协议前，应先仔细了解用人单位的基本情况，以利于做出正确的判断。

（3）在签订求职协议书前，要了解求职协议书中的全部条款。

毕业生在与用人单位签订求职协议前，要认真阅读求职协议书中的全部条款，并且要了解条款的内容与含义，同时要学会运用条款和掌握签订求职协议书的步骤。特别要注意约定条款的合理性，充分考虑本人能否承受。

（4）签订求职协议书时不要出现空格。

毕业生与用人单位通过协商，如果确有必要对协议书条款进行变更或增减，涉及的内容一定要具体、明确，不会产生歧义，尤其是工资福利待遇、工作期限（包括使用期或见习期）、违约责任等涉及自身权利和责任条款的内容。毕业生和用人单位如果对超出协议书范围以外的条款另有约定，尽量采用书面的形式。如果报考了专升本或准备出国，应事先向用人单位讲明，并写在协议书中。采用隐瞒情况的做法是不可取的，这也会带来许多麻烦。如无附加条款，应当将协议书中空白部分画去或注明以下空白。

（5）注意与劳动合同的衔接。

应尽可能将劳动合同主要条款的内容体现在求职协议的约定条款中，并约定求职时签订的劳动合同应包括这些内容。若事先没有书面约定，一旦双方就劳动合同有关内容达不成一致意见，而双方又不能就解除求职协议达成共识，若毕业生提出不再去该单位求职，则毕业生就将承担全部违约责任。

（6）解除求职协议的条件应事先约定。

应事先约定求职协议一经签订，对毕业生和用人单位双方当事人都具有约束力，任何一方不得随意解除，否则将承担违约责任。如因为专升本、准备出国等一些因素可能导致毕业时不一定去签约单位求职，毕业生在与用人单位签订求职协议时，可约定解除求职协议的条件。

（7）按规定程序签订求职协议。

毕业生在签订求职协议时，应按照规定程序进行。一般来说，毕业生应通过和用人单位的协商，在双方对求职协议的条款和内容的意见达成一致后，请用人单位和自己同时在求职协议书上签字盖章；然后把求职协议书交学校求职指导中心，列入毕业生求职方案。按照规定程序签约，有利于保护毕业生和用人单位的合法权利，可避免因任何一方在另一方不知晓的情况下，另增有损于对方权益的其他条款和内容。按照规定程序签约，也有利于毕业生保护自己的合法权利，避免承担不应承担的责任。

（8）陷阱合同。

大学毕业生在了解相关法律法规的基础上，要谨防五种“陷阱”合同。

①口头合同。

劳动合同应该以书面形式订立，但有些用人单位经常与求职者就责、权、利达成口头约定，并无书面文本。口头约定并不签订书面正式文本，一有“风吹草动”，这些口头许诺就会化为泡影，权益受损时也常因不易取证而无法得到法律的有效保护。

②格式合同。

格式合同表现在劳动合同上就是用人单位为了重复使用并未与对方协商而预先拟定内容并印制的聘用合同。虽然格式合同是用人单位按照国家有关法律规定和劳动部门制定的合同示范文本事先打印好的聘用合同，从表面上看似乎无可挑剔，但在具体条款的制定上却表述含糊，甚至有多种解释，一旦发生劳动纠纷，用人方就会借此为自己辩护。

③单方合同。

一些用人单位利用应聘者求职心切的心理，只约定应聘方有哪些义务，违反约定要承担怎样的责任，毁约要交纳违约金等，而合同上关于应聘者的权利几乎一字不提。

④生死合同。

一些危险行业用人单位为逃避应该承担的责任，常常要求应聘方接受合同中的“生死协议”，即一旦发生意外，企业不承担任何责任。如果签订了这种合同，真的发生意外事故后，用人单位就有理由给自己开脱了。

⑤“两张皮”合同。

有的用人单位为了应付有关部门的检查，往往与应聘者签订两份合同，一份合同用来应付劳动部门的检查，另一份合同才是双方真正履行的合同，遇到这种情况，应聘者要认真对比两份合同的异同。

合同是维护双方合法权益的武器，一旦掉进合同陷阱，求职者的合法权益就得不到有效保障。因此，求职者在签订合同时，一定要睁大眼睛，看清楚再签。

（9）其他问题。

很多毕业生会遇到这种情况：在准备与用人单位签订正式劳动合同时，被告知需缴纳一笔不菲的抵押金，否则不予接纳。一些用人单位在收取毕业生抵押金或身份证之后，会肆意侵犯毕业生的权益，如延长劳动时间、增加劳动强度等。而当毕业生辞职或被解雇时，又以种种借口不予退还，以此要挟、敲诈毕业生。如果毕业生已经缴纳了此类费用，有权要求用人单位予以返还，也可以通过申请劳动争议仲裁或向劳动监察部门投诉、举报。

劳动报酬是劳动合同中的一项重要内容，它是劳动者维持生活的基本来源和持续劳动的原动力，也可以说是劳动者短期内最务实的物质利益。关于劳动合同中的劳动报酬条款，毕业生除了要明确劳动报酬的种类（包括基本工资、津贴、交通费用、住房补贴等）、劳动报酬的计算方式和发放时间、加班工资的计算方式等内容外，还要掌握一个大的原则，即劳动报酬金额不得低于法律规定的最低工资标准，用人单位必须向劳动者支付不低于当地最低工资标准的劳动报酬。

工作内容是指用人单位安排劳动者从事何种工作，包括工作的岗位、性质、范围以及完成工作所要达到的效果、质量指标等，也是劳动合同中的重要内容。对毕业生来说，要求其明确求职岗位的具体约定，尽量避免在合同中有用人单位可以根据需要随时变更岗位的条款，同时要提防用人单位利用对岗位的粉饰包装来诱骗求职者。

## 第六节　创业及创业者素质养成

就业与创业是需要从事职业的人共同关注的话题。大学毕业生创业本身就是一项创新型的事业，没有现成经验可以借鉴，一切都有待自己去摸索。通过本节的介绍，希望大学生能够了解创业的常识，创业可能面临的问题与对策以及创业者素养的养成，期望大学生创业者取得理想的业绩。

### 一、创业常识

就业不等于创业，所有就业的人也并不等于一定能创业，但创业一定能够就业，也就是有自己的职业。

#### （一）创业的内涵和因素

“创业”一词由“创”和“业”两个字组成。所谓“创”就是创造，也可以理解为创新；而“业”则可以是企业，也可以是事业、家业等。因此，“创业”的内涵也极为丰富。掌握创业的概念对学习创业学至关重要，因此它是创业学的研究对象。

**1. 定义**

从“创业”这个概念的汉语使用来看，它一般用在以下三种情况：一是突出过程的开拓和创新，强调开端和开创的艰辛和困难；二是突出过程开拓和创新的意义；三是侧重于在前人的基础上有新的成就和贡献。这样，各种主体、各行各业都可以在最一般的、普遍的意义上使用这个概念。在社会中，它常常与创新、开创、创造就业、创造性、雄心、坚持、成就和成功等联系在一起。

发达国家使用这个概念时意向比较集中，与经济事物息息相关，所指关系比较明晰。发达国家的创业学家认为创业是一个创造、增长财富的动态过程，是一个发现和捕捉机会并由此创造新颖的产品或服务，实现其潜在价值的过程。概括起来说，创业是把产品、服务、点子等，通过组织团队、开发产品、申报专利、组织生产、开展营销、策划宣传、开拓市场等一系列运作，最后转化成为经济事业，使组织或个人增长财富的过程。

**2．类型**

人们的创业活动是多种多样的，对创业的分类也比较复杂，这里针对创业的目标——创建新企业来讲，可以分为三种：自主创业、脱胎创业、二次创业。自主创业又称“独立创业”，是指创业者个人或创业团队白手起家进行创业。创办企业意味着创业者要从事企业的经营活动，这与受雇于别人拿工资的情况是完全不同的。人们出于多种原因创办企业：有些人是为了体现自身价值而创办企业，有些人则是为了改变生存方式而创办企业，还有些人可能是因为下岗和失业等原因而决定创业。不管因何而创业，都要明白，创业既有好处，也有烦恼和困难。

**3．创业的因素**

创业是一个企业的创建过程。大学生对创业因素进行学习了解，有利于更好地实现创业成功。

1）成功创业的内因

（1）人的因素。

毫无疑问，人是创业活动的主体。创业离不开人，而人的因素又包括以下内容。

①创业者。创业者可以是人，也可以是一个团队。创业对于创业者来说就是一种行为。我们知道，人的行为背后存在动机，而动机又是由需要引起的。有研究人员将创业产生的历史动因归纳为：争取生存的需要，谋求发展的需要，获得独立的需要，赢得尊重的需要和实现自我价值的需要。这种归纳方法同样适用于对创业动机的解释。创业者的动机直接影响创业过程，因而创业者的价值观和信念会左右创业内容，影响企业的生存和发展。

②企业内部的人际关系。人在社会上不是孤立的个体，而是生活在与他人的关系之中，需要得到他人的支持。我们在理解协作时，首先联想到的是两个以上的人，创业过程中的人的因素除了创业者以外，还包括企业内部的人际关系。只有处理好这种关系，才能真正发挥团队的作用，形成一股合力，使有限的人力资源发挥更大的作用。

③企业外部的人际关系。人的因素还包括企业外部的人际关系。企业不是一个封闭的体系，而是一个开放的系统，它还要与外部的供应商、客户、当地政府部门、社区等发生相互联系。所以，创业过程中人的因素还包括企业外部的人际关系。

（2）组织因素。

组织因素是协作体系的核心，只有通过组织的作用才能创造新的价值。人是所有的管理因素中唯一具有能动性的资源，但是这种能动性要通过组织实现。具体到创业活动中，组织因素具有至少四项功能：决策功能、创建功能、激励功能、领导功能。

2）成功创业的外因

（1）物的因素。创业过程中物的因素主要包括资金、技术、原材料和产品、生产手段。

（2）社会因素。它是协作体系的一个重要部分，创业中的社会因素包括两方面的含义：社会对创业活动的认可；所创的事业符合社会发展的要求。

### （二）创业的一般过程和意义

很多人（包括大学生）都希望有一个理想的事业，创业者都希望能一创即成。有人甚至开玩笑说自己的理想事业模型是：睡觉睡到自然醒，数钱数到手抽筋，钱多事少离家近，位高权重责任轻。当然，这种事业是没有的。其实，创业既不像有的人想得那么简单，也不像有的人想得那么复杂。它是有规律可循的。只要我们精心准备，把握机会，走出一条成功的创业之路还是大有希望的。

#### 1. 创业的一般过程

一般地说，企业的成长是一个连续的过程，很难严格区分各个阶段，为了便于理解，不妨将创业过程划分为以下四个阶段。

1）发现和评估市场机会

创业者最初创业的动力往往是发现了一个新的市场需求或者发现市场需求大于市场的供给能力，或者认为能够开启新的市场需求。但是，这样的市场机会并非只有创业者一个人认识到了，其他的竞争者也许同样准备加入这个行列。因此，并不是每个市场机会都需要付出行动去满足它，而是评估这个机会所能带来的回报和风险，以及所能创造的服务（产品）生命周期。它能否支持创业者长期的获利，或者能够在适当的时候及时退出。如果能满足以上两个条件，则说明可行的市场机会被发现了。

2）准备和撰写创业计划

创业计划是说服自己，更是说服投资者的重要文件。不仅如此，创业计划书也将使创业者深入地分析目标市场的各种影响因素，并能够得到基本客观的认识和评价。同时，创业计划书将迫使创业者认真分析创业过程必须获得的创业资源，了解自己已经获取的资源、需要获取的资源以及获取这些资源的途径和方法，使创业者在创业之前，能够对整个创业过程进行有效的把握，对市场机会的变化有所预警，从而降低进入新领域所面临的各种风险，提高创业成功的可能性。

一份成功而有吸引力的创业计划书要能使一个创业家认识到潜在的障碍，并制订克服这些障碍的战略对策。一份完整而成功的创业计划书应具有两大特点：第一是要组织结构清楚、简单，让人很容易阅读；第二就是内容一定要详细准确，条理分明。

一般来讲，一份创业计划书的内容应包括下列项目。

（1）摘要：创业动机、目标、内容。

（2）产品和服务：产业概况、产业背景、产业定位、产品和服务、成长策略与投资规模。

（3）市场研究分析：消费者分析、市场分析、竞争者分析、可行性分析、市场规模与趋势、预测销售额。

（4）行销计划：整体行销策略、定价、服务、广告。

（5）营运计划：营运时间、营运地点选择、营运策略与计划。

（6）人事管理：组织机构、员工人数、股东结构、投资金额及比例。

（7）财务规划：成本控制、损益预估、资产负债表情况、预计现金流量表、未来偿债计划。

（8）投资回收预估：投资报酬预估年限、财物目标。

3）创业资源的有效获取

创业需要对创业资源予以区别对待，对与创业十分关键的资源要加以严格的控制和使用，使其发挥最大价值。对于创业者来说，掌握尽可能多的资源有益无害。当然还有一个问题，就是如何在适当的时机获得适当的所需资源。创业者应有效地组织交易，以最低的成本和最少的控制去获取所需的资源。

创业过程中最艰难的是什么？网易公司创始人丁磊的答案是：创业过程中起步阶段最艰难，有资金的问题，也有人员的问题。我是靠50万元起家的，而那50万元也是我日积月累攒下来的。所以有志于创业的大学生朋友，一定要明白为创业积累资金的重要性。起步之后，还要遇到销售和管理等各个方面的问题。但是，对于一个有志于创业的人来说，艰难困苦、百折不挠，应该是必备的基本素质。

对多数大学生创业者来讲，寻找资本支持是一件重要的工作。没有足够的资本创业，就必须从外部寻求风险资本的支持。创业者往往通过朋友或业务伙伴把创业计划书送给一家或更多的风险资本公司。如果风险家认为创业计划书有前途，就与创业班子举行会谈。同时，风险资本家还通过各种正式或非正式渠道，了解这些创业者以及他们的发明情况。

如果创业者的创业计划书（一般是经过某种修正之后）被风险资本家所认可，风险投资家就会向该创业者投资。这时，创业者和风险投资者的“真正”联合就开始了，一个新的企业也就诞生了。之所以说创业者和风险投资家的联合是“真正”的联合，是因为风险资本家不仅是这个新成立公司董事会的成员，而且要参与新企业的经营管理。

在新的企业开办五六年后，如果获得成功，风险资本家就会帮助它“走向社会”，办法是将它的股票广为销售。这时，风险资本家往往撤出投资，再将获得的高额回报投到另一个有风险的新创企业中。大多数风险资本家都希望在五年内能得到相当于初始投资的10倍收益。当然，这种希望并不总是能够实现的。在新创办的企业中，大约有20%～30%会夭折，60%～70%会获得一定程度的成功，只有5%的新企业会非常成功。

4）新创企业的成功管理

从企业发展的生命周期来看，新创企业需要经过初创期、早期成长期、快速成长期和成熟期。在不同的阶段，企业的工作重心有所不同。因此创业者需要根据企业不同的成长时期来采取不同的管理方式和方法，以有效地控制企业成长，保持企业健康的发展。比如，在初创时期和早期成长期，创业者直接影响着企业的命运。在这一时期，集权的管理方式灵活而富有效率；而到快速成长期和成熟期，分权的管理方式才能使企业获得稳步的发展。

此外，企业的创办者不可能万事皆通，他可能是技术方面的天才，但对管理、财务和营销可能是外行；他也可能是管理方面的专家，但对技术却一窍不通。因此，建立一个由各方面专家组成的合作班子，对创办的风险企业是十分必要的。一个平衡的和有能力的班子，应当包括有管理和技术经验的骨干和财务、营销、工程以及软件开发、产品设计等其他领域的专家。为建立一个精诚合作、具有献身精神的班子，这位创业家必须使其他人相信跟他一起干是有发展的。

**2. 创业的意义**

在21世纪，创业成为人们广泛关注的一个重要问题。创业有着重要的社会意义和经济意义，主要表现在以下几个方面。

1）创业有利于人生价值的实现

人生价值包含了人生的自我价值和社会价值两个方面。人生的自我价值，是个体的人生活动对自己的生存和发展所具有的价值，主要表现为对自身物质和精神需要的满足程度。人生的社会价值，是个体的人生活动对社会、他人所具有的价值。人的社会性决定了人生的社会价值是人生价值的最基本内容。衡量人生社会价值的标准是个体对社会和他人所做的贡献。个体对社会和他人的生存和发展贡献越大，其人生的社会价值也就越大；反之，人生的社会价值就越小。如果个体的人生活动对社会和他人的生存和发展不仅没有贡献，反而起到某种反作用，那么，这种人的社会价值就表现为负价值。

大学生创业是在强大的压力下干最符合自身优势条件的事。为了投入的安全和目标的实现，创业者必然会充分调动自己的极限潜能，进行物质和身心的最大投入，努力把事业干好，以求最好的回报，满足自身及家人的生存需要。事业的好坏是以满足社会的需求为标准的。当事业有了一定发展以后，继续创业便成了一种追求，追求事业的更大发展，追求以自己的劳动和聪明才智为中国特色社会主义的真诚奉献。创业者有自主的决策权，因而更能发挥自己的最大优势，给社会以最大的回报。因此，创业能最大限度地满足自己和帮助别人，实现最大的人生价值。

2）创业有利于大学生的顺利就业

我国从1977年恢复高考到1990年期间，大学毕业生实行的是“统招统分”的计划分配制度，这种计划分配制度主要是由政府解决大学生的就业问题。但随着经济社会的发展和就业形势的变化，“统招统分”的制度已不能很好地解决大学生的就业问题，大学生的择业和创业问题开始浮出水面，并引起社会的普遍关注。

1999年大学扩大招生以后，大学生人数急剧增加，加之工业化、城市化的不断推进，农业生产效率的提高，大批农民工需要产业转移而涌进工厂和城市。而工厂和城市还暂时不能满足来势凶猛的新增就业人口的现状，因此造成了大学生就业难的问题。以四川省的大学生就业为例，除了上面所讲的因素外，四川地处西部，经济相对落后，就业岗位更少；省内的大学生盆地意识浓，不愿意出远门，有一种“天府之国”优越感，忽视了外面的“精彩世界”。又如，作为新升本科院校的学生，由于学校才升格，其社会知名度和认知度都还不高；部分院校地处非中心城市，就业信息受限也造成了就业难的问题。

虽然一些新升本院校的毕业生近几年通过学校、师生的共同努力，一次性就业率较高。但我们必须清醒地认识到毕业生面临的就业形势仍然十分严峻，在找不到适合自己的工作的情况下，应把命运掌握在自己的手上，争取自己去创业。这样一方面可以增强大学生自己的动手操作能力、组织协调能力、心理承受能力、团队合作精神和社会适应能力，另一方面也是解决当前大学生就业的一条有效途径，既为自身解决了就业问题，又为国家分担了困难。

3）创业有利于促进经济的发展

西方充分竞争的市场学说对创业活动给予了充分肯定，并强调：创业活动带来了技术创新和组织突破，是经济发展的主要动力；创业活动带来了新的产品、服务和物质财富；创业活动创造了大量就业机会；创业活动使社会收入的分配更趋公平等。创业对经济发展的促进作用在实践中已被成功的事实证明。改革开放30多年，我国中小企业迅速崛起，在数量和质量上不断提高。新的中小企业已经成为中国经济新的增长点，他们吸纳了大量的城镇就业人口和农村剩余劳动力，同时提供了大量的产品与服务，对中国的经济持续高速增长起到了重要作用。而这些中小企业，正是大量的创业者通过艰苦的创业活动建立起来的。在美国，创业已经成为经济持续增长奇迹的“秘密武器”。

## 二、创业面临的主要问题和对策

在就业形势极为严峻的情况下，大学生创业不失为一种较好的解决就业的途径，而且有利于促进科技创新与提高科学技术水平，在繁荣经济发展的过程中不断扩大就业。近年来，政府与高校为促进大学生创业做出了积极的努力，也取得了一定的效果。但是受多种因素的限制，大学生创业的总体状况并不乐观，因此有必要通过社会、政府、高校与大学生等群体的共同努力，创造积极条件，有效地促进大学生创业。

### （一）创业面临的主要问题

在大学生创业取得成效的同时，还存在一些来自大学生自身、相关外部环境等多方面的问题，使得大学生创业的整体效果并不令人满意。大学生由于其年龄、阅历与知识等方面的局限性，使其在创业过程中面临较多的心态、知识、经验、技术与资金等方面的困难。

**1. 心态问题**

正确认识创业风险，拥有应对风险的心理准备和良好心态，是创业成功的必要条件。大学生由于受年龄及阅历等方面的限制，缺乏创业风险认识以及应对创业可能遭遇风险的必要心理准备和良好心态，创业前景由此受到影响。

**2. 知识限制**

创业需要企业注册、管理、市场营销与资金融通等多方面的丰富知识。缺乏相应知识储备，仓促创业不仅难以融到必需的资金，而且在残酷的市场竞争中也必将处于劣势。

**3. 经验限制**

受年龄、知识阅历、生活经历的限制，大学生很难拥有关于创业的直接经验与间接经验，创业一般局限于“纸上谈兵”。在这种情况下，创业及其运营肯定会遇到各种不可预见的问题和困难。

**4. 技术限制**

理工类大学生受学识的限制，拥有可创业技术的只能是少数。而对于那些文科类大学生来讲，很难拥有可以创业的技术。技术的缺乏直接限制了大学生创业，因此在激烈的市场竞争中大学生创业必将遭遇较多的困难。

**5．资金问题**

大学生涉世之初，很难有足够的创业资金，从社会上融资或获取无息及贴息贷款是必然选择。大学生创业由于风险较大，获取必需的创业资金较难。一般存在两个问题，一是急于获得资金而不惜贱卖技术，二是过于珍惜技术而不肯做出适当的让步。这两个问题都决定了在资金方面难以获得支持或资助。

大学生创业除了自身存在的问题之外，社会上还尚未形成有利于大学生创业的氛围，政府出台的创业培训、创业扶持、政策支持与优惠措施等现有政策有待进一步健全和落实，高校的创业培训教育与创业促进也有待进一步加强。虽然这些因素并非决定大学生创业成败的关键因素，但相关有利的外部条件缺乏，直接影响到大学生的创业能力与创业水平，也对大学生创业前景产生了重要影响。

**（二）解决创业问题的对策**

为促进大学生创业，需要采取多种措施和对策，促进大学生成功创业。

首先，完善创业法律制度，为创业保驾护航。在努力落实现有大学生创业支持政策的基础上，进一步完善大学生创业的法律法规和政策制度，如知识产权法、税法以及《中华人民共和国合同法》《中华人民共和国保险法》等。出台符合当地大学生创业实践的措施，积极提供开办创业园区、政策场地、资金支持等优惠条件，开展创业法规知识培训讲座等，从政策上为大学生创业提供法律依据，为他们保驾护航奠定坚实的基础。

其次，采取措施，推广创业做法。采取体现学校鲜明特色的创业措施，推广许多高校开设创业学课程、成立创业指导中心与高科技创业园区等做法，缓解大学生的就业压力，促进大学生创业。如北京大学创立了包括融资服务（Money）、营销服务（Market）与管理服务（Mentor）于一体的“3M”创业模式；复旦大学开设了创业学课程并成立了创业中心；中山大学定期举办创业大赛，为大学生创业大赛优胜者提供场地的支持；还有其他一些高校也分别出台了相关优惠措施等。这些创业培训与创业指导的措施与做法，都缓解了大学生就业压力，有力地支持、促进了大学生创业，提高了科技创新水平。

再次，共同努力，营造创业氛围。为积极促进大学生创业，有必要从提高科技创新水平促进就业的高度入手，通过社会、政府、高校与大学生自身等群体的共同努力，努力培育有利于促进大学生创业的良好环境，形成全社会创业的整体和谐氛围，为大学生创业提供用武之地和施展才华的时空。

第四，开展创业实践，积累创业经验。在具备良好创业环境的基础上，大学生自身创业水平与能力的高低，是决定创业成功与否的最重要环节。为此，建议政府相关部门和高校组织创业大赛、模拟创业、创业实验实习等，大学生应积极主动地参与其中。这些活动的开展让大学生不断学习创业知识，提高创业技术，积累创业经验。大学生创业指导专家、上海市创业教育培训中心校长徐本亮分析认为，如今的创业市场虽然商机无限，但对资金、能力、经验都有限的大学生创业者来说，并非“弯腰就能拾到地上的财富”。

大学生创业必须具备四大硬件：创业知识的储备，资金的准备，技术和兴趣以及个人能力的提升。大学生创业只有根据自身特点，找准“立锥之地”，才能闯出一片真正适合自己的新天地。

## 三、创业者素质培养

在了解创业常识等基本理论的基础之上，大学生还需要掌握创业者基本素质和能力，充分认识到培养自身创业能力素质势在必行，为打造创业一流业绩奠定基础。

### （一）创业者的基本素质和能力培养

经济领域对解决就业问题的期待给高等教育改革提出了更高的要求。从大学生的实际出发，根据经济社会的发展变化，培养大学生的创业意识、创业能力和创业精神，让大学生在学会生存的基础上学会创业，应当成为大学生自我培养的基本目标和重要任务。

**1. 创业者的基本素质**

创业者的表现形形色色，成功的途径各不相同，有关创业者素质的界定也不尽相同，纵观中外成功创业者走过的途径，下列基本素质应该是共同具备的。

1）创造性思维素质

创造性思维是指能够以较高的质量和效率获取知识，并能根据市场需求灵活运用所学知识开发出新产品和新技术的思维方式。创造性思维素质不仅注重对知识的学习能力，更强调发现问题和解决问题的能力。长期以来，我国大学生偏重于知识的被动接受、记忆和吸收，而忽略了创造性思维素质的培养。

2）经济与管理素质

创业者不仅要精通本专业的知识，更需要具备经济头脑和管理素质。科技必须应用于生产，生产出的产品或服务必须适应市场需要。在这一过程中，开发、生产和销售必须符合市场原则和机制，企业才有生存和发展的可能，这必然涉及资源配置、预测决策、经济分析、经济核算、成果转让、成本费用等一系列经济问题。同时，在激烈的市场竞争中，企业的目标是追求利润最大化，在这一目标引导下，企业不仅要靠产品、技术来追求效益，更要靠科学管理来提高效益。因此，创业者必须掌握现代管理的理念和方法，才能从系统整体观念出发，统筹、协调、控制和优化各项资源。

3）法律意识和素质

市场经济本质上就是法治经济。随着市场经济的逐步成熟与完善，相关法律规范已经渗透经济领域的生产、交换、分配、消费的各个环节和层面。我国加入 WTO 后与国际市场接轨，风险投资、企业股份制改造、法人治理结构的建立以及各类新型市场的培育与发展都离不开法律。具备法律素质、懂法并善于用法已是人才素质结构中不可或缺的重要元素。创业者必须熟悉和了解市场、社会和企业等内外部环境的法律法规及其运行机制，更为重要的是要能以法律为武器，规范自己和企业的行为，保护自己和企业的合法权益。

4）修养与心理素质

创业者还必须具备良好的道德修养与心理素质，具体表现为：富有理想、乐观与自信、具有紧迫感、勇于面对风险、具有坚韧的毅力等。在校学习期间大学生就应当注意培养与塑造这些潜质。心理健康可以使人心情愉快、精力充沛、头脑敏捷、想象丰富、行为协调，可以从根本上提高工作效率，激发创造性。

**2．创业者的基本能力**

1）与时俱进的学习能力

有位哲人讲过：人们对于自己没有经历的事往往是不能理解的。很多人创业不成功就是因为他们的自负，不能学到创业成功的人的一些优点。能听得进去别人的建议的创业团队会得到很多经验，相应的成功率也会高些。

2）执行力

有些人喜欢夸夸其谈，如果让他们去创业，至少第一次都不会成功。创业者需要少说多做，不要把自己的思维搞得太乱，而是致力于将美妙的想法凝结成结果。想法真的没有那么重要，至多只是一个开头的方式。同样的创意两个人去做，谁的执行力更强，谁的经验更丰富，谁就更容易成功。

3）自我管理能力

作为最基本的创业能力，它可以促进其他能力的发展。自我管理能力包括：准确地知觉、评价自身具有的长处以及其他任何周围环境的关系，评价、建立并追求实现一生发展的职业与个人目标，平衡工作与个人生活，投入新的知识、技能与行为态度的学习，理解自己与他人的个性与态度，理解并依据自己和他人的工作动机与感情来采取行动，在有压力的情况下自觉地管理好自我及其职业。

4）管理沟通能力

这种能力为其他能力提供系统的支持。它包括：以接受者想要的方式给别人传递信息、观念与情感；给别人提供建设性的反馈；为了搜寻共有的意义和理解，积极地倾听；有效地运用并解释言语与非言语沟通；接受信息，理解观念、思想与情感；有效地运用如互联网等手段的联系方式。

5）管理差异能力

它包括：培育一个能包容不同性格特征的个体的环境；重视每一个个体与群体特征的独有价值，并向那些具有不同性格、经验、观点与背景的人学习；包容、尊重每个个体的独特性；协调群体一起有效地工作，对与自己有职位差异的人运用政府法规、政策、制度进行管理。

6）管理道德的能力

它包括：确定并描述合乎道德的准则与原则；具有与别人不同的价值观和在决策与行为活动中明辨是非的原则；在思考决策行为的过程中评价道德问题的重要性；在个人职权范围内，运用政府以及员工的行为规则做出决策和行为；在工作关系中为人正直，尊重其他员工；在沟通中表现出诚实与开放，限制在法律、保密以及竞争的情况范围内的行为。

7）跨文化的管理能力

它包括：理解、识别并接受不同民族与文化的共性与差异性；以开放的心态来处理关键的组织与发展策略的能力；理解并激发具有不同价值观与态度的员工；用与自己有工作关系的个体的母语进行沟通；从全球的视角来管理与处理相关的事物。

8）管理团队的能力

它包括：确定所在团队的类型与环境的能力；参与并领导团队设置清晰的绩效目标的能力；开发、支持、利用或领导群体来实现组织目标的能力；评价某人的绩效及评价与目标有关的团队的能力。

9）管理变革的能力

它包括：在诊断、发展、灵活执行方面运用前面的八种能力，并在特殊情况中诊断出变革的压力与阻力；在个人的职责范围内认识到需要在人员、任务、策略、结构与技术等方面作出调整或彻底的转变的必要性，并加以实施的能力；运用变革的系统模型以及其他加工模式实现组织变革的能力；在不断追求卓越、富有创造力以及全新的方法或目标的过程中寻求，学习，分享并运用新知识的能力。

### （二）创业精神的培养

#### 1. 增强意识，树立自信

由于高校扩招，学生面临巨大的就业压力。这就需要大学生进行创业意识的培养，面对创业的风险勇往直前，坚强自信。

1）增强创业意识

要想取得创业的成功，创业者必须具备自我实现、追求成功的强烈创业意识。大学生要加强对创业的必要性和重要性的认识，认识越深刻，行动越强烈；认识越清楚，创业方向、步骤越明确。强烈的创业意识，能帮助创业者克服创业道路上的各种艰难险阻，将创业目标作为自己的人生目标。

大学生要把对创业的认识提高到理论化、系统化、周密化的程度，为将来的创业奠定坚实的思想基础。把被动创业变为主动创业，创业意识强烈并且思想准备充分才能获得更好的创业机会，甚至还能帮助别人就业。

大学生转变就业观念要做到“三破三立”，即破等待安置的旧观念，立自主创业的新观念；破一业而终的旧观念，立从事多职的新观念；破安于现状的旧观念，立开拓进取的新观念。创业意识的培养，就是要使学生明白创业是实现远大理想、塑造辉煌人生的一种途径，也是社会进步和发展的需要。

2）树立创业自信

自信是创业成功的基石。美国著名心理学家马斯洛认为：事实上，绝大多数人一定有可能比现实中的自己更伟大一些，只是缺乏一种自信。自信就是对自己充满信心。

有志于创业的大学生，一定要注意培养自信心。自信心能赋予人主动积极的人生态度和进取精神，使人不依赖、不等待，信念坚定，顽强拼搏，直到成功。信念是生命的力量，是创业之本，是创业的原动力。要相信自己有能力，有条件去开创自己未来的事业，相信自己能够主宰自己的命运，成为创业的成功者。

创业极具挑战，极具风险，只有敢于冒风险，破除依赖心理和胆怯心理，勇敢地接受创业的挑战，才能做一个真正的创业者，这是当代大学生应有的精神品质和时代风貌。大学生是知识的求知者，但首先是工作岗位的创造者。

**2. 敢于怀疑，突破传统**

1）树立创业的激情和理念

传统的思维会阻止革新、创造，阻碍社会前进的步伐。生活在不同时代的人，无不打上这个时代的烙印，人们总会用已认同和掌握了的某种理论、观点和方法，即传统的思维定式，去看待和认识新现象、新事物和解决新问题。这种传统的思维定式在现实中往往是行不通的，也是非常危险的。这表现为传统的定式思维随着社会的发展逐渐过时，在新问题面前也就无能为力，对解决就业创业的现实问题毫无意义。一定要有激情和走向成功的理念，唯有如此，你才能感染自己和其他人。成功创业者的经验告诉我们，创业是一件残酷的事情，1%的成功者是从99%的失败者身上跨过去的。最困难的时候往往是最需要坚持的时候。当所有的人都感到绝望时，恰恰需要执着的创业者去感染客户，感染员工，感染合作伙伴，感染所有人。

2）把握当今创新的时代主题

当今的时代就是一个需要创新的时代。前进者是一步步、一代代以几何级数高速前进的，落后者同样是一步步、一代代以几何级数高速落后的。前进者开放，聪慧，革新，诸利尽得；落后者愚昧，贫穷，封闭，诸弊俱至。新的科技成就已对世界的产业结构、劳动结构、贸易结构、生产方式、生活方式以至于精神文化生活等产生了深刻的影响，引起了巨大的变革。同时，面对国际市场有限的机会，世界经济秩序加速改变的状态将劲道不衰地持续下去，新加入者越来越难以撼动已形成的经济体系。要对根深蒂固的势力提出挑战，势必付出极其高昂的代价，创新的主题就必然呈现于当今的时代。那些了解目前形势，并且也在做出必要牺牲的，将会在未来享受到既不可同日而语，又难以想象的财富；而那些缺乏了解力、资源和决心，未能未雨绸缪的，将会在将来失去有限的机会。

3）敢冒风险，开拓创新

人类的历史是冒险的历史，也是突破传统的历史。敢冒风险、开拓创新是自我突破并实现创业的重要条件。要敢于做别人不敢做的事，敢于走别人不敢走的路，敢于突破传统观念的束缚，不怕曲折和失败。只有具备独创精神和创造性思维以及敢闯禁区、敢越雷池的风格，才能插上神奇的翅膀，在无限的天空展翅飞翔。

**3. 善于观察，大胆设想**

机会总是眷顾那些仔细观察，然后大胆设想，并且努力求证的人。客观世界里，真与假、正确与错误、复杂与简单、宏观与微观等错综复杂地交织在一起。只有善于观察客观现实的人，才能拨开云雾见太阳，提出问题，解决问题，推动科技和社会的前进。

牛顿在苹果树下休息时，仔细观察苹果的下落方向，提出问题—— 为什么苹果只落向地面？于是他大胆设想物体之间存在引力，经过科学实验和理论研究，发现了万有引力定律。哥德巴赫在研究数学时，观察到偶数等于两个素数之和，于是大胆设想“任何一个偶数等于两个素数之和”的命题。这就是著名的哥德巴赫猜想。我国著名的数学家陈景润已完成该猜想“1+2”的证明。科学发展往往是科学家通过观察先提出假想，然后进行论证。

每证实一个命题，科学就向前发展一步；同样，科学理论一旦运用到经济领域，经济就向前跨进一步。

创业者要仔细观察生产实践过程，提出产品的改进和工艺流程的创新；要仔细观察市场的变化，适时变化经营理念，及时捕捉发展商机；要仔细观察实验现象，甚至连意外现象也要重视，不断创造出新产品。日本医学家梅泽滨夫，在培养青霉素时，意外发现试管壁有一种新霉素，经研究发现这种新霉素比青霉素更具杀菌作用，这就是现在广泛使用的卡那霉素。

**4．坚强毅力，持之以恒**

坚强毅力、持之以恒是指为了实现自己所制定的理想目标，而坚持不懈、努力奋斗的稳定心理状态。人的大脑有140亿个神经细胞，一生中只被激活使用其中很少的一部分，每个人都有极大的潜力可挖。只要按照既定目标努力奋斗，就完全可以做到“笨鸟先飞”，取得事业的成功。中外历史上这样的范例不胜枚举。

大学生的创业之路是非常艰辛的，既受到经验欠缺、资金不足、市场变化无穷、技能不强等因素的制约，同时还要考虑如何能低成本创业，争取最大经济效益。因此，只有不畏艰险、披荆斩棘、勇往直前的人才会到达胜利的彼岸。

毅力来源于信心、信念，来源于人对理论、主张、目标的认同度。如果高度认同某事，就会形成坚定的信念，表现出排除干扰、持之以恒并为之奋斗的坚强毅力。李嘉诚为了创业的梦想，放弃打工的高额薪水，踏踏实实从推销员工作开始，一步一个脚印，成为了当今世界华人的首富。

大学生通过多方论证，一旦选择了符合自身条件的创业项目，就不要轻易放弃。创业过程中总会遇到这样或那样的困难，创业者不应轻易选择逃避困难，而应想方设法克服困难、勇往直前。

**5．专注的精神**

越大的事情越难以成功。创业之初的小企业更应该抓准一个点做深、做透，这样才能积累所需的资源。即使是大公司，走多元化的发展道路也不乏失败的案例；而一家小公司如果到处去做实验只会更快地耗尽自己原本不多的资源。很多创业者都栽在不够专注上。这是因他们自己没有想清楚“做什么”这个最初始的问题。今天在这里打一口井，明天在那里打一口井，最后哪儿也挖不出水，地面上只是留下了许多坑而已。

有所不为才能有所为，“专注”可以让创业者将所有的资源都凝聚在一个点上。3721（中文上网助手）用了六年的时间做了一件大事—— 中文上网、中文搜索，从而打开了一片新天地。

**（三）成功创业者的素质和培养**

创业者创业的过程，总是伴随着优势与劣势。如何发挥优势，摒弃劣势，创造一流业绩，这是创业者不能回避而且是应该经常思考的问题。

**1．打造创业团队，形成创业合力**

在当今市场经济非常发达、市场竞争异常激烈的情况下，仅靠提高创业人员的个人能力而无有效的团队协作是行不通的。人始终是企业最宝贵的资源，一个创业企业能否获得成功与发展，创业团队的因素至关重要。了解创业团队组建的构成要素、有效团队的特征，招聘、配置、考核团队成员，处理团队冲突等，对于创业者具有重要意义。要想取得创业的成功，创业企业就应充分运用人力资源，尤其要努力形成强大的团队合力，不断提高创业团队的创造力、凝聚力和战斗力。只有建设一流队伍，培育一流作风，才能创造一流业绩。

**2. 挖掘创业潜力，整合创业资源**

根据创业的过程以及创业者对创业的构想，需要挖掘创业潜力、整合创业资源，这是创造一流业绩的又一重要举措。具体地讲，就是要优化营销管理、人力资源管理、财务管理、技术管理、文化管理，这对创业企业的拓展、产业的扩大，将会产生积极而重要的作用。

## 本章小结

1. 我国高等教育从“精英教育”时代走进了“大众化教育”时代，大学生的就业形势发生了根本性的变化，社会对毕业生的要求进一步提高，大学生就业走向“买方”市场，大学生就业过程的结构性矛盾越来越突出。

2. 影响大学生就业的因素是多方面的，社会、高校和大学生自身是其中较为重要的因素，值得大学生深入进行因时因地因人的分析。

3. 大学生就业环境面临着机遇和挑战并存的局面，前景尽管有些令人担忧，但“条条大路通罗马”，职业道路等待着大学生的积极和细心寻找。

4. 毕业生要了解就业的原则和程序，包括就业部门的工作程序、用人单位的招聘程序以及毕业生自己的就业流程，顺利地完成就业活动中的各个环节。

5. 随着我国社会的迅速发展与变革，大学生的就业形式也出现了多样性，已经不再单指简单的协议就业，而是包括了大学生在毕业后所选择的各种发展道路。大学生就业的四种主要形式为签约就业、灵活就业、出国留学、考研深造。

6. 求职信息具有宏观、微观含义和自身特征，大学生需要了解它并更全面、更准确地收集求职信息。求职信息的收集方法和渠道并非一成不变，大学生可以因时因地进行调整。

7. 收集求职信息后，还应进行筛选，才能够更好的使用。大学生在这一问题上要提高警惕，谨防求职陷阱。

8. 除了高校内的求职途径外，大学生还可以通过社会上的一些途径进行求职活动。大学生可以了解各种途径的优势和劣势，选择适合自己的途径为求职择业服务。

9. 网络求职方便快捷，信息共享，避免了人群大范围集中和近距离接触，给用人单位提供了更广阔的选择空间，也给不同地域的大学生们提供了平等的竞争机会。

10. 大学生求职礼仪主要包括仪容礼仪、服饰礼仪、仪态礼仪及细节礼仪。对于礼仪的培养，大学生可以从内积美德、见细见微和大方得体方面入手。

11. 择业与签约决策是毕业生根据自身条件和择业原则具体制定选择方案并与选定单位

签约的过程，它是毕业生实现求职目标和价值期望的必经途径。签订求职协议是一种法律行为，协议书一经签订，便视为生效合同，具有法律效力。

12. 大学生渴望创业首先就要了解“创业”的内涵、分类及其影响因素，从问题的本质出发。

13. 创业不仅仅是一项大学生单一的创新活动，它是一个复杂且连续的过程，可以大致划分为：发现和评估市场机会、准备和撰写创业计划、创业资源的有效获取、新创企业的成功管理。

14. 创业者的表现形形色色，成功的途径各不相同，综合中外成功创业者的奋斗经历，下列基本素质应该是共同具备的：创造性思维素质、经济与管理素质、法律意识和素质、修养与心理素质。创业者还具有一些基本的能力，如与时俱进的学习能力、自我管理能力、管理沟通能力等九种能力。

15. 创业精神的培养和成功创业者的素质养成旨在给毕业生提供一种学习蓝本。世界是变化万千的，随着就业市场的动态变化、就业观念的与时俱进，大学生需要更加富有个性地理解创业、实践创业、努力创业。

## 相关阅读

### 励志故事

方胜虎，1986 年出生，海南省乐东黎族自治县人，武汉体育学院经济管理学院 2009 级休闲体育专业学生，武汉体育学院模范共青团员、武汉体育学院优秀毕业生，2013 年 6 月毕业，在校期间学习认真，训练刻苦，积极参加学校活动，凭他坚持不懈的意志和努力，在全国第十届大学生攀岩锦标赛中脱颖而出，取得了优异的成绩。作为经济管理学院足球队的队长，他总是用行动践行着自己的责任。足球队曾夺得过湖北省第三届高校足协联赛第一名、湖北省八人制足球邀请赛第一名。2013 年 7 月 5 日 7 时 30 分左右，刚毕业 8 天的方盛虎同学在武汉体育学院东湖边进行骨折旧伤的恢复性慢跑，一名正在湖边锻炼的大二女生不慎跌入了 2 米多深的东湖，方盛虎同学不顾自己的脚伤，当即入水救人，拼尽全力将女生推向岸边。在湖边钓鱼者罗贵培、马正明和遛狗女士的帮助下，女生成功获救，而方盛虎却因体力不支，沉入湖底。路经此地的竞技体育学院男子皮划艇队 10 名队友听到呼救声闻讯赶来，相继跳入水中展开救援，经过 10 分钟的搜救，将方盛虎托出水面。经过现场同学的紧急救援以及医护人员的抢救，年仅 24 岁的方盛虎终因伤势过重，未能脱险，英勇牺牲。方盛虎在他人遭遇危难时，在生与死的考验面前，见义勇为，舍己救人，用自己宝贵的生命，谱写了一曲英雄之歌，他用青春热血诠释了一个时代青年的人生意义和生命价值，是践行社会主义核心价值体系的道德楷模，是见义勇为、舍己救人的时代英雄。是武汉体育学院、经济管理学院的骄傲。

纵身一跃，划出人生最美丽的弧线，奋力一举，托起武体最高尚的光芒，他用自己的生命传承见义勇为，他用自己的行动谱写英雄赞歌。轻风拂柳清波起，英雄一去永留名。挺身无畏生与死，千载依旧颂长歌。